PYTHON

Algorithmic Thinking

알고리즘으로 생각하기

양성봉 지음

생능출판

저자 소개

양성봉
연세대학교 공과대학, 학사
University of Oklahoma, 컴퓨터과학, 석사
University of Oklahoma, 컴퓨터과학, 박사
연세대학교 컴퓨터과학과 교수
현재 연세대학교 컴퓨터과학과 명예교수

알고리즘으로 생각하기

초판인쇄 2022년 1월 3일
초판발행 2022년 1월 10일

지은이 양성봉
펴낸이 김승기
펴낸곳 (주)생능출판사 / **주소** 경기도 파주시 광인사길 143
출판사 등록일 2005년 1월 21일 / **신고번호** 제406-2005-000002호
대표전화 (031)955-0761 / **팩스** (031)955-0768
홈페이지 www.booksr.co.kr

책임편집 유제훈 / **편집** 신성민, 김민보 / **디자인** 유준범
마케팅 최복락, 김민수, 심수경, 차종필, 백수정, 송성환, 최태웅, 명하나
인쇄 천일문화사 / **제본** 일진제책사

ISBN 978-89-7050-529-9 93560
정가 23,000원

머리말

컴퓨팅 사고(Computational Thinking)는 정보 통신 융합으로 이루어지는 4차 산업혁명과 더불어 생활의 많은 문제 해결에 필수적인 도움을 주고 있다. 2006년 카네기 멜런 대학의 제넷 윙(Jeannette Wing)이 컴퓨팅 사고에 대한 교육적 중요성을 지적한 이래, 컴퓨팅 사고는 여러 대학에서 읽기, 쓰기, 수학, 과학과 더불어 기본 교양과목이 되었다. 이제 컴퓨팅 사고는 컴퓨터 전공자들뿐만 아니라 초·중등 학생들과 일반인들에게도 문제 해결에 결정적이고 효율적인 도움을 주는 방법의 하나로 널리 인식되고 있다.

컴퓨팅 사고는 문제에 체계적으로 접근하여 컴퓨터가 수행할 수 있는 형태로 그 해결법을 찾는 것이다. 컴퓨팅 사고의 근본적인 취지는 문제의 해결에 반드시 컴퓨터가 필요하다는 의미가 아니라, 사람이 생각해내는 해결 방안을 컴퓨터의 논리에 따라 수리화, 구조화하여, 컴퓨터가 더욱 신속히 효율적으로 문제 해결을 수행할 수 있도록 하자는 데 있다.

컴퓨팅 사고는 크게 아래의 4가지 단계로 나눌 수 있다.

1. 문제를 다룰 수 있는 작은 문제들로 나눈다. (Decomposition)
2. 나눠진 문제와 기존의 문제와 유사성을 찾아보고, 또한 문제에 필요한 연산, 자료구조 등의 유사성도 아울러 찾아본다. (Pattern recognition)
3. 문제를 해결하는데 관련 없는 데이터를 제거하고, 또한 작은 문제들 사이의 모호함을 제거한다. (Abstraction)
4. 문제를 해결하기 위한 단계적 절차를 만든다. (Algorithmic thinking)

본서는 위의 단계 중에서 문제 해결의 마지막 단계인 알고리즘 설계에 초점을 맞추었다. 특히 독자들의 쉬운 이해를 위해 각 알고리즘에 대해 다음의 6단계를 염두에 두고 설명하였다.

1. 문제에 대한 이해
2. 효율적인 알고리즘 유추를 위한 다양한 생각
3. 알고리즘 소개 및 단계별 설명
4. 예제로 알고리즘 이해하기

5. 알고리즘을 구현한 파이썬 프로그램
6. 수행 시간 분석

이 책에서는 효율적인 알고리즘을 소개하기 전에 먼저 문제 해결을 위한 다양한 생각을 해보고 문제점을 짚어보면서 효율적인 알고리즘에 접근하는 단계를 두었다. 문제 해결을 위해 이렇게 다양한 방법을 생각해보는 시도는 새로운 문제를 해결할 때 많은 도움을 줄 것이다.

소개된 알고리즘들보다 효율적인 알고리즘이 있는 경우, 이에 대한 설명을 생략하였다. 이들을 언급하지 않은 이유는 이에 관한 설명 자체가 독자들이 알고리즘의 핵심 아이디어를 파악하는 것을 방해하고 대다수의 경우 컴퓨터 전공 지식이 필요하므로 독자들에게 적지 않은 부담감을 주기 때문이다.

대부분 알고리즘의 경우 파이썬 프로그램을 제공하였고, 프로그램에 대한 간략한 설명도 추가하였다. 프로그램은 알고리즘의 각 단계가 어떻게 파이썬 언어로 구현되는지를 확인하고, 사용된 자료구조도 프로그램 내에서 어떤 역할을 하는지 이해하는 데 도움을 줄 것이다. 또한 주어진 문제들에 대해 자료구조 연산이나 알고리즘의 효율성을 나타내는 수행 시간 분석을 간소화하였다.

각 Part의 내용을 소개하면 다음과 같다.

Part 1 알고리즘으로 생각하기에 앞서

알고리즘이 무엇인가를 알아보고, 알고리즘의 수행 시간의 분석 및 점근 표기법을 소개하며, 이 책에 수록된 파이썬 프로그램을 이해하는 데 필요한 파이썬 언어의 기본 지식에 대해 살펴본다.

Part 2 순환과 기본적인 자료구조

알고리즘과 자료구조의 관계와 자료구조의 필요성을 알아보고, 알고리즘 또는 프로그램에서 사용되는 함수가 함수 자신을 호출하는 순환(recursion)을 설명하고, 단순 연결 리스트, 스택, 큐, 이진 트리, 이진 힙, 그래프 등의 기본 자료구조를 소개한다.

Part 3 나누어 풀어보기

분할 정복(Divide-and-Conquer) 알고리즘으로 해결되는 n-비트 이진수 곱하기, 퀵 정렬,

합병 정렬, K번째 작은 수, 가장 가까운 두 점 찾기에 대한 알고리즘들을 설명한다.

Part 4 욕심내어 풀어보기

그리디(Greedy) 알고리즘은 하향식(top-down) 방식으로 최적화(최댓값 또는 최솟값을 찾는) 문제를 해결하는 알고리즘이다. 구간 스케줄링(Interval Scheduling), 구간 분할(Interval Partitioning) 문제, 초 증가 순서(Super Increasing Sequence), 최소 신장 트리, 최단 경로, 허프만 코딩을 해결하기 위한 그리디 알고리즘을 각각 소개한다.

Part 5 작은 것들부터 풀어보기

가장 긴 증가 순서, 벨만-포드(Bellman-Ford) 최단 경로 알고리즘, 서열 정렬(Sequence Alignment), 합이 최대 K 되는 숫자, 배낭 문제를 해결하기 위한 동적 계획(Dynamic Programming) 알고리즘을 소개한다.

Part 6 되돌아가며 풀어보기

해를 찾는데 지수 시간이 소요되는 NP-완전 문제들을 해결하는 백트래킹(Back tracking)과 분기 한정(Branch-and-Bound) 알고리즘을 소개한다. 이 Part에서는 그래프 색칠하기, 여왕 말 문제, 합이 K 되는 숫자, 배낭 문제를 차례로 다룬다.

Part 7 근사하게 풀어보기

대표적인 NP-완전 문제들에 대한 근사해를 찾는 근사 알고리즘(Approximation Algorithms)들을 소개한다. 이 Part에서는 외판원 문제, 집합 커버, 통 채우기, 합이 최대 K 되는 숫자 문제를 다룬다.

부록

파이썬 메모리, 단순 연결 리스트를 위한 파이썬 프로그램, 마스터 정리, NP-완전 문제들이 설명된다.

이 책을 통해 알고리즘의 기본 개념을 체계적으로 이해하고, 전공 분야에서 접하는 문제의 해결을 위해 컴퓨팅 사고로 효율적인 알고리즘을 설계할 수 있는 능력을 갖출 수 있게 되기를 바라는 마음이다.

많은 조언을 주신 최윤철 교수님, 이 책의 시작과 완성의 전 과정을 이끌어 주신 생능출판사 김승기 사장님과 여러 가지로 애써주신 최복락 상무님, 세밀하고 정확하게 편집 작업을 진행해주신 유제훈 차장님과 출판사 관계자분들께도 진심으로 감사드린다. 그리고 항상 곁에서 같이해주는 아내와 두 아들에게 고마움을 표한다.

2021년 12월

저자 양성봉

강의 계획안

이 책을 14주 동안 강의한다고 가정했을 때, 기본적인 강의 스케줄과 도전적인 강의 스케줄 중 알맞은 스케줄을 선택하여 강의할 수 있다. 기본적인 강의 스케줄은 기본 개념 위주의 안정된 페이스로 강의가 이루어지도록 수립하였고, 프로그램에 대한 이해는 학생들의 복습으로 남기는 것을 추천한다.

주차	주제
1	Part 1 알고리즘으로 생각하기에 앞서
2	Part 2 순환과 기본적인 자료구조(2.1~2.3)
3	Part 2 순환과 기본적인 자료구조(2.4~2.5)
4	Part 3 나누어 풀어보기(3.1~3.2)
5	Part 3 나누어 풀어보기(3.3~3.4)
6	Part 4 욕심내어 풀어보기(4.1~4.2)
7	Part 4 욕심내어 풀어보기(4.3~4.4)
8	중간 시험
9	Part 5 작은 것들부터 풀어보기(5.1~5.2)
10	Part 5 작은 것들부터 풀어보기(5.3~5.4)
11	Part 6 되돌아가며 풀어보기(6.1~6.2)
12	Part 6 되돌아가며 풀어보기(6.3~6.4)
13	Part 7 근사하게 해결하기(7.1~7.2)
14	Part 7 근사하게 해결하기(7.2~7.3)
15	기말 시험

도전적인 강의 스케줄의 경우, Part 1~2는 개념 위주로 소개하고, Part 3 이후는 정상적인 페이스로 강의를 진행하는 스케줄이다. 또한 부록에 있는 파이썬 메모리, 마스터 정리, NP-완전 문제를 소개하는 것도 수강생들에게 매우 유익하리라 생각된다.

주차	주제
1	Part 1 알고리즘으로 생각하기에 앞서, 파이썬 메모리
2	Part 2 순환과 기본적인 자료구조(2.1~2.3)
3	Part 2 순환과 기본적인 자료구조(2.4~2.5)
4	Part 3 나누어 풀어보기(3.1~3.3), 마스터 정리
5	Part 3 나누어 풀어보기(3.4~3.6)
6	Part 4 욕심내어 풀어보기(4.1~4.3)
7	Part 4 욕심내어 풀어보기(4.4~4.5)
8	중간 시험
9	Part 5 작은 것들부터 풀어보기(5.1~5.3)
10	Part 5 작은 것들부터 풀어보기(5.4~5.5)
11	Part 6 되돌아가며 풀어보기(6.1~6.3)
12	Part 6 되돌아가며 풀어보기(6.4~6.5)
13	Part 7 근사하게 해결하기(7.1~7.2), NP - 완전 문제
14	Part 7 근사하게 해결하기(7.3~7.4)
15	기말 시험

차례

알고리즘으로 생각하기

PART

01

알고리즘으로 생각하기에 앞서

CONTENTS

PART

1 알고리즘으로 생각하기에 앞서

먼저 알고리즘의 정의를 알아보고, 효율적인 알고리즘을 설계하기 위해 필수 불가결한 자료구조의 필요성을 살펴본다. 그리고 알고리즘의 수행 시간을 분석하기 위해 최선/최악/평균의 경우 수행 시간[1]을 소개하며, 수행 시간을 표현할 점근적 표현법을 알아본다. 마지막으로 각 Part의 파이썬 프로그램을 이해하는 데 도움이 되는 파이썬의 기본적인 구문들을 간략히 소개한다.

1.1 알고리즘이란?

알고리즘을 사전에서 찾아보면 "제한된 수의 단계에서 문제 해결 또는 질문에 대한 답을 생성하는 체계적인 절차"[2]라고 설명한다. 어느 사전[3]은 알고리즘을 조금 더 상세하게 다음과 같이 정의한다.

> 어떤 문제의 해결을 위하여, 입력된 자료를 토대로 하여 원하는 출력을 유도하여 내는 규칙의 집합. 여러 단계의 유한 집합으로 구성되는데, 각 단계는 하나 또는 그 이상의 연산이 필요하다.

또 다른 알고리즘의 정의[4]는 다음과 같다.

> 컴퓨터 구현이 가능한 잘 정의된 명령의 유한한 시퀀스로, 일반적으로 문제 클래스를

---

1) 수행 시간은 시간 복잡도(Time Complexity)라고도 한다.

2) 브리태니커 사전 : "systematic procedure that produces–in a finite number of steps–the answer to a question or the solution of a problem"

3) 네이버 사전

4) 위키백과

해결하거나 계산을 수행한다.

이러한 알고리즘 정의의 공통점은 다음과 같다.

1. 문제 해결
2. 단계적 절차

컴퓨터 분야에서는 알고리즘을 다음과 같이 정의한다.

> 알고리즘은 문제를 해결하는 단계적 절차로서 입력에 대해 컴퓨터에서 수행 가능한 연산을 통해 수행 결과인 해(또는 답)를 출력한다.

따라서 알고리즘은 다음의 세 가지 속성을 가진다.

- 정확성(correct) : 알고리즘은 주어진 입력에 대해 올바른 해를 준다. 알고리즘은 모든 입력에 대해 원칙적으로 올바른 답을 출력해야 한다.[5)]
- 수행성(executable) : 알고리즘의 각 단계는 컴퓨터에서 수행할 수 있어야 한다. 알고리즘에 모호한 표현이 있으면 프로그래밍 언어로 구현할 수 없고 따라서 컴퓨터에서 수행할 수 없다.
- 유한성(finite) : 알고리즘은 유한한 시간 이내에 종료되어야 한다. 알고리즘에는 무한히 반복하는 과정이 없다.

알고리즘은 문제를 해결하는 단계적 절차이므로 주어진 문제에 따라 알고리즘은 달라진다. 반면에 하나의 문제에 대해 여러 알고리즘이 있을 수 있다. 따라서 알고리즘을 분류하기는 그리 쉬운 일이 아니다. 그러나 컴퓨터 분야에서는 알고리즘이 수행되는 방식에 따라 다수의 알고리즘을 다음과 같이 분류한다.

- 분할 정복(Divide-and-Conquer) 알고리즘(Part 3)
- 그리디(Greedy) 알고리즘(Part 4)
- 동적 계획(Dynamic programming) 알고리즘(Part 5)
- 백트래킹(Backtracking) 알고리즘(Part 6)
- 분기 한정(Branch-and-Bound) 알고리즘(Part 6)
- 근사(Approximation) 알고리즘(Part 7)

---

5) 틀린 답을 주는 알고리즘들이 있으나, 답이 틀릴 확률을 거의 0에 가깝게 조절할 수 있다. 이러한 알고리즘들을 랜덤 알고리즘이라고 한다.

그 외에도 확률 개념이 사용되는 랜덤(Random) 알고리즘, 특정 환경에서 제기되는 문제들을 해결하는 병렬(Parallel) 알고리즘, 분산(Distributed) 알고리즘, 양자(Quantum) 알고리즘 등이 있다.

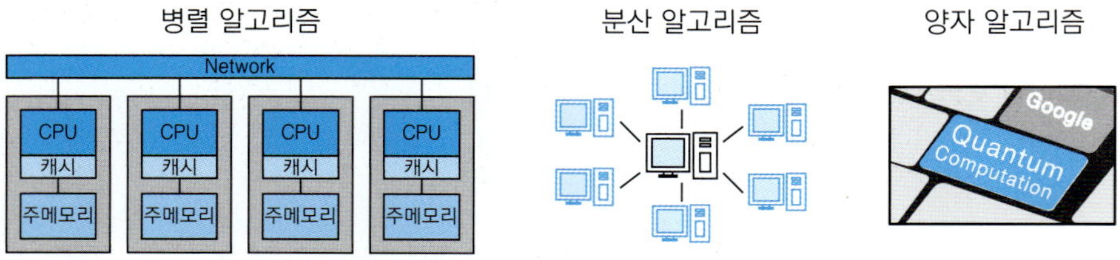

그림 1.1.1 특정 환경에 기반한 알고리즘

또한 유전자(Genetic) 알고리즘과 모의 담금질(Simulated Annealing) 알고리즘과 같은 해를 탐색하는 알고리즘들도 있다.

그림 1.1.2 해 탐색 알고리즘

문제를 해결하는 방식은 문제의 속성과 밀접한 관계가 있으므로, 어떤 문제는 분할 정복 알고리즘이 더 효율적이고, 또 어떤 문제를 해결하는 데는 그리디 알고리즘이나 다른 방식의 알고리즘이 더 적합할 수도 있다.

모든 문제가 앞서 분류한 방식의 알고리즘들로만 해결되는 것은 아니며, 이름 지어지지 못하는 알고리즘들도 얼마든지 있다. 이러한 알고리즘들은 서로 유사한 점이 없어서 별도의 체계에 따라 분류하여 명명하기도 어려우며, 세분화하기에는 너무 다양하다. 그러나 해결 방식에 의한 분류 외에도 문제 자체에 기반을 두어 알고리즘을 분류하기도 하는데, 그 예로 정렬 알고리즘, 그래프 알고리즘, 기하(Geometry) 알고리즘 등을 들 수 있다.

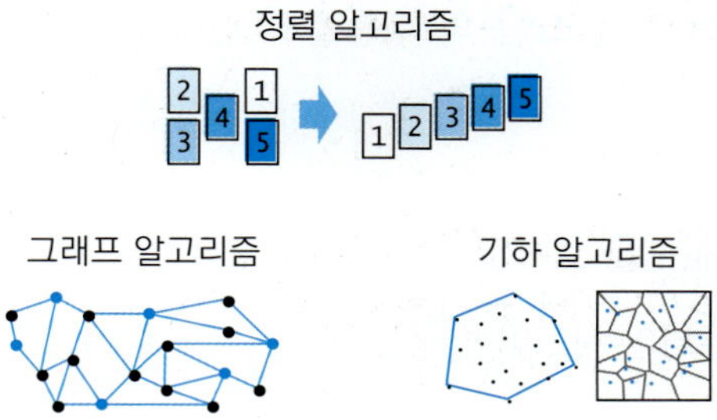

그림 1.1.3 문제에 기반한 알고리즘

Part 3~7에서는 위 알고리즘의 체계적 분류에 따라 나누어 풀어보기(분할 정복 알고리즘), 욕심내어 풀어보기(그리디 알고리즘), 작은 것부터 풀어보기(동적 계획 알고리즘), 되돌아가며 풀어보기(백트래킹, 분기 한정 알고리즘), 근사하게 풀어보기(근사 알고리즘)를 차례로 살펴본다.

1.2 수행 시간의 점근적 표현

알고리즘의 성능은 시간 복잡도(time complexity)와 알고리즘이 수행되는 동안 사용되는 메모리 공간의 크기를 나타내는 공간 복잡도(space complexity)에 기반을 두어 분석한다. 대부분은 시간 복잡도만을 사용하여 알고리즘의 성능을 분석하는데, 주어진 문제를 해결하기 위한 대부분 알고리즘이 비슷한 크기의 메모리 공간을 사용하기 때문이다. 그리고 수행 시간(run time)과 시간 복잡도는 같은 의미로 사용되므로 본서에서는 시간 복잡도 대신에 수행 시간을 사용한다.

알고리즘의 수행 시간은 알고리즘을 구현한 프로그램을 실제로 컴퓨터에서 실행시킨 후 프로그램이 종료되는 시점까지 소요된 CPU 시간으로 다음과 같이 측정하여 평가할 수도 있다.

```
import time
begin_time = time.time()

        시간을 측정할 코드

end_time = time.time()
print('실제 수행 시간:', end_time-begin_time)
```

하지만 실제 측정된 시간으로 알고리즘의 성능을 객관적으로 평가하는 데는 한계가 존재한다. 왜냐하면

- 프로그래머의 숙련도
- 구현에 사용된 프로그래밍 언어
- 프로그램을 실행한 컴퓨터의 하드웨어 성능

에 따라서 실제 수행 시간은 얼마든지 달라질 수 있기 때문이다.

그러므로 알고리즘의 수행 시간을 알고리즘이 수행하는 기본 연산에 기반을 두어 계산하는 것이 더 객관적이다. 기본 연산(elementary operation)이란

- 데이터 간의 크기 비교
- 데이터 읽기 (접근)
- 자리바꿈
- 숫자 또는 문자 복사
- 단순한 숫자 계산 등

과 같은 단순한 연산을 의미한다. 따라서 알고리즘의 수행 시간은 알고리즘이 실행되는 동안에 사용된 기본 연산 횟수를 입력 크기의 함수로 나타낸다.

알고리즘의 수행 시간은 일반적으로 3가지의 방식으로 분석한다.[6]

- 최악 경우 분석(worst-case analysis)
- 평균 경우 분석(average-case analysis)
- 최선 경우 분석(best-case analysis)

일반적으로 알고리즘의 수행 시간은 최악 경우로 표현한다. 최악 경우 분석은 '어떤 입력이 주어지더라도 알고리즘의 수행 시간이 얼마 이상은 넘지 않는다.'라는 상한(upper bound)의 의미가 있다. 평균 경우 분석은 입력의 확률 분포를 가정하여 분석하는데, 일반적으로 균등 분포(uniform distribution)를 가정한다. 즉, 입력이 랜덤하게 주어진다고 가정한다. 최선 경우 분석은 가장 빠른 수행 시간을 분석한다. 최선 경우 분석은 거의 사용되지 않으나, 최적(optimal) 알고리즘[7]을 찾기 위해 활용되기도 한다.

---

6) 상각 분석(amortized analysis)이라는 분석 방식도 있다.

7) 최적 알고리즘이란 모든 입력에 대해서 가장 빠른 수행 시간을 가진 알고리즘을 말한다.

[예제] 다음과 같이 7개의 정렬된 숫자에 대해 새 숫자 x를 추가한 후에도 모든 8개의 숫자가 정렬되도록 x를 앞부분에 삽입하려고 한다. 단, 추가하는 방법은 x를 가장 오른쪽에 있는 79부터 왼쪽으로 하나씩 비교하면서 x를 적절한 곳에 삽입한다.

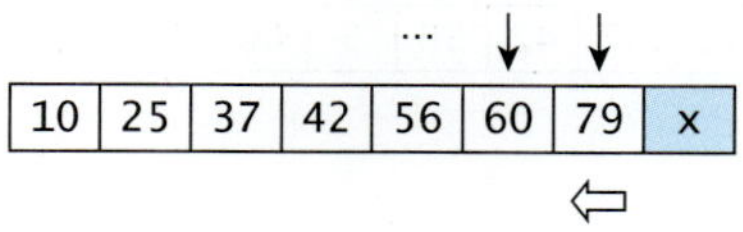

x가 어떤 값을 가지고 있을 때 비교 횟수가 최소가 될까?

> **생각해보자**
>
> 만일 x가 90이라면(79보다 크면) 그림 1.2.1과 같이 x를 79와 비교한 후에 x는 자신의 위치에 그대로 있으면 된다. 따라서 x가 가장 큰 수와 같거나 크면 단 1번의 비교 후 x가 제자리를 잡는다. 이러한 경우가 최선 경우이다.

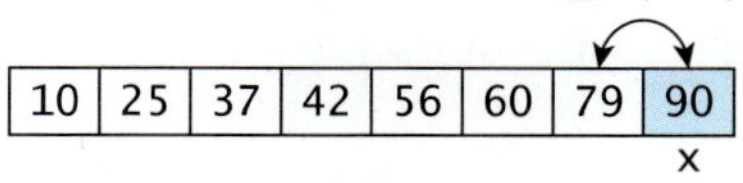

그림 1.2.1 최선 경우

> **생각해보자**
>
> x가 어떤 값을 가지고 있을 때 비교 횟수가 최대가 될까?

x가 5라면(앞서있는 모든 숫자보다 작으면) 그림 1.2.2와 같이 79와 5를 비교하고, 60과 5를 비교하고, …, 마지막으로 가장 작은 수인 10과 5를 비교한 후에 x가 맨 앞으로 이동하면 정렬이 완성된다. 따라서 x가 가장 작은 수보다 작을 때에는 앞에 있는 모든 숫자와 x를 1번씩 비교해야 한다. 이때가 가장 많은 비교를 수행해야 하는 최악 경우이다.

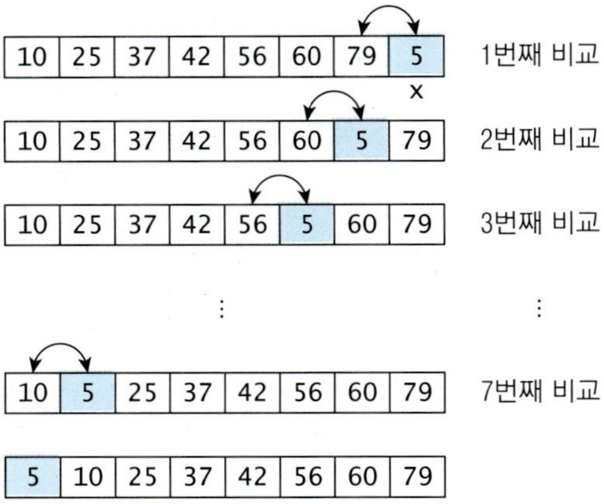

그림 1.2.2 최악 경우

> **생각해보자**
> 평균 경우는 어떻게 계산해야 할까?

균등 분포를 가정[8]하면 그림 1.2.3과 같이 앞에 있는 숫자 중에서 대략 반 정도 비교하면 x가 제자리를 잡는다. 즉, 앞에 n개의 숫자들이 있다면 대략 n/2번 비교하면 x가 제자리를 잡는다.

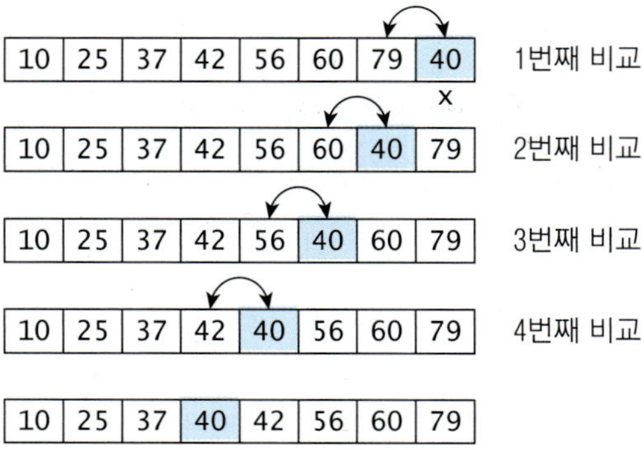

그림 1.2.3 평균 경우

참고로 위 예제에서 새 숫자 x를 앞부분에 정렬되도록 삽입하는 방법은 삽입 정렬(Insertion Sort)에서 수행되는 삽입 연산이다.

8) x가 가장 작을 확률, x가 두 번째로 작을 확률, …, x가 가장 높을 확률이 모두 같다고 가정하는 것이다.

점근적 표기법

수행 시간은 알고리즘이 수행하는 기본 연산 횟수를 입력 크기에 대한 함수로 표현한 것이다. 이러한 함수는 주로 여러 개의 항을 가지는 다항식으로 표현되므로 이를 1개의 항으로 표현하기 위해 점근적 표기법(asymptotic notation)이 사용된다.

점근적 표기법 중 최악 경우를 표현하는 것은 O(Big-Oh)-표기이며 다음과 같이 정의한다.

> 모든 $n \geq n_0$ 에 대해서 $f(n) \leq cg(n)$ 이 성립하는 양의 상수 c 와 n_0 이 존재하면, $f(n) = O(g(n))$ 이다.

그러나 위의 정의에 따라 O-표기를 계산하는 것[9]보다 훨씬 간단하게 O-표기를 찾는 방법은 다음과 같다.

> $f(n)$ 의 다항식에서 최고 차수 항만을 취한 뒤, 그 항의 계수를 제거하여 $g(n)$ 을 정한다.

[예제 1] $f(n) = 2n^2 + 3n + 5$ 라면, 최고 차수 항인 $2n^2$ 에서 2를 제거하면 n^2 이 남는데 n^2 이 $g(n)$ 이므로 $f(n) = O(n^2)$ 이다.

[예제 2] $f(n) = n(n-1)/2$ 이라면, 최고 차수 항인 $\frac{1}{2}n^2$ 에서 $\frac{1}{2}$ 을 제거하면 n^2 이 남는다. 이때 n^2 이 $g(n)$ 이므로 $f(n) = O(n^2)$ 이다.

[예제 3] 어떤 알고리즘이 n 번의 루프를 반복 수행하고 루프 내에서는 $O(n)$ 시간의 연산을 두 차례 수행한다면, 이 알고리즘의 수행 시간은 $f(n) = n \times (O(n) + O(n))$ 이다. 이를 간단히 표현하면 $f(n) = nO(n) = O(n^2)$ 이다. 왜냐하면 $O(n) + O(n) = O(n)$ 이기 때문이다.

알고리즘의 수행 시간은 주로 O-표기를 사용한다. 다음은 컴퓨터, 수학 등 과학 분야에서 수행 시간을 위해 자주 사용하는 함수의 O-표기와 이름이다.

- $O(1)$ 상수 시간(constant time)
- $O(\log n)$ 로그(대수) 시간(logarithmic time)
- $O(n)$ 선형 시간(linear time)
- $O(n \log n)$ 로그 선형 시간(log-linear time)

---

9) $f(n)$ 에 대해 상수 c와 n_0 을 찾고 $g(n)$ 을 결정하는 것

- $O(n^2)$ 이차 시간(quadratic time)
- $O(n^3)$ 3차 시간(cubic time)
- $O(2^n)$ 지수 시간(exponential time)

$O(1)$은 입력 크기 n이 증가하더라도 변하지 않는 (일정한) 시간이 소요된다는 뜻이다. 그리고 k가 상수일 때 $O(n^k)$을 다항식 시간(polynomial time)이라고 일컫는다. 그림 1.2.4는 O-표기의 포함 관계의 예를 보여준다.

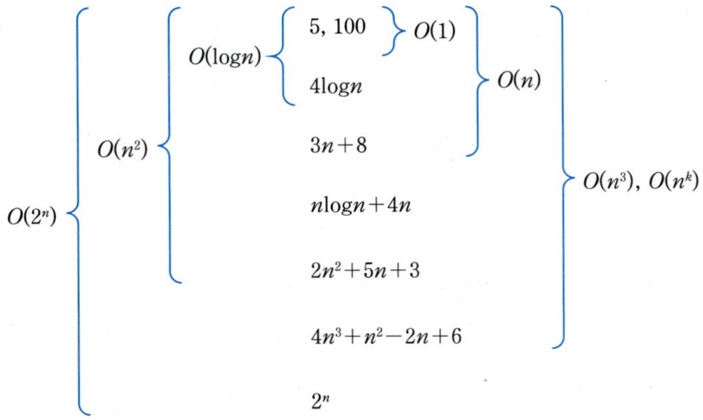

그림 1.2.4 O-표기의 포함 관계

그림 1.2.5는 n이 증가함에 따라 $\log n$부터 $n!$까지 각각을 그래프로 그린 것이다. $\log n$은 n이 크게 증가해도 거의 증가하지 않으나, $n!$이나 2^n은 n이 약간 증가해도 폭발적으로 증가한다.

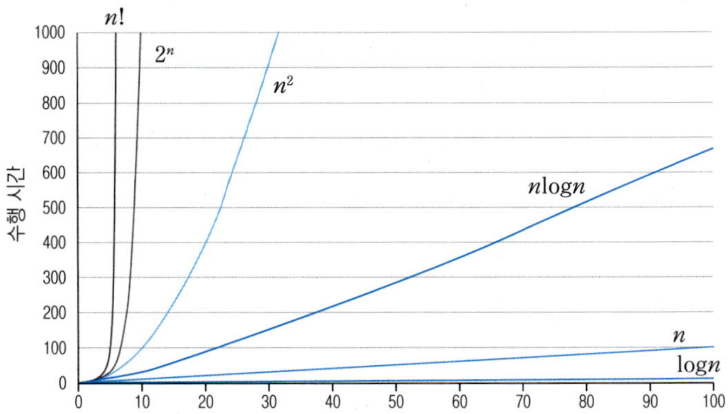

그림 1.2.5 함수의 증가율 비교

1.3 파이썬의 기본 지식

이 Part에서는 파이썬 프로그래밍 언어의 전반적인 이해보다는 앞으로 소개되는 알고리즘들을 위한 파이썬 프로그램의 이해를 돕는 파이썬 언어의 기본적인 구문들만 간단하게 살펴본다.

파이썬 언어는 객체지향 프로그래밍 언어로서 클래스(class)를 선언하여 객체에 데이터를 저장하고 메소드(method)[10]를 선언하여 객체들에 대한 연산을 구현한다. 파이썬 언어의 클래스는 다음과 같은 구조를 가진다.

```
class 클래스 이름:
    def _init_(self, 인자1, …):      ← 객체 생성자
        self.인스턴스변수1 = 인자1
          ⋮
    def ┐
     ⋮  ├── 객체에 대한 메소드
    def ┘
```

인스턴스 변수(instance variable)는 객체에 데이터를 저장하기 위해 선언한다. 객체를 만드는 객체 생성자(constructor)는 클래스 내부에 선언하며, 객체 혹은 인스턴스 변수에 대한 연산을 수행하는 메소드도 클래스 내부에 정의한다.

예를 들어 학생 정보를 객체로 구현하기 위한 Student 클래스를 선언해보자. 각 Student 객체는 성명과 학번을 각각 저장하는 인스턴스 변수 name과 id를 갖는다.[11]

파일명: AT 1.3 파이썬 클래스.py

```
class Student:
    def __init__(self, x, y):      ← Student 객체 생성자
        self.name = x
        self.id = y
```

10) 파이썬에서는 클래스 밖에서 선언된 def를 함수(function)라고 하고, 클래스 안에서 선언된 def를 메소드라고 한다.

11) 실제로 성명과 id 외에도 핸드폰 번호, 생년월일, 이메일 주소 등 관련 정보를 더 저장할 수 있으나 여기서는 간단하게 두 개의 변수만 선언한다.

```
    def get_name(self):            객체의 이름 가져오기
        return self.name

    def get_id(self):              객체의 id 가져오기
        return self.id


best = Student('John Doe', 20210934)       객체 생성
print(best.get_name(), end=', ')
print(best.get_id())
honor = Student('Jane Doe', 20210980)      또 다른 객체 생성
print(honor.get_name(), end=', ')
print(honor.get_id())
print(best)
print(honor)                    두 객체가 저장된 메모리 주소 출력
```

```
Run:  AT 1.3 파이썬 클래스
C:\Users\user\venv\Scripts\python.exe
John Doe, 20210934
Jane Doe, 20210980
<__main__.Student object at 0x000001ED38413948>
<__main__.Student object at 0x000001ED384139C8>

Process finished with exit code 0
```

파이썬의 클래스에서는 각 메소드의 첫 번째 인자로 'self'를 사용하고, 인스턴스 변수 앞에 'self'를 사용하는데, 이는 클래스의 생성자로 만들어진 각 객체의 레퍼런스(주소)이다. 예를 들어 위 프로그램의 best 객체는 〈0x000001ED38413948〉, honor 객체는 〈0x000001ED384139C8〉이다. 그리고 이러한 레퍼런스가 self가 있는 자리에 대체되어 들어간다. 따라서 best.get_name()은 def get_name(best)를 수행하여 best.name을 반환한다.

참고로 self 대신에 다른 이름을 사용해도 무방하지만, 파이썬 사용자들은 관례로서 self를 사용한다. 다음은 파이썬 프로그램의 이해를 돕기 위한 파이썬 구문들이다.

❖ 리스트(list)는 C, C++, 자바 언어의 배열과 유사하다. 배열(array)은 동일한 타입(type)의 항목들을 연속된 메모리에 저장하는 반면에 리스트는 서로 다른 타입의 항목들을 저장할 수도 있다. 그것이 가능한 이유는 리스트는 각 원소에 항목 자체를 저장하지 않고 항목이 저장된 곳의 레퍼런스를 저장하기 때문이다. 그러나 리스트는 근본적으로 배열과 같은

개념을 가진 구조체이다. 다음은 파이썬 리스트에 관련된 연산, 즉 접근, 삽입, 삭제 등을 수행시킨 프로그램이다.

파일명: AT 1.3 파이썬 리스트.py

```
a = []
b = [None] * 10
c = [40, 10, 70, 60]
print(c[0])
print(c[-1])
c.pop()
print(c)
c.pop(0)
print(c)
c.append(90)
print(len(c))
```

- print(c[-1]) — c 리스트 맨 뒤 항목 출력
- c.pop() — c 리스트 맨 뒤 항목 삭제
- c.pop(0) — c 리스트 맨 앞 항목 40 삭제
- c.append(90) — c 리스트 맨 뒤에 90 추가

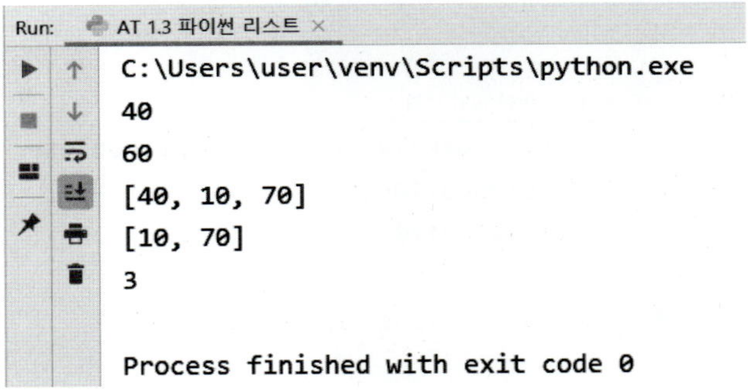

위 프로그램에서 c = [40, 10, 70, 60]이 수행되면, 4개의 정수가 그림 1.3.1(a)와 같이 저장되는 것이 아니라 실제로 (b)와 같이 메모리에 저장된다.

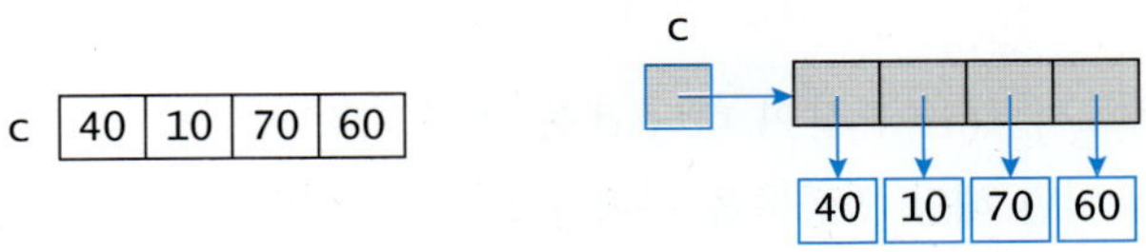

(a) 배열 (b) 파이썬 리스트

그림 1.3.1 배열과 리스트 메모리

즉, c[0]에는 40이라는 정수 객체의 레퍼런스가 저장된다. 여기서 만일 c[1] = 40이 수행되면 리스트 c는 그림 1.3.2와 같이 된다.

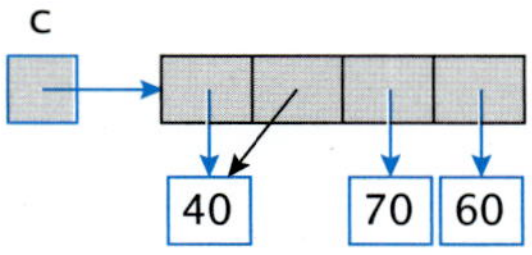

그림 1.3.2 c[1] = 40 수행 후

다음 프로그램의 수행 결과는 그림 1.3.2를 확인시켜준다. 그러나 대부분 프로그래머는 40이 저장된 곳의 실제 주소(0x7ff9f08c8120)를 알 필요 없다.

파일명: AT 1.3 파이썬 동일 객체.py

```
c = [40, 10, 70, 60]
c[1] = 40
print(hex(id(c[0])))
print(hex(id(c[1])))
```

c[0]와 c[1]이 저장된 메모리 주소 출력

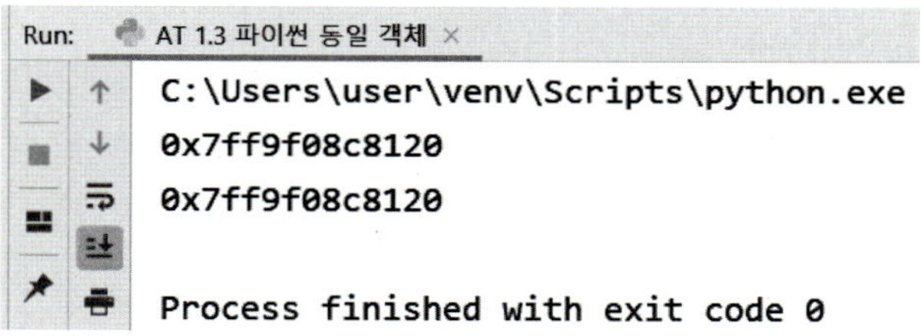

파이썬의 리스트는 동적 배열(dynamic array) 개념으로 구현되어 있다. 즉, 프로그램이 수행 중 새 항목이 리스트에 추가될 때 저장할 곳이 부족하면 리스트의 크기를 확장하고, 항목들이 삭제되어 리스트의 항목 수가 줄어들어서 리스트의 대부분이 비어있으면 리스트의 크기를 축소한다. 이러한 리스트의 크기 조절은 파이썬이 알아서 수행한다.[12]

❖ if-문은 조건문으로서 다음과 같이 하나 또는 여러 가지 조건을 검사하도록 선언할 수 있다. 조건식이 True이면 해당 명령문을 수행하고, False이면 else의 명령문을 수행한다. 또한 여러 조건으로 세분화할 때는 if - elif - … - else 문을 사용한다.

12) 리스트의 크기를 확장할 때는 일반적으로 현재 리스트 크기의 2배로 확장하여 이전 리스트 원소를 새 리스트에 복사하고, 반면에 원소들이 삭제되어 리스트의 3/4이 비어있으면 리스트 크기를 1/2로 줄여서 새 리스트를 만들고 이전 리스트 원소를 새 리스트에 복사한다.

```
if 조건식:
    명령문
else:
    명령문
```

```
if 조건식:
    명령문
elif 조건식:
    명령문
...
else:
    명령문
```

❖ 반복문에는 for-문과 while-문이 있다. for-문은 리스트, 튜플, 스트링 등의 순서 형 자료의 항목을 차례로 읽으며 명령문을 처리하는 방식과 내장 함수인 range()를 사용하는 방식이 있다. while-문은 조건식이 만족하는 동안에만 반복 수행된다.

```
for 변수 in 리스트:
    명령문

for 변수 in range(N):
    명령문
```

```
while 조건식:
    명령문
```

❖ range() 함수는 다음과 같은 형식을 갖는다.

```
range(n)
range(시작, n)
range(시작, n, 증감)
```

다음은 range() 함수를 사용한 다양한 예제이다.

파일명: AT 1.3 파이썬 range 함수.py

```
range(10)            # 0, 1, …, 9 반환
range(1, 11)         # 1, 2, …, 10 반환
range(10, 20, 2)     # 10, 12, 14, 16, 18 반환
range(10, 1, -1)     # 10, 9, 8, …, 2 반환
range(len(리스트))    # 0부터(리스트 크기-1)까지 반환
```

❖ 내장 함수

- 리스트.append(item)은 리스트 맨 뒤에 item을 추가한다.
- list(reversed(리스트))는 역순으로 된 새 리스트를 만든다.
- 리스트.reverse()는 리스트를 역순으로 만든다. 예를 들어 a.reverse()는 리스트 a를 역순으로 만든다.
- a.index(max(a))는 리스트 a에 있는 원소 중에서 최댓값을 가진 원소의 인덱스를 반환한다.
- a.sort(key=lambda x:x[1])은 리스트 a를 각 원소의 두 번째 원소를 기준으로 정렬한다. 여기서 a의 각 원소도 리스트이다.
- float('inf')는 최댓값으로 초기화할 때 사용하고, float('-inf')는 최솟값으로 초기화할 때 사용한다.

요약

- 알고리즘은 문제를 해결하는 단계적 절차로서 입력에 대해 컴퓨터에서 수행 가능한 연산을 통해 수행 결과인 해를 유한한 시간에 출력한다.
- 데이터가 메모리에 잘 저장되어 데이터에 대한 연산이 효율적으로 수행되어야, 즉 효율적인 자료구조가 뒷받침되어야 알고리즘의 수행 시간도 향상된다.
- 수행 시간은 알고리즘이 수행하는 기본 연산 횟수로서 입력 크기에 대한 함수로 표현한다.
- 알고리즘의 수행 시간은 일반적으로 최악 경우로 표현한다. 최악 경우 분석은 '어떤 입력이 주어지더라도 알고리즘의 수행 시간이 얼마 이상은 넘지 않는다.'라는 상한의 의미가 있다.
- 평균 경우 분석은 일반적으로 균등 분포를 가정한다.
- 최선 경우 분석은 가장 빠른 수행 시간을 분석한다.
- 점근적 표기법 중 최악 경우를 표현하는 것이 O-표기이며, 간단한 방법은 다항식에서 최고 차수 항만을 취한 뒤, 그 항의 계수를 제거하여 O를 표기한다.
- k가 상수일 때 $O(n^k)$을 다항식 시간이라고 일컫는다.

연습문제

1 알고리즘에 대한 설명 중 가장 거리가 먼 것은?

① 간단명료해야 한다.
② 유한한 시간에 종료되어야 한다.
③ 각 단계가 컴퓨터에서 수행 가능해야 한다.
④ 정확한 해를 주어야 한다.
⑤ 답 없음

2 어느 학생이 등교하는 데 걸리는 시간은 다음과 같다.

> 집을 나와서 지하철역까지는 5분, 지하철을 타면 학교까지 20분, 강의실까지는 걸어서 10분이 걸린다. 단, 지하철의 운행 간격은 10분이고, 평균 경우 분석은 지하철의 운행 간격이 균등 분포를 갖는다.

a) 최선 경우 등교 시간은 몇 분인가?
b) 최악 경우 등교 시간은 몇 분인가?
c) 평균 경우 등교 시간은 약 몇 분인가?

3 100개의 서로 다른 숫자가 임의의 순서로 저장된 파이썬 리스트에서 특정한 숫자를 찾는 데 걸리는 시간을 분석하려고 한다. 최선, 최악, 평균 경우에 대해 특정한 숫자와 리스트에 있는 숫자의 각 비교 횟수는? (단, 평균 경우 분석은 균등 분포를 가정한다.)

a) 최선 경우
b) 최악 경우
c) 평균 경우

4 다음 중 n이 증가함에 따라 가장 빠르게 증가하는 함수는?

① $3n^2+2^n$
② $3n^2+2n+10$
③ $3n^3+n-10$
④ $2n\log n+n^3$
⑤ 답 없음

5 다음의 함수를 각각 O(Big-Oh) 표기법으로 표현하라.

a) $4n^2-3n+9$

b) $n^2+10n\log n+3n$

c) $5n^3-3n^2+2$

d) 2^n-n^5+9

6 다음의 루프의 수행 시간을 O-표기법으로 표현하라.

```
s = 0
for i in range(n):
    for j in range(n):
        s += n
```

7 다음의 루프의 수행 시간을 O-표기법으로 표현하라.

```
s = 0
for i in range(n):
    for j in range(i):
        s += j
```

8 어느 알고리즘이 두 단계로 수행되는데, 첫 단계는 $O(n)$ 시간이 걸리고, 두 번째 단계는 $O(n^2)$이 소요된다. 이 알고리즘의 전체 수행 시간을 O-표기법으로 써라.

쉬어가는 페이지

알고리즘

우리의 일상에서 알고리즘을 찾아본다면 음식을 만드는 레시피(recipe), 손수 조립이 필요한 제품을 샀을 때 제품 박스에 포함된 사용자 안내서, 간단한 덧셈 또는 곱셈하기, 종이를 접어서 학, 배, 비행기 따위의 모양을 만드는 종이접기 등이 있고, 규칙적인 사람인 경우 일어나서 잘 때까지 하루의 일과가 거의 정해진 순서에 따라 진행된다.

요즘에는 인공지능의 도움으로 결정되는 것들도 알고리즘이라고 한다. 예를 들어 회사에서 신입 사원 선발을 위한 면접이나, 사원들의 승진 여부 판단 등도 알고리즘에 의해 결정된다고 한다. 또한 주식 등 금융 관련 투자도 인공지능 알고리즘이 도와준다. 그러나 이러한 알고리즘들은 항상 정확한 답을 주지 못하며, 그 답은 결과를 평가하는 사람의 판단에 달린 경우가 많다. 컴퓨터 분야에서 다루는 알고리즘은 주어진 문제에 대해 항상 정확한 답을 준다.

알고리즘이라는 용어는 9세기경 페르시아 수학자인 알콰리즈미(al-Khwarizmi, 780~850)의 이름으로부터 유래되었다. 알콰리즈미는 페르시아의 학자로 수학, 천문학, 지리학 등에 큰 업적을 남겼다. 특히 그는 인도의 숫자(힌두-아라비아 숫자)를 가지고 사칙 연산(덧셈, 뺄셈, 곱셈, 나눗셈)을 만들었고, 삼각 함수와 대수학을 기반을 둔 지도 제작법도 소개하였다. 그의 업적은 당시에는 세상에 알려지지 않았으나, 12세기경 그의 업적이 라틴어로 번역되면서 유럽으로 전파되었다.

알콰리즈미

대수학을 뜻하는 algebra도 그가 저술한 논문에서 방정식에 대한 연산을 'al-jabr'라고 하였다는 데서 유래되었다.

PART

02

순환과 기본적인 자료구조

CONTENTS

PART

2 순환과 기본적인 자료구조

> **자료구조**(Data Structure)는 일련의 동일한 타입의 데이터를 정돈하여 저장한 구성체이다.

데이터를 정돈하는 이유는 프로그램에서 저장된 데이터에 대해 접근, 탐색, 삽입, 삭제 등의 연산을 효율적으로 수행하기 위해서이다. 따라서 자료구조를 설계할 때는 데이터와 데이터에 관련된 연산을 함께 고려하여 설계해야 한다.

알고리즘이 문제를 신속하게 해결하려면 데이터가 메모리에 잘 정돈되어 데이터에 대한 연산이 효율적으로 수행, 즉 효율적인 자료구조가 뒷받침되어야 한다. 그리고 입력 데이터뿐만 아니라 알고리즘의 수행 과정에서 만들어지는 데이터도 메모리에 잘 정돈되어 저장되어야 궁극적으로 알고리즘의 수행 시간이 줄어든다.

Part 2에서는 알고리즘과 자료구조를 표현하는 데 자주 사용되는 순환 개념을 소개하고 단순 연결 리스트, 스택, 큐, 트리, 그래프 자료구조를 살펴본다.

2.1 순환

> **순환**(recursion)은 문제 또는 함수를 자기 자신으로 정의하는 것이다.[1]

---

1) 순환은 재귀(再歸)라고도 부른다.

예를 들어 피보나치 순서는 F(i) = F(i−1) + F(i−2)로 표현된다. 따라서 F(i)를 계산하려면 F(i−1)과 F(i−2)를 먼저 계산해야 한다. 그런데 F(i−1)과 F(i−2)도 F(i)와 똑같은 방식으로 계산한다. 순환은 언어학, 논리학에서도 사용되지만, 수학에서 함수 정의할 때 사용하고, 컴퓨터 분야에서는 알고리즘이나 함수를 표현할 때 자주 사용된다.

순환은 그림 2.1.1과 같이 팩토리얼, 조합(combination), 의사 난수(pseudo-random number) 생성, 프랙털(fractal) 등의 기본 개념으로 사용된다.

$$n! = n(n-1)!$$

$$\binom{n}{k} = \binom{n-1}{k-1} + \binom{n-1}{k}$$

$$F_n = F_{n-1} + F_{n-2},\ F_0 = 0,\ F_1 = 1$$

$$X_n = (aX_{n-1} + c)\%m,\ X_0 = seed$$

그림 2.1.1 순환의 활용사례

또한 Part 3의 나누어 풀어보기와 Part 5의 작은 것부터 풀어보기의 대부분 알고리즘은 순환으로 간략하게 표현된다. 순환으로 표현된 알고리즘을 이해하기 위해서, 먼저 파이썬 프로그램의 함수가 자기 자신을 호출하는 순환을 살펴보자.

> **생각해보자**
> 순환 호출하는 함수는 언제 자신에 대한 호출을 멈출까?

다음의 파이썬 코드를 실행시키면 그림 2.1.2와 같이 순환 에러(RecursionError)가 발생하는데, 그 이유는 함수가 자신 호출을 멈출 수 없기 때문이다.

```
def recurse():
    print('*')
    recurse()

recurse()
```

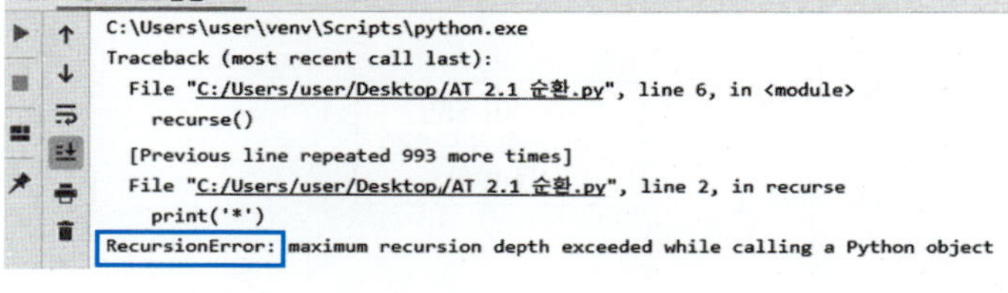

그림 2.1.2 무한 호출 에러

이와 같은 무한 호출을 방지하려면 함수의 맨 앞부분에서 함수를 수행할지 그만 수행할지를 결정해야 한다. 위의 함수의 경우에는 count 매개 변수를 사용하여 그림 2.1.3과 같이 count로 호출 횟수를 전달하고, 자신을 호출할 때마다 count를 1 감소시키며, if count == 0으로 조건이 True이면 더는 함수를 호출하지 않도록 제어한다.

파일명: AT 2.1 순환.py

```
def recurse(count):
    if count == 0:
        print('.')
    else:
        print('*')
        recurse(count-1)

recurse(5)
```

- if count == 0: → count가 0이 되면 순환 호출 중단
- else: → count가 0보다 크면 '*' 출력하고 count를 1 감소하여 순환 호출
- recurse(5) → 함수 최초 호출

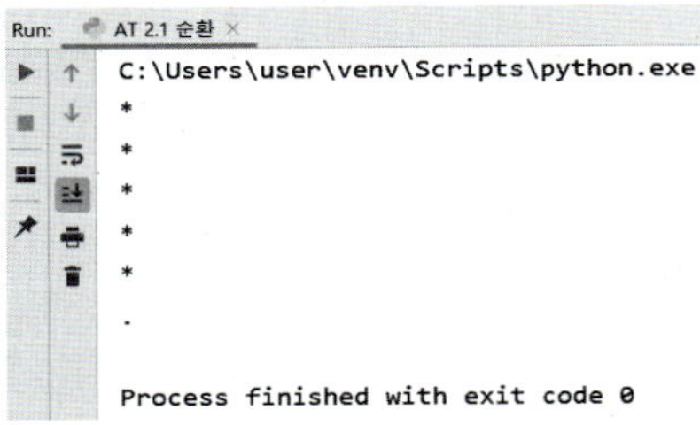

그림 2.1.3 무한 호출 방지를 위한 조건문 추가

따라서 순환으로 구현된 함수는 두 부분으로 구성된다. 함수 자신을 호출하지 않는 부분을 기본(base) case라 하고, 다른 하나는 자신을 호출하는 부분인 순환 case이다. 따라서 무한 호출을 방지하기 위해 선언한 변수 또는 수식의 값을 호출이 일어날 때마다 순환 case에서 감소시켜서[2] 최종적으로 if-문의 조건식이 True가 되어 기본 case를 실행하도록 제어한다.

[예제] 다음은 팩토리얼을 계산하기 위해 순환을 이용하는 파이썬 프로그램이다. 마지막 라인에서 factorial(4)로 함수를 최초로 호출하며, 그림 2.1.4의 화살표 및 원 숫자를 따라서 함수가 수행되어 최종적으로 24를 출력한다.

파일명: AT 2.1 순환 팩토리얼.py

```
def factorial(n):
    if n == 1:
        return 1
    else:
        return n * factorial(n-1)

print(factorial(4))
```

- if n == 1: → n이 1이 되면 순환 호출 중단하고 1을 반환
- return n * factorial(n-1) → •n을 1 감소하여 순환 호출 •호출 종료 시 반환된 값을 n에 곱하여 그 결과를 반환
- print(factorial(4)) → 함수 최초 호출

2) 1회 호출할 때마다 count를 증가시키더라도 if의 조건식을 바꾸어 조절할 수도 있다.

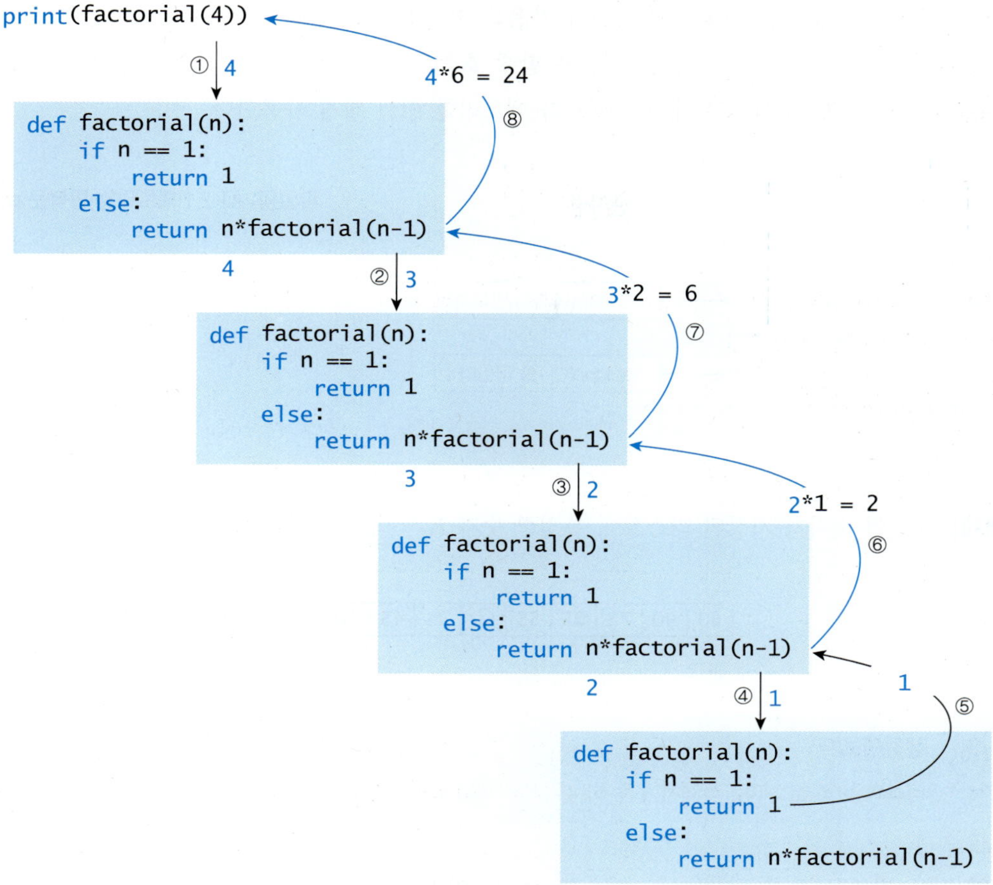

그림 2.1.4 팩토리얼 함수가 4!을 계산하는 과정

> **생각해보자**
> 함수에서 n*factorial(n−1)을 계산할 때 n은 어떤 값을 가지고 있을까?

그림 2.1.4에서 각 함수가 호출되는 장면을 보면, 함수가 전달받는 매개 변수 n의 값으로 n*factorial(n−1)을 계산한다. 즉, factorial(4)로 호출되었으면 n = 4이고 factorial(4−1)이 계산되어 반환된 값과 4를 곱한 결과를 함수의 수행을 마치면서 반환한다.

> **생각해보자**
> 팩토리얼을 반복문으로 계산할 수 있을까?

팩토리얼 계산은 순환을 사용하는 것보다 다음의 파이썬 코드와 같이 반복문(루프)을 이용하는 것이 더 낫다. 반복문을 이용한 계산은 함수 호출로 인해 시스템 스택(system stack)[3]을 사용하지 않으므로 순환으로 계산할 때보다 메모리를 훨씬 적게 사용한다.

파일명: AT 2.1 팩토리얼 반복문.py

```
factorial = 1
for i in range(1, 5):       # i가 1부터 4까지 반복하며
    factorial *= i          # factorial에 i를 곱한다

print(factorial)
```

[예제] 일련의 숫자가 저장된 리스트에 특정한 숫자 K가 리스트에 있는지 없는지 확인해보자.

60	90	75	85	55	60	35	45	10	20

생각해보자

리스트의 첫 원소부터 좌에서 우로 하나씩 K와 비교해보면 어떨까?

이와 같은 방법을 순차 탐색(sequential search)이라 한다. K가 60이면 한 번의 비교 후에 60을 찾는다. 그러나 K가 리스트에 없으면 리스트의 모든 숫자를 비교해야 한다. 평균 경우는 리스트의 대략 반 정도의 숫자들을 비교한다.

생각해보자

만일 리스트가 정렬되어 있다면 어떻게 K를 찾는 것이 좋을까?

이러한 경우는 실생활에서 흔히 볼 수 있는데 휴대폰의 전화번호 리스트, 책 뒷부분의 색인, 사전 등을 보면 모두 정렬되어 있다. 이때는 리스트의 중간에 있는 원소와 K를 비교한다.

10	20	25	35	45	55	60	75	85	90

3) 시스템 스택은 부록에 설명되어 있다.

만일 K가 중간 원소, 즉 45와 같으면 탐색에 성공한다. 그렇지 않고 K가 45보다 작으면 리스트의 앞부분인 [10, 20, 25, 35]에서 K를 탐색하고, 45보다 크면 리스트의 뒷부분인 [55, 60, 75, 85, 90]에서 K를 탐색한다. 여기서 앞부분이나 뒷부분에서 K를 찾는 것은 각 부분 역시 정렬되어 있으므로 순환을 자연스럽게 활용할 수 있다. 즉, 입력의 크기가 대략 반으로 줄어든 상태에서 K를 찾는다.

> 오름차순으로 정렬된 데이터를 반으로 나누고, 나누어진 반을 다시 반으로 나누고, 이 과정을 반복하여 원하는 숫자를 찾는 알고리즘을 **이진 탐색**(binary search)이라고 한다.

다음은 순환 호출을 이용한 이진 탐색 알고리즘이다. 단, K는 찾으려는 숫자이다.

알고리즘

[1] 중간에 있는 숫자를 찾는다.

[2] 중간 숫자와 K를 비교해서 같으면 탐색 종료

[3] K가 작으면, 앞부분에서 동일한 방법으로 탐색, K가 크면 뒷부분에서 동일한 방법으로 탐색한다.

위의 알고리즘은 먼저 step [1]에서 중간 숫자를 찾는다. Step [2]에서 K와 중간 숫자를 비교하고, 같으면 탐색에 성공하여 알고리즘을 종료한다. 다른 경우에는 step [3]에서 K보다 작으면 앞부분에서, 크면 뒷부분에서 같은 방법으로 탐색한다.

[예제] a = [10, 20, 25, 35, 45, 55, 60, 75, 85, 90]에서 이진 탐색 알고리즘으로 K = 55를 찾아보자.

- 중간 숫자 = (0 + 9) // 2 = 4이므로 a[4]인 45와 K = 55를 비교하면 K가 크므로 a[5]~a[9]에서 K를 찾는다.

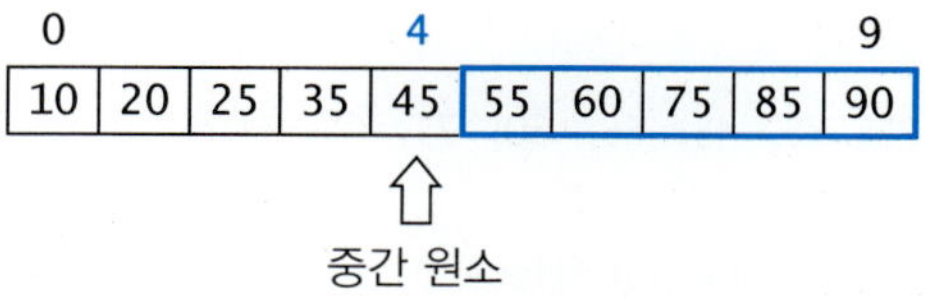

- 중간 숫자 = (5 + 9) // 2 = 7이므로 a[7]인 75와 K = 55를 비교하면 K가 작으므로 a[5]~a[6]에서 K를 찾는다.

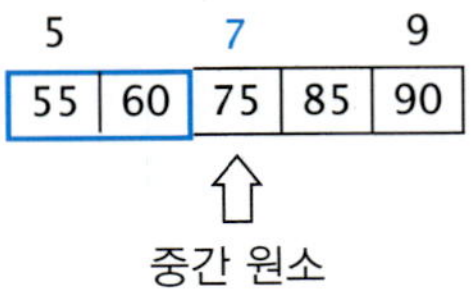

- 중간 숫자 = (5 + 6) // 2 = 5이므로 a[5]인 55와 K = 55를 비교하면 같으므로 탐색에 성공하여 알고리즘을 종료한다.

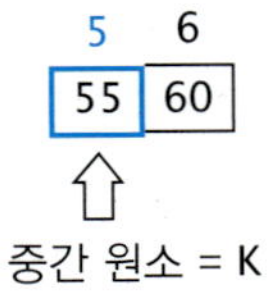

이진 탐색은 Part 3의 나누어 풀어보기, 즉 분할 정복 알고리즘 중의 하나이다. 다음은 이진 탐색을 위한 파이썬 프로그램이다.

파일명: AT 2.1 순환 이진 탐색.py

```
def binary_search(a, left, right, K):
    if right >= left:
        mid = (left + right) // 2          # 중간숫자 인덱스 찾기
        if a[mid] == K:                    # 탐색 성공
            return True
        elif a[mid] > K:
            return binary_search(a, left, mid - 1, K)    # 앞부분에서 K찾기
        else:
            return binary_search(a, mid + 1, right, K)   # 뒷부분에서 K찾기
    else:
        return False                       # 탐색 실패


input_list = [10, 20, 25, 35, 45, 55, 60, 75, 85, 90]
n = len(input_list)
print('55 탐색:', binary_search(input_list, 0, n-1, 55))
print('50 탐색:', binary_search(input_list, 0, n-1, 50))
```

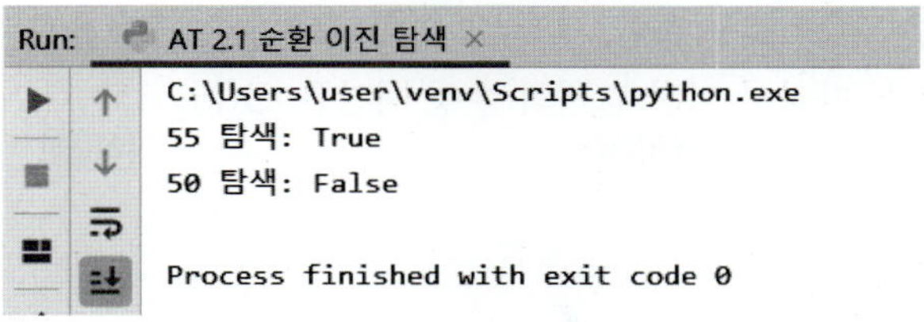

수행 시간

이진 탐색의 최악 경우 수행은 n개의 입력에 대해 K를 중간 숫자와 1번 비교하면 K와 중간 숫자의 비교 결과에 따라 앞부분 또는 뒷부분을 같은 방식으로 탐색해야 한다. 이때 탐색할 부분의 크기는 대략 $n/2$ 이다.

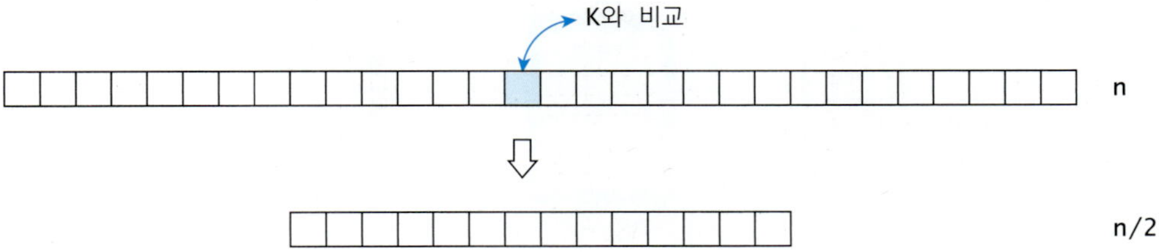

K를 크기가 반이 된 부분의 중간 숫자와 비교(두 번째 비교)하면 비교 결과에 따라 앞부분 또는 뒷부분을 같은 방식으로 탐색한다. 이때 탐색할 부분의 크기는 대략 $n/4$ 이다.

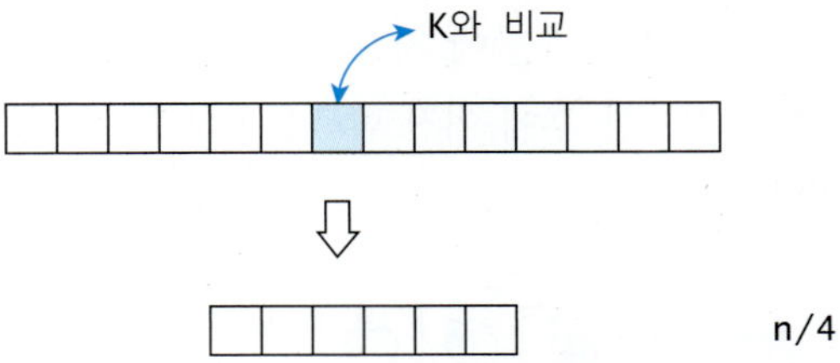

K를 크기가 반의 반이 된 부분의 중간 숫자와 비교(세 번째 비교)하면 입력 크기가 $n/8$ 이 되고, k번째 비교 후 입력 크기는 1이 된다. 따라서 $n/2^k = 1$ 이다.

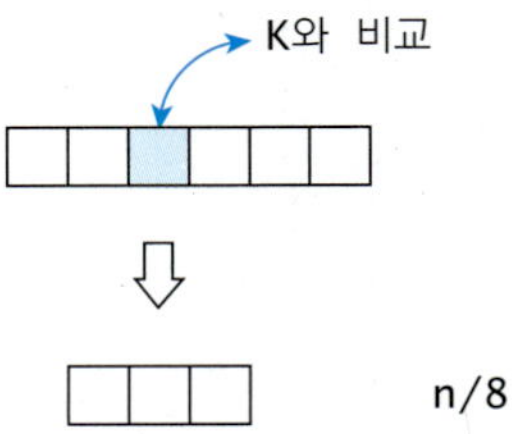

$n/2^k=1$ 에서 양변을 2^k 으로 곱하면, $n=2^k$ 이 되므로 $k=\log_2 n$ 이다. 즉, 이진 탐색은 최대 $\log n$ 번 비교한다. 따라서 이진 탐색의 수행 시간은 $O(\log n)$ 이다.

2.2 단순 연결 리스트

일반적인 리스트[4]는 일련의 동일한 형태(type)의 항목들을 의미한다. 실생활에서 볼 수 있는 리스트로는 핸드폰의 연락처, 해야 할 일들, 학교의 학생 명단이나 과목의 성적, 서점의 신간 서적, 상점의 판매 품목, 버킷 리스트 등이 있다.

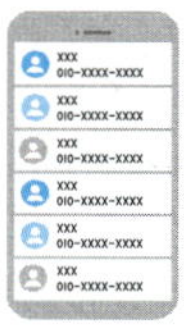

또한 Part 2.3에서 소개할 스택과 큐 자료구조도 리스트의 일종이다. 리스트에 관련된 기본 연산에는 항목을 찾는 탐색 연산, 새 항목을 추가하는 삽입 연산, 항목을 제거하는 삭제 연산 등이 있다.

리스트는 파이썬 리스트(다른 언어의 배열)에 저장할 수 있다. 만일 항목들에 변화가 거의 없으면 파이썬 리스트의 항목을 정렬한 후에 이진 탐색을 이용할 수 있으므로 파이썬 리스트는 매우 효율적인 자료구조이다.

그러나 항목을 빈번히 삽입하고 삭제하면 항목 순서를 유지하기 위해 뒤따르는 항목들은 이동해야 한다. 그림 2.2.1은 새 항목이 삽입되어 뒤따르는 항목들이 한 칸씩 오른쪽으로 이동한 것을 보여준다.

4) 파이썬의 리스트를 지칭하는 것이 아니라 실생활의 일반적인 목록을 의미한다.

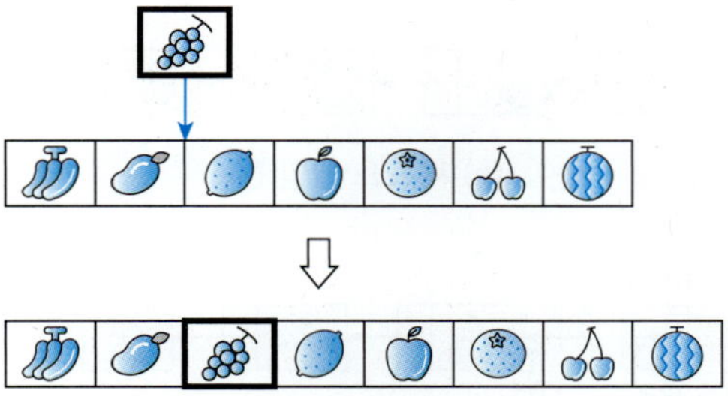

그림 2.2.1 새 항목 삽입으로 인한 기존 항목들의 이동

이러한 단점을 보완하는 자료구조가 단순 연결 리스트(singly linked list)이다.

> **단순 연결 리스트**는 동적 메모리 할당을 이용해 노드들을 한 방향으로 연결하여 리스트를 구현하는 자료구조이다.

단순 연결 리스트는 노드에 저장된 레퍼런스[5]가 다음 노드를 가리켜서 노드들을 한 줄로 연결한다. 그림 2.2.2는 4개의 노드를 가진 단순 연결 리스트를 보여준다. 화살표는 레퍼런스이고, 각 노드는 항목[6]과 레퍼런스 필드를 가진다.

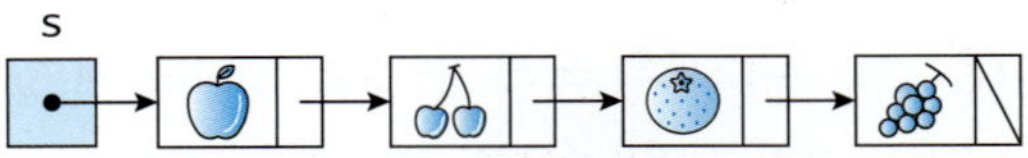

그림 2.2.2 단순 연결 리스트

단순 연결 리스트에서는 삽입이나 삭제할 때 노드들이 이동하지 않는다. 그림 2.2.3은 새 항목을 가진 노드를 연결 리스트의 맨 앞에 삽입하는 과정을 보여준다.

5) 레퍼런스(Reference)는 자바 언어의 레퍼런스나 C, C++ 언어의 포인터(Pointer)와 기본적으로 같다. 즉, 레퍼런스는 메모리 주소를 의미한다.

6) 편의상 1개 필드에 항목을 저장하지만, 실제 응용에서는 필요한 수의 필드를 정의하여 사용한다.

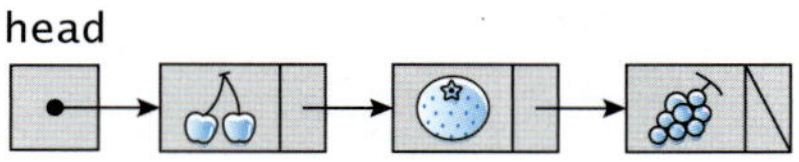

(a) 새 노드 삽입 전

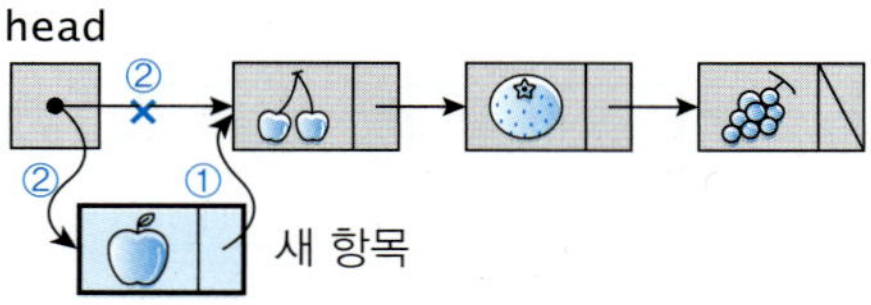

(b) 새 항목을 가진 노드 삽입 후

그림 2.2.3 맨 앞에 새 노드 삽입

단순 연결 리스트에서는 항목을 탐색하려면 항상 첫 노드부터 원하는 노드를 찾을 때까지 차례로 방문하는 순차 탐색을 수행해야만 한다. 이는 단순 연결 리스트가 가진 하나의 단점이다. 또 다른 단점은 노드마다 레퍼런스를 저장해야 한다.

단순 연결 리스트를 위한 파이썬 프로그램과 상세한 설명은 부록 II에 있다.

수행 시간

먼저 search()는 탐색을 위해 연결 리스트를 첫 노드부터 순차적으로 방문하므로 $O(n)$ 시간이 소요된다. 여기서 n은 연결 리스트의 노드 수이다. 그러나 맨 앞에 삽입하거나 첫 노드를 삭제하는 연산은 각각 $O(1)$ 개의 레퍼런스만을 갱신하므로 $O(1)$ 시간이 소요된다.

> **CAUTION** 새 노드를 연결 리스트의 중간에 삽입해야 하면 리스트의 첫 노드부터 삽입할 곳까지 이동해야 하므로 최악 경우 시간은 각각 $O(n)$ 이다.

응용

- 스택 자료구조
- 큐 자료구조
- 해싱(hashing)의 체이닝(chaining)
- 이진 트리도 단순 연결 리스트의 개념을 확장한 자료구조
- 그래프를 저장하는 자료구조인 인접 리스트
- 비트코인(Bitcoin)의 블록체인(blockchain)

2.3 스택과 큐

스택(stack)과 큐(queue)는 우리의 일상에서 쉽게 접할 수 있는 자료구조들이다. 스택 자료구조의 예를 들면 인터넷 브라우저에서 인터넷을 검색하다가 바로 이전 웹 페이지로 돌아가려면 화면 왼쪽 위의 ← (뒤로가기) 버튼을 클릭하는 경우를 들 수 있다. 다시 ← 버튼을 클릭하면 그전에 방문한 페이지로 돌아갈 수 있다. 또한 워드 프로세서를 사용하여 문서를 수정하다가 수정 이전의 상태로 되돌리기 위해 Ctrl+Z를 누르는 경우도 역시 스택 자료구조를 이용한 것이다. 큐는 대기열을 의미하며 관공서, 은행, 우체국, 병원 등에서 번호표를 받아 자신의 순서를 기다리는 것 자체가 큐이다.

스택 자료구조

> 스택은 한쪽 끝에서만 항목(item)을 삭제하거나 새로운 항목을 저장하는 후입 선출(Last-In First-Out) 자료구조이다.

스택에서 새로운 항목을 저장하는 연산을 push라고 하고, 항목을 삭제하는 연산을 pop이라 한다. 그림 2.3.1은 초기에 empty인 스택에서 일련의 push와 pop 연산이 수행되는 과정을 보여준다.

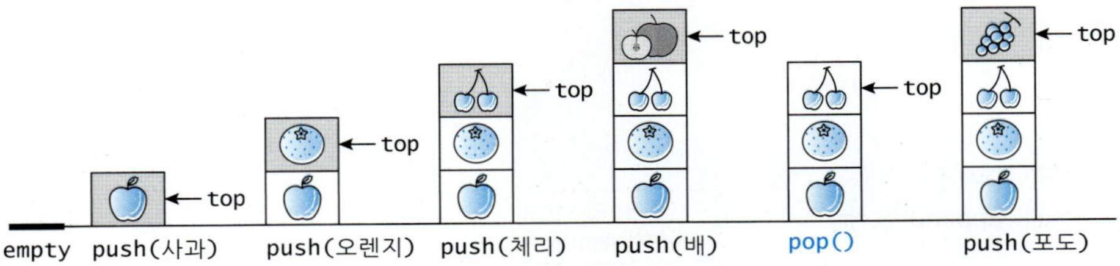

그림 2.3.1 스택의 push와 pop 연산

그림 2.3.2(b)는 파이썬 리스트로 표현된 스택을 나타낸다. 그러나 (c)와 같이 각 항목이 마치 리스트의 원소에 직접 저장된 것으로 생각해도 무방하다.

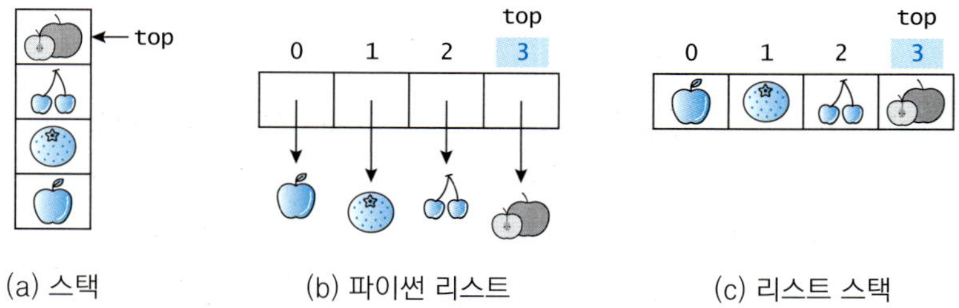

그림 2.3.2 파이썬 리스트로 구현한 스택

만일 스택을 단순 연결 리스트로 구현하면, top은 스택의 가장 위에 있는 항목을 참조하는 레퍼런스이고, 스택이 empty일 때는 top = None이다. 그림 2.3.3(b)는 단순 연결 리스트로 구현한 스택을 나타낸다.

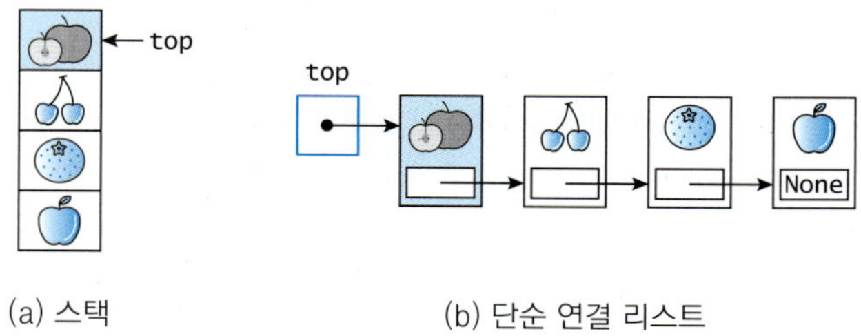

그림 2.3.3 단순 연결 리스트로 구현한 스택

다음은 리스트의 맨 마지막 항목이 top 항목인 스택을 파이썬 리스트로 구현한 프로그램이다.

파일명: AT 2.3 스택.py

```
def push(item):     # 삽입 연산
    stack.append(item)      # stack 리스트의 맨 뒤에 item을 추가


def pop():          # 삭제 연산
    if len(stack) != 0:
        item = stack.pop(-1)      # stack 리스트의 맨 뒤에 item을 삭제
        return item


stack = []      # stack 리스트 선언
```

```
push('apple')
push('orange')      세 항목 push
push('cherry')
print('사과, 오렌지, 체리  push 후:\t', end='')
print(stack, '\t<- top')
push('pear')                         배 push
print('배 push 후:\t\t\t\t\t', end='')
print(stack, '\t<- top')
pop()                                               맨 위의 항목 삭제
push('grape')       포도 push
print('pop(), 포도 push 후:\t\t\t', end='')
print(stack, '\t<- top')
```

```
Run:  AT 2.3 스택
C:\Users\user\venv\Scripts\python.exe
사과, 오렌지, 체리  push 후:  ['apple', 'orange', 'cherry']   <- top
배 push 후:                   ['apple', 'orange', 'cherry', 'pear']   <- top
pop(), 포도 push 후:          ['apple', 'orange', 'cherry', 'grape']  <- top

Process finished with exit code 0
```

수행 시간

파이썬의 리스트로 구현한 스택의 push와 pop 연산은 각각 $O(1)$ 시간이 소요된다. 그러나 파이썬의 리스트는 크기를 동적으로 확대 또는 축소하며, 이러한 크기 조절은 사용자도 모르게 수행된다. 그러나 동적 크기 조절은 스택(리스트)의 모든 항목을 새 리스트에 복사해야 하므로 $O(n)$ 시간이 소요된다.

단순 연결 리스트로 구현한 스택의 push와 pop 연산은 각각 $O(1)$ 시간이 걸리는데, 연결 리스트의 맨 앞에서 노드를 삽입하거나 삭제하기 때문이다.

응용

- 회문(palindrome) 검사[7]
- 컴파일러의 괄호 짝 맞추기
- 미로 찾기

7) 스트링을 앞에서부터 읽으나 뒤에서부터 읽어도 같으면 회문(palindrome)이라 한다. 예를 들어 ABBA, RACECAR은 회문이다.

- 이진 트리의 노드 방문
- 그래프의 깊이 우선 탐색 (Part 2.5)
- 프로그램에서 함수/메소드 호출 및 순환 호출

큐 자료구조

> 큐(Queue)는 삽입과 삭제가 양 끝에서 각각 수행되는 자료구조이다.

관공서, 은행, 우체국, 병원 등에서 번호표를 이용한 줄서기가 대표적인 큐의 예시이다. 즉, 큐 자료구조는 선입 선출(First-In First-Out, FIFO) 원칙에 따라 항목의 삽입과 삭제를 수행한다.

큐에서는 뒤(rear)에서 새 항목을 삽입하고, 앞(front)에서 삭제 연산을 수행하므로, 큐의 가장 앞에 있는 항목을 가리키는 변수인 front와 가장 뒤에 있는 항목을 가리키는 변수인 rear가 필요하다. 큐는 선형 자료구조이므로 단순 연결 리스트 또는 파이썬의 리스트로 구현할 수 있다.

만일 큐 자료구조를 단순 연결 리스트로 구현하면, front는 큐의 가장 왼쪽(앞)에 있는 항목을 참조하는 레퍼런스이고, rear는 큐의 가장 오른쪽(뒤)에 있는 항목을 참조하는 레퍼런스로서 그림 2.3.4(b)는 단순 연결 리스트로 구현한 큐를 나타낸다.

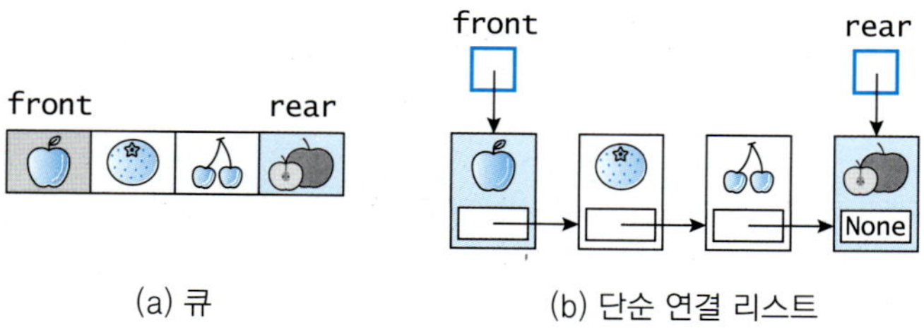

그림 2.3.4 단순 연결 리스트로 구현한 큐

그림 2.3.5(b)는 파이썬 리스트로 표현된 큐를 나타낸다. 그러나 (c)와 같이 각 항목이 마치 리스트의 원소에 직접 저장된 것으로 생각해도 무방하다.

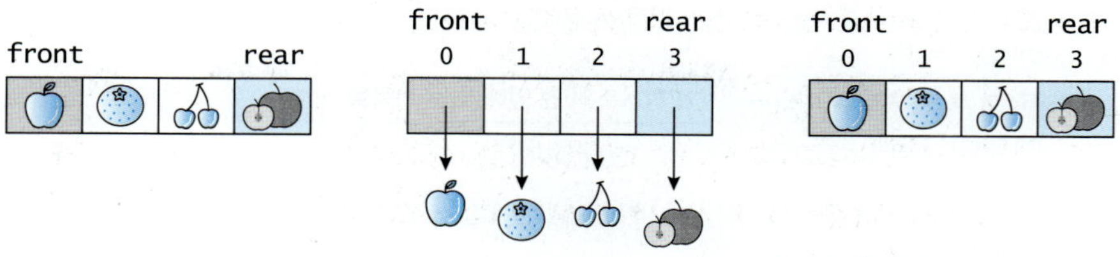

(a) 큐 (b) 파이썬 리스트 (c) 리스트 큐

그림 2.3.5 파이썬 리스트로 구현한 큐

그림 2.3.6은 empty인 큐에 사과, 오렌지, 체리, 배를 차례로 삽입(add)한 후, 두 번 삭제(remove)하여 사과와 오렌지를 큐에서 차례로 삭제하고, 새 항목인 포도를 큐에 삽입하는 과정을 보여준다.

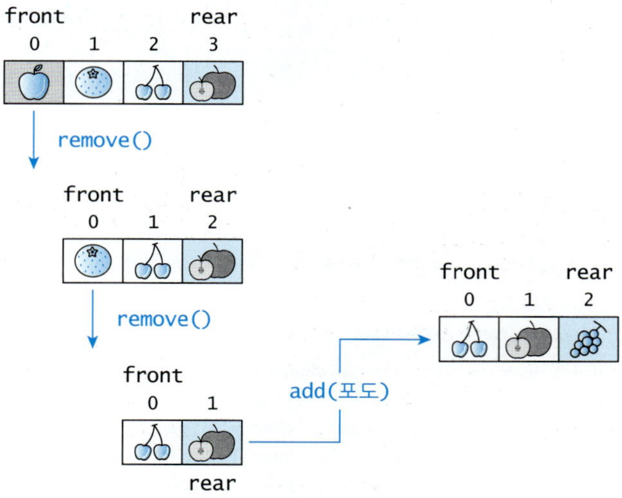

그림 2.3.6 일련의 큐 연산 수행 과정

다음은 파이썬 리스트를 활용하여 큐 자료구조를 구현한 프로그램이다.

파일명: AT 2.3 큐 자료구조.py

```
def add(item):     # 삽입 연산
    q.append(item)

def remove():      # 삭제 연산
```

q 리스트의 맨 뒤에 item을 추가

```
    if len(q) != 0:
        item = q.pop(0)
        return item


q = []
add('apple')
add('orange')
add('cherry')
add('pear')
print('사과, 오렌지, 체리, 배 삽입 후: \t', end='')
print(q)
remove()
print('remove 후:\t\t\t', end='')
print(q)
remove()
print('remove 후:\t\t\t', end='')
print(q)
add('grape')
print('포도 삽입 후:\t\t', end='')
print(q)
```

- item = q.pop(0): q 리스트의 맨 앞에 있는 항목을 삭제
- q = []: q 리스트 선언
- add('apple') ~ add('pear'): 네 항목 삽입
- remove(): 맨 앞에 있는 항목 제거
- add('grape'): 포도 삽입

```
Run:  AT 2.3 큐 자료구조
C:\Users\user\venv\Scripts\python.exe
사과, 오렌지, 체리, 배 삽입 후:    ['apple', 'orange', 'cherry', 'pear']
remove 후:            ['orange', 'cherry', 'pear']
remove 후:            ['cherry', 'pear']
포도 삽입 후:          ['cherry', 'pear', 'grape']

Process finished with exit code 0
```

수행 시간

파이썬 리스트로 구현한 큐의 add와 remove 연산은 각각 $O(1)$ 시간이 소요된다. 하지만 리스트 크기를 확대 또는 축소하는 경우에 큐의 모든 항목을 새 리스트로 복사해야 하므로 $O(n)$ 시간이 소요된다.[8] 단순 연결 리스트로 구현한 큐의 add와 remove 연산은 각각 $O(1)$ 시간이 걸리는데, 이는 삽입 또는 삭제 연산이 front와 rear 레퍼런스 변수가 항상 각각 첫 노드와 마지막 노드를 가리키고 있어서 연결 리스트의 다른 노드들을 일일이 방문할 필요 없기 때문이다.

8) 파이썬은 자동으로 리스트의 크기를 조절하여 프로그래머는 이를 인식하지 못한다. 그러나 Java 또는 C, C++과 같은 언어에서 배열로 구현한 큐 자료구조에서는 프로그래머가 스스로 배열 크기를 조절해야 한다.

응용

- CPU의 태스크 스케줄링(task scheduling)
- 네트워크 프린터
- 실시간(real-time) 시스템의 인터럽트(interrupt) 처리
- 다양한 이벤트 구동 방식(event-driven) 컴퓨터 시뮬레이션
- 콜센터의 전화 서비스 처리
- 이진 트리의 레벨 순회(level-order traversal)
- 그래프의 너비 우선 탐색 (Part 2.5)

2.4 이진 트리와 이진 힙

파이썬 리스트(다른 언어의 배열)나 단순 연결 리스트는 데이터를 일렬로 저장하기 때문에 항목들이 정렬되어 있지 않으면 탐색을 순차적으로 수행하여야 하는 단점을 가진다. 미리 정렬해 놓더라도 새로운 항목을 삽입하거나 기존 항목을 삭제하면 정렬 상태를 유지하기 위해 그림 2.4.1과 같이 항목들의 이동이 불가피하다.

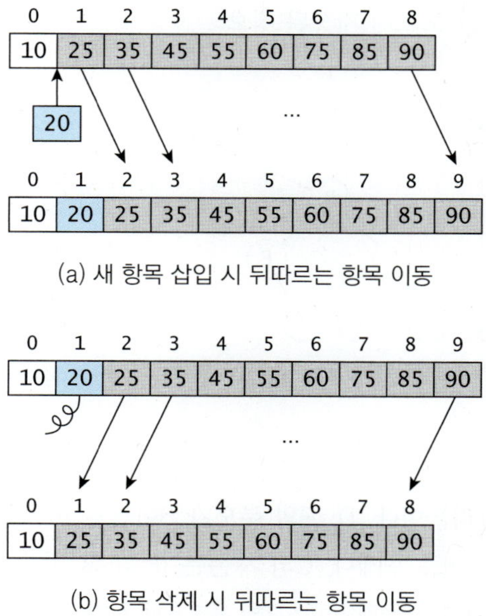

그림 2.4.1 삽입, 삭제 시 기존 항목들의 이동

2차원 형태의 트리 자료구조인 이진 트리는 이러한 선형 구조를 가진 자료구조의 단점을 보완해주며, 컴퓨터 분야에서 널리 활용되는 기본적인 자료구조이다. 이 Part에서는 이진 트리와 이진 트리 형태의 우선순위 큐인 이진 힙을 살펴본다.

이진 트리

이진 트리를 정의하기 전에 트리의 용어를 알아보자.

- 루트(root) : 트리의 최상위에 있는 노드
- 자식(child) : 노드 바로 아래에 연결된 노드
- 부모(parent) : 노드의 바로 위에 연결된 노드
- 이파리(leaf) : 자식이 없는 노드
- 형제(sibling) : 동일한 부모를 가지는 노드
- 조상(ancestor) : 루트까지 경로 위에 있는 모든 노드
- 후손(descendant) : 노드 아래에 매달린 모든 노드
- 서브 트리(subtree) : 노드 자신과 후손으로 구성된 트리
- 레벨(level) : 루트의 레벨은 1이고, 아래로 내려가며 레벨은 1씩 증가
- 높이(height) : 트리의 최대 레벨
- 키(key) : 탐색에 사용되는 노드에 저장된 정보

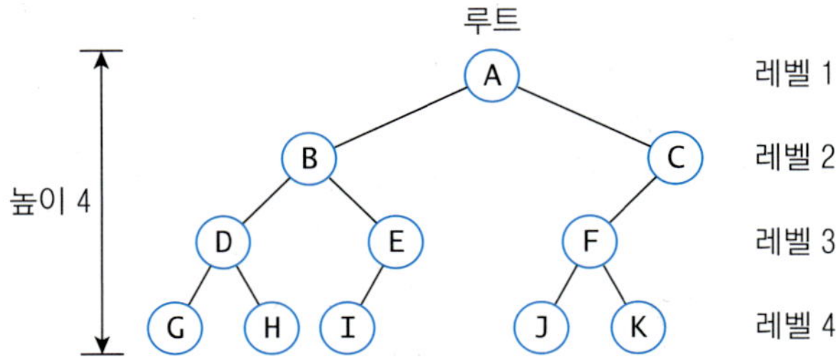

그림 2.4.2 이진 트리

그림 2.4.2의 트리에서 A는 트리의 루트이다. B, C는 각각 A의 자식이다. B, C의 부모는 A이고, G, H, I, J, K는 이파리들이다. D, E의 부모가 B이므로 이들은 서로 형제이다. 또한 {B, C}, {G, H}, {J, K}도 각각 서로 형제다. C의 자손은 {F, J, K}이고, B를 루트로 하는 서브 트리는 B와 B의 자손으로 구성된 트리이고, 그림 2.4.3과 같다.

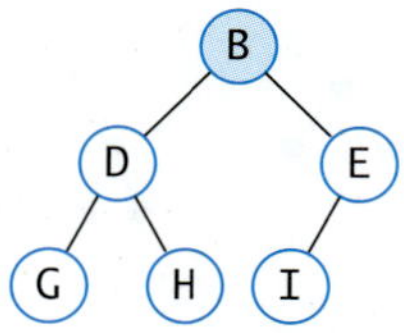

그림 2.4.3 B를 루트로 하는 서브 트리

J의 조상은 {F, C, A}이고, 트리 높이는 4이다. 만일 위 트리의 이파리 중에 하나라도 자식을 가지면 트리 높이는 5가 된다.

이파리는 단말(terminal) 노드 또는 외부(external) 노드라고도 하며, 이파리가 아닌 노드를 내부(internal) 노드 또는 비 단말(non-terminal) 노드라고도 일컫는다. 또한 레벨은 깊이(depth)와 같다. 다음은 이진 트리의 정의이다.

> 이진 트리는 empty거나, empty가 아니면 루트와 2개의 이진 트리인 왼쪽 서브 트리와 오른쪽 서브 트리로 구성된다. 그리고 각 서브 트리는 이진 트리이다.

그림 2.4.4는 이진 트리의 예를 보여준다. (a)는 empty 트리로서 이진 트리이고, (b)는 루트만 있는 이진 트리이다. (c)는 루트의 오른쪽 서브 트리가 없는 이진 트리이고, (d)는 루트의 왼쪽 서브 트리가 없는 이진 트리이다.

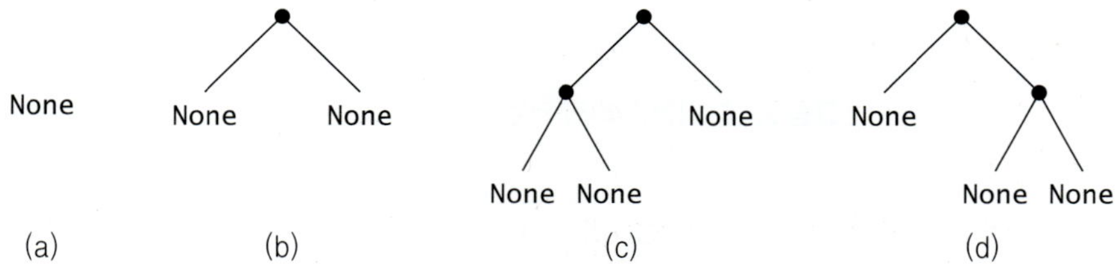

그림 2.4.4 이진 트리의 예

이진 트리에는 두 종류의 특별한 형태를 가진 트리가 있다. 하나는 포화 이진 트리(perfect binary tree)이고, 다른 하나는 완전 이진 트리(complete binary tree)이다. 포화 이진 트리는 모든 이파리의 깊이가 같고 각 내부 노드가 2개의 자식을 가지는 트리이다. 반면에 완전 이진 트리는 마지막 레벨을 제외한 각 레벨이 노드들로 꽉 차 있고, 마지막 레벨에는 노드들이 왼쪽부터 빠짐없이 채워진 트리이다. 따라서 포화 이진 트리는 완전 이진 트리이기도 하다.

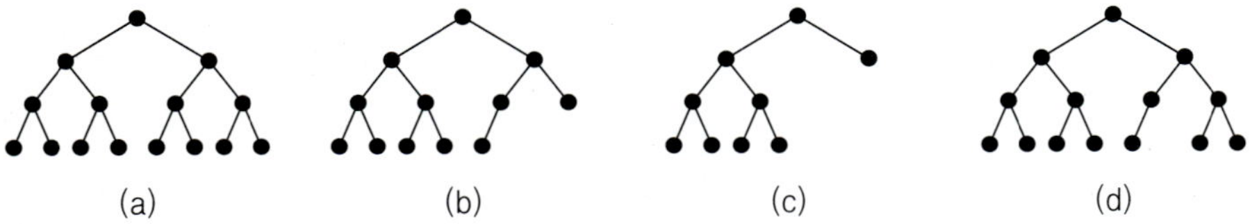

그림 2.4.5 어느 트리가 포화/완전 이진 트리인가?

그림 2.4.5(a)는 포화 이진 트리이면서, 완전 이진 트리이고, (b)는 완전 이진 트리이다. 그러나 (c)는 완전 이진 트리가 되기 위해 레벨 3에 2개의 노드가 부족하고, (d)는 마지막 레벨에 1개의 노드가 없으므로 포화/완전 이진 트리가 아니다.

이진 트리는 최대 2개의 자식을 가지므로 다음과 속성을 가진다.

- 레벨 k에 있는 최대 노드 수는 2^{k-1}이다. 단, $k=1, 2, 3, \cdots$ 이다.
- 높이가 h인 포화 이진 트리에 있는 노드 수는 2^h-1이다.
- n개의 노드를 가진 완전 이진 트리의 높이는 $\lceil \log_2(n+1) \rceil$이다.

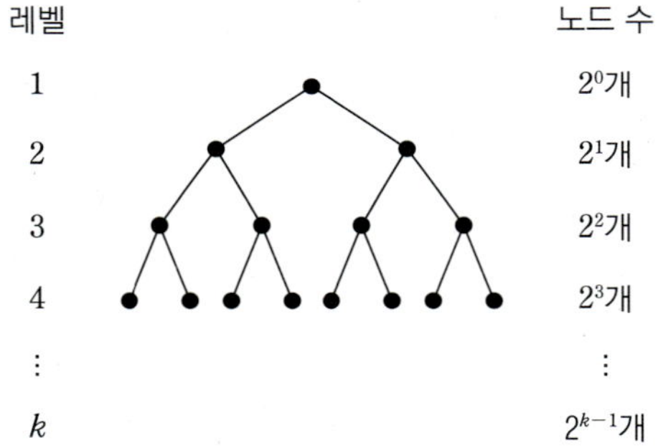

그림 2.4.6 이진 트리의 레벨과 노드 수의 관계

그림 2.4.6의 이진 트리에서 레벨 1에는 $2^0=1$개의 노드, 즉 루트가 있고, 레벨 2에는 $2^1=2$개, …, 그리고 레벨 k에는 최대 2^{k-1}개의 노드가 있는 것을 보여준다. 한 층에 존재할 수 있는 최대 노드 수는 이전 층에 있는 최대 노드 수의 2배인데, 이는 이전 층에 있는 각 노드가 최대 2개의 자식을 가지기 때문이다. 따라서 높이가 h인 포화 이진 트리에 있는 노드 수는 $2^0+2^1+2^2+\cdots+2^{h-1}=2^h-1$이다. 이때 노드 수가 n이면, $h=\log_2(n+1)$이다.

n개의 노드를 가진 완전 이진 트리의 높이는 $\lceil \log_2(n+1) \rceil$임을 알아보자. 높이가 h인 완전 이진 트리에 존재할 수 있는 노드 수는 2^{h-1}~2^h-1이다. 즉, 노드 수가 2^{h-1}보다 1개라도 적으면 높이가 $(h-1)$이 되고, 2^h-1보다 1개라도 많으면 높이가 $(h+1)$이 된다.

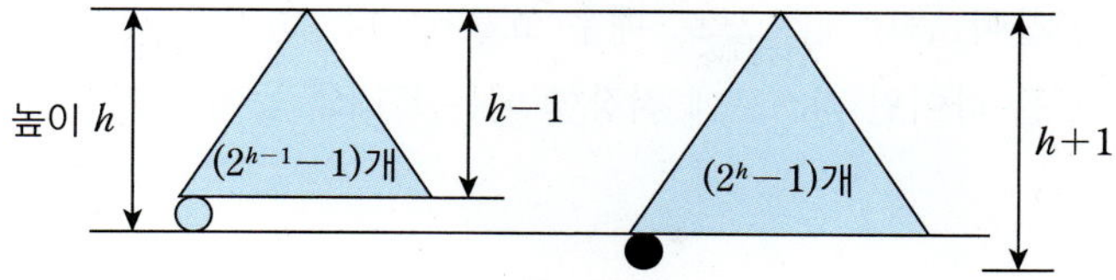

그림 2.4.7 높이가 h인 완전 이진 트리

예를 들어 노드 수가 4, 5, 6, 7인 경우에는 $h=3$이며, 노드 수가 8 ~ 15이면 $h=4$이다. 따라서 노드 수가 n인 완전 이진 트리의 높이 h는 n에 1을 더해 log를 취하여 얻은 수를 올림 한 정수이다. 즉, $\lceil \log_2(n+1) \rceil$이다.

이진 트리는 각 노드에 2개의 레퍼런스를 가지고 구현한다. 그러나 파이썬 리스트를 사용할 때는 그림 2.4.8과 같이 a[0]은 사용하지 않고, 트리의 레벨 1부터 차례로 내려가며 각 레벨에서는 좌에서 우로 트리의 노드를 a[1]부터 차례로 저장한다.

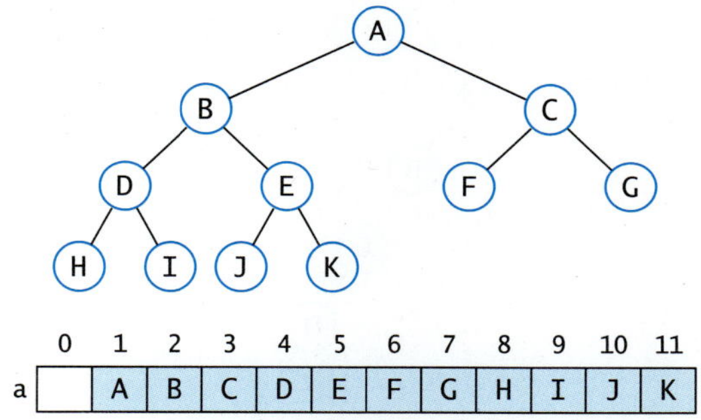

그림 2.4.8 파이썬 리스트에 저장된 이진 트리

그림 2.4.8과 같이 이진 트리를 파이썬 리스트에 저장하면 노드의 부모와 자식이 리스트의 어디에 저장되어 있는지를 다음과 같은 규칙을 통해 쉽게 알 수 있다. 단, 트리에 n개의 노드가 있다.

- a[i]의 부모는 a[i//2]에 있다. 단, $i>1$이다.
- a[i]의 왼쪽 자식은 a[2i]에 있다. 단, $2i \le n$이다.
- a[i]의 오른쪽 자식은 a[2i+1]에 있다. 단, $2i+1 \le n$이다.

그림 2.4.8에서 E는 a[5]에 있고, E의 부모는 a[5//2] = a[2]에 있는 B이다. E의 왼쪽과 오른쪽 자식은 각각 a[2×5] = a[10]과 a[2×5+1] = a[11]에 저장된 J와 K이다.

완전 이진 트리를 저장하기 위해 파이썬 리스트(배열)를 사용하면 자식을 참조할 레퍼런스를 저장할 메모리 공간이 필요 없으므로 매우 효율적이다. 하지만 그림 2.4.9와 같이 편향(skewed) 이진 트리[9]를 파이썬 리스트에 저장할 때는 트리의 높이가 커질수록 메모리 낭비가 매우 심각해진다.

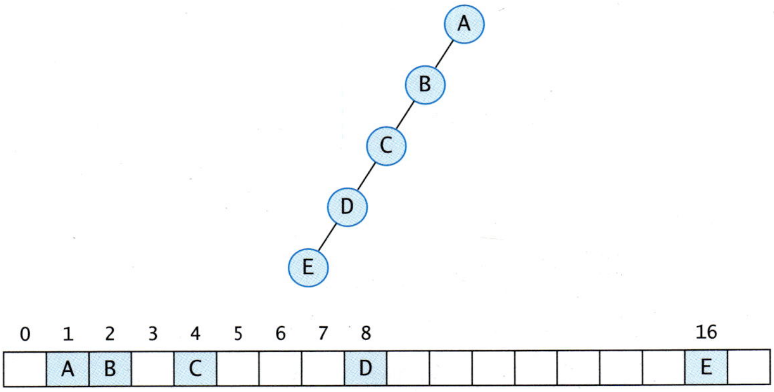

(a)

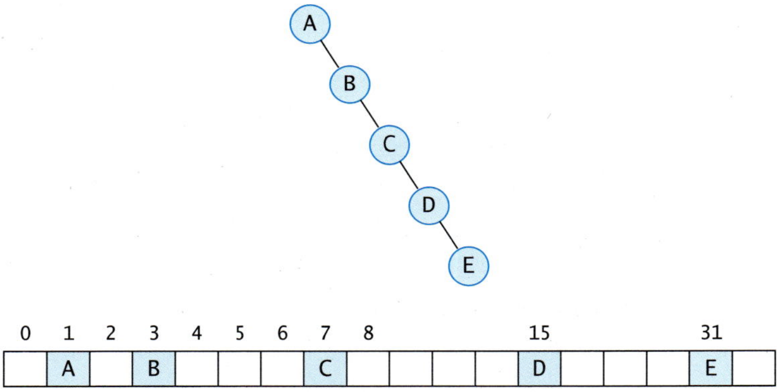

(b)

그림 2.4.9 파이썬 리스트에 저장된 좌 · 우로 편향된 이진 트리

응용

이진 트리는 그 자체로 활용되기보다는 노드에 키와 관련 정보를 저장하여 탐색, 삽입, 삭제 등의 연산을 수행하는 자료구조에 사용된다.

- 이진 탐색 트리(binary search tree)

---

9) 경사 이진 트리로도 불린다.

- 균형 이진 탐색 트리(balanced binary search tree)[10]
- 다방향 탐색 트리(multi-way search tree)
- 이진 힙

이진 힙

이진 힙(binary heap)은 우선순위 큐(priority queue)를 구현하는 가장 기본적인 자료구조이다. 우선순위 큐란 가장 높은 우선순위를 가진 항목에 접근하거나 삭제하는 연산과 임의의 우선순위를 가진 항목을 삽입하는 연산을 지원하는 자료구조이다. 단, 일반적으로 우선순위 큐에서는 임의의 우선순위를 가진 항목을 제거하는 삭제 연산은 지원하지 않는다.

생각해보자
스택이나 큐 자료구조가 우선순위 큐일까?

스택은 후입 선출 자료구조이므로 시간을 우선순위로 여기면, 가장 마지막으로 삽입된 항목이 가장 높은 우선순위를 가진다. 따라서 스택은 최근 시간일수록 높은 우선순위를 부여하는 우선순위 큐이다. 반면에 큐 자료구조는 선입 선출 자료구조이므로 먼저 삽입된 항목이 우선순위가 더 높다. 따라서 큐 자료구조는 이른 시간일수록 더 높은 우선순위를 부여하는 우선순위 큐이다.

생각해보자
스택과 큐와 같은 우선순위 큐가 있는데, 왜 또 다른 우선순위 큐 자료구조가 필요할까?

우선순위 큐는 임의의 우선순위를 가진 항목의 삽입을 허용한다. 그러나 스택은 항상 가장 높은 우선순위를 가진 항목만 push된다. 또한 큐 자료구조는 항상 가장 낮은 우선순위를 가진 항목을 add한다. 따라서 만일 스택이나 큐 자료구조에 임의의 우선순위를 가진 항목의 삽입을 허용하면, 삽입할 때마다 우선순위에 따라 항목들을 정렬해야 하는 문제점을 갖는다.

이러한 문제를 해결하는 가장 기본적인 자료구조가 이진 힙이다. 이진 힙은 새 항목을 삽입할 때 정렬된 상태를 유지할 필요 없고, $O(1)$ 시간에 가장 높은 우선순위를 가진 항목에 접근

10) 균형 이진 트리는 이진 트리의 높이가 $O(\log n)$이 넘지 않는 이진 탐색 트리이며, AVL-트리, 레드 블랙 트리 등이 대표적인 균형 이진 트리이다.

할 수 있으며, $O(\log n)$ 시간에 가장 높은 우선순위를 가진 항목을 삭제할 수 있는 자료구조이다. 이진 힙은 다음과 같이 정의된다.

> 이진 힙(binary heap)은 완전 이진 트리로서 부모의 우선순위가 자식의 우선순위보다 높은 자료구조이다.

각 노드에 대해 부모의 우선순위가 자식의 우선순위보다 높은 것을 힙 속성(heap property)이라 한다. 키(key)가 작을수록 더 높은 우선순위를 갖는다면 그림 2.4.10의 트리 중 어떤 트리가 이진 힙일까?

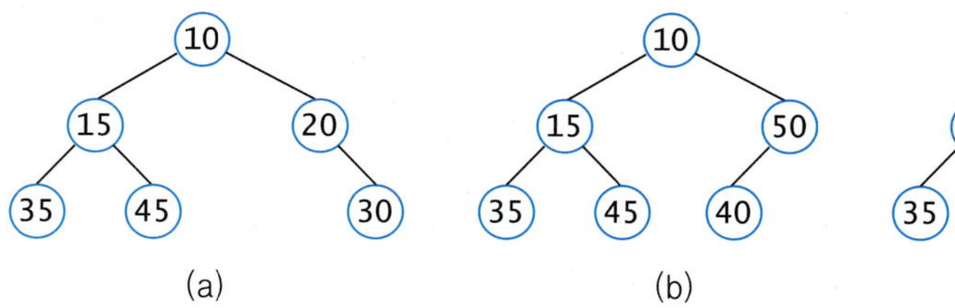

그림 2.4.10 어느 트리가 이진 힙일까?

> **생각해보자**
>
> 그림 2.4.10의 트리 중에 (c)만이 이진 힙이다. (a)는 모든 노드가 힙 속성을 만족하지만, 완전 이진 트리가 아니다. (b)는 루트의 오른쪽 자식인 50이 40을 자식으로 가지고 있어서 힙 속성에 어긋난다.

완전 이진 트리는 파이썬 리스트(배열)로 구현하며, 리스트의 두 번째 원소부터 사용한다. 즉, 리스트 a에서 a[0]은 사용하지 않고, 완전 이진 트리의 노드들을 레벨에 따라 a[1]부터 차례로 저장한다. 그림 2.4.11은 완전 이진 트리의 노드들이 리스트에 저장된 것을 나타낸다.

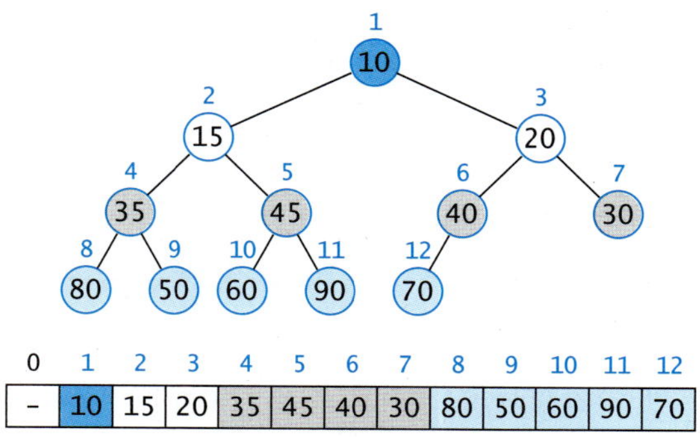

그림 2.4.11 이진 힙의 노드가 저장된 리스트

그림 2.4.11의 각 노드 위의 숫자는 노드가 저장된 리스트 원소의 인덱스이다. 노드를 리스트에 이처럼 저장하면 힙에서 부모와 자식 관계를 다음과 같이 표현할 수 있다.

> a[i]의 자식은 a[2i]와 a[2i+1]에 있고,
> a[j]의 부모는 a[j//2]에 있다. 단, j 〉 1이다.

예를 들어 그림 2.4.11의 힙에서 노드 35의 자식은 a[2×4] = a[8]과 a[2×4+1] = a[9]에 있고, 즉 80과 50이고, 노드 90의 부모는 a[11//2] = a[5]에 있는 45이다.

이진 힙에는 키가 작을수록 높은 우선순위를 가지는 최소 힙(minimum heap)과 클수록 더 높은 우선순위를 가지는 최대 힙(maximum heap)이 있다. 그림 2.4.11의 힙은 최소 힙이다.

수행 시간

최소 힙의 루트에는 항상 가장 작은 키가 저장되는데, 이는 최소 힙의 노드에 저장된 키가 자식의 키보다 작다는 힙 속성 때문이다. 또한 루트는 a[1]에 저장되어 있으므로, 최소 힙에서는 $O(1)$ 시간에 가장 작은 키를 가진 노드에 접근할 수 있다.

힙에서는 항상 루트만 삭제할 수 있으나, 임의의 키(우선순위)를 가진 항목을 힙에 삽입할 수 있다. 이진 힙에서 삽입과 삭제는 힙 속성을 회복시키기 위해 각각 $O(\log n)$ 시간이 소요된다. 이는 이진 힙이 완전 이진 트리이고 완전 이진 트리의 높이는 $\lceil \log_2(n+1) \rceil$이기 때문이다. 이진 힙 연산의 수행 시간에 대한 상세한 분석은 생략한다.

다음은 파이썬에서 제공하는 최소 힙을 위한 heapq이다.

파이썬 heapq

- heapq.heapify(a) # 리스트 a를 최소 힙으로 만들기
- heapq.heappush(a, item) # item을 힙 a에 삽입
- heapq.heappop(a) # 힙 a의 루트 삭제
- heapq.heappushpop(a, item) # 힙 a에 item을 삽입한 후, 루트 삭제
- heapq.heapreplace(a, item) # 힙 a의 루트를 삭제한 후, item을 삽입

이외에도 heapq에 관련된 여러 메소드가 있으나, 이들은 힙의 항목 수가 많아지면 실제 수행 시간이 오래 걸려서 거의 사용되지 않는다. 다음은 파이썬의 heapq를 이용하여 입력을 정렬하는 프로그램이다.

파일명: AT 2.4 힙 정렬.py

```
import heapq
a = [54, 88, 77, 26, 93, 17, 49, 10, 11, 31, 22, 44, 20]
print('정렬 전:\t', a)

heapq.heapify(a)
print('힙:\t\t', a)

s = []
while a:
    s.append(heapq.heappop(a))

print('정렬 후:\t', s)
```

heapq import하기

최소 힙 만들기

힙에서 루트를 삭제하여 s의 맨 뒤에서 추가

```
Run: AT 2.4 힙 정렬
C:\Users\user\venv\Scripts\python.exe
정렬 전:  [54, 88, 77, 26, 93, 17, 49, 10, 11, 31, 22, 44, 20]
힙:       [10, 11, 17, 26, 22, 20, 49, 54, 88, 31, 93, 44, 77]
정렬 후:  [10, 11, 17, 20, 22, 26, 31, 44, 49, 54, 77, 88, 93]

Process finished with exit code 0
```

응용

- 관공서, 은행, 병원, 우체국, 대형마트, 공항 등에서 이루어지는 업무와 관련된 이벤트 처리
- 컴퓨터 운영 체제의 프로세스 처리
- 네트워크 라우터에서의 패킷 처리
- 힙 정렬
- 프림(Prim)의 최소 신장 트리 알고리즘(Part 4.3)
- 다익스트라(Dijkstra)의 최단 경로 알고리즘(Part 4.4)
- 허프만 트리(Part 4.5)

2.5 그래프

그래프[11]는 인터넷, 도로, 운송, 전력, 상하수도망, 신경망, 유전자 네트워크, 금융 네트워크, 소셜 네트워크 등의 광범위한 분야에서 활용되는 자료구조이다. 먼저 그래프 용어와 그래프를 저장할 자료구조를 살펴본다. 그리고 그래프의 기본 연산인 깊이 우선 탐색과 너비 우선 탐색, 위상 정렬(topological sort)을 알아본다.

그래프 용어

그래프는 정점 또는 점(vertex)과 간선(edge)의 집합으로 하나의 간선은 두 개의 정점을 연결한다. 그래프는 G=(V, E)로 표현하는데, V는 정점의 집합이고, E는 간선의 집합이다. 간선에 방향이 없는 그래프를 무방향 그래프(undirected graph)라고 하고, 간선에 방향이 있는 그래프를 방향 그래프(directed graph)라고 한다.

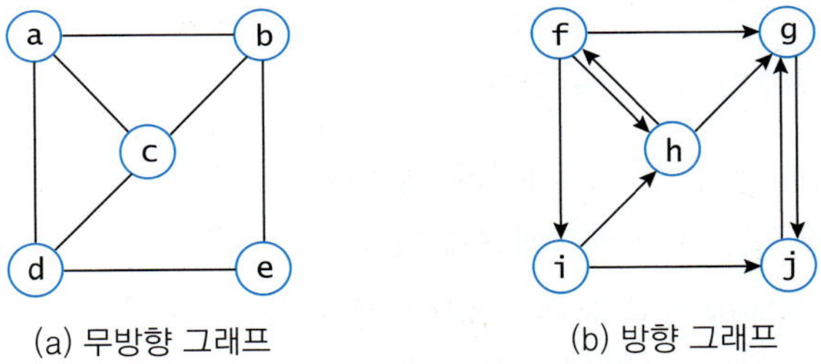

그림 2.5.1 무방향 그래프와 방향 그래프

정점 a와 b를 연결하는 간선을 (a, b)로 표현하고, 정점 a에서 b로 간선의 방향이 있는 경우에는 ⟨a, b⟩로 표현하기도 한다. 정점 a에 인접한 정점의 수를 a의 차수(degree)라고 정의한다. 방향 그래프에서는 차수를 진입 차수(in-degree)와 진출 차수(out-degree)로 구분한다. 그림 2.5.1(a)에서 정점 a의 차수는 3이고, 정점 e의 차수는 2이다. (b)에서 정점 g의 진입 차수는 3이고, 진출 차수는 1이다.

경로(path)는 시작점 u에서 도착점 v까지의 정점을 나열하여 표현한다. 그림 2.5.1(a)에서 a, c, b, e는 정점 a에서 e까지의 여러 경로 중 하나이다. 경로 위의 정점들이 모두 다른 경로를 특별히 단순 경로(simple path)라고 한다. 즉, '일반적인' 경로는 경로 위에 정점이 중복되어 나타날 수 있다. 예를 들어 그림 2.5.1(a)에서 a, b, c, b, e도 정점 a에서 e까지의 경로이다. 시작점과 도착점이 같은 단순 경로를 사이클(cycle)이라고 한다. 그림 2.5.1(a)에서 a, b, e, d,

11) 본서에서 다루는 그래프는 막대그래프, 파이 그래프, 선 그래프, 띠그래프 등의 자료 시각화를 위한 그래프가 아니다.

c, a는 사이클이다.

그림 2.5.2의 그래프는 10개의 정점을 가지며 모든 정점이 서로 연결되어(connected) 있지 않다. 그래프에서 정점들이 서로 연결된 부분을 연결 성분(connected component)이라 한다. 그림 2.5.2의 그래프는 3개의 연결 성분, [a, b, c, d, e], [f, g, h, i], [j]로 구성되어 있다.

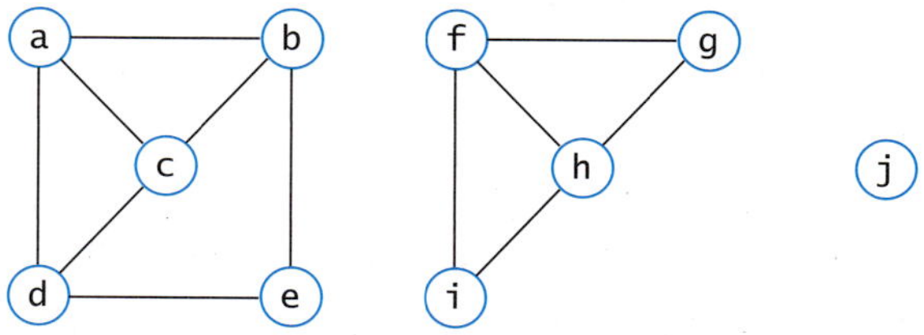

그림 2.5.2 3개의 연결 성분을 가진 그래프

가중치 그래프(weighted graph)는 간선에 가중치가 부여된 그래프이다. 가중치는 실제 두 정점 사이의 거리일 수도 있고, 두 정점을 연결하는 간선을 지나는 시간일 수도 있다. 또한 응용에 따라 가중치가 음수인 경우[12]도 있다.

부분 그래프(subgraph)는 주어진 그래프의 정점과 간선의 일부분(부분 집합)으로 이루어진 그래프이다. 부분 그래프는 원래의 그래프에 없는 정점이나 간선을 포함하지 않는다. 사이클이 없는 그래프를 트리(tree)라고 하고, 하나의 연결 성분으로 구성된 그래프의 모든 정점을 사이클 없이 연결하는 부분 그래프를 신장 트리(spanning tree)라고 한다.

그래프 자료구조

그래프를 저장하는 자료구조는 인접 행렬(adjacency matrix)과 인접 리스트(adjacency list)이다. n개의 정점을 가진 그래프의 인접 행렬은 (2차원 n×n) 리스트(배열)에 저장한다. 인접 행렬을 저장할 리스트가 a라면, 정점을 0, 1, 2, …, 로 하여, 정점 i와 j 사이에 간선이 없으면 a[i][j] = 0으로, 간선이 있으면 a[i][j] = 1로 표현한다. 가중치 그래프의 경우에는 1 대신에 간선의 가중치를 저장한다. 그림 2.5.3은 무방향 그래프에 대한 인접 행렬을 나타낸다.

12) 게임, 화학 공정, 주요 국가의 환율 관계 등

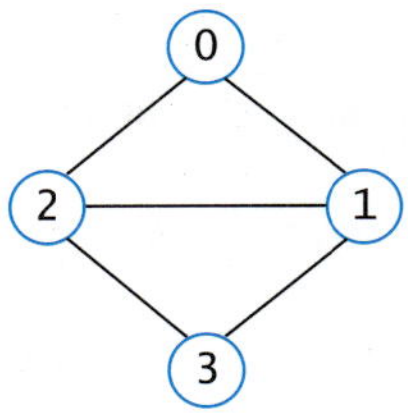

$$\begin{array}{c} \\ 0 \\ 1 \\ 2 \\ 3 \end{array}\begin{array}{c} \begin{array}{cccc} 0 & 1 & 2 & 3 \end{array} \\ \begin{bmatrix} 0 & 1 & 1 & 0 \\ 1 & 0 & 1 & 1 \\ 1 & 1 & 0 & 1 \\ 0 & 1 & 1 & 0 \end{bmatrix} \end{array}$$

그림 2.5.3 인접 행렬

인접 리스트는 정점마다 1개의 단순 연결 리스트를 이용하여 인접한 정점을 노드에 저장한다. 그림 2.5.4는 그림 2.5.3의 그래프에 대한 인접 리스트를 나타낸다.

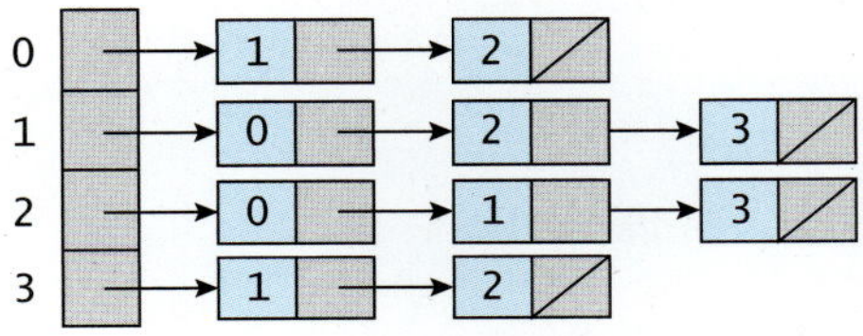

그림 2.5.4 인접 리스트

그러나 파이썬에서는 리스트로 그래프를 그림 2.5.5와 같이 구현할 수 있다.

adj = [[1, 2], [0, 2, 3], [0, 1, 3], [1, 2]]

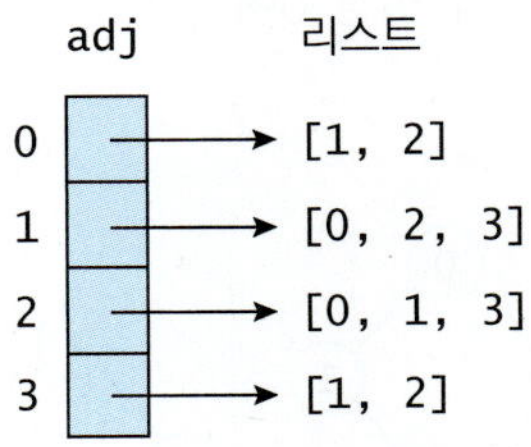

그림 2.5.5 파이썬 리스트에 저장된 그래프

이러한 구현은 사실상 인접 행렬과 인접 리스트를 동시에 반영한 것이다. 왜냐하면 그림 2.5.5에서 간선 (1, 3)은 adj[1][3]으로서 2차원 행렬과 같이 접근할 수 있고, adj[1]은 정점 1에 인접한 정점의 리스트로서 마치 단순 연결 리스트와 같이 순차적으로 각각 인접한 정점에 접근할 수도 있기 때문이다.

실세계의 그래프는 대부분 정점의 차수가 작은 희소 그래프(sparse graph)이다. 즉, 희소 그래프의 간선 수는 최대 간선 수인 $n(n-1)/2$보다 훨씬 작다. 이러한 희소 그래프를 효율적으로 저장하는 자료구조는 인접 리스트이다. 간선의 수가 최대 간선 수에 근접한 그래프를 조밀 그래프(dense graph)라고 하며, 조밀 그래프는 인접 행렬에 저장하는 것이 유리하다.

그래프에서는 두 가지 방식으로 모든 정점을 방문한다. 하나는 깊이 우선 탐색(Depth First Search, DFS)이고 다른 하나는 너비 우선 탐색(Breadth First Search, BFS)이다.

깊이 우선 탐색

그래프에서의 DFS는 임의의 정점에서 시작하여 이웃하는 하나의 정점을 방문하고, 방금 방문한 정점의 이웃 정점을 방문하며, 이웃하는 정점들을 모두 방문하였을 때 이전 정점으로 되돌아가서 탐색을 수행한다.

> **생각해보자**
> DFS가 탐색하는 모습과 유사한 것을 찾아보자.

DFS는 마치 실타래를 가지고 미로에서 출구를 찾는 것과 유사하다. 새로운 정점으로 갈 때는 실타래를 풀면서 진행하고, 어느 정점에 도착했는데 방문할 인접한 정점이 없으면 직전 정점으로 되돌아가는 것은 막혀서 진행할 수 없을 때 실타래를 되감으며 직전 정점으로 되돌아가는 것과 같다.

다음 프로그램은 그림 2.5.6 그래프의 정점 0에서부터 DFS를 수행하기 위한 파이썬 프로그램이다.

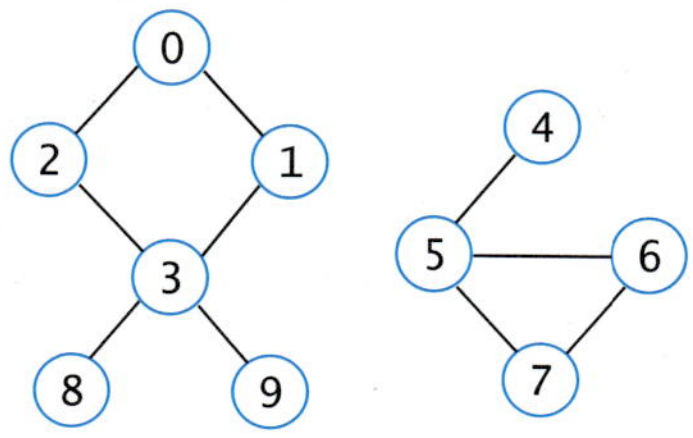

그림 2.5.6 DFS를 위한 입력 그래프

파일명: AT 2.5 그래프 DFS.py

```
adj_list = [[2, 1], [3, 0], [3, 0], [9, 8, 2, 1],
            [5], [7, 6, 4], [7, 5], [6, 5], [3], [3]]
n = len(adj_list)
visited = [False for _ in range(n+1)]


def dfs(v):
    visited[v] = True
    print(v, ' ', end='')
    for w in adj_list[v]:
        if not visited[w]:
            dfs(w)


print('DFS 방문 순서:')
for i in range(n):
    if not visited[i]:
        dfs(i)
```

- adj_list: 입력 인접 리스트
- visited: 방문하면 True로
- visited[v] = True, print(v, ' ', end=''): v를 방문하고 v를 출력
- dfs(w): v에 인접하면서 방문 안 된 w를 가지고 순환 호출
- for i in range(n): 그래프가 2개 이상의 연결 성분을 가진 경우를 대비하여
- dfs(i): 정점 i로 dfs 호출

Run: AT 2.5 그래프 DFS

```
C:\Users\user\venv\Scripts\python.exe
DFS 방문 순서:
0  2  3  9  8  1  4  5  7  6
Process finished with exit code 0
```

dfs()의 for-루프에서는 정점 v에 인접한 각 정점 w에 대해 w를 아직 방문하지 않았으면 dfs(w)로 순환 호출한다. 그림 2.5.7은 위의 프로그램에서 DFS가 수행되는 과정을 표로 나타낸 것이다.

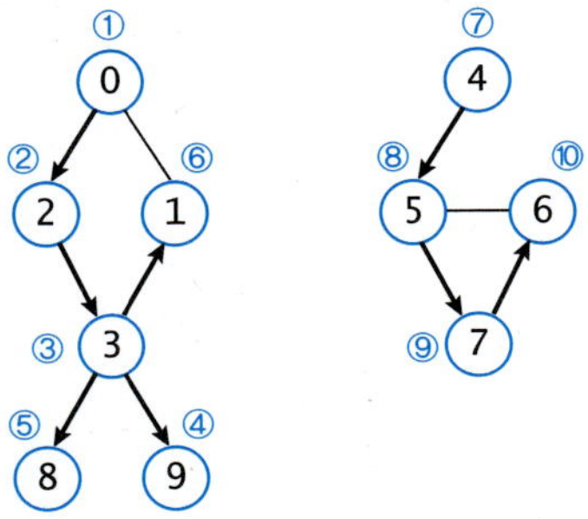

방문순서	dfs() 호출	visited[]	출력
①	dfs(0)	visited[0] = True	0
②	dfs(2)	visited[2] = True	2
③	dfs(3)	visited[3] = True	3
④	dfs(9)	visited[9] = True	9
⑤	dfs(8)	visited[8] = True	8
⑥	dfs(1)	visited[1] = True	1
⑦	dfs(4)	visited[4] = True	4
⑧	dfs(5)	visited[5] = True	5
⑨	dfs(7)	visited[7] = True	7
⑩	dfs(6)	visited[6] = True	6

그림 2.5.7 DFS 방문 과정

수행 시간

DFS의 수행 시간은 각 정점을 한 번씩 방문하며, 각 간선을 한 번씩만 사용하여 탐색하기 때문에 $O(n+m)$이다. 여기서 n은 그래프의 정점의 수이고, m은 간선의 수이다.

너비 우선 탐색

BFS는 임의의 정점 v에서 시작하여 v의 이웃하는 모든 정점을 방문하고, 방문한 정점의 이웃한 정점들을 방문하는 방식으로 그래프의 모든 정점을 방문한다.

> **생각해보자**
> BFS가 탐색하는 모습은 무엇과 유사할까?

BFS가 그래프의 정점들을 방문하는 전반적인 모습은 마치 연못에 돌을 던졌을 때 물결이 동심원을 그리며 퍼져나가는 모양과 유사하다.

BFS는 탐색을 위해 큐 자료구조를 사용한다. 다음은 그림 2.5.8의 그래프를 정점 0으로부터 BFS를 수행하는 파이썬 프로그램이다.

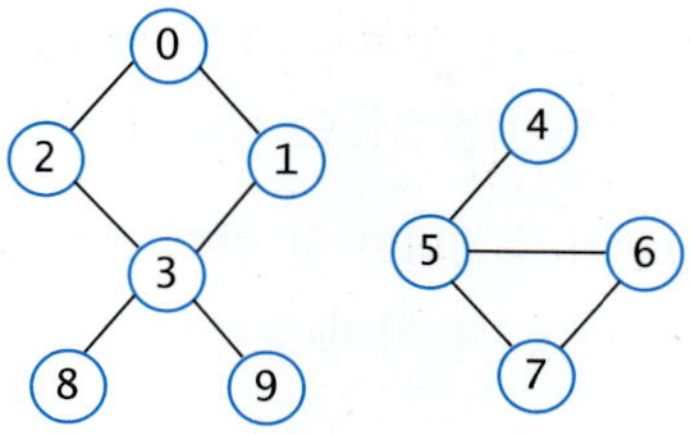

그림 2.5.8 BFS를 위한 입력 그래프

파일명: AT 2.5 그래프 BFS.py

```
adj_list = [[2, 1], [3, 0], [3, 0], [9, 8, 2, 1],
            [5], [7, 6, 4], [7, 5], [6, 5], [3], [3]]
n = len(adj_list)
visited = [False for _ in range(n + 1)]


def bfs(v):
    queue = []
    visited[v] = True
    queue.append(v)
    while len(queue) != 0:
        u = queue.pop(0)
        print(u, ' ', end='')
        for w in adj_list[u]:
            if not visited[w]:
                visited[w] = True
                queue.append(w)


print('BFS 방문 순서:')
for i in range(n):
    if not visited[i]:
        bfs(i)
```

- 입력 인접 리스트 (adj_list)
- 방문하면 True로 (visited)
- v를 방문하고 v를 큐에 삽입 (visited[v] = True, queue.append(v))
- 큐의 맨 앞의 점 u를 삭제하고 출력 (u = queue.pop(0), print)
- u에 인접하면서 방문 안 된 모든 점에 대해 방문 표시하고 큐에 삽입 (for w in adj_list[u] …)
- 그래프가 2개 이상의 연결 성분을 가진 경우를 대비하여 (for i in range(n))
- 정점 i로 bfs 호출 (bfs(i))

Run: AT 2.5 그래프 BFS

```
C:\Users\user\venv\Scripts\python.exe
BFS 방문 순서:
0  2  1  3  9  8  4  5  7  6
Process finished with exit code 0
```

BFS는 큐 자료구조를 사용하며, while-루프는 큐가 empty이면 종료되고, 루프가 처음 시작하여 끝날 때까지 연속적으로 방문한 정점들은 하나의 연결 성분을 구성한다.

그림 2.5.9는 bfs(0)부터 프로그램이 수행되며 첫 번째 연결 성분의 정점들을 모두 방문할 때까지 큐에 정점들이 삽입, 삭제되며 정점들이 방문될 때의 큐의 상태를 도식화한 것이다.

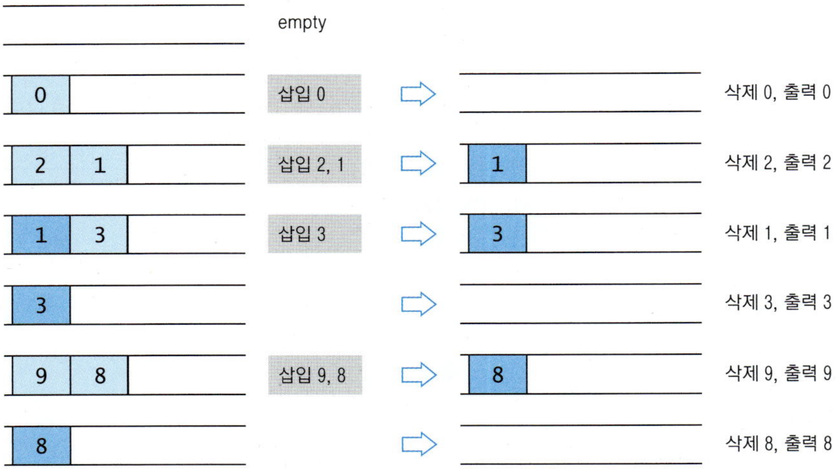

그림 2.5.9 정점 0으로부터 첫 번째 연결 성분 방문 과정

그림 2.5.10은 주어진 입력 그래프에 대해 BFS가 정점을 방문하는 전 과정을 나타낸 것이다.

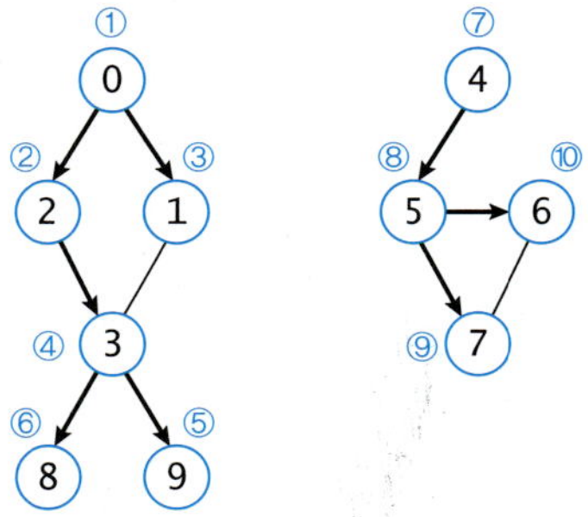

방문순서	visited[]	출력
①	visited[0] = True	0
②	visited[2] = True	2
③	visited[1] = True	1
④	visited[3] = True	3
⑤	visited[9] = True	9
⑥	visited[8] = True	8
⑦	visited[4] = True	4
⑧	visited[5] = True	5
⑨	visited[7] = True	7
⑩	visited[6] = True	6

그림 2.5.10 BFS 방문 과정

수행 시간

BFS는 DFS와 같이 각 정점을 한 번씩 방문하며, 각 간선을 한 번씩만 사용하여 탐색하기 때문에 $O(n+m)$의 수행 시간이 소요된다. BFS와 DFS는 정점의 방문 순서나 간선을 사용하는 순서만 다를 뿐이다. 여기서 n은 그래프의 정점의 수이고, m은 간선의 수이다.

응용

다음은 DFS와 BFS로 수행 가능한 그래프 응용을 보여준다. 신장 트리, 연결 성분, 경로, 사이클 찾기는 두 탐색 방법 모두 사용할 수 있지만, 최소 간선을 사용하는 경로를 찾기 위해선 BFS를 사용해야 하고, 위상 정렬, 이중 연결 성분, 강 연결 성분(strongly connected component)을 찾기 위해선 DFS를 사용해야 한다.

응용	DFS	BFS
신장 트리, 연결 성분, 경로, 사이클	V	V
최소 간선을 사용하는 경로		V
위상 정렬, 이중 연결 성분, 강 연결 성분	V	

위상 정렬

> **위상 정렬**(Topological Sort)이란 사이클이 없는 방향 그래프(Directed Acyclic Graph, DAG)에서 정점들을 선형 순서(일렬)로 나열하는 것이다.

위상 정렬은 그래프의 각 간선 ⟨u, v⟩에 대해 u가 v보다 반드시 앞서 나열한다.

[예제] 그림 2.5.11(a)는 교과 과정의 선수 과목 관계도이고, 그림 2.5.12는 교과목 수강 순서도이다. 이렇게 그래프의 각 정점에 대해 순서를 부여하는 것을 위상 정렬이라 하며, 주어진 그래프에 따라 여러 개의 위상 정렬이 존재할 수 있다. 일반적으로 작업(task) 사이에 의존관계가 존재할 때 수행 가능한 작업 순서를 도식화하는 데에 위상 정렬을 사용한다.

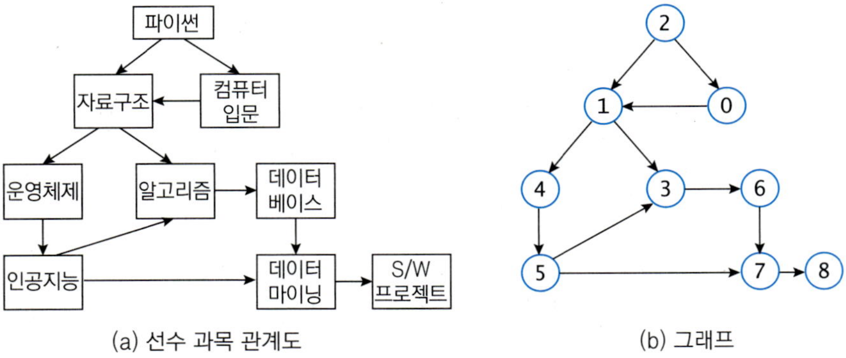

그림 2.5.11 교과 과정

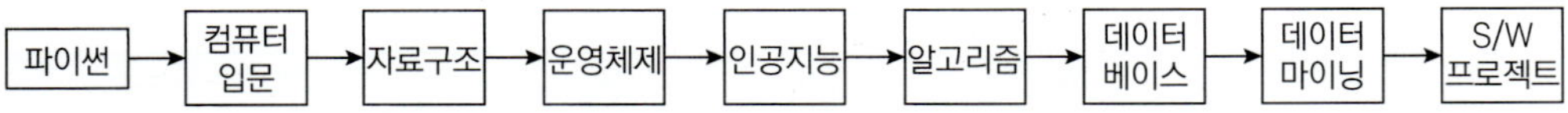

그림 2.5.12 교과목 수강순서

위상 정렬은 2가지 방법으로 찾을 수 있다.

1. [순방향 방법] 그래프에서 진입 차수가 0인 정점 v에서 시작하여 v를 출력하고 v를 그래프에서 제거하는 과정을 반복하는 방법
2. [역방향 방법] 진출 차수가 0인 정점 v를 출력하고, v를 그래프에서 제거하는 과정을 반복하여 얻은 출력 리스트를 역순으로 만들어 결과를 얻는 방법

생각해보자

순방향 방법의 문제점은 무엇일까?

순방향 방법은 쉽게 이해되는 방법이지만 각 정점의 진입 차수를 알아야 하므로 인접 리스트를 각 정점으로 진입하는 정점들의 인접 리스트로 변환시켜야 하는 단점을 가진다.

생각해보자

역방향 방법은 정점들을 어떤 순서로 리스트에 추가할까?

역방향 방법은 위상 정렬의 역순으로 정점들을 리스트에 추가하며 이를 위해 DFS를 이용하여 정점 v에 인접한 모든 점이 리스트에 추가되자마자 v를 리스트에 추가한다. 그리고 리스트가 완성되면 리스트를 역순으로 만들어 위상 정렬을 얻는다.

다음은 역방향 위상 정렬을 위한 파이썬 프로그램이다.

파일명: AT 2.5 그래프 위상 정렬.py

```
adj_list = [[1], [3, 4], [0, 1],
            [6], [5], [3, 7], [7], [8], []]
n = len(adj_list)
visited = [False for _ in range(n)]
s = []


def dfs(v):
    visited[v] = True
    for w in adj_list[v]:
        if not visited[w]:
            dfs(w)
    s.append(v)

for i in range(n):
    if not visited[i]:
        dfs(i)
s.reverse()
print('위상 정렬 순서:', s)
```

- 입력 인접 리스트
- 방문하면 True로
- 위상 정렬 순서 저장
- v를 방문하고
- v에 인접하면서 방문 안 된 각 점 w로 dfs 순환 호출
- v에 인접한 모든 점이 s에 이미 추가되어 있으므로 v를 s에 추가
- 아직 방문 안 된 정점 i로 dfs 호출
- s를 역순으로 만들어 위상 정렬을 얻는다.

Run: AT 2.5 그래프 위상 정렬

```
C:\Users\user\venv\Scripts\python.exe
위상 정렬 순서: [2, 0, 1, 4, 5, 3, 6, 7, 8]

Process finished with exit code 0
```

먼저 dfs(0)으로 호출을 시작하여, dfs(1), dfs(3), dfs(6), dfs(7)을 차례로 호출한 후에, dfs(8)이 호출된다. 이때 정점 8에선 더는 인접한 정점이 없으므로 정점 8이 리스트 s에 처음으로 추가된다. 즉, 위상 정렬 순서의 가장 마지막 정점 8을 찾아서 s에 저장한 것이다.

그다음엔 정점 7이 s에 추가되며, …, 최종적으로 s를 역순으로 만들어 위상 정렬을 출력한다.

수행 시간

위상 정렬 알고리즘의 수행 시간은 깊이 우선 탐색의 수행 시간과 동일한 $O(n+m)$이다. 기본적으로 깊이 우선 탐색을 하며 추가로 걸리는 시간은 정점을 리스트에 저장하고, 모든 탐색이 끝나면 리스트를 역순으로 만드는 시간으로 이는 $O(n)$이다. 따라서 위상 정렬 알고리즘의 수행 시간은 $O(n+m)+O(n)=O(n+m)$이다.

그림 2.5.13은 깊이 우선 탐색의 dfs 함수와 위상 정렬의 dfs 함수를 함께 보여준다. 출력하는 print 문과 v를 리스트 s에 추가하는 것 외에는 두 함수가 같은 것을 확인할 수 있다.

```
def dfs(v):
    visited[v] = True
    print(v, ' ', end='')
    for w in adj_list[v]:
        if not visited[w]:
            dfs(w)
```

깊이 우선 탐색의 dfs 함수

```
def dfs(v):
    visited[v] = True
    for w in adj_list[v]:
        if not visited[w]:
            dfs(w)
    s.append(v)
```

위상 정렬의 dfs 함수

그림 2.5.13 dfs 함수의 비교

요약

- 순환은 문제를 자기 자신으로 정의하는 것으로, 함수가 자기 자신을 호출하는 것을 순환 호출이라 한다.
- 정렬된 데이터를 반으로 나누고, 나누어진 반을 다시 반으로 나누고, 이 과정을 반복하여 원하는 숫자를 찾는 탐색 알고리즘을 이진 탐색이라고 한다. 수행 시간은 $O(\log n)$이다.
- 단순 연결 리스트는 동적 메모리 할당을 이용해 노드들을 한 방향으로 연결하여 리스트를 구현하는 자료구조이다.
- 단순 연결 리스트의 탐색은 첫 노드부터 순차적으로 노드를 방문해야 하므로 $O(n)$ 시간이 소요된다. 그러나 리스트의 맨 앞에서 삽입하거나 삭제하면 $O(1)$ 시간만 걸린다.
- 스택은 한쪽 끝에서만 항목을 삭제하거나 새로운 항목을 삽입하는 후입 선출 자료구조이다.
- 파이썬의 리스트로 구현한 스택의 push와 pop 연산은 각각 $O(1)$ 시간이 소요된다. 그러나 파이썬의 리스트의 동적 크기 조절은 리스트의 모든 항목을 새 리스트로 복사해야 하므로 사실상 $O(n)$ 시간이 소요된다.
- 단순 연결 리스트로 구현한 스택의 push와 pop 연산은 각각 $O(1)$ 시간이 걸리는데, 연결 리스트의 맨 앞에서 노드를 삽입하거나 삭제하기 때문이다.
- 큐는 삽입과 삭제가 양 끝에서 각각 수행되는 선입 선출 자료구조이다.
- 리스트로 구현한 큐의 add와 remove 연산은 각각 $O(1)$ 시간이 소요된다. 하지만 리스트 크기를 확대 또는 축소할 때 큐의 모든 항목을 새 리스트로 복사해야 하므로 역시 $O(n)$ 시간이 소요된다.
- 단순 연결 리스트로 구현한 큐의 add와 remove 연산은 각각 $O(1)$ 시간이 걸리는데, 이는 삽입 또는 삭제 연산이 front와 rear 레퍼런스 변수가 항상 각각 첫 노드와 마지막 노드를 가리키고 있기 때문이다.
- 이진 트리는 empty이거나 empty가 아니면, 루트와 2개의 이진 트리인 왼쪽 서브 트리와 오른쪽 서브 트리로 구성된다.
- 포화 이진 트리는 모든 이파리의 깊이가 같고 각 내부 노드가 2개의 자식을 가지는 트리이다.
- 완전 이진 트리는 마지막 레벨을 제외한 각 레벨이 노드들로 꽉 차 있고, 마지막 레벨에는 노드들이 왼쪽부터 빠짐없이 채워진 트리이다.

- 이진 힙은 완전 이진 트리로서 부모의 우선순위가 자식의 우선순위보다 높은 자료구조이다.
- 힙에서는 항상 루트만 삭제할 수 있으나, 임의의 키를 가진 항목을 힙에 삽입할 수 있다. 이진 힙에서의 삽입과 삭제는 힙 속성을 회복시키기 위해 각각 $O(\log n)$ 시간이 소요된다. 이는 이진 힙이 완전 이진 트리이고 완전 이진 트리의 높이가 $\lceil \log_2(n+1) \rceil$이기 때문이다.
- 그래프에서의 DFS는 임의의 정점에서 시작하여 이웃하는 하나의 정점을 방문하고, 방금 방문한 정점의 이웃 정점을 방문하며, 이웃하는 정점들을 모두 방문하면 이전 정점으로 되돌아가서 탐색을 수행하는 방식으로 진행된다.
- BFS는 임의의 정점 v에서 시작하여 v의 이웃하는 모든 정점을 방문하고, 방문한 정점의 이웃 정점들을 방문하는 방식으로 그래프의 모든 정점을 방문한다.
- DFS와 BFS는 각 정점을 한 번씩 방문하며, 각 간선을 한 번씩만 사용하여 탐색하므로 $O(n+m)$의 수행 시간이 소요된다. BFS와 DFS는 정점의 방문 순서나 간선을 사용하는 순서만 다를 뿐이다.
- 위상 정렬이란 사이클이 없는 방향 그래프에서 정점들을 일렬로 나열하는 것으로 각 간선 ⟨u, v⟩에 대해 u가 반드시 v보다 앞서도록 한다. 수행 시간은 DFS와 같은 $O(n+m)$이다.

연습문제

1 X가 다음과 같이 정의될 때, X(3)의 값을 계산하라.

```
X(1) = 1
X(n) = X(n-1) + (2n-1)
```

2 다음의 함수에 대해 f(4)를 호출한 결과는?

```
def f(n):
    print(n, end='')
    if n > 0:
        f(n-1)
```

3 다음의 함수에 대해 g(4)를 호출한 결과는?

```
def g(n):
    if n > 0:
        g(n-1)
    print(n, end='')
```

4 다음의 함수에 대해 h(4)를 호출한 결과는?

```
def h(n):
    print(n)
    if n > 0:
        h(n-2)
    print(n, end='')
```

5 다음의 함수에 대해 h(4)를 호출한 결과는?

```
def h(n):
    if n > 0:
        h(n-1)
        print(n, end='')
```

6 [10, 20, 30, 40, 50, 60, 70, 80, 90]에서 이진 탐색으로 80을 찾으려면 1회 비교 후에 이진 탐색이 수행되어야 할 부분은?

① [40, 50, 60, 70, 80, 90] ② [50, 60, 70, 80, 90]
③ [60, 70, 80, 90] ④ [70, 80, 90]
⑤ 답 없음

7 1,024개의 정렬된 숫자 중에 1개의 빠진 숫자를 이진 탐색으로 찾으려 할 때 수행해야 하는 비교 횟수는?

① 10회 ② 16회
③ 256회 ④ 1,024회
⑤ 답 없음

8 n개의 정렬된 입력에 대한 이진 탐색의 수행 시간은?

① $O(n)$ ② $O(\log n)$
③ $O(1)$ ④ $O(n^2)$
⑤ 답 없음

9 이진 탐색에 대한 설명 중 잘못된 것은?

① 정렬되어 있어야 탐색을 수행할 수 있다.
② 최선 경우의 수행 시간은 $O(\log n)$이다.
③ 탐색에 실패하였을 때 비교 횟수가 가장 많다.
④ 순환 호출로 구현할 수 있다.
⑤ 답 없음

10 순환 호출을 사용하지 않는 이진 탐색 알고리즘을 작성하라. 파이썬 프로그램으로 작성해도 무방하다.

11 단순 연결 리스트의 노드를 만드는 방법과 관계가 먼 것은?

① 파이썬 리스트를 활용한다.
② 노드 클래스를 선언하여 노드 객체를 만든다.
③ 동적 메모리 할당으로 만든다.
④ 노드에 반드시 다음 노드를 가리키는 레퍼런스 필드가 있다.
⑤ 답 없음

12 단순 연결 리스트의 탐색 방법은?

① 순차 탐색
② 이진 탐색
③ 깊이 우선 탐색
④ 너비 우선 탐색
⑤ 답 없음

13 단순 연결 리스트의 맨 앞에 새 노드를 삽입하는 수행 시간은? (단, 연결 리스트에 있는 노드 수는 n이고, n은 양의 정수이다.)

① $O(1)$
② $O(n)$
③ $O(n^2)$
④ $O(n \log n)$
⑤ 답 없음

14 단순 연결 리스트의 첫 노드를 삭제하는 수행 시간은? (단, 연결 리스트에 있는 노드 수는 n이고, n은 양의 정수이다.)

① $O(1)$
② $O(n)$
③ $O(n^2)$
④ $O(n \log n)$
⑤ 답 없음

15 단순 연결 리스트를 탐색하는 수행 시간은? (단, 연결 리스트에 있는 노드 수는 n이고, n은 양의 정수이다.)

① $O(1)$
② $O(n)$
③ $O(n^2)$
④ $O(n \log n)$
⑤ 답 없음

16 단순 연결 리스트에 관한 설명 중 잘못된 것은?

① 항상 한 방향으로만 탐색할 수 있다.
② 연결 리스트의 중간 부분에 새 노드를 삽입하려면 반드시 이전 노드의 레퍼런스를 알아야 한다.
③ 새 노드를 삽입하면 뒤따르는 노드들은 한 칸씩 이동해야 한다.
④ 탐색이 실패했을 때가 최악 경우 수행 시간이다.
⑤ 답 없음

17 단순 연결 리스트가 empty, 즉 노드가 없는데 삭제 연산을 시도할 때 다음 중 가장 적절한 대처 방법은?

① 삭제 연산을 수행시킨다.
② 새 노드를 삽입한 후 삭제를 수행한다.
③ 리스트 head가 자신을 레퍼런스하도록 만든다.
④ 에러 메시지를 출력시킨다.
⑤ 답 없음

18 다음 중 단순 연결 리스트가 적절히 사용되는 응용이 <u>아닌</u> 것은?

① 스택과 큐 자료구조 ② 해싱의 체이닝
③ 비트코인의 블록체인 ④ 이진 탐색
⑤ 답 없음

19 어느 음식점에서는 채소를 대형 냉장고에 저장한다. 새로 구매한 채소를 냉장고에 저장하고, 요리를 만들기 위해 냉장고에서 채소를 꺼낸다. 냉장고는 어떤 자료구조의 기능을 하는 것인가?

① 스택 ② 큐
③ 데크 ④ 탐색 트리
⑤ 답 없음

20 책들을 박스 속에 넣어서 다른 곳으로 옮긴 후, 책들을 박스에서 꺼내어 책꽂이에 놓을 때, 박스는 어떤 자료구조의 기능을 하는 것인가?

① 스택 ② 큐
③ 데크 ④ 탐색 트리
⑤ 답 없음

21 콘서트나 영화 티켓을 인터넷으로 구매할 때 이 구매 처리는 어떤 자료구조의 기능을 하는 것인가?

① 스택 ② 큐
③ 데크 ④ 탐색 트리
⑤ 답 없음

22 다음과 같이 3개의 스택이 있다. 스택 A에 있는 '1', '2', '3'을 스택 B를 보조 스택으로 이용하여 스택 C로 이동하려고 한다. 예를 들어 스택 A에 있는 '1', '2', '3'을 아래의 그림과 같이 스택 C가 '2', '3', '1'이 되도록 하려면, pop A, push(1) into C, pop A, push(2) into B, pop A, push(3) into C, pop B, push(2) into C의 스택 연산을 차례로 수행한다.

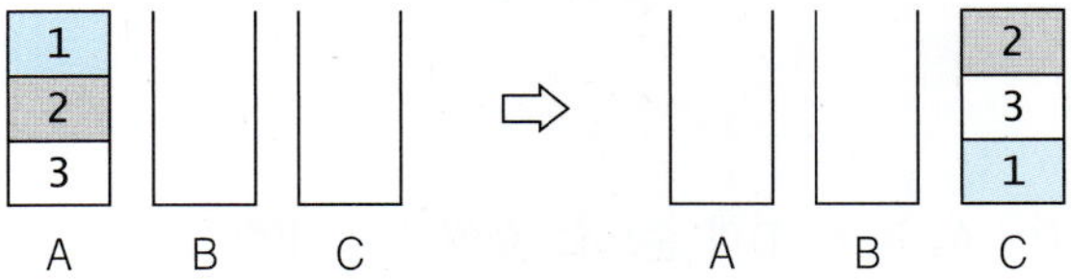

이와 유사하게 스택 A에 있는 '1', '2', '3'을 일련의 스택 연산을 통해 스택 C에 '3', '2', '1'로도 저장할 수 있다. 다음 중 스택 A에 있는 '1', '2', '3'을 일련의 스택 연산을 통해 보조 스택을 활용하여도 스택 C에 저장할 수 없는 순서는? (단, 스택 A에서는 push 연산을 사용할 수 없으며, 스택 C에서는 pop 연산을 사용할 수 없다.)

① 1 2 3
② 1 3 2
③ 2 1 3
④ 2 3 1
⑤ 답 없음

23 초기에 empty인 스택에서 push(1), push(2), pop, push(1), push(2), pop, pop, pop, push(2), pop 연산을 차례로 수행하였다. 이 연산을 수행하는 중 5회의 pop 연산이 수행되면서 차례로 출력한 결과는?

① 2, 2, 1, 1, 2
② 2, 2, 1, 2, 2
③ 2, 1, 2, 2, 1
④ 2, 1, 2, 2, 2
⑤ 답 없음

24 초기에 empty인 스택에서 push(1), push(2), pop, push(3), push(4), pop, pop, push(5), pop 연산을 차례로 수행한 후에 스택의 top에 있는 것은?

① 1
② 2
③ 3
④ 4
⑤ empty

25 스택에 1, 2, 3, 4, 5의 순으로 입력이 주어질 때, push와 pop 연산을 수행하여 얻을 수 있는 출력은? (단, pop 연산은 pop된 숫자를 출력한다.)

① 1, 5, 2, 3, 4
② 3, 4, 5, 1, 2
③ 5, 4, 3, 1, 2
④ 3, 4, 5, 2, 1
⑤ 답 없음

26 크기가 3인 스택에 1, 2, 3, 4, 5의 순으로 입력이 주어질 때 push와 pop 연산을 수행하여 얻을 수 있는 출력은? (단, pop 연산은 pop된 숫자를 출력한다. 그리고 각 숫자는 반드시 스택에 한 번은 push되어야 한다.)

① 3, 2, 1, 5, 4
② 5, 4, 3, 2, 1
③ 3, 5, 4, 2, 1
④ 3, 4, 5, 1, 2
⑤ 답 없음

27 초기에 empty인 큐에 A, B, C, D의 순으로 큐에 삽입되었다. 큐에 D, C, B, A가 저장되도록 수행되어야 할 최소 add와 remove 연산의 수는? (단, 삭제된 숫자 중에서 임의로 선택하여 삽입을 수행할 수 있다.)

① add 2회, remove 3회
② add 3회, remove 2회
③ add 3회, remove 3회
④ add 3회, remove 4회
⑤ 답 없음

28 초기에 n개의 항목을 저장하고 있는 큐를 보조 큐를 이용하여 항목들을 역순으로 만들려고 한다. 이때 필요한 add와 remove 연산의 총 횟수는? (단, 큐에서 삭제된 항목은 다른 큐에 반드시 삽입하여야 하고, $n > 2$ 이다.)

① n
② $2n$
③ $3n$
④ $4n$
⑤ 수행 불가능하다.

29 초기에 empty인 큐에서 다음과 같은 일련의 큐 연산을 차례로 수행한 후의 큐에 있는 항목들을 차례로 보인 것은?

```
add(A), add(B), remove(), add(C), add(D),
remove(), remove(), add(E), add(F)
```

① ABC
② BCD
③ CDE
④ DEF
⑤ 답 없음

30 스택을 파이썬 리스트로 구현했을 때 push와 pop 연산의 수행 시간은? (단, 리스트에 n개의 항목이 있고, n은 양의 정수이다.)

① $O(1)$
② $O(n)$
③ $O(n \log n)$
④ $O(n^2)$
⑤ 답 없음

31 다음 중 스택의 응용이 아닌 것은?

① 시스템 스택
② 회문 검사
③ 괄호 매칭 검사
④ 콜센터의 전화 서비스 처리
⑤ 답 없음

32 큐 자료구조를 파이썬 리스트로 구현했을 때 add와 remove 연산의 수행 시간은? (단, n은 큐에 있는 항목 수이다.)

① $O(1)$
② $O(n)$
③ $O(n \log n)$
④ $O(n^2)$
⑤ 답 없음

33 다음 중 큐 자료구조의 응용이 아닌 것은?

① CPU 태스크 스케줄링
② 이벤트 구동 방식 시뮬레이션
③ 미로 찾기
④ 그래프의 너비 우선 탐색
⑤ 답 없음

34 주어진 스트링이 회문인지를 검사하려면 어떤 자료구조가 적절한가?

35 일상에서 볼 수 있는 트리의 대표적인 예라고 볼 수 없는 것은?

① 조직의 계층 구조
② 컴퓨터 운영 체제의 파일 시스템
③ 조직 기관의 계층 구조
④ 핸드폰의 연락처 리스트
⑤ 답 없음

36 다음의 이진 트리에 대해 답하라.

a) 루트는 어느 노드인가?
b) 자식이 1개인 노드는 몇 개인가?
c) 이파리는 몇 개인가?
d) 내부 노드는 몇 개인가?
e) 노드 C의 후손은 몇 개인가?
f) 노드 F의 형제는?
g) 트리의 높이는?
h) 노드 D의 레벨은?
i) 노드 H의 조상은?
j) 노드 C의 서브 트리에 있는 노드 수는?

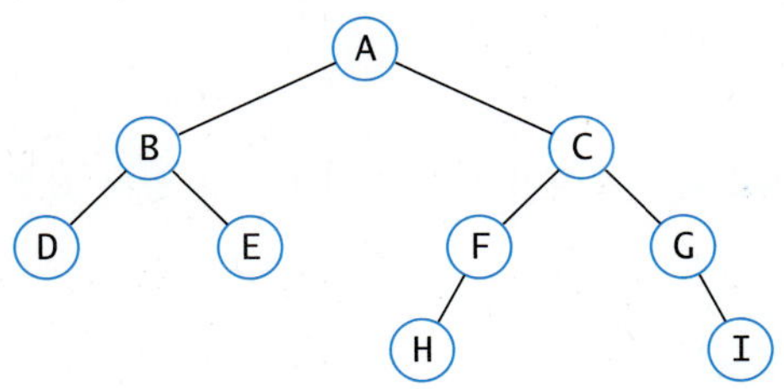

37 다음은 이진 트리에 관한 설명이다. 옳지 않은 것은?

① 이진 트리는 적어도 1개의 노드를 가진다.
② empty가 아닌 이진 트리는 반드시 하나의 루트를 가진다.
③ 각 노드는 최대 2개의 자식 노드를 가질 수 있다.
④ 루트가 아닌 노드는 반드시 1개의 부모 노드를 가진다.
⑤ 답 없음

38 세 개의 노드로 만들어지는 모든 이진 트리의 수는?

① 3 ② 4
③ 5 ④ 6
⑤ 답 없음

39 높이가 4인 포화 이진 트리의 노드 수는 몇 개인가?

① 11 ② 12
③ 14 ④ 15
⑤ 답 없음

40 높이가 k인 완전 이진 트리에 있는 최소 노드 수는?

① 2^{k-1} ② $2^{k-1}+1$
③ $2^{k}-1$ ④ 2^{k}
⑤ 답 없음

41 노드 수가 16인 완전 이진 트리의 높이는?

① 5 ② 6
③ 7 ④ 8
⑤ 답 없음

42 높이가 k인 포화 이진 트리에 있는 최소 노드 수는?

① 2^{k-1} ② $2^{k-1}+1$
③ $2^{k}-1$ ④ 2^{k}
⑤ 답 없음

43 n개의 키를 가진 최소 힙에서 루트를 삭제하는데 소요되는 수행 시간은?

① $O(1)$
② $O(\log n)$
③ $O(n)$
④ $O(n\log n)$
⑤ 답 없음

44 n개의 항목을 가진 이진 힙을 저장하는데 필요한 메모리 크기는? (단, 각 항목의 크기는 $O(1)$이다.)

① $O(1)$
② $O(\log n)$
③ $O(n)$
④ $O(n\log n)$
⑤ 답 없음

45 이진 힙을 저장하는데 가장 적절한 자료구조는?

① 스택
② 큐
③ 완전 이진 트리
④ 포화 이진 트리
⑤ 답 없음

46 다음은 파이썬 리스트 a에 저장된 이진 힙이다.

0	1	2	3	4	5	6	7	8	9	10	11	12
	A	B	C	D	E	F	G	H	I	J	K	J

13	14	15	16	17	18	19	20	21	22	23	24	25
K	L	M	N	O	P	Q	R	S	T	U	V	W

26	27	28	29	30	31	32	33	34	35	36	37	38
Y	Z	A1	B1	C1	D1	E1	F1	G1	H1	J1	K1	L1

위 이진 힙을 보고 아래 물음에 답하라.

a) a[38]의 부모는?
b) a[21]의 부모는?
c) a[15]의 왼쪽 자식은?
d) a[17]의 오른쪽 자식은?

47 다음의 트리에 대해 답하라.

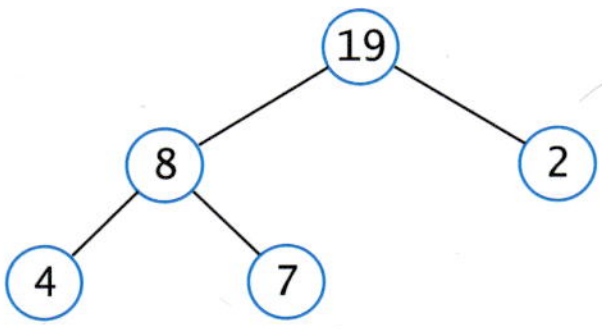

(a)

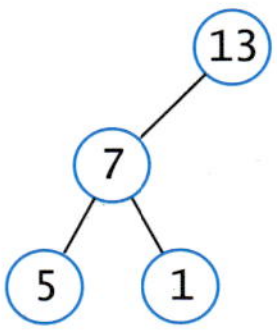

(b)

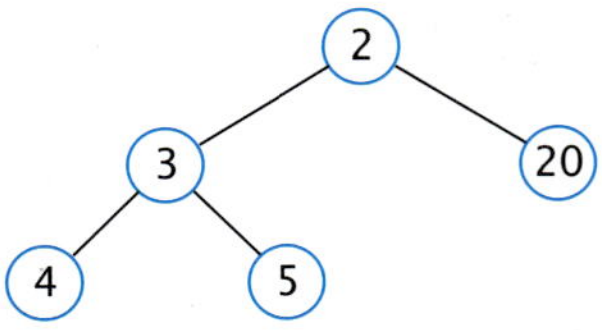

(c)

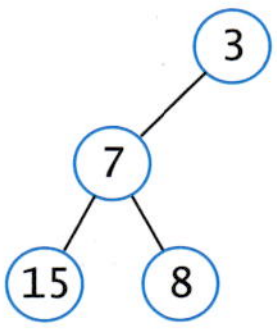

(d)

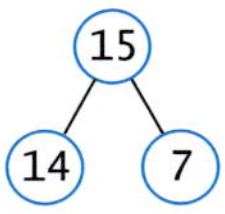

(e)

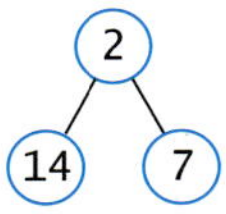

(f)

a) 최소 힙을 모두 고르라.

b) 최대 힙을 모두 고르라.

48 다음의 파이썬 리스트 중에 최소 힙은?

① [_, 10, 11, 17, 25, 14, 16]　② [_, 8, 10, 12, 25, 14, 20]
③ [_, 25, 17, 14, 12, 10, 8]　④ [_, 10, 17, 11, 15, 19, 20]
⑤ 답 없음

49 10개의 정점을 가진 방향성 그래프를 인접 행렬로 표현할 때 필요한 Boolean 값의 수는?

① 10　② 20
③ 75　④ 100
⑤ 답 없음

50 n개의 정점과 m개의 간선을 가진 그래프를 인접 리스트로 표현할 때 필요한 단순 연결 리스트의 수는? (단, n, m은 양의 정수이다.)

① n　② m
③ $m+n$　④ mn
⑤ 답 없음

51 n개의 정점을 가진 무방향 그래프에 있는 최대 간선 수는?

① $n/2$
② $n-1$
③ n
④ $n(n-1)/2$
⑤ 답 없음

52 n개의 정점을 가진 무방향 그래프에 있는 모든 정점의 차수의 합에 대해 맞는 것을 모두 고르면?

① 반드시 짝수이다.
② 반드시 홀수이다.
③ 간선 수의 2배이다.
④ 최대 $n(n-1)/2$ 이다
⑤ 답 없음

53 n개의 정점을 가진 무방향 그래프의 모든 정점을 탐색하는 데 필요한 최악 경우 수행 시간은? (단, m은 그래프의 간선 수이다.)

① $O(\log n)$
② $O(n)$
③ $O(m)$
④ $O(n+m)$
⑤ 답 없음

54 다음 그래프에는 몇 개의 서로 다른 신장 트리가 있는가?

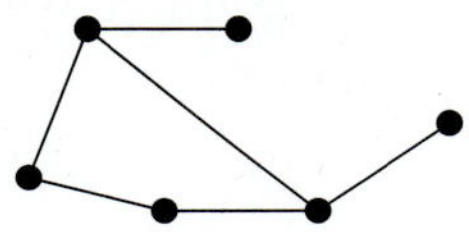

① 4
② 5
③ 6
④ 7
⑤ 답 없음

55 다음은 무방향 그래프 G에 대한 DFS와 BFS에 대해 가장 적절한 설명은?

① DFS의 수행 시간이 BFS보다 빠르다.
② BFS의 수행 시간이 DFS보다 빠르다.
③ DFS와 BFS로 만들어지는 신장 트리는 같다.
④ DFS는 스택 자료구조를 이용한다.
⑤ 답 없음

56 다음 중 n개의 정점을 가진 그래프에 대하여 BFS를 수행할 때 큐 자료구조에 최대 몇 개의 정점이 저장되나?

① $n/2$ ② $n-1$
③ n ④ $n(n-1)/2$
⑤ 답 없음

57 n개의 정점을 가진 무방향 그래프 G에 대해 다음의 설명 중 맞는 것만 모아놓은 것은?

(i) G의 각 쌍의 정점 사이에는 1개의 경로만 존재하면, G는 트리이다.
(ii) G가 1개의 연결 성분으로 되어 있고 $n-1$개의 간선을 가지면, G는 트리이다.
(iii) G가 $n-1$개의 간선을 가지면서 사이클이 없으면, G는 트리이다.

① (i) ② (i), (ii)
③ (i), (iii) ④ (i), (ii), (iii)
⑤ 답 없음

58 다음은 하나의 연결 성분으로 된 그래프 G=(V, E)의 신장 트리 T에 관한 설명 중 잘못된 것은? (단, n은 G의 정점의 수이다.)

① T는 항상 $n-1$개의 간선을 가진다.
② T는 $n-1$개의 정점을 가진다.
③ T에 새로운 간선을 추가하면 사이클이 반드시 만들어진다.
④ T는 사이클이 없다.
⑤ 답 없음

59 다음 중 아래의 그래프에 대해 역방향 위상 정렬 알고리즘으로 찾은 위상 정렬 순서는?

① 0, 4, 3, 5, 1, 6, 2
② 0, 1, 3, 5, 2, 4, 6
③ 6, 2, 1, 5, 3, 4, 0
④ 0, 1, 2, 6, 4, 3, 5
⑤ 답 없음

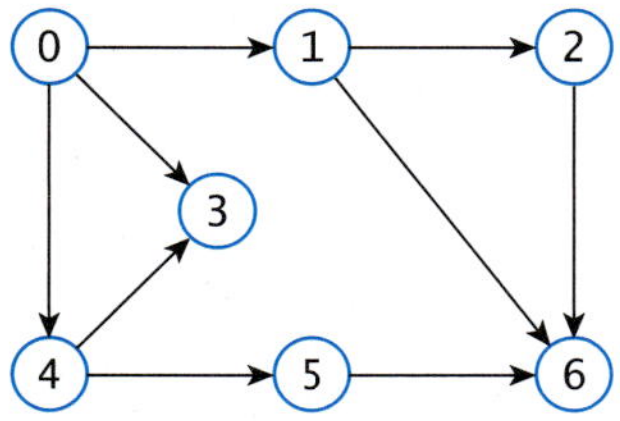

쉬어가는 페이지

비트코인의 블록체인

비트코인은 2008년 신원 미상의 사토시 나카모토(Satoshi Nakamoto)에 의해 만들어진 가상 화폐이다. 2009년 1월 3일에 거래가 시작되었고, 첫 상거래는 미국 플로리다에 사는 소프트웨어 엔지니어 라즐로 헤니예츠(Laszlo Hanyecz)가 2010년 5월 22일에 10,000 BTC로 2개의 라지 피자를 구입한 것이다. 이날은 Bitcoin Pizza Day로 알려진다. 비트코인 분석가들에 따르면 사토시 나카모토가 약 1,000,000 BTC를 가지고 2010년에 잠적했다고 한다.

비트코인의 블록체인은 사람들이 코인을 주고받은 거래 내역과 추가 정보를 일정한 크기의 블록을 만들어 Part 2.2에서 다룬 단순 연결 리스트를 사용하여 다음 그림과 같이 연결한다.

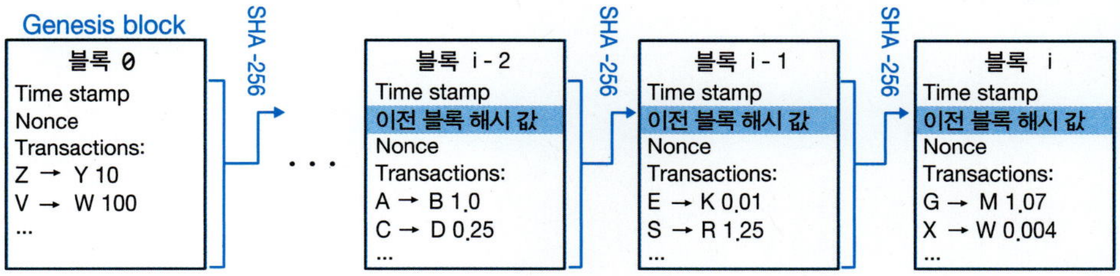

가장 왼쪽의 블록은 Genesis 블록이라 하며 이는 첫 블록이다. 각 블록은 이전 블록을 SHA-256이라는 해시 함수로 계산된 해시 값을 가지고 있다. SHA(Secure Hash Algorithm)는 미국의 National Security Agency에서 표준으로 만든 것이다. SHA-256는 입력 스트링을 256 비트로 변환한다. 특히 입력에 점 하나만 추가해도 완전히 다른 해시 값을 반환한다.

다음은 파이썬에서 SHA-256를 사용하여 "The quick brown fox jumps over a lazy dog"과 같은 문장에 '.'을 마지막에 추가한 스트링의 해시 값을 출력한 것이다. 출력 결과를 보면 두 해시 값 사이에 유사한 점을 찾아볼 수 없다.

```
from hashlib import sha256

hashedWord1 = sha256('The quick brown fox jumps over a lazy dog'.encode('utf-8')).hexdigest()
print(hashedWord1)
hashedWord2 = sha256('The quick brown fox jumps over a lazy dog.'.encode('utf-8')).hexdigest()
print(hashedWord2)
```

```
Run: test
C:\Users\SBGram\AppData\Local\Programs\Python\Python38-32\python.exe
bc9396c1bf3e4632bf661ceedab5992fb9bbaee45d5a33dc5d2da7ab367766f1
aa94aae294ab894eeaf5751ad0a46b1b4e90b5e4f1e7c0f3759b504d3e809944
```

PART

03 나누어 풀어보기

CONTENTS

PART

3 나누어 풀어보기

문제를 나누어 해결하는 것은 주어진 문제의 입력을 분할하여 해결하는 것이다. 여기서 분할된 입력에 대한 문제를 부분 문제(subproblem)라고 하며, 이러한 방식의 알고리즘을 분할 정복(Divide-and-Conquer) 알고리즘이라 일컫는다. 분할 정복 알고리즘은 부분 문제에 대하여 동일한 알고리즘을 적용하여 해를 계산하며, 일반적으로 부분 문제들의 해를 취합[1)]하여 문제의 해를 얻는다.

그림 3.1은 입력의 크기가 n인 문제를 $1/b$ 크기의 a개의 부분 문제들로 분할하여 부분 문제의 크기가 1이 되기까지 모든 부분 문제들을 보여준다. 여기서 $a \geq 1$이고, $b > 1$이다. 각 부분 문제는 a개의 부분 문제들로 분할되며, 부분 문제의 크기가 1이 되면[2)] 분할을 멈춘다.

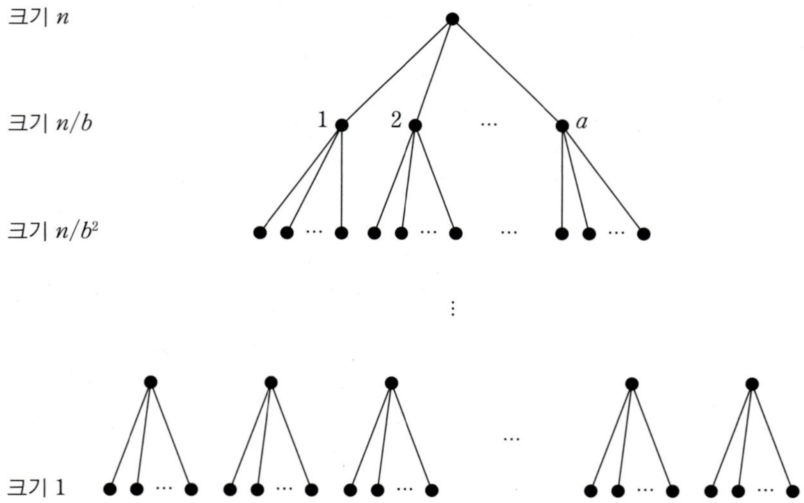

그림 3.1 분할 정복 알고리즘의 부분 문제들

1) 취합하는 것을 '정복'이라 일컫는다.

2) 문제에 따라서 부분 문제의 크기가 1보다 클 때, 즉 일반적으로 $O(1)$ 개일 때 분할을 멈출 수도 있다.

대부분의 분할 정복 알고리즘은 문제의 입력을 분할한 후에 분할된 부분 문제들을 취합(정복)한다. 취합하는 방법은 문제에 따라 다르나 일반적으로 부분 문제들의 해를 취합하여 더 큰 부분 문제의 해를 계산한다.

이 Part에서는 분할 정복 알고리즘으로 해결되는 대표적인 문제인 n-비트 이진수의 곱셈, 퀵 정렬, 합병 정렬, K번째 작은 수 찾기, 가장 가까운 두 점 찾기를 차례로 살펴본다. Part 2.1의 이진 탐색도 분할 정복 알고리즘 중의 하나이다. 이진 탐색과 K번째 작은 수를 찾는 문제는 특성상 취합 과정이 필요 없다.

3.1 n-비트 이진수 곱하기

두 개의 n-비트 이진수를 곱하는 것은 십진수의 곱셈과 같은 방법으로 그림 3.1.1과 같이 수행할 수 있다.

```
       1011
   ×   1101
   --------
       1011
      0000
     1011
    1011
   --------
   10001111
```

그림 3.1.1 4-비트 이진수의 곱셈

그림 3.1.1과 같이 이진수를 곱하면 $O(n^2)$의 비트 연산이 필요하다.[3] 승수의 자리가 1이면 피승수를 복사하고 0이면 0000으로 만들어 자릿수를 맞추어 덧셈을 수행한다.

생각해보자

어떻게 두 이진수를 나누어 곱셈할 수 있을까?

두 n-비트 이진수를 각각 a와 b라고 하면, 그림 3.1.2와 같이 각 이진수를 반으로 분할하여 표현할 수 있다.

3) 비트 연산 수는 1×1, 1×0, 0×1, 0×0을 각각 1회의 연산으로 계산한다.

$a =$	a_H	a_L	$= 2^{n/2}a_H + a_L$
$b =$	b_H	b_L	$= 2^{n/2}b_H + b_L$

그림 3.1.2 두 부분으로 분할된 a와 b

여기서 a_H, a_L, b_H, b_L은 각각 $\frac{n}{2}$-비트의 이진수이고, $2^{n/2}$을 a_H와 b_H에 각각 곱한 것은 자릿수를 반영한 것이다. 예를 들어 $a = 10100101$, $b = 11001001$이라면 a와 b는 그림 3.1.3과 같이 된다. 여기서 a와 b가 각각 8-비트이므로 $2^{n/2} = 2^{8/2}$이다.

$a = 10100101 =$	1010	0101	$= 2^{8/2}(1010) + (0101)$
$b = 11001001 =$	1100	1001	$= 2^{8/2}(1100) + (1001)$

그림 3.1.3 a = 10100101, b = 11001001

a와 b의 곱셈을 인수 분해된 식을 전개하듯이 식 (1)과 같이 나타낼 수 있다.

$$\begin{aligned} ab &= (2^{n/2}a_H + a_L)(2^{n/2}b_H + b_L) \\ &= 2^n a_H b_H + 2^{n/2}(a_H b_L + a_L b_H) + a_L b_L \end{aligned} \tag{1}$$

위의 전개된 식은 4개의 '작은' 곱셈, 즉 4개의 $\frac{n}{2}$-비트 곱셈인 $a_H b_H$, $a_H b_L$, $a_L b_H$, $a_L b_L$을 수행한 후에 자릿수를 조정하여 덧셈을 수행하면 곱셈 결과를 얻을 수 있는 것을 보여준다.

생각해보자

각 $\frac{n}{2}$-비트 이진수 곱셈은 어떻게 계산해야 할까?

비트 수가 반으로 줄었을 뿐이므로 같은 방식으로 곱셈을 수행한다. 각 $\frac{n}{2}$-비트 이진수 곱셈은 4개의 $\frac{n}{4}$-비트 이진수 곱셈을 수행하여 자릿수를 조정한 후 덧셈을 수행한다. 이진수를 더 이상 분할할 수 없을 때까지의 전 과정은 그림 3.1.4와 같다.

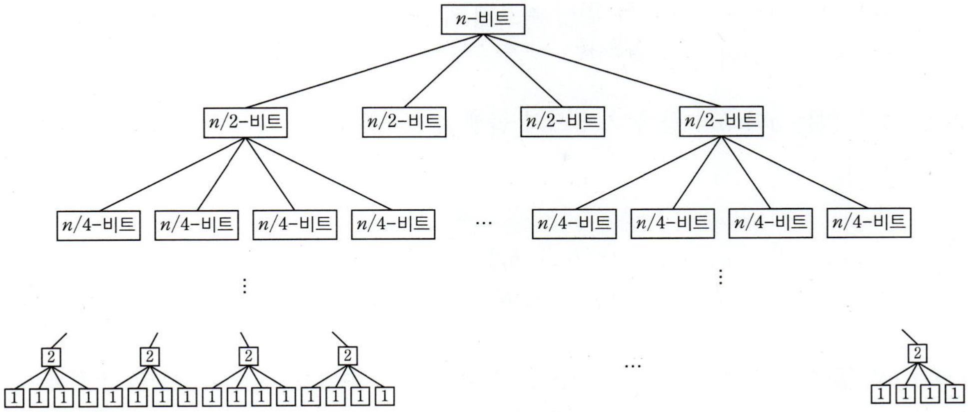

그림 3.1.4 n-비트 이진수의 분할 정복 곱셈

수행 시간

두 n-비트 곱셈을 위한 수행 시간을 살펴보면 다음과 같은 점화식으로 표현할 수 있다.

$$T(n) = 4T(n/2) + O(n) \tag{2}$$

식 (2)에서 $T(n)$은 두 n-비트를 곱하는 수행 시간이고, $O(n)$은 자릿수를 조정하고 덧셈하는 과정에서 소요되는 시간이다. 이 식을 마스터 정리[4]에 따라 계산하면 $T(n) = O(n^2)$이다. 즉, 나누어 풀어보기를 했는데도 일반적인 곱셈과 수행 시간이 같다.

생각해보자

위의 나누어 풀어보기 알고리즘을 향상시킬 방법은 없을까?

프리드리히 가우스(Johann Carl Friedrich Gauss)는 두 복소수를 곱하면서 다음과 같이 계산량(곱셈 수)을 줄였다.

$$\begin{aligned}(a+bi)(c+di) &= ac - bd + (bc + ad)i \\ &= ac - bd + [(a+b)(c+d) - ac - bd]i\end{aligned} \tag{3}$$

식 (3)을 살펴보면 4개의 곱셈을 ac와 bd를 재사용하여 3개의 곱셈으로 줄였다. 물론 덧셈

4) 부록Ⅲ 참조

수는 늘어났지만, 덧셈은 곱셈보다 훨씬 빠르게 계산할 수 있어서 늘어난 덧셈은 전체적인 수행 시간에 영향을 미치지 않는다.

그림 3.1.2에 있는 a와 b의 곱을 가우스의 곱셈 수를 줄이는 아이디어를 이용하여 표현하면 식 (4)와 같다.

$$\begin{aligned} ab &= (2^{n/2}a_H + a_L)(2^{n/2}b_H + b_L) \\ &= 2^n a_H b_H + 2^{n/2}[(a_H + a_L)(b_H + b_L) - a_H b_H - a_L b_L] + a_L b_L \end{aligned} \tag{4}$$

즉, a와 b의 곱셈을 위해 3개의 $\frac{n}{2}$-비트 이진수 곱셈을 수행한 후에 자릿수를 조정하여 6회의 덧셈/뺄셈을 수행한다. 여기서 3개의 $\frac{n}{2}$-비트 이진수 곱셈은 $a_H b_H$, $(a_H + a_L)(b_H + b_L)$, $a_L b_L$이다.

수행 시간

n-비트 곱셈에 소요되는 수행 시간 $T(n) = 3T\left(\frac{n}{2}\right) + O(n)$이다. 여기서 $O(n)$은 6번의 덧셈/뺄셈과 자리 조정(shift 연산)에 소요되는 시간이다. 따라서 부록의 마스터 정리를 이용하면, $T(n) = O(n^{\log_2 3}) = O(n^{1.59})$이다. 이전에 4개의 $\frac{n}{2}$-비트 이진수 곱셈을 하는 방식의 $O(n^2)$보다 수행 시간이 상당히 향상되었다.

그림 3.1.5는 가우스의 아이디어를 이용한 곱셈 방식의 전반적인 분할 과정을 보여주고, 그림 3.1.6은 8-비트 이진수 곱셈이 3개의 4-비트 부분 문제로 분할된 것을 나타낸다.

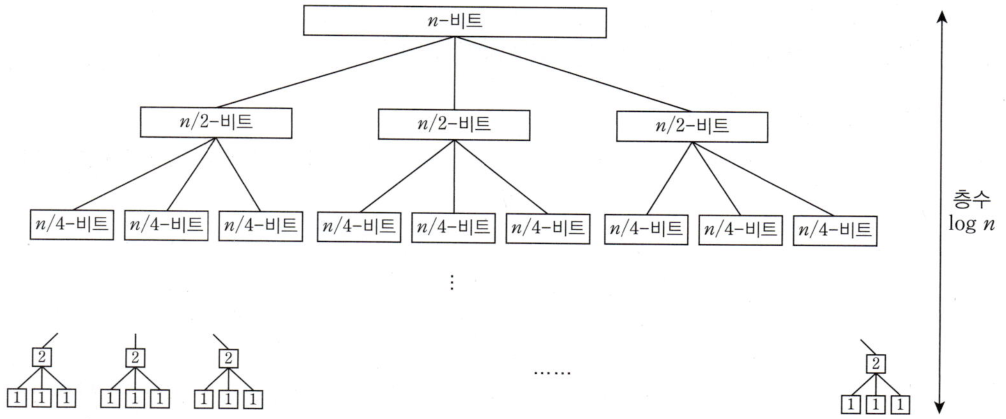

그림 3.1.5 가우스의 아이디어를 이용한 곱셈

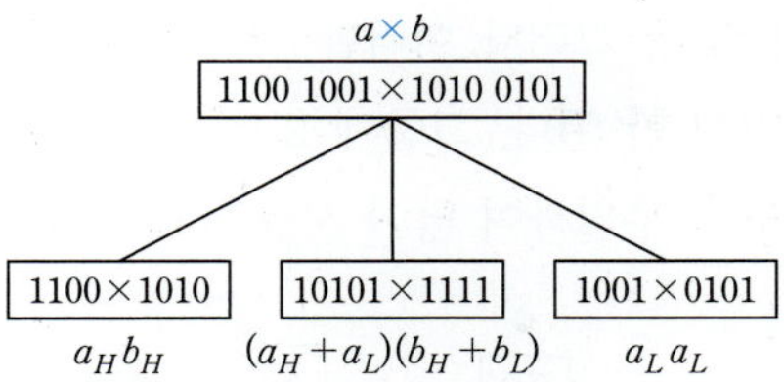

그림 3.1.6 8-비트 곱셈을 위한 3개의 4-비트 곱셈 분할

다음은 가우스의 아이디어를 기반한 n-비트 곱셈을 위한 알고리즘이다. 단, $n = 2^k$ 이고, k는 양의 정수이다.

알고리즘

product(a, b, n)

[1] if n == 1: return ab

[2] a를 a_H 와 a_L 로 분할한다.

[3] b를 b_H 와 b_L 로 분할한다.

[4] $m_1 =$ product(a_H, b_H, $n/2$)

[5] $m_2 =$ product($a_H + a_L$, $b_H + b_L$, $n/2$)

[6] $m_3 =$ product(a_L, b_L, $n/2$)

[7] return $2^n m_1 + 2^{n/2}(m_2 - m_1 - m_3) + m_3$

Step [1]은 더 이상 분할할 수 없는 경우, 즉 1-비트인 경우에 a와 b를 곱하여 그 결과를 반환한다. Step [2]와 [3]은 $\frac{n}{2}$-비트로 a와 b를 각각 분할한다. Step [4][5][6]은 순환으로 $a_H b_H$, $(a_H + a_L)(b_H + b_L)$, $a_L b_L$을 각각 계산하며, 마지막 step [7]에서는 자릿수를 조정하여 덧셈을 수행(취합)한 후 그 결과를 반환한다. n-비트 곱셈을 위한 파이썬 프로그램은 생략한다.

3.2 퀵 정렬

정렬은 오름차순[5]으로 나열하는 것을 말한다. 퀵 정렬(Quick sort) 외에도 많은 정렬 알고리

5) 물론 내림차순으로도 정렬할 수도 있다.

즘들이 위키백과에 소개되어 있다. 그러나 이러한 정렬 알고리즘 중에서 실제로 사용되는 정렬 알고리즘은 서너 개 정도밖에 안 된다. 그중에 20세기의 Top 10 알고리즘의 하나인 퀵 정렬은 복잡하지 않고 수행 속도도 우월하여 많이 사용되고 있다.

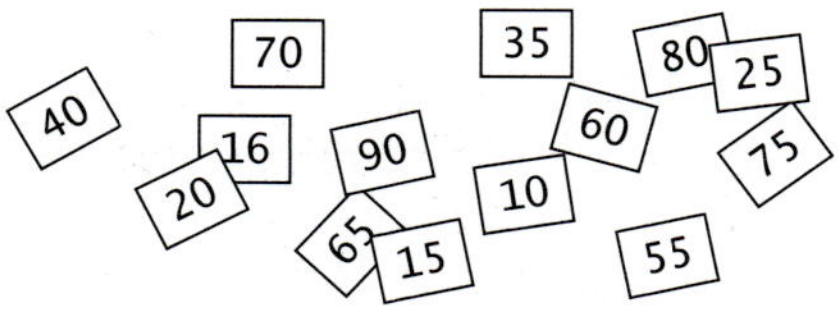

그림 3.2.1 정렬할 숫자 카드들

그림 3.2.1과 같이 정렬할 카드가 흩어져 놓여있다. 어떤 방법으로 정렬하면 좋을까?

> **생각해보자**
> 가장 작은 숫자가 적힌 카드를 찾아 제 위치로 옮기면 어떨까?

가장 작은 숫자가 적힌 카드를 찾아 맨 왼쪽에 놓고, 나머지 카드에서 가장 작은 숫자를 찾아 맨 왼쪽 카드 다음에 놓고, 이를 반복하면 모든 카드를 정렬할 수 있다.

이 방법을 선택 정렬(Selection Sort)이라 한다. 즉, 남아 있는 카드에서 가장 작은 것을 '선택'하는 정렬이다.

> **생각해보자**
> 카드를 좌에서 우로 일렬로 나열해 놓고, 이웃하는 숫자들을 비교하며 자리바꿈하여 정렬해보자.

40	20	16	70	65	90	15	10	35	60	55	80	25	75

먼저 40과 20, 즉 이웃하는 숫자를 비교하고 40이 20보다 크므로 40과 20을 교환하는 방식의 대표적인 정렬 알고리즘이 버블 정렬(Bubble sort)이다.

생각해보자

이진 힙(binary heap)을 이용하여 정렬해보면 어떨까?

먼저 입력으로 최대 힙을 만들고 나서, 루트와 힙의 마지막 원소를 교환하고 힙 크기를 1 감소시킨 후 힙 속성을 만족시키는 과정을 반복 수행한다. 이를 힙 정렬(Heap sort)이라 한다.

생각해보자

카드를 두 부분으로 나누어 정렬할 수는 없을까?

숫자 하나를 선택하여 이 숫자를 기준으로 같거나 작으면 왼쪽으로, 크면 오른쪽으로 나눈다. 분할된 두 부분을 같은 방식으로 정렬한다. 이렇게 분할 기준이 된 숫자를 피벗(pivot)이라 한다.

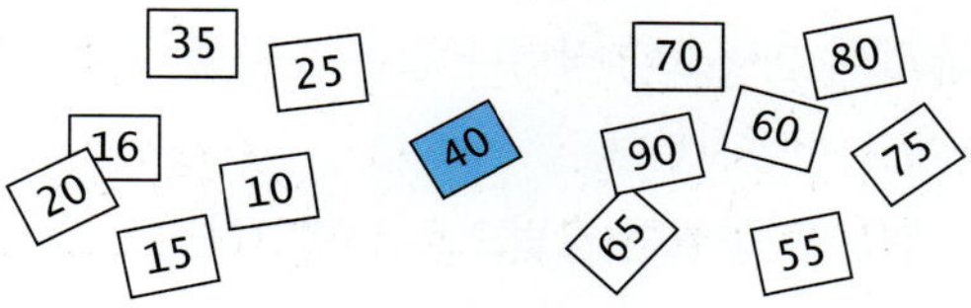

그림 3.2.2 피벗(40)으로 분할

퀵 정렬의 아이디어는 피벗보다 작거나 같은 숫자들은 피벗의 왼편으로, 피벗보다 큰 숫자들은 오른편으로 분할하고, 그림 3.2.3과 같이 피벗을 그사이에 놓는다. 이렇게 피벗을 기준으로 숫자를 좌우로 옮겨놓으면 왼편에 있는 숫자들과 오른편에 있는 숫자들은 서로 비교할 필요는 없다.

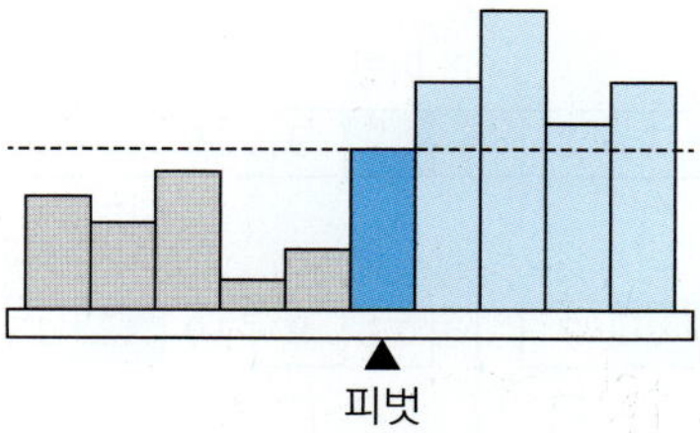

그림 3.2.3 피벗

그리고 분할된 각각의 부분 문제에서는 새로운 피벗을 선택하여 동일한 방식으로 정렬한다.

퀵 정렬은 이러한 과정을 반복하여 정렬을 완성한다. 단, 피벗은 분할된 왼편이나 오른편 부분에 포함되지 않는다. 그림 3.2.4에서 만일 피벗이 60이라면, 60은 [20 30 40 10 50]과 [90 80 70] 사이에 위치하며, 부분 문제 [20 30 40 10 50]이나 [90 80 70]에 포함되지 않는다.

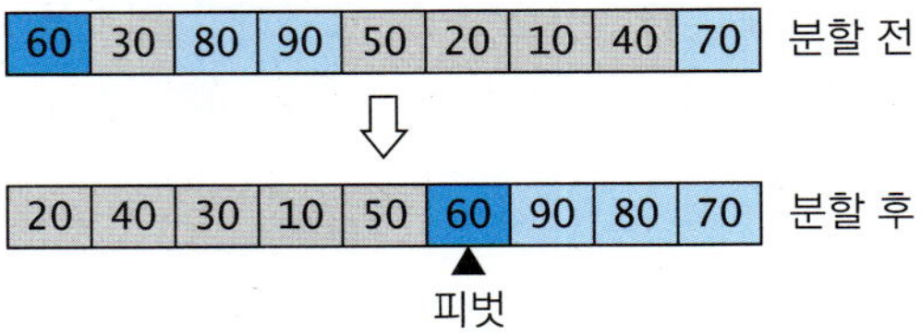

그림 3.2.4 피벗 60으로 분할

다음은 퀵 정렬 알고리즘이다.

알고리즘

[1] 가장 왼쪽 숫자를 피벗으로 삼는다.

[2] 피벗과 각 숫자를 비교하여 피벗보다 작거나 같은 숫자를 왼쪽으로 큰 숫자를 오른쪽으로 나누고, 피벗을 그 사이로 이동시킨다.

[3] 피벗보다 작거나 같은 부분을 동일한 방법으로 정렬한다.

[4] 피벗보다 큰 부분을 동일한 방법으로 정렬한다.

퀵 정렬 알고리즘이 수행되는 과정을 그림 3.2.5를 통해 알아보자. 예제에서 피벗은 가장 왼쪽에 있는 숫자이다.

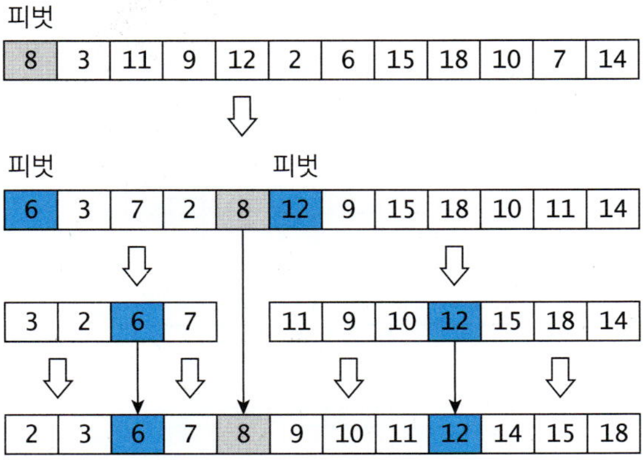

그림 3.2.5 퀵 정렬 알고리즘의 수행 과정

그림 3.2.5에서 맨 처음 피벗이 8이므로 8과 같거나 작은 것들은 왼쪽으로, 큰 것들은 오른쪽으로 이동하여 두 부분으로 분할한다. 각각 분할된 부분의 맨 왼쪽 숫자를 피벗으로 삼아 분할한 후, 1~2개 남으면 더 이상 분할하지 않고 정렬한다.

다음은 퀵 정렬을 위한 파이썬 프로그램이다. 단, 피벗을 기준으로 두 부분으로 분할하는 partiton 함수는 연습 문제로 남긴다.

파일명: AT 3.2 퀵 정렬.py

```
def qsort(a, low, high):
    if low < high:                          # 정렬한 부분이 2개 이상이면
        pivot = partition(a, low, high)     # 작거나 같은 부분과 큰 부분으로 분할
                                            # pivot = 피벗이 있는 곳의 인덱스
        qsort(a, low, pivot - 1)            # 작거나 같은 부분으로 순환 호출
        qsort(a, pivot + 1, high)           # 큰 부분으로 순환 호출

:

input_list = [50, 80, 75, 30, 95, 90, 45, 10, 15, 70, 85, 30, 20, 50, 60, 20]
print('정렬 전:\t', input_list)
qsort(input_list, 0, len(input_list) - 1)
print('정렬 후:\t', input_list)
```

```
Run: AT 3.2 퀵 정렬
C:\Users\user\venv\Scripts\python.exe
정렬 전:     [50, 80, 75, 30, 95, 90, 45, 10, 15, 70, 85, 30, 20, 50, 60, 20]
정렬 후:     [10, 15, 20, 20, 30, 30, 45, 50, 50, 60, 70, 75, 80, 85, 90, 95]

Process finished with exit code 0
```

qsort()에서 low가 high와 같거나 크면, 즉 정렬할 부분의 크기가 1 이하이면 함수를 수행하지 않고 직전에 호출했던 곳으로 돌아가고, low가 high보다 작은 경우에만 partition 함수를 호출하여 피벗과 같거나 작은 숫자들은 왼쪽으로 큰 숫자들은 오른쪽으로 옮기고 피벗은 그 사이에 자리 잡는다.

생각해보자

피벗이 가장 작거나 가장 크면 어떤 일이 발생할까?

다음은 가장 작은 10이 피벗인 경우의 분할된 결과이다. 피벗이 가장 작으므로 10의 왼쪽(피벗과 같거나 작은) 부분이 없다.

10	60	40	50	20	70	30

이번엔 가장 큰 70이 피벗인 경우의 분할된 결과이다. 피벗이 가장 크므로 70의 오른쪽(피벗보다 큰) 부분이 없다.

50	60	40	10	20	30	70

이렇게 한쪽으로 치우치게 분할하는 피벗을 선택하면, 분할하여 얻는 이득이 전혀 없다. 즉, 계속해서 치우치게 분할되면 퀵 정렬은 '슬로우' 정렬이 되고 만다. 따라서 퀵 정렬에서는 치우친 분할을 피할 수 있는 피벗의 선택이 매우 중요하다.

생각해보자

어떻게 피벗을 선택해야 치우친 분할을 피할 수 있을까?

가장 정확한 답은 숫자 중에서 중간값을 찾아서 피벗으로 삼으면 정확히 반씩 두 부분으로 나눌 수 있다. 그러나 중간값을 쉽게 찾으려면 숫자를 정렬하면 되지만, 지금 우리의 목표가 정렬이 아닌가? 또한 정렬하지 않고 선형 시간에 중간값을 찾을 수[6]도 있지만, 정렬 과정에서 중간값을 찾는 것은 이론적인 수행 시간은 증가하지 않더라도 실제 수행 시간이 너무 오래 걸리어 이 방법은 매우 부적절하다.

생각해보자

좋은 피벗을 선택하는 실용적인 방법을 찾아보자.

가장 단순한 방법은 첫 숫자, 중간 숫자, 마지막 숫자 중에서 중간값(Median-of-three)을 피벗으로 삼으면 간혹 치우치게 분할되는 때도 있으나 대체로 균등하게 분할되어 빠르게 정렬할 수 있다.

---

6) Part 3.4에서 K번째 작은 수 찾기에서 K=n/2일 때 선형 시간에 중간값을 찾을 수 있다.

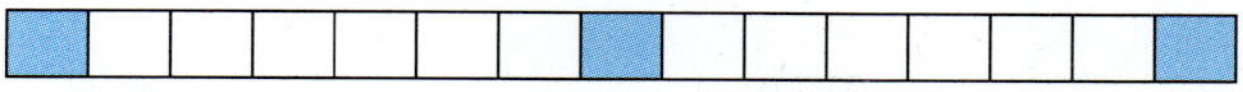

생각해보자

조금 더 향상된 성능을 보이는 피벗을 선택하려면 어떤 방법으로 피벗을 선택해야 할까?

실제 응용에서는 투키의 방법(Tukey's ninther)을 사용한다. 이 방법은 그림 3.2.6과 같이 배열(또는 파이썬 리스트)을 세 부분으로 나누고, 각 부분에서 첫 숫자, 중간 숫자, 마지막 숫자 중에서 중간값을 찾고, 세 개의 중간값 중에서 중간값을 찾아 피벗으로 삼는다.[7]

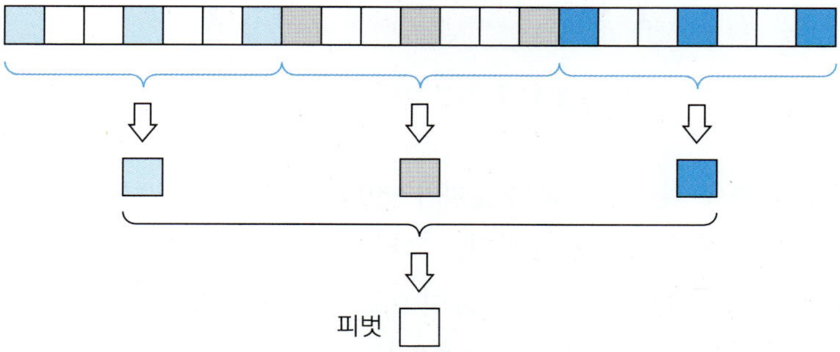

그림 3.2.6 투키의 피벗 선정

수행 시간

퀵 정렬의 수행 시간은 최악 경우, 최선 경우, 평균 경우로 나누어 분석할 수 있다.

- 최악 경우는 분할된 부분마다 피벗이 가장 작거나 가장 큰 숫자가 되는 경우로서 분할될 때마다 피벗보다 작은 부분이나 큰 부분이 없는 경우이다. 이때는 퀵 정렬 수행 시간이 $O(n^2)$이다. 왜냐하면 맨 처음에 피벗으로 나머지 $(n-1)$개의 숫자들을 비교하면 한쪽 부분이 없으므로 $(n-1)$개가 남는다. 남은 부분에서 피벗을 가지고 $(n-2)$개의 숫자들을 비교하면 또다시 한쪽 부분만 남게 되고, …, 두 개만 남아서 1번 비교하여 정렬을 마칠 때까지의 총 비교 횟수는 $(n-1)+(n-2)+(n-3)+\cdots+2+1 = n(n-1)/2 = O(n^2)$이다.
- 최선 경우는 불균형에 상반되는 '균형'에서 힌트를 얻어 생각해 볼 때, 항상 1/2씩 분할된다면 최선의 경우가 된다. 이때의 수행 시간을 다음의 그림을 통해 알아보자.[8]

7) 중간값 중의 중간값(Median of Medians) 방법이라고도 일컫는다.

8) 그림에서는 피벗은 생략되었고, 각 부분 문제는 1/2로 분할되는 것으로 가정하였다.

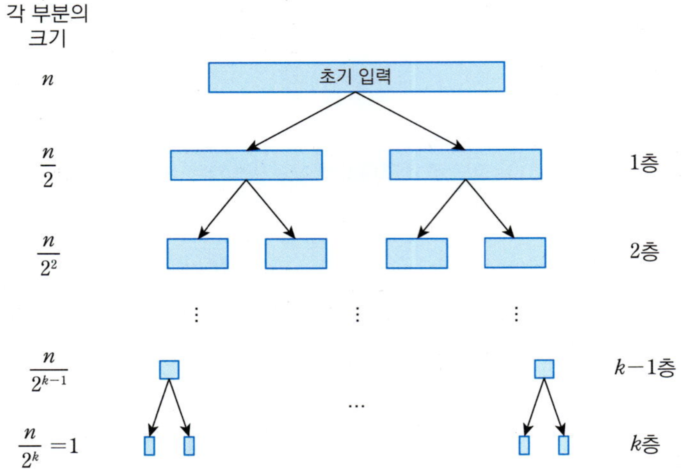

그림 3.2.7 최선 경우의 분할 과정

그림 3.2.7의 각 층에서는 각 부분의 숫자가 피벗과 1회씩 비교된다. 따라서 각 층에서 수행되는 총 비교 횟수는 $O(n)$이다. 그러므로 전체 비교 횟수는 $O(n) \times$층수 $= O(n) \times O(\log_2 n)$이다. 층수가 $\log_2 n$인 이유는 $n/2^k = 1$일 때 $k = \log_2 n$이기 때문이다. 그러므로 최선 경우 수행 시간은 $O(n\log n)$이다. 또한 $T(n) = 2T(n/2) + O(n)$, $T(1) = O(1)$이므로 부록의 마스터 정리를 이용하면 $T(n) = O(n\log n)$임을 알 수 있다.

- 평균 경우는 피벗이 분할하여 한쪽 부분의 크기가 0에서 까지 $(n-1)$되는 경우가 각각 동일한 확률(즉, $1/n$)을 갖는다는 가정하에 분석하며, 평균 경우 수행 시간은 $O(n\log n)$이다. 평균 경우를 위한 상세한 분석은 연습 문제로 남긴다.

3.3 합병 정렬

합병 정렬은 전형적인 분할 정복 알고리즘 중의 하나이다.[9] 퀵 정렬은 피벗으로 두 부분으로 나누지만 분할 후에 취합하는 과정(정복)이 없다. 그러나 합병 정렬은 입력을 정확히 반씩 두 부분으로 나누고[10], 나누어진 각 부분을 다시 반으로 분할하며, 이를 반복하여 더 이상 나눌 수 없는 경우, 즉 1개만 남았을 때부터 합병하여 정렬한다. 여기서 합병이 취합(정복)하는 과정이다.

9) 폰 노이만(Von Neumann)이 1945년에 최초의 전자식 컴퓨터인 EDVAC에서 처음으로 합병 정렬을 구현하였다.

10) 크기가 홀수인 경우엔 한쪽 부분이 1개를 더 가지도록 분할한다.

생각해보자

정렬할 숫자들을 그림 3.3.1과 같이 반으로 나누어 정렬해보자.

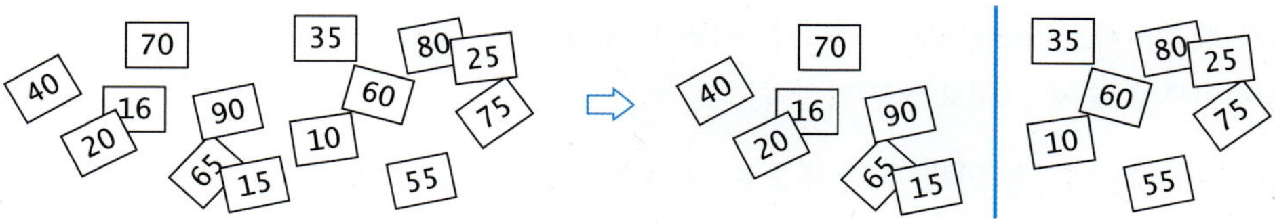

그림 3.3.1 반으로 분할

그리고 각 부분을 정렬한 후에 하나로 합병하자.

합병(merge)은 두 개의 정렬된 리스트를 합쳐서 1개의 정렬된 리스트로 만드는 것을 말한다. 그림 3.3.2는 [1, 2, 4, 7, 9, 11, 12]와 [3, 5, 6, 8, 10, 13]을 합병한 결과를 보여준다.

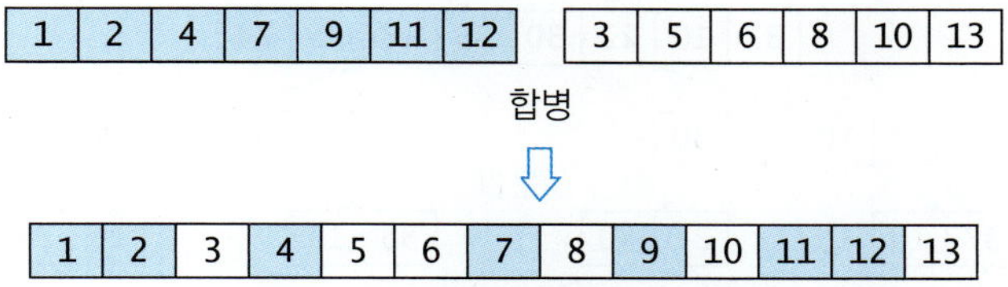

그림 3.3.2 두 정렬된 리스트의 합병

생각해보자

반으로 분할된 두 부분은 어떻게 정렬해야 할까?

각 부분은 같은 방법으로 정렬한다. 즉, 다시 반으로 나누고 나뉜 부분이 정렬되면 두 부분을 합병한다.

다음은 합병 정렬 알고리즘이다.

알고리즘

[1] 현재 입력 크기가 1이면 return

[2] 현재 입력을 반으로 나눈다.

[3] 앞부분을 동일한 방법으로 정렬한다.

[4] 뒷부분을 동일한 방법으로 정렬한다.

[5] 정렬된 앞부분과 뒷부분을 합병한다.

Step [1]에서 입력 크기가 1인 것을 검사하는 이유는 step [3]과 [4]에서 알고리즘을 순환 호출하기 때문이다. Step [1]에서 크기가 1이면 더 분할할 수 없고 동시에 1개의 숫자 자신은 정렬된 것이므로 숫자 그대로를 반환한다.

Step [2]에서는 입력을 반씩 두 부분으로 나누고, step [3]과 [4]에서는 순환 호출하여 정렬하며, 마지막 step [5]에서 합병한다.

합병 정렬은 분할할 때 숫자 간의 비교는 전혀 하지 않고, 크기만 반으로 나눈다. 반면에 퀵 정렬은 피벗과 각 숫자를 비교하여 두 부분으로 분할한다.

그림 3.3.3은 [37, 10, 22, 30, 35, 13, 25, 24]를 합병 정렬 알고리즘으로 정렬하는 과정을 보여준다.

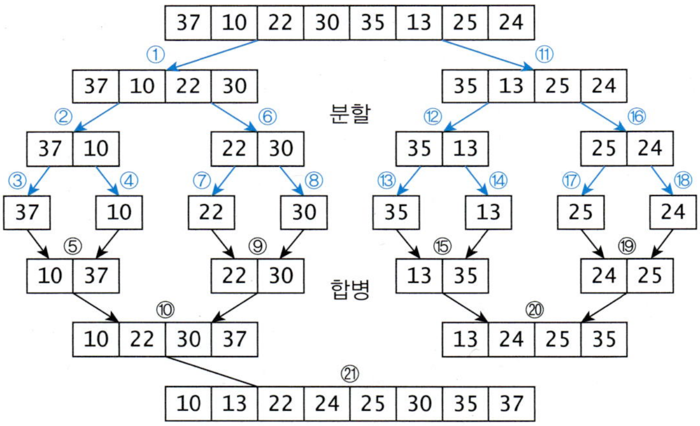

그림 3.3.3 합병 정렬 알고리즘의 수행 과정

그림 3.3.3의 원 숫자는 정렬이 수행되는 순서를 나타낸다. [37, 10, 22, 30, 35, 13, 25, 24]가 [37, 10, 22, 30]과 [35, 13, 25, 24]로 분할되고, 왼쪽 부분인 [37, 10, 22, 30]은 [37, 10]과 [22, 30]으로 다시 분할된다. 여기서 오른쪽 부분인 [35, 13, 25, 24]는 왼쪽 부분인 [37, 10, 22, 30]이 완전히 정렬된 후에 분할이 시작된다.

[37, 10]은 다시 반으로 나누어지며, [37]과 [10]이 각각 1개이므로 각각 반환되어 [10, 37]로 합병된다. [22, 30]이 분할된 후 합병되어 [23, 30]이 된다. 그리고 [10, 37]과 [23, 30]이 합병되어 [10, 23, 30, 37]을 얻는다. 이제 처음 반으로 나누었을 때의 왼쪽 부분에 대한 정렬을

마친 것이다.

왼쪽 부분처럼 오른쪽 부분인 [35, 13, 25, 24]를 같은 방법으로 정렬한 후, [13, 24, 25, 35]와 [10, 23, 30, 37]을 합병하여 정렬을 마친다.

다음은 합병 정렬을 위한 파이썬 프로그램이다. 단, 두 정렬된 부분을 합병하는 merge()는 연습 문제에서 다룬다.

파일명: AT 3.3 합병 정렬.py

```
def merge_sort(a, b, low, high):
    if high <= low:                      # 정렬할 부분의 크기가 1 이하이면
        return
    mid = low + (high - low) // 2        # 중간 인덱스
    merge_sort(a, b, low, mid)           # 앞부분 순환 호출
    merge_sort(a, b, mid + 1, high)      # 뒷부분 순환 호출
    merge(a, b, low, mid, high)          # 정렬된 앞/뒷부분 합병

input_list = [37, 10, 22, 30, 35, 13, 25, 24]
aux = [None] * len(input_list)
print('정렬 전:\t', input_list)
merge_sort(input_list, aux, 0, len(input_list) - 1)    # 최초 호출
print('정렬 후 :\t', input_list)
```

```
Run: AT 3.3 합병 정렬
C:\Users\user\venv\Scripts\python.exe
정렬 전:     [37, 10, 22, 30, 35, 13, 25, 24]
정렬 후 :    [10, 13, 22, 24, 25, 30, 35, 37]

Process finished with exit code 0
```

다음은 [80, 40, 50, 10, 70, 20, 30, 60]에 대해 합병 정렬이 수행되는 과정이다

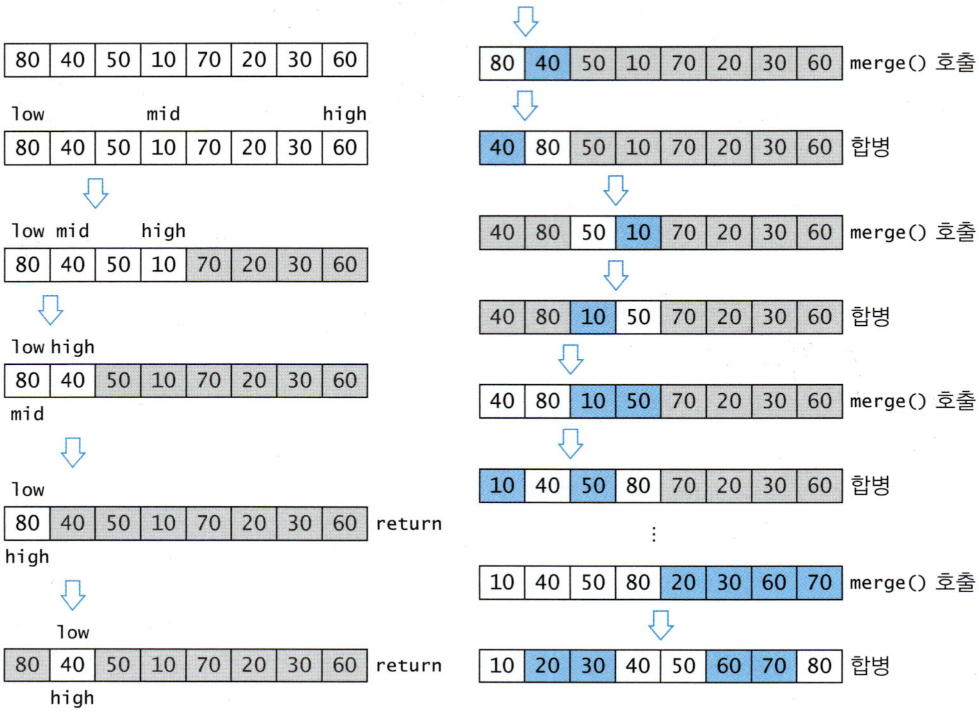

수행 시간

합병 정렬의 수행 시간을 점화식을 이용하여 분석해보자. 입력 크기 $n=2^k$이라고 가정하고, $T(n)$을 크기가 n인 입력에 대해 합병 정렬이 수행하는 비교 횟수라고 하면, $T(n)$은 두 개의 $T(n/2)$을 수행하는 시간과 이들의 결과를 합병하는 시간인 $O(n)$을 합한 것이다.

합병하는 데는 두 개의 정렬된 부분을 비교하며 각 원소를 보조 리스트에 저장하므로 $O(n)$ 시간이 걸린다. 또한 입력 크기가 1인 경우, $T(1)=O(1)$이다. 따라서 $T(n)$을 다음과 같은 점화식으로 표현할 수 있다.

$$T(n)=2T(n/2)+O(n),\ \ T(1)=O(1)$$

$T(n)$을 마스터 정리를 이용하여 점근적으로 표현하면 $T(n)=O(n\log n)$이다. 합병 정렬은 어떤 입력에 대해서도 $O(n\log n)$의 수행 시간을 보장하는 매우 중요한 특성을 가진다. 그러나 합병 정렬은 합병을 위해 입력 크기의 보조 메모리가 필요하다는 단점을 가지고 있다.

3.4 K번째 작은 수

나열된 숫자 중에서 K번째로 작은 숫자를 찾는 문제를 선택(Selection) 문제라고도 한다. 그림 3.4.1에서 4번째 작은 수를 찾아보자.

그림 3.4.1 4번째 작은 수 찾기

어떻게 찾아야 할까? 가장 효율적인, 즉 수행 시간이 빠른 방법이 무엇일까?

> **생각해보자**
> 가장 작은 숫자를 4번 찾아보자.

단, 찾은 숫자는 제외하고 나머지 숫자 중에서 가장 작은 숫자를 찾는다.

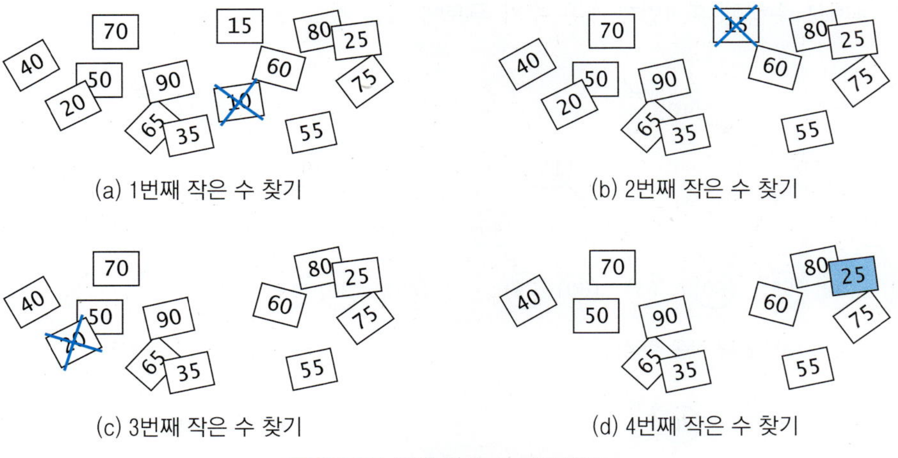

(a) 1번째 작은 수 찾기 (b) 2번째 작은 수 찾기 (c) 3번째 작은 수 찾기 (d) 4번째 작은 수 찾기

그림 3.4.2 가장 작은 수 찾기 방법

이 방법은 가장 작은 숫자를 찾는데 $n-1$번 비교하고, 두 번째 작은 숫자를 위해 $n-2$ 비교가 필요하며, 세 번째와 네 번째를 위해 각각 $n-3$, $n-4$ 비교가 필요하다. 총 비교 횟수는 $(n-1)+(n-2)+(n-3)+(n-4)$이다.

생각해보자

숫자를 정렬하여 찾아보자.

일단 정렬되면 4번째 작은 숫자를 찾는 것은 인덱스를 이용하여 쉽게 찾지만 정렬하는 수행 시간이 $O(n \log n)$이다. 4번째 작은 숫자만 찾으면 되는데 모든 숫자를 정렬하는 것은 너무 많은 시간을 낭비한 것으로 보인다.

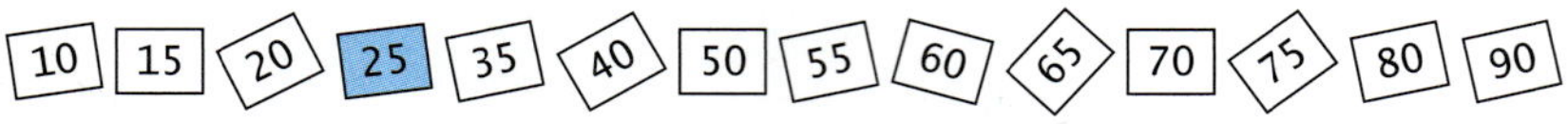

그림 3.4.3 정렬 후 4번째 작은 수 찾기

생각해보자

힙 자료구조를 이용해보자.

최소 힙을 만들어서 루트를 4번 삭제하면 4번째 작은 수를 찾는다. 이 방법은 k가 작으면 정렬하는 방법보다 훨씬 유리하다. 왜냐하면 이진 힙은 $O(n)$ 시간에 만들 수 있고, 한 번의 루트 삭제는 $O(\log n)$ 시간이 걸리기 때문이다. 그림 3.4.4는 최소 힙을 만든 후에 3회의 루트 삭제를 차례로 수행한 후 4번째 작은 수가 루트에 있는 것을 보여준다.

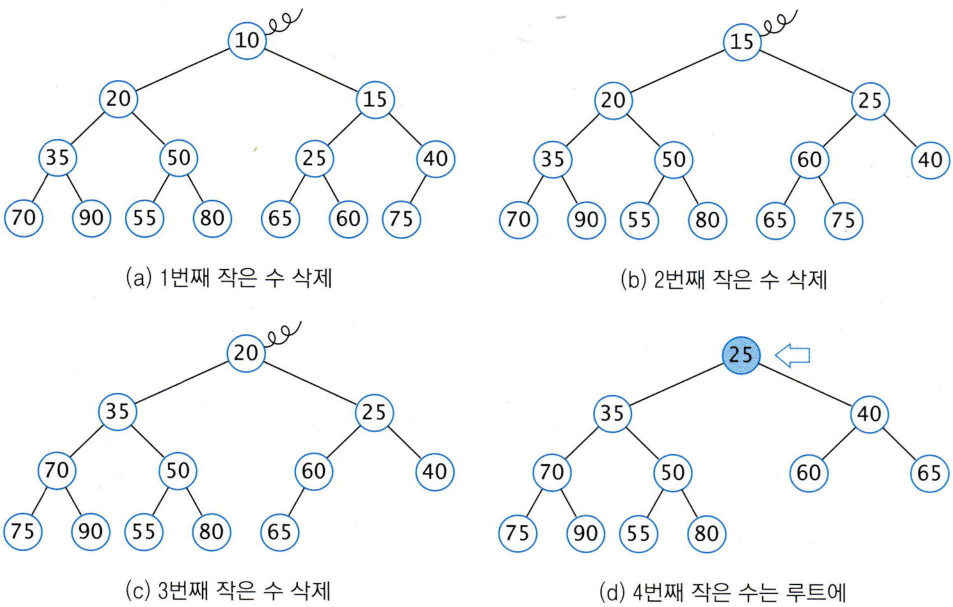

그림 3.4.4 최소 힙을 사용하는 방법

생각해보자
반으로 나누어 찾아보자.

단순히 합병 정렬처럼 반씩 두 부분으로 나누는 방식은 K번째 작은 수가 어느 부분에 있는지 알 수 없어서 양쪽 부분을 모두 탐색해야 하는 문제가 발생한다.

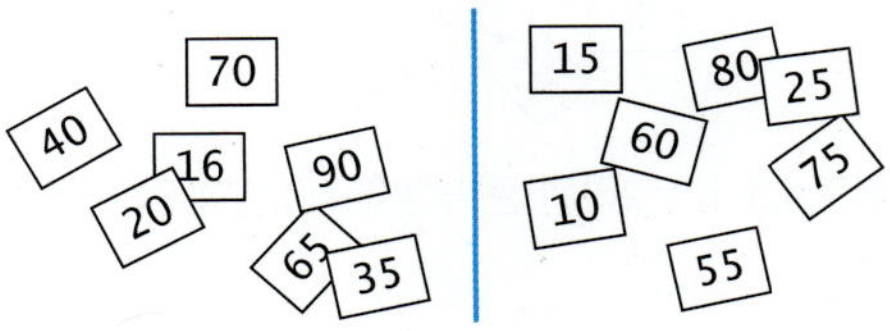

그림 3.4.5 반씩 두 부분으로 나누기

생각해보자
퀵 정렬처럼 피벗으로 나누어보자.

피벗으로 숫자들을 피벗보다 작은 수들과 큰 수들로 분할한다.[11] 그림 3.4.6은 40이 피벗일 때 숫자들이 두 부분으로 분할된 것을 보여준다.

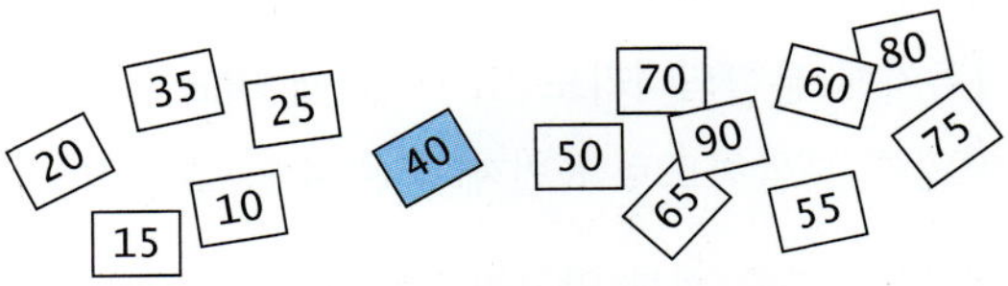

그림 3.4.6 피벗이 40일 때 분할

피벗으로 분할하면 K번째 작은 수가 어느 부분에 있는지 쉽게 알 수 있다. 왜냐하면 피벗보다 작은 숫자가 몇 개인지 알 수 있기 때문이다. 4번째 작은 수를 찾는다면 피벗보다 작은 숫자가 5개 있으므로 그중에 4번째 작은 수가 있다.

그림 3.4.7 작은 부분에서 4번째 작은 수 찾기

11) 숫자들이 서로 다르다고 생각하자. 만일 같은 숫자가 있으면, 피벗과 같은 숫자를 피벗보다 작은 부분에 포함시킨다.

만일 6번째 작은 수를 찾는다면 피벗이 40이 답이다. 또 K > 6이면 피벗보다 큰 부분에서 (K−6)번째 작은 수를 찾는다. 왜냐하면 피벗보다 작은 수가 5개 있고 피벗 자신이 1개이므로 K가 6보다 크면 총 6개는 탐색하는데 제외해야 하기 때문이다. 만일 9번째 작은 수를 찾는다면 그림 3.4.8과 같이 9−6 = 3이므로 3번째 작은 수를 큰 부분에서 찾는다.

그림 3.4.8 K = 9라면 큰 부분에서 3번째 작은 수 찾기

피벗보다 작은 부분이나 큰 부분에서 탐색은 동일한 방법으로 찾는다. 즉, 새 피벗을 선택하고 그 피벗으로 두 부분으로 분할한다. 피벗 선택은 퀵 정렬에서 경험했듯이 피벗이 매우 작거나 매우 크면 숫자들을 한쪽으로 치우치게 분할한다. 이러한 분할을 방지할 방법은 무엇일까?

> **생각해보자**
> 피벗을 랜덤하게 선택한다.

랜덤 선택은 어떨 땐 치우치게 분할되더라도 또 어떨 땐 비교적 균등하게 분할되어[12] 전반적으로 연속해서 치우치지 않게 분할하므로 K번째 작은 수를 효율적으로 찾는다.

다음은 K번째 작은 수를 찾는 분할 정복 알고리즘이다.

알고리즘

[1] 피벗을 랜덤하게 선택한다.

[2] 피벗과 각 숫자를 비교하여 피벗보다 작은 숫자를 왼쪽으로, 큰 숫자를 오른쪽으로 나누고, 피벗을 그사이에 둔다.

[3] K번째 작은 숫자가 피벗이면 탐색 성공

[4] K번째 작은 숫자가 피벗보다 작은 부분에 있으면, 동일한 방법으로 K번째 작은 숫자를 작은 부분에서 탐색

12) 랜덤하게 선택한 피벗이 숫자들을 비교적 균등하게 분할할 확률은 1/2이다. 따라서 평균 2회 분할하면 그중에 1번은 숫자들이 비교적 균등하게 분할된다.

[5] 피벗보다 큰 부분에 있으면, K를 수정하여[13] 동일한 방법으로 큰 부분을 탐색

다음은 K번째 작은 수를 찾는 파이썬 프로그램이다. 단, 프로그램에서 partition 함수는 퀵 정렬의 partition 함수와 같다. 그리고 맨 왼쪽 숫자를 피벗으로 선택한다.

파일명: AT 3.4 k번째 작은 수.py

```
def selection(a, low, high, k):
    pivot = partition(a, low, high)        # 작은/큰 부분 분할 pivot은 피벗의 인덱스
    if k < pivot:
        return selection(a, low, pivot-1, k)        # 작은 부분에서 찾기
    elif k == pivot:
        return a[k]        # 탐색 성공
    else:
        return selection(a, pivot+1, high, k)        # 큰 부분에서 찾기


input_list = [40, 20, 50, 70, 65, 90, 35, 10, 15, 60, 55, 80, 25, 75]
K = input('(k-1) 값을 입력하라(0부터 ' + str((len(input_list)-1)) + '): ')
kth_smallest = selection(input_list, 0, len(input_list)-1, int(K))        # 최초 호출
print('{:2}번째 작은 수는 {:2}이다.'.format(int(K)+1, kth_smallest))
```

```
Run: AT 3.4 k번째 작은 수
C:\Users\user\venv\Scripts\python.exe
(k-1) 값을 입력하라(0부터 13): 3
 4번째 작은 수는 25이다.

Process finished with exit code 0
```

K번째 작은 수를 피벗보다 큰 부분에서 순환 호출할 때는 알고리즘의 step [5]에서는 K를 수정하지만, 파이썬 프로그램에서는 K를 수정하지 않아도 된다. 그 이유는 피벗보다 큰 부분을 리스트의 앞부분으로 이동시키지 않기 때문이다. 만일 피벗보다 큰 부분을 a[0]부터 이동하여 저장한다면 K를 수정하여 순환 호출해야 한다. 그러나 이러한 이동은 오히려 시간 낭비이다.

13) 파이썬 프로그램에서는 K를 수정하지 않고 순환 호출한다.

수행 시간

K번째 작은 수 찾는 알고리즘은 각 단계에서 피벗을 랜덤하게 선택하기 때문에 피벗이 1/2의 확률로 치우치지 않는 분할하므로 평균 2번에 1번은 치우치지 않게 분할한다. 이 알고리즘의 평균 경우 수행 시간은 $O(n)$이고, 상세한 분석은 생략한다.

K번째 작은 수를 찾는 알고리즘은 이진 탐색과 매우 유사한 성격을 가지고 있다. 이진 탐색은 분할 과정을 진행하면서 범위를 1/2씩 좁혀가며 찾고자 하는 숫자를 탐색하고, K번째 작은 수 찾는 알고리즘도 피벗으로 분할하여 한쪽 부분은 버리면서 범위를 좁혀간다. 또한 이 알고리즘들은 부분 문제들을 취합하는 과정이 없는 공통점을 가진다.

3.5 가장 가까운 두 점

카페, 편의점, 주유소, 음식점 등의 프랜차이즈 지점을 개업하려 할 때 가장 중요한 일은 지역에 있는 동일한 업종의 영업점들을 조사하는 것이다. 특히 지역 내에 가장 가까운 두 영업점을 찾아 그 거리를 알아보는 것도 새로운 지점을 개업하는 데 큰 도움이 될 것이다. 또한 가장 가까운 두 점 찾기는 기상 예보, 충돌 탐지, 계층적 클러스터링, 외판원 문제를 위한 근사 알고리즘 등 다양한 분야에 응용된다.

다음은 특정 지역의 커피 전문점들의 위치를 보여주며, 동그라미 안의 두 곳의 거리가 가장 가까운 것을 보여준다.

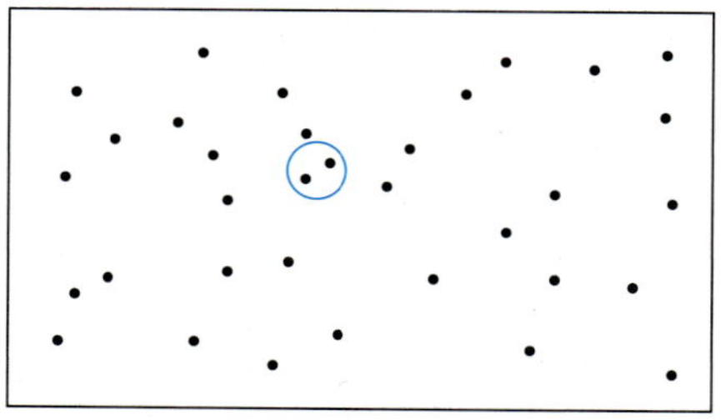

생각해보자

만일 5개의 상점이 있다면

몇 개 안 되니까 두 개씩 짝지어 거리를 모두 계산해서 그중에 가장 가까운 거리의 두 점을 찾을 수 있다.

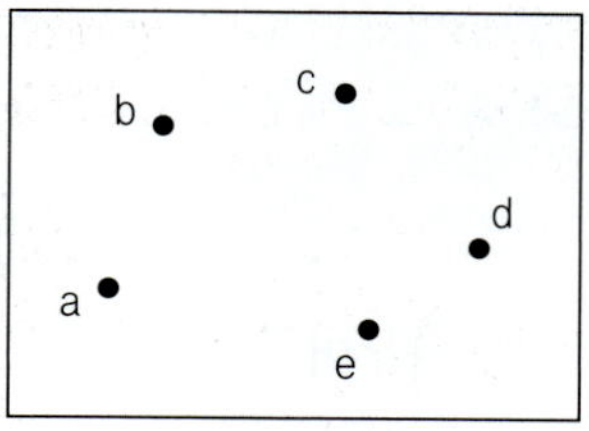

다섯 개의 상점들에 대해 a−b, a−c, a−d, a−e, b−c, b−d, b−e, c−d, c−e, d−e 사이의 거리를 그림 3.5.1과 같이 모두 계산하면 가장 가까운 두 점을 찾는다.

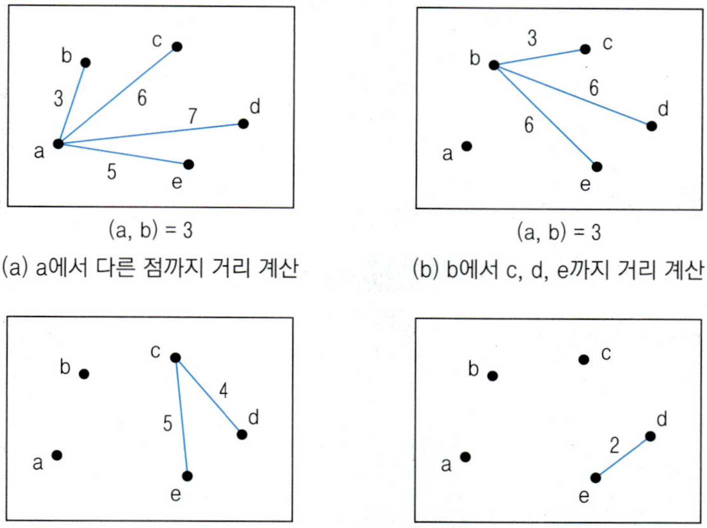

(a, b) = 3
(a) a에서 다른 점까지 거리 계산

(a, b) = 3
(b) b에서 c, d, e까지 거리 계산

(a, b) = 3
(c) c에서 e, d까지 거리 계산

(e, d) = 2
(d) d에서 e까지 거리 계산

그림 3.5.1 가장 가까운 두 점 찾기

그림 3.5.1(a)에서 a에서 각각 b, c, d, e까지의 거리를 계산한 후 (a, b)의 거리가 3으로 가장 가까운 두 점을 찾는다. 그림 3.5.1(b)(c)에서는 b와 c에서 각각 나머지 점들까지의 거리를 계산하였으나 거리가 3보다 가까운 두 점은 없다. 물론 (b, c)의 거리가 3이지만 3보다 작지 않으므로 무시한다. 마지막으로 d에서 e까지의 거리가 2이어서 최종적으로 가장 가까운 두 점은 d와 e이다. 그림 3.5.1.(b)~(d)에서 이미 계산된 거리는 중복해서 계산하지 않는다. 예를 들어 a에서 b까지 거리는 b에서 a까지 거리와 같으므로 계산하지 않는다.

이때 거리 계산 횟수는 4+3+2+1=10이다. 만일 n개의 점이 있으면 $(n-1)+(n-2)+\cdots+3+2+1=n(n-1)/2=O(n^2)$의 거리 계산이 필요하다.

생각해보자

그럼 이보다 빠르게, 즉 적은 계산량으로 가장 가까운 두 점을 찾는 방법은 없을까?

나누어 해결해보자. 즉, 점들을 1/2씩 나누어,[14] 그림 3.5.2와 같이 좌측에 반, 우측에 반으로 나누어, 각 부분에서 가장 가까운 두 점(승자)을 찾아 비교하여 그중에 더 가까운 쌍을 최종 승자로 삼는다.

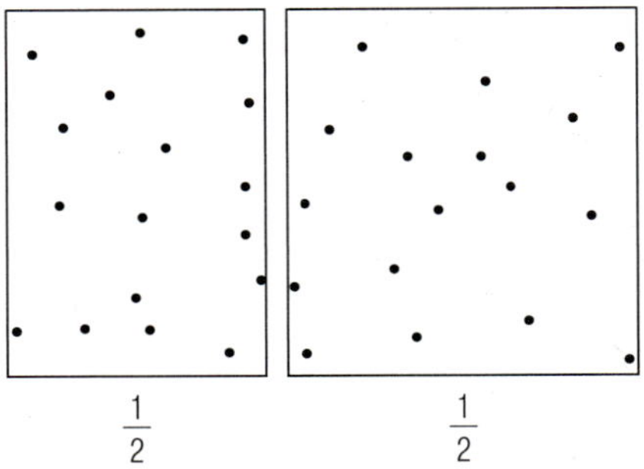

그림 3.5.2 반으로 분할

그러나 분할된 점들 사이, 즉 중간 부분에 더 가까운 거리의 두 점이 있을 수도 있다.

생각해보자

중간 부분에서는 어떻게 승자를 찾아야 할까?

'비무장 지대'를 만들자. 즉, 좌측과 우측의 승자 중에 짧은 거리(그림 3.5.3에서는 10)를 D라고 하면, 좌측의 가장 오른쪽에 있는 점으로부터 좌측으로 D 이내에 위치한 점들을 찾고, 우측의 가장 왼쪽에 있는 점으로부터 우측으로 D 이내에 위치한 점들을 찾는다.

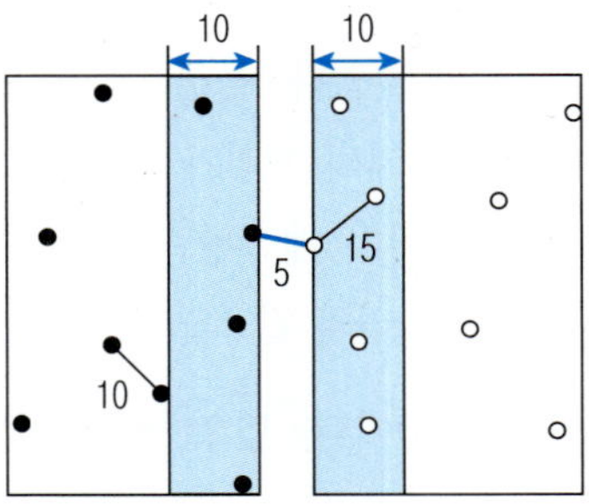

그림 3.5.3 비무장 지대 만들기

14) 점의 수가 홀수이면, 한쪽 부분에 1개 많게 분할한다.

그리고 비무장 지대의 좌측(흑) 점들과 우측(백) 점들 사이의 거리만 계산하여 중간 부분의 승자를 찾는다. 따라서 최종 승자는 좌측, 우측, 중간 부분의 승자 중에서 가장 가까운 두 점이다.

생각해보자

처음에 점들을 좌우로 이등분하였을 때, 좌측의 승자는 어떻게 찾고, 또 우측의 승자는 어떻게 찾을까?

처음과 같은 방법으로 각 부분을 다시 이등분하고 중간 부분 검사하여 승자를 찾는다. 이러한 분할은 나눠진 부분에 있는 점의 수가 2~3개일 때 멈추고, 각 부분의 승자와 중간 부분의 승자 중에서 승자를 반복적으로 찾아서 최종 승자인 가장 가까운 두 점을 찾는다. 다음은 최근접 쌍을 찾는 분할 정복 알고리즘이다. 입력은 미리 x-좌표로 정렬한다.

알고리즘

[1] 점의 수가 2~3개이면 그중에서 승자를 반환한다.
[2] 왼쪽 1/2 부분에서 동일한 방법으로 최근접 쌍을 찾는다.
[3] 오른쪽 1/2 부분에서 동일한 방법으로 최근접 쌍을 찾는다.
[4] 비무장 지대에서 최근접 쌍을 찾는다.
[5] [2]~[4]에서 찾은 최근접 쌍 중에서 승자를 반환한다.

가장 가까운 두 점을 찾는 문제를 나누어 풀어본 알고리즘은 분할 정복 알고리즘의 대표적인 알고리즘이다. 입력을 이등분하고, 각각의 부분에 대해 반씩 나누기를 반복하여, 점이 2~3개 남으면 분할을 멈춘다. 일단 분할을 멈추면 그때부터 승자를 찾고 분할 직전의 좌우측 부분과 그 사이의 중간 부분에서 승자를 찾는 방식으로 알고리즘이 진행되는데, 승자를 찾는 것이 분할 정복 알고리즘의 취합(정복) 과정이다.

[예제] 다음의 입력에 대해 최근접 쌍 알고리즘이 수행되는 과정을 살펴보자.

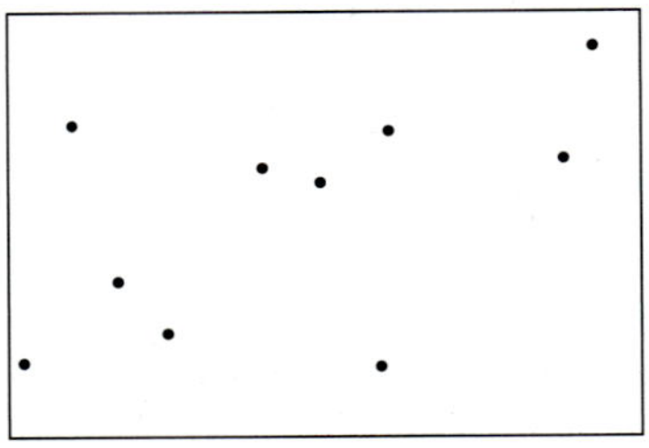

Step [1]에서는 점의 수가 3보다 크므로 step [2]에서 x-좌표를 기준으로 1/2로 분할한다.

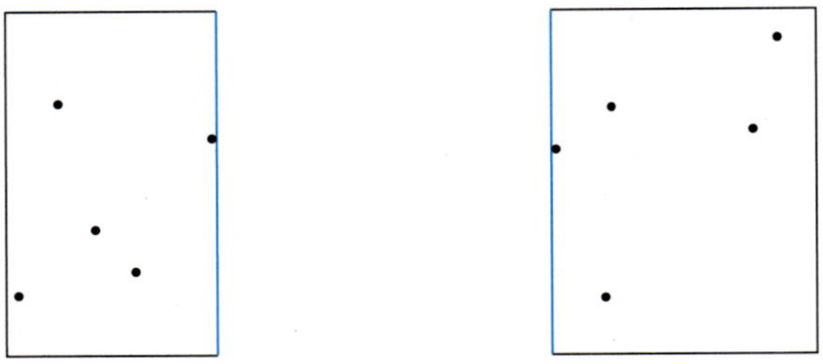

Step [3]에서 좌측 반으로 순환 호출한다. 여기서 우측 반은 좌측 반에 대해 승자가 반환된 후에 시작된다. 좌측 반은 다시 다음과 같이 반으로 분할된다.

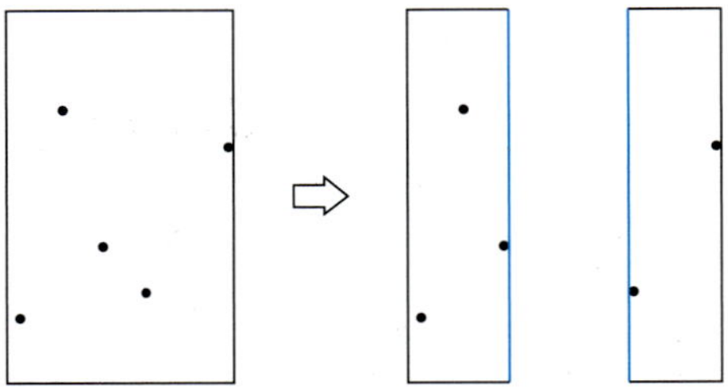

분할된 왼쪽 1/4 부분을 순환 호출하면 step [1]에서 점의 수가 3개이므로 이 세 점 사이의 거리를 계산 후 거리가 가장 가까운(거리가 20인) 두 점을 승자로서 반환한다.

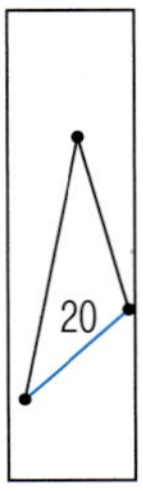

이제는 오른쪽의 1/4부분으로 순환 호출한다. Step [1]에서 점의 수가 2개이므로 이 두 점 사이 거리인 25를 계산한 후 두 점을 승자로서 반환한다.

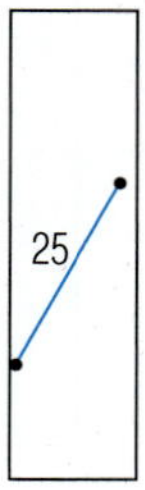

각각 1/4 부분이 반환한 두 승자와 step [4]에서 찾은 비무장 지대에서의 승자(거리가 10인 두 점) 중에서 step [5]에서 최근접 쌍(거리가 10인 두 점)을 승자로 반환한다.

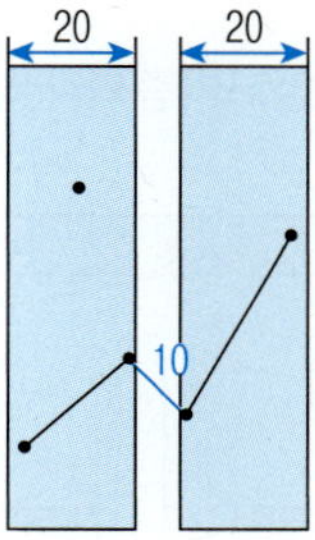

최초에 1/2로 분할했을 때 왼쪽 부분의 승자(거리가 10인 두 점)가 결정되었으니, 오른쪽 1/2도 순환 호출하여 오른쪽 부분의 승자(거리가 15인 두 점)를 다음과 같이 찾았다고 가정하자.

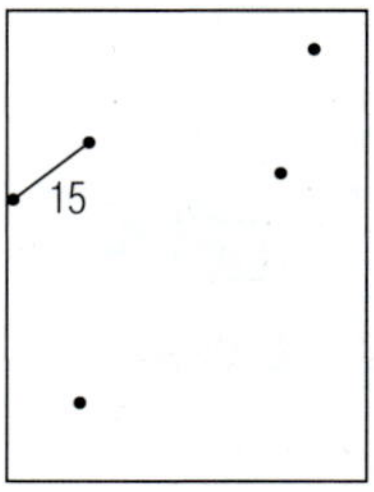

Step [4]에서는 왼쪽과 오른쪽 부분 사이의 비무장 지대에서 거리가 5인 두 점을 찾는다.

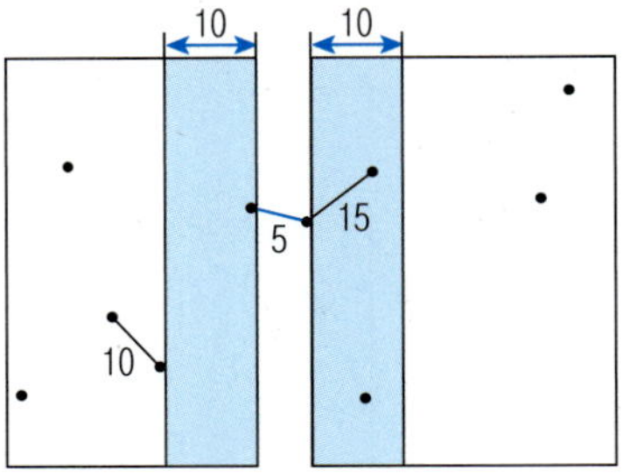

마지막으로 step [5]에서 왼쪽(10), 오른쪽(15), 비무장 지대(5)의 승자 중에서 최종 승자인 거리가 5인 두 점을 반환하며 알고리즘을 종료한다. 최근접 쌍을 찾는 알고리즘을 위한 파이썬 프로그램은 연습 문제로 남긴다.

그림 3.5.4는 가장 가까운 두 점을 찾는 알고리즘의 분할 과정과 정복 과정을 도식화한 것이다.

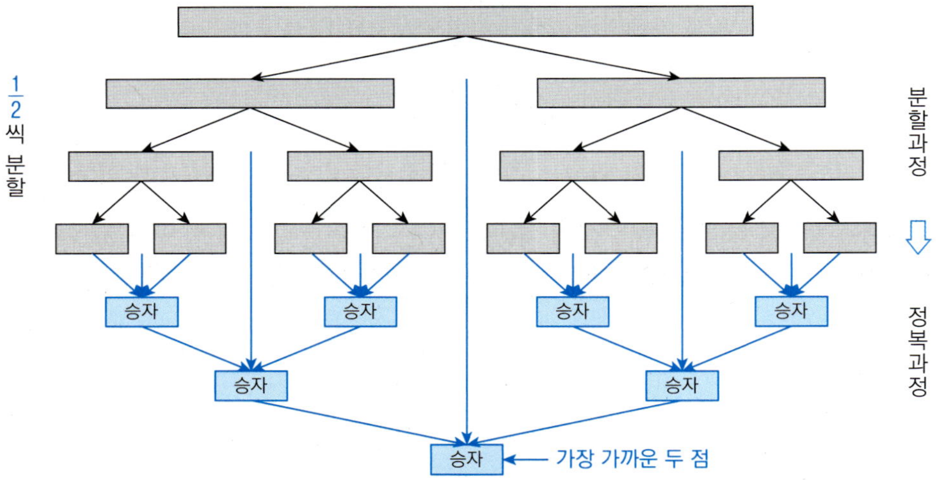

그림 3.5.4 최근접 쌍 알고리즘의 수행 과정

수행 시간

먼저 n개의 점들을 x-좌표로 정렬하는데 $O(n\log n)$ 시간이 걸린다. 그리고 그림 3.5.4에 도식화된 알고리즘의 수행 과정을 보면 Part 3.3의 합병 정렬의 수행 과정(그림 3.3.3)과 거의 같은 것을 알 수 있다. 따라서 $T(n)$을 n개의 입력에 대해 최근접 쌍 알고리즘이 수행하는 시간이라고 하면, $T(n)$은 두 개의 $T(n/2)$을 수행하는 시간과 이들의 결과를 취합하는 시간을 합한 것이다.

취합하는 데는 비무장 지대에서 좌측과 우측 점들 사이의 거리 계산이 필요하다. 이를 위해 비무장 지대의 점들을 y-좌표로 정렬한 후에 아래에서 위(또는 위에서 아래) 방향으로 좌우측 점들 사이의 거리를 계산하는데, 점 사이의 거리가 비무장 지대의 간격인 D와 같거나 멀리 떨어진 점들에 대한 거리 계산은 생략한다. 이때 수행 시간은 역시 정렬 때문에 $O(n \log n)$ 이다. 그림 3.5.4(또는 그림 3.3.3)에서 층수를 세어보면 $\log n$ 이고[15], 각 층에서는 $O(n \log n)$ 시간이 필요하므로 알고리즘의 수행 시간은 $O(n \log^2 n)$ 이다.

그러나 $T(n)$ 을 $O(n \log n)$ 으로 줄이는 방법이 있다. x-좌표로 모든 점을 정렬해 놓고 알고리즘을 시작하는 것과 같이 모든 점을 미리 y-좌표로 정렬하여 별도의 리스트(배열)에 저장하고 알고리즘을 시작한다. 알고리즘의 step [4]에서는 비무장 지대의 점들에 대해 y-좌표로 정렬된 리스트를 참조하면서 점들을 아래에서 위로 비교할 수 있다. 이렇게 하면 매번 y-좌표로 정렬할 필요가 없다. 그러므로 $T(n) = 2T(n/2) + O(n)$, $T(2) = T(3) = O(1)$ 이고 $T(n) = O(n \log n)$ 이다.

15) 층수는 총 $2\log n$이지만 전반부는 단순히 분할만 하는 것이므로 층마다 $O(n \log n)$이 걸리지 않는다.

요약

분할 정복 알고리즘은 문제의 입력을 일반적으로 2개 이상으로 분할하고, 분할된 부분을 연속해서 분할하여 더 이상 나눌 수 없을 때까지 분할하고, 이때부터 문제를 해결하고 결과를 취합하여 올라가며 문제의 해를 얻는다.

- n-비트 이진수의 곱셈은 가우스의 복소수 곱셈을 이용하면 크기가 반인 3개의 부분 문제를 만들어서 $O(n^{\log_2 3}) = O(n^{1.59})$ 시간에 수행된다.
- 퀵 정렬은 피벗과 같거나 작은 숫자들은 왼편으로, 피벗보다 큰 숫자들은 오른편으로 분할하고, 피벗을 그사이에 놓는다. 퀵 정렬은 분할된 부분 문제들에 대하여서도 순환적으로 수행하여 정렬한다.
- 퀵 정렬의 평균과 최선 경우 수행 시간은 각각 $O(n \log n)$이고 최악 경우 수행 시간은 $O(n^2)$이다.
- 합병 정렬은 n개의 숫자를 개씩 $n/2$개의 부분 문제로 분할하고, 각각의 부분 문제를 순환적으로 합병 정렬한 후, 2개의 정렬된 부분을 합병하여 정렬한다. 수행 시간은 $O(n \log n)$이다.
- 합병 정렬은 입력 크기의 보조 메모리가 있어야 하는 단점을 가진다.
- K번째 작은 수 문제는 피벗보다 작은 부분과 큰 부분으로 분할한 후에 K번째 작은 수가 들어 있는 부분을 순환적으로 탐색한다. 평균 경우의 수행 시간은 $O(n)$이다.
- 가장 가까운 두 점 찾기 문제는 n개의 점들을 1/2로 분할하여 각각의 부분에서 가장 가까운 두 점을 찾고, 2개의 부분 해 중에서 짧은 거리를 가진 점의 쌍을 일단 찾는다. 그리고 2개의 부분 해를 취합할 때, 반드시 중간 영역 안에 있는 점 중에 가장 가까운 두 점이 있는지도 확인해야 한다. 향상된 알고리즘의 수행 시간은 $O(n \log n)$이다.

연습문제

1 크기가 n인 입력에 대해 크기가 1/2인 2개의 부분 문제로 분할된다면, 더 이상 분할할 수 없는(즉, 크기가 1인) 부분 문제의 수는?

① $\log_2 n$ ② n
③ $n\log n$ ④ n^2
⑤ 답 없음

2 크기가 n인 입력에 대해 크기가 1/2인 3개의 부분 문제로 분할된다면, 더 이상 분할할 수 없는(즉, 입력 크기가 1인) 부분 문제의 수는?

① $\log_2 n$ ② n
③ $n\log n$ ④ $n^{\log_2 3}$
⑤ 답 없음

3 [그림 3.1]에서 부분 문제의 크기가 1인 문제의 수는?

① $n\log_2 n$ ② $n^{a/b}$
③ $n^{b/a}$ ④ $n^{\log_b a}$
⑤ 답 없음

4 [그림 3.1]에서 $a = b = 2$ 일 때 트리의 높이는?

① $\log_2 n$ ② $\log_3 n$
③ $n/2$ ④ n
⑤ 답 없음

5 [그림 3.1]에서 $a = 3,\ b = 2$ 일 때 트리의 높이는?

① $\log_2 n$ ② $\log_3 n$
③ $n/2$ ④ n
⑤ 답 없음

6 [그림 3.1]에서 트리의 높이는?

① $\log_2 n$ ② $\log_a n$
③ $\log_b n$ ④ $\log_{b/a} n$
⑤ 답 없음

7 양의 이진수 1010과 1100의 곱셈 결과는?

① 0001111 ② 0011111
③ 1111100 ④ 1111000
⑤ 답 없음

8 두 n-비트 양의 이진수를 곱한 결과는 최대 몇 비트인가?

① $n+1$ ② $2n$
③ $2n+1$ ④ n^2
⑤ 답 없음

9 양의 이진수 $a=10101101$을 가우스의 아이디어를 이용한 곱셈 알고리즘으로 수행하기 위해 4-비트로 분할한 것은?

① $a_H=0101$, $a_L=0010$ ② $a_H=0010$, $a_L=0101$
③ $a_H=1101$, $a_L=1010$ ④ $a_H=1010$, $a_L=1101$
⑤ 답 없음

10 두 n-비트 양의 이진수에 대해 가우스의 아이디어를 이용한 곱셈 알고리즘의 수행 시간은?

① $O(n)$ ② $O(n\log n)$
③ $O(n^{1.59})$ ④ $O(n^2)$
⑤ 답 없음

11 가우스의 아이디어를 이용한 곱셈 알고리즘에 대한 설명으로 옳지 <u>않은</u> 것은?

① 가우스의 복소수 곱셈 아이디어로 곱셈 수를 줄인 알고리즘이다.
② 일반적인 십진수 곱셈 방식보다 빠르다.
③ 수행 시간이 $O(n\log n)$이다.
④ 분할 정복 방식의 알고리즘이다.
⑤ 답 없음

12 8-비트 양의 이진수 $a=10101101$과 $b=00100110$에 대해 다음의 공식을 이용하여 곱셈을 수행하라. (단, 4-비트 곱셈은 다음 식에 적용하지 말고 직접 계산하라.)

$$\begin{aligned} ab &= (2^{n/2}a_H+a_L)(2^{n/2}b_H+b_L) \\ &= 2^n a_H b_H + 2^{n/2}[(a_H+a_L)(b_H+b_L)-a_H b_H - a_L b_L] + a_L b_L \end{aligned}$$

13 다음 중 퀵 정렬을 옳게 서술한 것은?

① 입력을 비슷한 크기의 두 부분으로 합병하여 정렬한다.
② 입력을 크기가 서로 다를 수 있는 두 부분으로 나누어 보조 메모리 없이 정렬한다.
③ 중간값을 피벗으로 삼아 두 부분으로 나누어 정렬한다.
④ 이웃한 원소(숫자)끼리 비교하여 비교 결과에 따라 자리바꿈을 수행하여 정렬한다.
⑤ 답 없음

14 다음 중 퀵 정렬에 관한 설명 중 옳은 것은?

① 퀵 정렬은 합병하기 전에 입력을 계속 반으로 나눈다.
② 퀵 정렬은 두 부분으로 분할 때 두 부분의 크기의 차이가 1을 넘지 않는다.
③ 퀵 정렬의 평균 경우 수행 시간은 합병 정렬의 최악 경우 수행 시간과 같다.
④ 퀵 정렬은 $O(n)$ 크기의 보조 메모리가 필요하다.
⑤ 답 없음

15 다음의 입력에 대해 피벗이 5일 때 partition 함수가 수행된 후 두 부분으로 분할된 결과로 볼 수 있는 것은?

```
[5, 4, 1, 9, 2, 7, 8, 3, 6]
```

① [3, 4, 1, 2, 5, 9, 7, 8, 6]
② [2, 4, 1, 3, 5, 6, 7, 8, 9]
③ [2, 1, 3, 4, 5, 9, 7, 8, 6]
④ [2, 4, 1, 3, 5, 7, 8, 9, 6]
⑤ 답 없음

16 다음의 빈칸에 알맞은 것은?

> 퀵 정렬에서는 문제의 입력을 피벗으로 [ ]하여 부분 문제가 만들어지며, 별도의 [ ] 과정이 없다.

① 선택, 취합
② 통합, 순환
③ 정렬, 통합
④ 분할, 정복
⑤ 답 없음

17 퀵 정렬 알고리즘의 최악 경우 수행 시간은?

① $O(n)$
② $O(n \log n)$
③ $O(n^{1.59})$
④ $O(n^2)$
⑤ 답 없음

18 퀵 정렬 알고리즘의 최선 경우 수행 시간은?

① $O(n)$ ② $O(n \log n)$
③ $O(n^{1.59})$ ④ $O(n^2)$
⑤ 답 없음

19 퀵 정렬 알고리즘의 평균 경우 수행 시간은?

① $O(n)$ ② $O(n \log n)$
③ $O(n^{1.59})$ ④ $O(n^2)$
⑤ 답 없음

20 퀵 정렬 알고리즘에서 피벗을 선택하는 방법 중 실제 응용에서 가장 적절한 방법은?

① 맨 왼쪽 원소를 선택 ② 랜덤하게 선택
③ Median of three ④ Tukey's ninther
⑤ 답 없음

21 다음 입력에 대해 Median-of-three 방법으로 찾은 피벗은?

```
8, 1, 4, 9, 6, 3, 5, 2, 7
```

① 8 ② 9
③ 7 ④ 6
⑤ 답 없음

22 다음 입력에 대해 Tukey's ninther 방법으로 찾은 피벗은?

```
38, 10, 4, 97, 62, 51, 12, 7, 15, 12, 41, 28, 23, 24, 17
```

① 38 ② 7
③ 23 ④ 12
⑤ 답 없음

23 다음 중 실제 응용에서 퀵 정렬 알고리즘과 함께 사용되는 정렬은?

① 버블 정렬 ② 선택 정렬
③ 삽입 정렬 ④ 합병 정렬
⑤ 답 없음

24 퀵 정렬의 partition 함수를 파이썬으로 구현하라.

25 다음 입력에 대하여 퀵 정렬의 partition 함수가 1회 수행되는 과정을 보여라. (단, 가장 왼쪽 원소인 a[0]에 있는 8이 피벗이다.)

0	1	2	3	4	5	6	7	8	9	10	11
8	3	11	9	12	2	6	15	18	10	7	14

26 퀵 정렬의 평균 경우 수행 시간이 $O(n \log n)$ 임을 보여라.

27 합병 정렬은 어떤 방식의 알고리즘인가?

① 분할 정복 알고리즘
② 그리디 알고리즘
③ 동적 계획 알고리즘
④ 근사 알고리즘
⑤ 답 없음

28 합병 정렬을 위한 파이썬 프로그램에서 len(input_list) = 32일 때 merge_sort 함수는 총 몇 회 호출되나? (단, merge_sort 함수 밖에서의 최초 호출도 포함해서 계산하라.)

① 15
② 23
③ 31
④ 63
⑤ 답 없음

29 합병 정렬의 최악 경우 수행 시간은?

① $O(n)$
② $O(n \log n)$
③ $O(n^2)$
④ $O(n^3)$
⑤ 답 없음

30 합병 정렬이 필요로 하는 보조 메모리의 크기는? (단, 입력 크기는 n이다.)

① $O(1)$
② $O(\log n)$
③ $O(n^{1/2})$
④ $O(n)$
⑤ 답 없음

31 크기가 m인 정렬된 리스트와 크기가 n인 정렬된 리스트를 합병하는데 필요한 최악 경우의 비교 횟수는? (단, m, n은 각각 양의 정수이다.)

① m
② mn
③ $m+n-1$
④ $m+n$
⑤ 답 없음

32 크기가 m인 정렬된 리스트와 크기가 n인 정렬된 리스트를 합병하는 데 필요한 최선 경우의 비교 횟수는? (단, m, n은 각각 양의 정수로서 $m < n$ 이다.)

① m
② n
③ $m-n$
④ $m+n$
⑤ 답 없음

33 다음 중 실제 응용에서 합병 정렬 알고리즘과 함께 사용되는 정렬은?

① 버블 정렬
② 선택 정렬
③ 삽입 정렬
④ 합병 정렬
⑤ 답 없음

34 다음 중 합병 정렬에 관한 설명 중 옳지 <u>않은</u> 것은? (단, 입력 크기는 n이다.)

① 합병 정렬은 합병하기 전에 입력을 계속 반으로 나눈다.
② 합병 정렬은 두 부분으로 분할 때 두 부분의 크기의 차이가 1을 넘지 않는다.
③ 합병 정렬의 수행 시간은 퀵 정렬의 최선 경우 수행 시간과 같다.
④ 합병 정렬은 $O(n)$ 크기의 보조 메모리가 필요하다.
⑤ 답 없음

35 합병 정렬을 위한 merge 함수를 파이썬으로 구현하라.

36 반복 합병 정렬(Iterative merge sort) 알고리즘이 Part 3.3의 합병 정렬과 어떻게 다른지 알아보아라.

37 다음의 빈칸에 알맞은 것은?

> K번째 작은 수 찾는 문제를 해결하는 분할 정복 알고리즘은 [ ] 알고리즘과 같이 피벗을 사용하여 [ ]를 만들며, 이진 탐색과 같이 별도의 [ ] 과정이 필요 없다.

① 합병 정렬, 부분 문제, 합병
② 퀵 정렬, 부분 문제, 정복
③ 선택 정렬, 리스트, 선택
④ 한붓그리기, 리스트, 방문
⑤ 답 없음

38 다음의 입력에 대해 7번째 작은 수를 찾으려고 한다. 피벗이 8일 때 오른쪽 부분에서 몇 번째 작은 수를 찾아야 하나?

8	1	15	9	13	16	3	14	6	4

① 1
② 2
③ 3
④ 4
⑤ 답 없음

39 K번째 작은 수 찾는 알고리즘이 사용하는 보조 메모리 크기는? (단, 입력 크기는 n이다.)

① $O(1)$
② $O(n^{1/2})$
③ $O(n)$
④ $O(n^2)$
⑤ 답 없음

40 K번째 작은 수 찾는 알고리즘의 평균 경우의 수행 시간은? (단, 입력 크기는 n이다.)

① $O(\log n)$
② $O(n)$
③ $O(n \log n)$
④ $O(n^2)$
⑤ 답 없음

41 K번째 작은 수 찾는 알고리즘의 최악 경우의 수행 시간은? (단, 입력 크기는 n이다.)

① $O(\log n)$
② $O(n)$
③ $O(n \log n)$
④ $O(n^2)$
⑤ 답 없음

42 K번째 작은 수 찾는 알고리즘은 어떤 알고리즘과 가장 유사한가?

① 퀵 정렬
② 합병 정렬
③ 선택 정렬
④ 삽입 정렬
⑤ 답 없음

43 10개의 서로 다른 점들이 주어질 때, 모든 점 사이의 거리를 계산하여 가장 가까운 두 점을 찾기 위한 총 거리 계산 횟수는?

① 10
② 20
③ 45
④ 55
⑤ 답 없음

44 2차원 평면상에 있는 다음의 16개의 점에 대해 가장 가까운 두 점을 분할 정복 알고리즘으로 찾아라. (단, 알고리즘이 수행되는 과정을 상세히 보여라.)

> [입력] (10, 15), (5, 15), (20, 3), (6, 1), (9, 7), (15, 9), (8, 15), (20, 14), (17, 13), (16, 11), (7, 12), (10, 10), (1, 19), (8, 8), (30, 9), (22, 4)

45 다음 그림에 있는 입력에 대해 분할 정복 알고리즘이 수행되는 과정을 보여라.

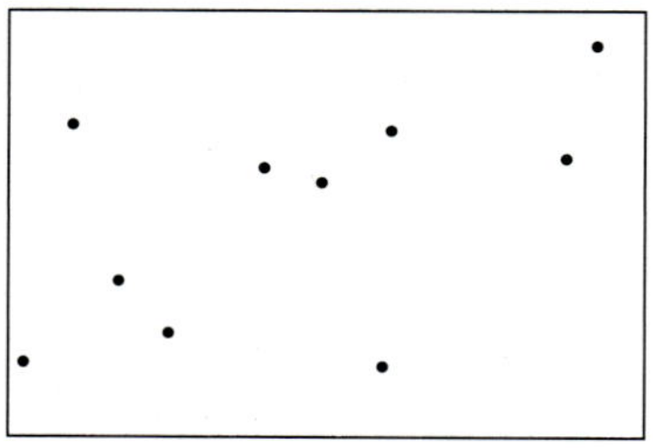

46 다음의 빈칸에 알맞은 것은?

> 가장 가까운 두 점을 찾는 문제를 해결하는 분할 정복 알고리즘의 [ ] 과정은 좌측, 중간, 우측 부분에서 [ ]을 찾는 것이다.

① 선택, 가장 유사한 두 점
② 비교, 가장 가까운 두 점
③ 정렬, 가장 먼 두 점
④ 정복, 가장 가까운 두 점
⑤ 답 없음

47 n개의 점들이 일직선상에 있을 때 가장 가까운 두 점을 찾는 $O(n \log n)$ 시간 분할 정복 알고리즘을 설명하고, 수행 시간도 아울러 분석하라.

48 최근접 쌍을 찾는 알고리즘을 위한 파이썬 프로그램을 작성하라. 점의 수 n은 100으로 정하고, 입력을 위해 다음의 파이썬 프로그램 부분을 사용하라.

```
import random

# N개의 좌표로 입력 만들기
N = 100
a = []
random.seed(0)
i = 0
```

```
while i < N:
    x_coord = random.randint(0, 2000)
    y_coord = random.randint(0, 1000)
    if [x_coord, y_coord] not in a:
        a.append([x_coord, y_coord])
        i += 1
```

49 총 n개의 정수가 리스트 A와 리스트 B에 저장되어 있고 어떤 정수 k가 주어질 때, 합이 k가 되는 A의 원소 1개와 B의 원소 1개를 찾으려고 한다. 이 문제를 해결하기 위한 $O(n \log n)$ 시간 알고리즘을 작성하라.

50 다음의 빈칸에 알맞은 것은?

> 분할 정복이 부적절한 경우는 입력이 분할될 때마다 부분 문제들의 크기의 합이 분할되기 전의 크기보다 [ ] 경우이다.

① 같은 ② 작아지는
③ 커지는 ④ 답 없음

51 다음의 빈칸에 알맞은 것은?

> 분할 정복 알고리즘이란 주어진 문제의 입력을 분할한 [ ]들을 해결하여 그 해를 취합하는 방식의 알고리즘이다.

① 입력 ② 파일
③ 부분 문제 ④ 메모리
⑤ 답 없음

쉬어가는 페이지

고전과 현대의 분할 정복 전략

1805년 겨울, 나폴레옹의 군대는 아우스터리츠(Austerlitz, 현재 체코의 남동쪽에 있는 지역)라는 곳에서 오스트리아와 러시아 연합군과 대치하고 전투가 임박한 상태이었다. 나폴레옹은 자신의 병력이 연합군보다 약 2만 명이 적은 상황에서, 연합군이 나폴레옹 군대의 옆쪽을 공격하도록 유도한 후, 연합군의 중앙을 공격하였다. 두 무리로 나누어진 연합군은 당황하여 도망가기 바빴고 나폴레옹 군대는 각각의 무리를 공격하여 대승을 거두었다. 결국 연합군은 대패하였고, 약 3주 후 오스트리아는 프랑스와 조약을 맺고 프랑스에 많은 땅을 내주고 거액의 보상금도 지불하였다고 한다.

출처 : https://en.wikipedia.org/wiki/Battle_of_Austerlitz

2016년 미국 대통령 선거에서 승리한 도널드 트럼프 대통령도 부통령인 마이크 펜스와 함께 단기간에 많은 선거 유세를 분할 정복 전략으로 소화하여 미국 45번째 대통령이 되었다고 한다.

출처: https://abcnews.go.com/GMA/video/exclusive-donald-trump-mike-pence-set-divide-conquer-41887408

PART

04 욕심내어 풀어보기

CONTENTS

PART

4 욕심내어 풀어보기

최솟값(또는 최댓값)을 찾는 문제를 최적화(optimization) 문제라고 일컫는다. 최적화 문제를 해결하는 데는 여러 가지 방식이 있다. 그중에 Part 4에서는 최적화 문제를 욕심내어 풀어보는 방식의 알고리즘을 소개한다. 문제를 욕심내어 해결하는 것은 알고리즘이 수행하는 과정에서 항상 가장 작은 것(또는 문제에 따라서 가장 큰 것)을 선택하는 방식으로 문제의 해를 계산하며, 문제의 해를 계산하는 과정에서 항상 '욕심내어' 선택하여 부분 문제의 해를 계산하고 부분 문제들의 해를 축적하여 최종적인 해를 계산하는 알고리즘을 그리디(Greedy) 알고리즘[1)]이라고 일컫는다.

그리디 알고리즘의 특징은 선택 과정에서 모든 데이터를 고려하지 않고 근시안적으로 '욕심내어' 최솟값(또는 문제에 따라서 최댓값)을 가진 데이터를 선택한다. 또한 그리디 알고리즘은 한번 선택한 것에 대해 번복하지 않는다. 즉, 한번 계산된 부분 해를 포기하고 다른 부분 해를 계산하지 않는다. 이러한 특성 때문에 대부분의 그리디 알고리즘은 매우 단순하다. 따라서 제한적인 문제들만이 그리디 알고리즘으로 해결된다. 그러나 Part 7에서 다루는 다수의 근사 알고리즘들은 그리디 알고리즘들이고, Part 6의 분기 한정 알고리즘도 일종의 그리디 알고리즘이다.

Part 4에서는 그리디 알고리즘으로 해결 가능한 대표적인 문제들인 구간 스케줄링, 구간 분할, 초 증가 순서, 최소 신장 트리, 최단 경로, 허프만 코딩을 차례로 살펴본다.

---

1) 일부의 최적화 문제(최솟값 또는 최댓값을 찾는 문제)들을 해결하는 데 그리디 알고리즘이 사용된다.

4.1 태스크 스케줄링

태스크 스케줄링 문제는 주어지는 조건에 따라 매우 다양하다. 일반적인 태스크 스케줄링(Task Scheduling)은 각 태스크가 시작과 종료 시각을 가질 때 태스크를 처리할 프로세서에 수행 시간이 겹치지 않게 태스크들을 할당하는 것을 말한다.[2)]

태스크 스케줄링 문제 중에 그리디 알고리즘으로 최적해를 찾을 수 있는 두 문제를 살펴보자.

- 구간 스케줄링(Interval Scheduling)은 n개의 태스크와 1개의 프로세서가 있을 때, 수행 시간이 겹치지 않게 가장 많은 태스크를 프로세서에 할당하는 문제이다. 따라서 어떤 태스크들은 수행되지 않을 수도 있다.
- 구간 분할(Interval Partitioning)은 n개의 태스크를 수행 시간이 겹치지 않게 모두 수행시키기 위해 최소의 프로세서를 사용하여 각 프로세서에 태스크를 할당하는 문제이다.

구간 스케줄링

n개의 태스크와 1개의 프로세서가 주어질 때, 수행 시간이 겹치지 않게 어떤 태스크들을 선택해야 가장 많은 태스크를 수행시킬 수 있을까? 단, 각 태스크는 시작과 종료 시각을 가진다.

구간 스케줄링 문제를 다음과 같은 실용적인 문제로 바꾸어 생각해보자. 어느 대학교의 동아리들이 중앙도서관의 미팅룸을 사용하기를 원한다. 각 동아리는 미팅의 시작과 종료 시각을 도서관에 제출하고 도서관에서는 가장 많은 동아리가 미팅룸을 사용하도록 시간표를 작성하려고 한다.

[예제] 7개의 동아리가 토요일에 중앙도서관 미팅룸에서 회의하려고 그림 4.1.1과 같이 도서관에 요청하였다. 도서관 측은 가장 많은 동아리가 미팅룸을 사용하도록 하고 싶다.

2) 태스크 스케줄링은 마감 시각(각 태스크가 특정 시각까지는 반드시 수행되어야 하는 조건), 각 태스크가 수행되었을 때 얻는 이득(가치) 등을 추가하여 정의되기도 한다. 또한 각 태스크의 시작과 종료 시각 대신에 태스크를 수행하는데 소요되는 시간(duration)이 주어지는 때도 있다.

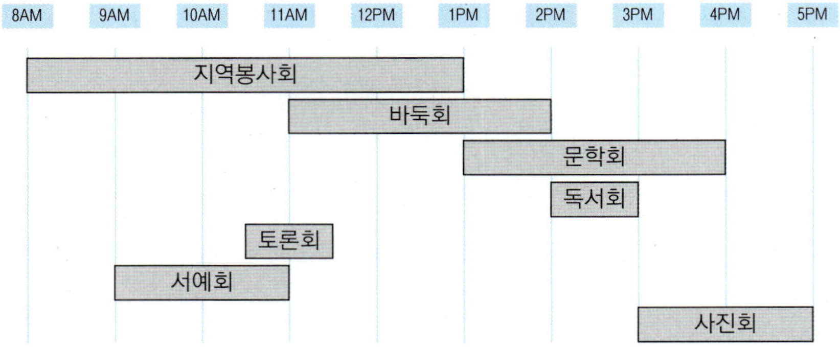

그림 4.1.1 동아리 신청 현황

도서관에서는 동아리들의 미팅 시간이 겹치기 때문에 모든 동아리의 요청을 수락할 수 없다. 그러면 7개의 동아리 중에서 과연 어떤 동아리를 선택해야 가장 많은 수의 동아리들이 미팅룸을 사용할 수 있을까?

생각해보자

가장 짧은 미팅 시간을 가진 동아리를 우선 배정해보자.

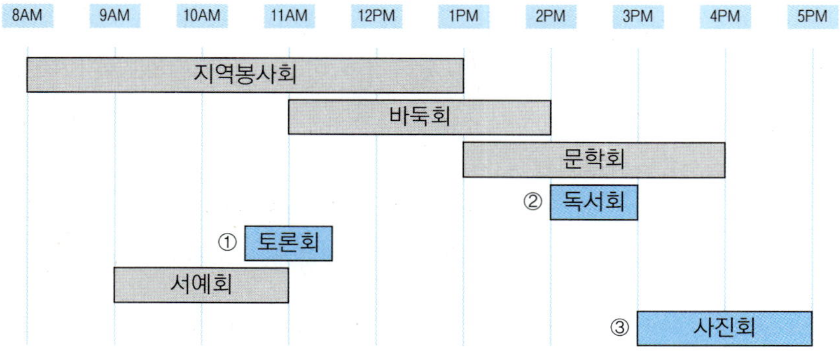

가장 짧은 미팅 시간을 가진 동아리는 토론회와 독서회이다. 이 두 동아리의 미팅 시간이 겹치지 않으므로 먼저 각각 배정한다. [①②] 그다음 짧은 미팅 시간을 가진 동아리는 서예회와 사진회이다. 그런데 서예회는 이미 배정된 토론회와 미팅 시간이 겹친다. 그러나 사진회는 토론회와 독서회의 미팅 시간과 겹치지 않으므로 사진회를 원하는 시간에 배정한다. [③]

이후 바둑회와 문학회의 차례이나 각각 원하는 시간이 이미 배정된 동아리들과 겹치고, 마지막으로 지역봉사회도 이미 배정된 동아리들과 겹치어 배정할 수 없다. 따라서 가장 짧은 시간을 기준으로 선택하면 토론회, 독서회, 사진회가 미팅룸을 사용하게 된다. 그렇다면 3개가 최대일까?

> **생각해보자**
> 가장 긴 미팅 시간을 가진 동아리를 우선 배정해보자.

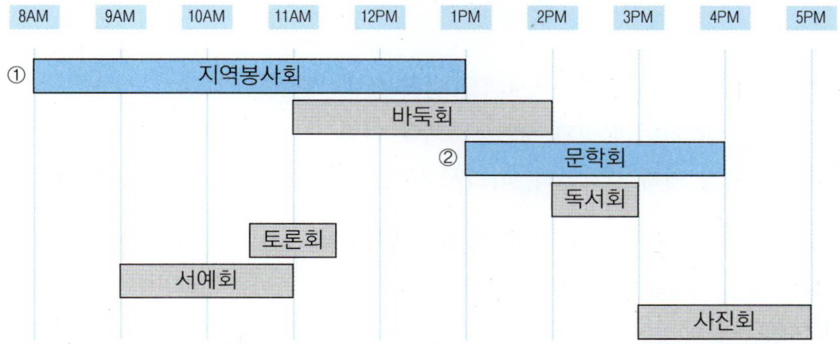

가장 긴 미팅 시간을 가진 지역봉사회를 먼저 선택한다. [①] 그다음 긴 미팅 시간을 가진 동아리는 바둑회와 문학회이다. 그런데 바둑회는 이미 배정된 지역봉사회와 미팅 시간이 겹친다. 그러나 문학회는 지역봉사회의 미팅 시간과 겹치지 않으므로 문학회를 두 번째 동아리로 선택한다. [②]

이후 서예회와 사진회의 차례이나 이미 배정된 동아리들과 시간이 겹치고, 마지막으로 토론회와 독서회도 이미 배정된 동아리들과 시간이 겹치어 배정할 수 없다. 따라서 가장 긴 시간을 기준으로 선택하면 지역봉사회와 문학회만이 미팅룸을 사용하게 된다. 미팅룸에 배정된 동아리 수가 오히려 줄었다. 미팅 시간이 긴 동아리를 선택하면, 더 많은 수의 동아리를 배정하는 기회를 놓칠 수도 있음을 예제가 보여준다.

> **생각해보자**
> 가장 일찍 시작하는 동아리를 우선 배정해보자.

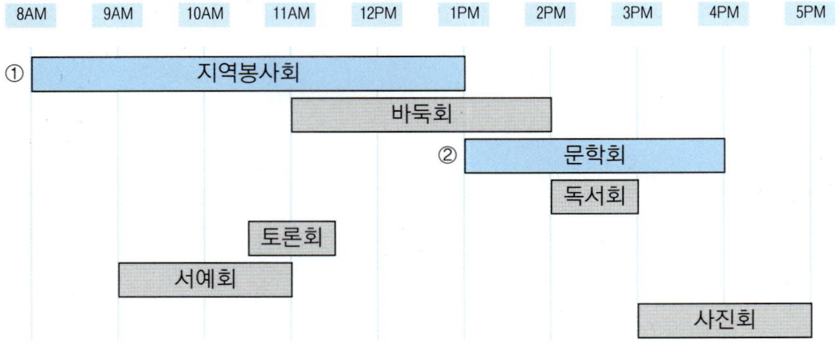

가장 일찍 시작하는 동아리인 지역봉사회를 먼저 선택한다. [①] 다음은 서예회, 토론회, 바둑회 순으로 시작하지만 이미 배정된 지역봉사회와 미팅 시간이 겹친다. 다음은 나머지 동아리 중에서 문학회가 가장 일찍 시작한다. 따라서 문학회를 두 번째 동아리로 선택한다. [②]

이후 독서회와 사진회의 차례이나 이미 배정된 독서회와 시간이 겹치어 배정할 수 없다. 따라서 가장 이른 시작 시각을 기준으로 선택하면 지역봉사회와 문학회만이 미팅룸을 사용하게 된다. 역시 미팅룸에 배정된 동아리 수가 2개밖에 안 된다. 이는 일찍 시작하는 동아리의 미팅 시간이 길수록 보다 많은 수의 동아리를 배정하는 기회를 잃어버리기 때문이다.

생각해보자
가장 일찍 종료하는 동아리를 우선 배정해보자.

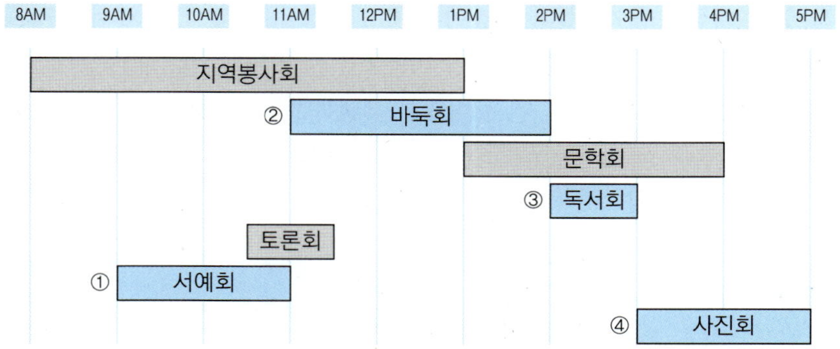

가장 일찍 끝나는 동아리인 서예회를 먼저 선택한다. [①] 다음은 토론회이나 이미 배정된 서예회와 미팅 시간이 겹친다. 그다음의 지역봉사회도 서예회와 겹친다. 이제 네 번째로 일찍 끝나는 동아리인 바둑회를 선택한다. [②] 그다음은 독서회가 일찍 끝나므로 독서회를 선택한다. [③] 다음은 문학회 차례이나 독서회와 시간이 겹친다. 마지막으로 사진회를 선택한다. [④] 따라서 가장 이른 종료 시각을 기준으로 동아리를 선택하면 4개의 동아리가 미팅룸을 사용할 수 있다.

구간 스케줄링 문제는 가장 이른 종료 시각 우선 그리디 알고리즘으로 최적해를 찾는다. 이에 대한 증명은 연습 문제로 남긴다. 다음은 구간 스케줄링 문제를 위한 그리디 알고리즘이다.

알고리즘

[1] 종료 시각으로 태스크를 정렬한다.
[2] 가장 일찍 종료하는 태스크를 선택한다.
[3] 다음 태스크의 시작 시각이 직전에 선택된 태스크의 종료 시각 이전이면 포기하고, 이후면 선택한다.

Step [1]에서는 태스크들을 종료 시각을 기준으로 정렬한다. Step [2]는 정렬된 태스크 리스트에서 첫 번째 태스크를 가져와 선택한다. Step [3]은 루프로서 정렬된 리스트에서 동아리를 차례로 가져와 시작 시각이 직전에 선택된 태스크의 종료 시각 이전이면 포기하고, 이후면 선택한다.

다음은 구간 스케줄링을 위한 파이썬 프로그램이다.

파일명: AT 4.1 구간 스케줄링.py

```
a = [['지역봉사회', 8, 13], ['서예회', 9, 11], ['토론회', 10, 12], ['바둑회', 11, 14],
     ['문학회', 13, 16], ['독서회', 14, 15], ['사진회', 15, 17]]
a.sort(key=lambda t: t[2])

solution = [a[0]]
i = 0
for j in range(1, len(a)):
    if a[j][1] >= a[i][2]:
        solution.append(a[j])
        i = j

print('선택된 동아리:', solution)
```

종료 시각으로 동아리 정렬

가장 일찍 종료하는 동아리 선택

직전에 선택된 동아리의 종료 시각 이후에 시작하면 추가

```
Run: AT 4.1 구간 스케줄링
C:\Users\user\venv\Scripts\python.exe
선택된 동아리: [['서예회', 9, 11], ['바둑회', 11, 14], ['독서회', 14, 15], ['사진회', 15, 17]]

Process finished with exit code 0
```

먼저 동아리 리스트 a를 종료 시각을 기준으로 정렬하고, 가장 일찍 종료하는 a[0]을 solution에 추가한다. for-루프에서는 정렬된 리스트에 남아있는 동아리들에 대해 차례대로 동아리를 가져와서, 가져온 동아리가 직전에 선택된 동아리의 종료 시각 이후에 시작하면 가져온 동아리를 solution에 추가하고, 그렇지 않으면 가져온 동아리를 포기하고 루프를 반복한다.

수행 시간

구간 스케줄링 알고리즘에서 정렬을 수행하므로 $O(n\log n)$이 소요되고, 이후 step [3]에서 태스크를 1개씩 가져다가 직전에 선택된 태스크의 종료 시각과 가져온 태스크의 시작 시각을 비교하여 가져온 태스크의 선택 여부를 결정하므로 1개의 태스크마다 $O(1)$ 시간이 걸린다. 그런데 step [3]은 $(n-1)$회 수행되므로 알고리즘의 수행 시간은 $O(n\log n)+O(1)(n-1)=O(n\log n)+O(n)=O(n\log n)$이다.

구간 분할[3)]

n개의 태스크가 있을 때 최소의 프로세서를 사용하여 수행 시간이 겹치지 않게 모든 태스크를 프로세서에 배정하라. 단, 각 태스크는 시작과 종료 시각을 가진다.

이 문제를 구간 스케줄링과 같이 유사한 문제로 바꾸어보자. 어느 대학교의 동아리들이 중앙도서관의 미팅룸 사용을 위해 미팅의 시작과 종료 시각을 제출하였고, 도서관에서는 가장 적은 수의 미팅룸을 사용하여 모든 동아리를 위해 시간표를 작성하려고 한다.

[예제] 10개의 동아리가 토요일에 중앙도서관 미팅룸에서 회의하려고 그림 4.1.2와 같이 요청하였다. 도서관에서는 가장 적은 수의 미팅룸을 사용하여 모든 동아리가 원하는 시간에 회의할 수 있도록 동아리들을 미팅룸에 배정하려고 한다.

---

3) 구간 분할이라고 일컫는 이유는 시작과 종료 시각을 가진 구간들을 조건에 맞도록 여러 개의 그룹으로 분할하기 때문이다. 여기서 그룹은 동일한 프로세서에 배정된 태스크들의 집합이다.

그림 4.1.2 동아리 신청 현황

10개의 동아리 중에서 어떤 동아리들을 어떤 미팅룸에 배정하여야 최소의 미팅룸에서 모든 동아리가 원하는 시간에 회의할 수 있을까?

생각해보자

가장 짧은 미팅 시간을 가진 동아리를 우선 배정해보자.

미팅 시간이 짧은 순으로 정렬하면, 독서회, 토론회, 서예회, 음악회, 창조회가 각각 1시간 30분이라서 가장 짧고, 문학회와 사진회가 2시간, 미술회와 바둑회가 3시간, 마지막으로 지역봉사회가 3시간 30분이다. 단, 같은 길이의 미팅 시간을 가진 동아리들은 누구든 먼저 배정되어도 상관없다.

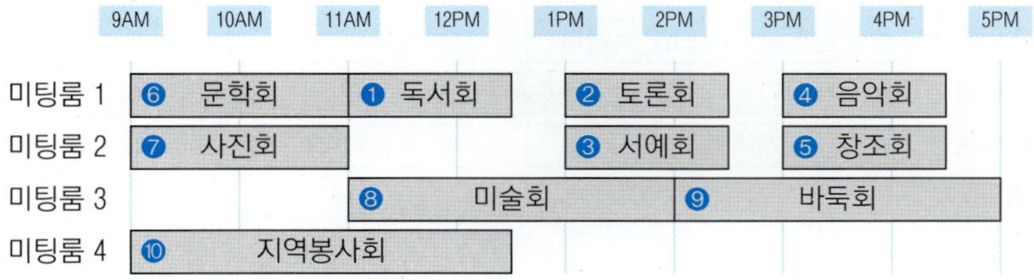

미팅 시간이 짧은 순서대로 동아리를 미팅룸에 원하는 시간에 배정하면서 사용된 미팅룸 수는 4이다. 이는 마지막에 가장 긴 미팅 시간을 원하는 지역봉사회를 미팅룸 1, 2, 3 어디에도 배정할 수 없어서 미팅룸 4에 배정했기 때문이다.

생각해보자

가장 긴 미팅 시간을 가진 동아리를 우선 배정해보자.

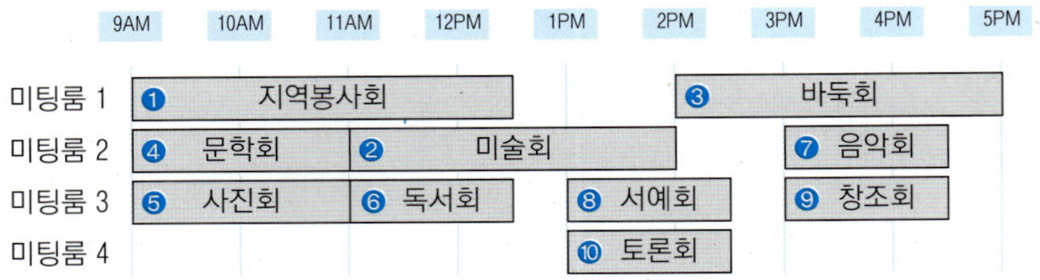

가장 긴 미팅 시간을 가진 동아리는 지역봉사회이므로 가장 먼저 미팅룸 1에 배정한다. 그다음 긴 미팅 시간을 가진 동아리는 바둑회와 미술회이다. 그런데 미술회는 이미 미팅룸 1에 배정된 지역봉사회와 미팅 시간이 겹친다. 따라서 미팅룸 2에 미술회를 배정한다.

이후 문학회와 사진회도 미팅룸 1에 배정된 지역봉사회와 미팅 시간이 겹치고, 문학회와 사진회도 시간이 겹치므로 각각 미팅룸 2와 3에 배정한다. 이후 독서회, 음악회, 서예회, 창조회는 미팅룸 2, 3에 배정되나, 토론회는 미팅룸 1, 2, 3 어디에도 배정받을 수 없다. 따라서 미팅룸 4에 토론회가 배정된다. 이번에도 사용된 미팅룸 수는 4이다.

생각해보자

가장 일찍 종료하는 동아리를 우선 배정해보자.

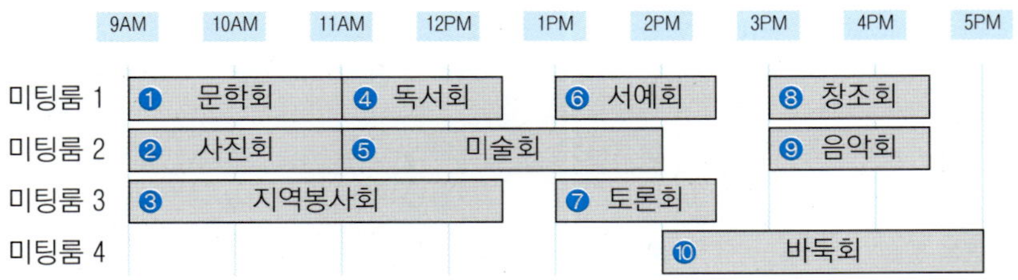

가장 일찍 끝나는 동아리는 문학회와 사진회이고 두 동아리의 미팅 시간이 서로 겹치므로 미팅룸 1, 2에 각각 먼저 배정한다. 다음은 지역봉사회와 독서회인데 지역봉사회는 미팅룸 1, 2에 배정할 수 없어서 미팅룸 3에 배정한다. 독서회는 미팅룸 1에 배정한다. 그다음엔 미술회, 서예회, 토론회, 창조회, 음악회를 각각 미팅룸 1, 2, 3에 배정한다. 마지막으로 가장 늦게 종료하는 바둑회는 미팅 시간이 겹치어 미팅룸 4에 배정한다. 역시 사용된 미팅룸 수는 4이다.

생각해보자

가장 일찍 시작하는 동아리를 우선 배정해보자.

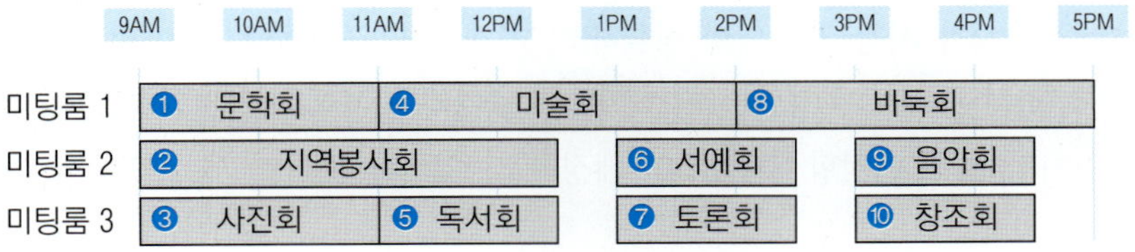

가장 일찍 시작하는 동아리는 문학회, 지역봉사회, 사진회이고 셋이 서로 겹치므로 각각 미팅룸 1, 2, 3에 먼저 배정한다. 다음은 미술회와 독서회 미팅룸 2에 이미 배정된 지역봉사회를 피해 각각 미팅룸 1과 3에 배정한다. 그다음은 서예회와 토론회가 각각 미팅룸 2와 3에 배정한다.

이후 바둑회를 미팅룸 1에 배정하고, 마지막으로 음악회와 창조회를 각각 미팅룸 2와 3에 배정한다. 이번 경우에는 미팅룸을 3개만 사용하며 이는 위의 예제에 대해 가장 작은 수이다.

그럼 어떻게 미팅룸의 수가 최소인지 확인할 수 있을까? 그림 4.1.3은 그림 4.1.2를 동아리들의 요청된 미팅 시간을 상하로 '압축'시킨 그림이다. 즉, 그림 4.1.2에 주어진 동아리 신청 현황과 같다. 여기서 맨 왼쪽에 있는 막대를 좌에서 우로 (시간의 흐름에 따라) 움직이면서 최대 몇 개의 동아리가 막대에 걸치게 되는지를 살펴보면 어떤 순간에도 3개를 넘지 않는다.

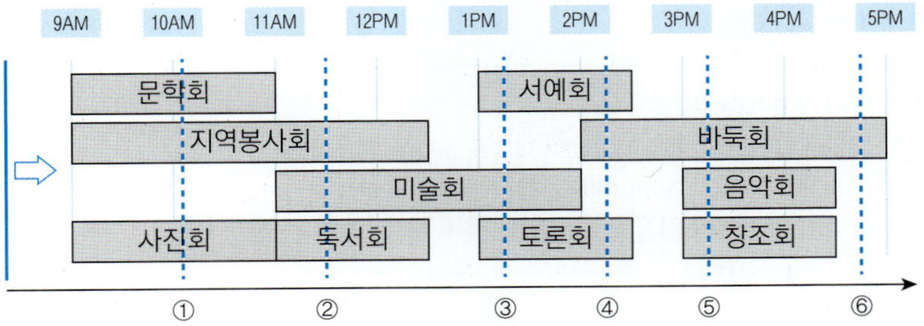

그림 4.1.3 시간의 흐름에 따른 필요한 미팅룸의 수 관찰

그림 4.1.3에서 쉽게 필요한 미팅룸의 수가 3임을 알 수 있다. 즉, 3이 바로 최소이며, 이른 시작 시각 우선 그리디 알고리즘이 최적해를 찾아준다. 다음은 구간 분할을 위한 그리디 알고리즘이다.

알고리즘

[1] 동아리들을 시작 시각으로 정렬한다.

[2] 첫 동아리를 미팅룸 1에 배정한다.

[3] 다음 동아리를 기존의 미팅룸에 배정할 수 있으면 배정하고 배정할 수 없으면 새 미팅룸에 배정한다.

먼저 동아리들을 시작 시각 기준으로 정렬하고, 가장 일찍 시작하는 동아리를 미팅룸 1에 배정한다. Step [3]은 루프로서 정렬된 리스트에서 동아리를 차례로 가져와 기존에 있는 미팅룸에 시간이 겹치지 않게 배정할 수 있으면 배정하고, 그렇지 못하면 새 미팅룸에 가져온 동아리를 배정한다.

다음은 구간 분할 알고리즘을 위한 파이썬 프로그램이다.

파일명: AT 4.1 구간 분할.py

```
a = [['문학회', 9.0, 11.0], ['지역봉사회', 9.0, 12.5], ['서예회', 13.0, 14.5],
     ['바둑회', 14.0, 17.0], ['미술회', 11.0, 14.0], ['사진회', 9.0, 11.0],
     ['음악회', 15.0, 16.5], ['창조회', 15.0, 16.5], ['독서회', 11.0, 12.5],
     ['토론회', 13.0, 14.5]]

n = len(a)
a.sort(key=lambda x: x[1])
solution = [[a[0]]]
finish_time = [a[0][2]]
k = 0
for i in range(1, n):
    flag = False
    for j in range(k+1):
        if a[i][1] >= finish_time[j]:
            solution[j].append(a[i])
            finish_time[j] = a[i][2]
            flag = True
            break
    if not flag:
        k += 1
        solution.append([a[i]])
        finish_time.append(a[i][2])

for i in range(k+1):
    print('미팅룸', i+1, ':', solution[i])
```

- a.sort(key=lambda x: x[1]) → 동아리를 시작 시각으로 정렬
- solution = [[a[0]]] → 가장 일찍 시작하는 동아리 선택
- k = 0 → 미팅룸 0
- flag = False / flag = True → 기존의 미팅룸에 배정 가능하면 True로 변함
- if a[i][1] >= finish_time[j]: … finish_time[j] = a[i][2] → 현재 동아리 a[i]를 미팅룸 j에 배정하고 미팅룸 j의 종료 시각 갱신
- if not flag: … finish_time.append(a[i][2]) → a[i]를 새 미팅룸에 배정

```
Run: AT 4.1 구간 분할
C:\Users\user\venv\Scripts\python.exe
미팅룸 1 : [['문학회', 9.0, 11.0], ['미술회', 11.0, 14.0], ['바둑회', 14.0, 17.0]]
미팅룸 2 : [['지역봉사회', 9.0, 12.5], ['서예회', 13.0, 14.5], ['음악회', 15.0, 16.5]]
미팅룸 3 : [['사진회', 9.0, 11.0], ['독서회', 11.0, 12.5], ['토론회', 13.0, 14.5], ['창조회', 15.0, 16.5]]

Process finished with exit code 0
```

먼저 시작 시각을 기준으로 리스트 a를 정렬하고, 가장 일찍 시작하는 동아리를 solution 리스트에 추가한다. 여기서 solution 리스트의 각 원소는 미팅룸이다. 즉, solution[0]이 미팅룸 1이고, solution[1]이 미팅룸 2이며, …, solution[i]가 미팅룸 (i+1)이다.

이후 현재의 동아리 a[i]를 배정할 수 있는 기존의 미팅룸을 찾아서 미팅룸이 있으면 배정하고, 배정에 실패하면 새 미팅룸에 현재 동아리를 배정한다.

수행 시간

구간 분할 알고리즘의 step [1]에서 정렬을 수행하므로 $O(n\log n)$ 시간이 소요되며, step [2]는 상수 시간이 걸린다. Step [3]은 $(n-1)$회 수행되며, 각 동아리에 대해 기존 미팅룸에 배정할 수 있는지를 검사하므로 최대 $O(d)$ 시간이 걸린다. 여기서 d는 모든 동아리를 배정하는데 필요한 미팅룸 수이다. 그러므로 step [3]은 $O(dn)$ 시간이 소요된다. 따라서 알고리즘의 수행 시간은 $O(n\log n)+O(dn)$이다.

4.2 초 증가 순서

초 증가 순서를 소개하기 전에 합이 K 되는 숫자(부분 집합의 합, Subset sum) 문제를 먼저 살펴보자. 합이 K 되는 숫자 문제는 주어진 숫자들 가운데서 합하여 K가 되는 숫자들을 찾는 것이다. 예를 들어 {1, 4, 7, 13, 26, 64, 125, 260, 550}이 주어지고, K = 85라면, 1, 7, 13, 64의 합이 85이므로, 문제의 해는 {1, 7, 13, 64}이다.

생각해보자

모든 조합을 하나씩 검사해보자.

[예제] 4개의 숫자 {3, 4, 5, 6}에서 합이 K가 되는 숫자들을 모든 조합을 검사하여 찾으려면 최악 경우에 다음과 같이 총 15개의 조합을 검사해야 한다.

	3	4	5	6		
1개짜리 4개	3	4	5	6		
2개짜리 6개	3, 4	3, 5	3, 6	4, 5	4, 6	5, 6
3개짜리 4개	3, 4, 5	3, 4, 6	3, 5, 6	4, 5, 6		
4개짜리 1개	3, 4, 5, 6					

이렇게 빠짐없이 검사하면 해가 있으면 반드시 해를 찾는다. 그런데 숫자가 많아지면 너무 많은 조합을 검사해야 하며, 이는 지수 시간이 걸린다. 즉, 이 방법은 숫자가 많아지면 현실적으로 해를 찾을 수 없다. 합이 K 되는 숫자 문제를 해결하는 다양한 방법을 Part 5.4, Part 6.3, Part 7.4에서 각각 살펴본다.

그러나 주어진 숫자가 {1, 4, 7, 13, 26, 64, 125, 260, 550}이라면 숫자들이 정렬된 것 외에도 숫자들 사이에 다음과 같은 특수한 관계가 있다. 그림 4.2.1은 그 관계를 상세히 보여준다.

각 숫자는 자신보다 앞서있는 숫자들의 합보다 크다.

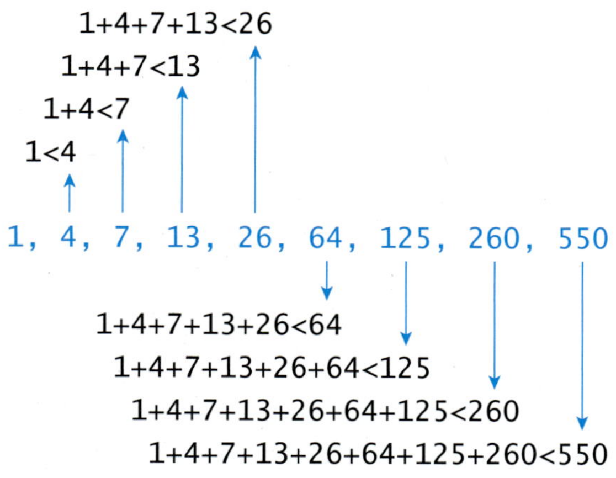

그림 4.2.1 초 증가 순서의 숫자들 사이의 관계

주어진 숫자들에 대해 각 숫자가 자신보다 앞선 숫자들의 합보다 크면 이러한 숫자들을 초 증가 순서(Super Increasing Sequence)라고 일컫는다.

생각해보자

거스름돈을 동전으로 받을 때를 생각해보자.

각 액면의 동전이 1개씩만 있다고 가정하고, 동전 집합이 {1, 5, 10, 50, 100, 500}일 때, 거스름돈이 156원이라면, 거스름돈 156원이 500원보다 작으므로 500원 동전은 제외하고, 100원 동전을 선택하면, 56원이 남는다. 그리고 50원 동전, 5원 동전과 1원 동전을 선택한다. 즉, 156 = 100 + 50 + 5 + 1이다.

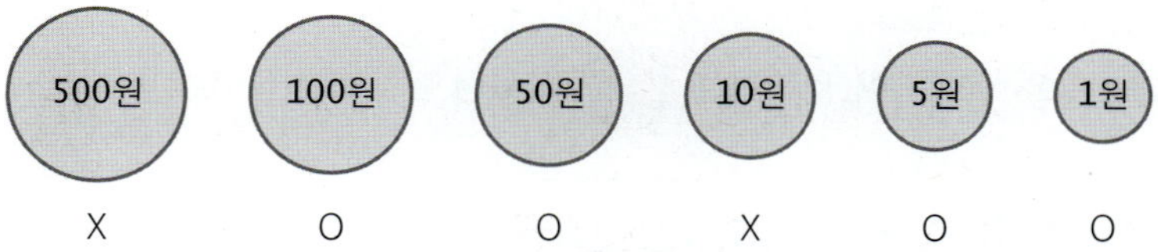

이러한 일련의 동전 선택은 그리디 알고리즘이다. 왜냐하면 거스름돈을 초과하지 않는 가장 큰 액면의 동전을 욕심내어 선택하기 때문이다.

따라서 거스름돈을 위해 한 액면의 동전을 여러 개 사용할 수 없는 조건만 제외하면 거스름돈 문제는 초 증가 순서를 위한 합이 K 되는 숫자 문제와 같다. 왜냐하면 동전 집합이 초 증가 순서이기 때문이다.

그러므로 입력이 초 증가 순서에 대한 합이 K 되는 숫자 문제는 동전 거스름돈 문제를 위한 그리디 알고리즘으로 간단히 해결할 수 있다. 다음은 초 증가 순서의 입력에 대한 합이 K 되는 숫자 문제를 해결하는 그리디 알고리즘이다.

알고리즘

[1] 숫자를 역으로 정렬한다.

[2] 다음 숫자 x가 K보다 크면 x를 무시하고

　　x가 K와 같거나 작으면 x를 선택하고 K = K − x

Step [2]는 반복 수행되며 K가 0이 되면 알고리즘을 종료한다.

[예제] {1, 4, 7, 13, 26, 64, 125, 260, 550}, K = 85가 주어졌을 때 집합의 어떤 숫자들을 선택해야 그 합이 85가 되는지 위의 알고리즘으로 찾아보자.

- 역으로 정렬하면 {550, 260, 125, 64, 26, 13, 7, 4, 1}
- 첫 번째 숫자인 550은 85보다 크므로 무시한다.
- 두 번째 숫자인 260은 85보다 크므로 무시한다.
- 세 번째 숫자인 125는 85보다 크므로 무시한다.
- 네 번째 숫자인 64는 85보다 작으므로 선택한다. 그리고 K = 85 - 64 = 21이다.
- 다섯 번째 숫자인 26은 21보다 크므로 무시한다.
- 여섯 번째 숫자인 13은 21보다 작으므로 선택한다. 그리고 K = 21–13 = 8이다.
- 일곱 번째 숫자인 7은 8보다 작으므로 선택한다. 그리고 K = 8–7 = 1이다.
- 여덟 번째 숫자인 4는 1보다 크므로 무시한다.
- 마지막 숫자인 1을 선택하여 K = 1 – 1 = 0이 되어 알고리즘을 종료한다.

따라서 85를 만들기 위해선 64, 13, 7, 1을 선택한다.

생각해보자

그럼 위의 알고리즘에서 현재 검사하는 숫자 x가 K와 같거나 작으면 왜 그 숫자를 선택해야 할까?

만일 x가 K와 같거나 작은데도 x를 선택하지 않으면 어떻게 되는지 살펴보자.

위의 예제에서 알고리즘에 따라 가장 먼저 선택한 64를 선택하지 않는다면 어떻게 될까? 집합이 초 증가 순서이므로 64보다 작은 숫자들을 모두 합하여도 그 합이 64보다 작다. 실제로 주어진 집합에서 64보다 작은 숫자들의 합은 1 + 4 + 7 + 13 + 26 = 51밖에 안 된다. 따라서 64를 선택하지 않은 채 64보다 작은 숫자들을 모두 선택하더라도 K(= 85)를 만들 방법이 없다. 따라서 64를 반드시 선택해야 한다.

다음은 초 증가 순서의 집합에 대한 합이 K 되는 숫자 문제를 위한 파이썬 프로그램이다.

파일명: AT 4.2 초 증가 순서.py

```
S = [1, 4, 7, 13, 26, 64, 125, 260, 550]
K = 85

solution = []
i = len(S) - 1
while K > 0:
```

```
    if S[i] <= K:
        solution.append(S[i])
        K -= S[i]
    i -= 1

print(solution)
```

현재 숫자 s[i]가 k보다 크지 않으면

s[i]를 해에 추가

K를 갱신

```
Run:    AT 4.2 초 증가 순서
C:\Users\user\venv\Scripts\python.exe
[64, 13, 7, 1]

Process finished with exit code 0
```

현재 검사하는 숫자인 S[i]가 K보다 크지 않으면 solution에 S[i]를 추가하고, K를 갱신한다. S[i]가 K보다 크면 i를 1 감소시켜서 S의 다음 숫자를 검사한다.

수행 시간

알고리즘은 집합의 각 숫자에 K와 비교하고 그 숫자를 선택하거나 포기한다. 따라서 각 숫자에 대해 $O(1)$ 시간만 걸린다. 입력에 n개의 숫자가 있으므로 알고리즘의 수행 시간은 $O(n)$이다. 단, 입력이 역으로 정렬되어 있다고 가정한 것이다.

응용

초 증가 순서에 대한 합이 K 되는 숫자 문제를 위한 그리디 알고리즘은 머클-헬만의 배낭 암호 시스템(Merkle-Hellman Knapsack Cryptosystem)에 사용된다.

머클-헬만 암호 시스템은 먼저 초 증가 순서를 정하고 이를 랜덤하게 선택한 2개의 숫자를 가지고 위장하여 공개키를 만든다. 그리고 공개키로 암호화한 메시지를 받아서 이를 해독하기 위해 랜덤하게 선택했던 숫자들로 위장했던 부분을 제거한다. 그리고는 합이 K 되는 숫자 문제를 위한 그리디 알고리즘으로 해독한다.

다음은 머클-헬만 암호 시스템의 암호화(encoding)와 복호화(decoding) 과정이다. A가 B에게 메시지를 보내고 B는 메시지를 해독한다.

[1] B는 양의 정수들로 초 증가 순서를 만들고 이 순서를 2개의 정수 a와 b로 위장하

여 자신의 공개키를 만든다.[4)]

[2] A는 B의 공개키로 암호화한 메시지를 A에게 보낸다.

[3] B는 랜덤하게 선택했던 숫자들(a와 b)과 합이 K 되는 숫자 문제를 위한 그리디 알고리즘을 사용하여 A의 암호화된 메시지를 해독한다.

[예제]

[1] B는 초 증가 순서인 {3, 11, 24, 50, 115}를 만들고, $a = 113$, $b = 250$을 선택한다. 여기서 초 증가 순서와 a, b는 B의 비밀키이다. 즉, A를 포함하여 누구에게도 비밀키를 노출하지 않는다. 이제 a와 b를 가지고 다음과 같이 {3, 11, 24, 50, 115}를 위장시켜서 공개키를 만든다.

$$(113\times3,\ 113\times11,\ 113\times24,\ 113\times50,\ 113\times115) \bmod 250$$
$$= \{89,\ 243,\ 212,\ 150,\ 245\}$$

집합의 각 숫자에 113을 곱하고 250으로 나누어 나머지만 취하면 {89, 243, 212, 150, 245}가 되며, 이 집합이 공개키이다.

[2] A는 B의 공개키 {89, 243, 212, 150, 245}로 메시지를 암호화시킨다. 만일 보내려는 메시지가 10101이라면 다음과 같이 공개키의 좌에서 우로 메시지의 각 비트를 차례로 각각 곱하고 모두 합하여 1개의 값을 계산한다.

$$89\times1 + 243\times0 + 212\times1 + 150\times0 + 245\times1 = 546$$

즉, 10101이 546으로 암호화된 것이다. 따라서 A는 546을 B에게 보낸다.

[3] B는 546을 받아서 다음과 같은 계산을 거쳐서 복호화한다.

$$113^{-1}\times546 \bmod 250 = 142$$

위 계산에서는 비밀키인 $a = 113$, $b = 250$을 이용하여 142를 계산한다.[5)] 그리고 합이 K 되는 숫자 문제를 위한 그리디 알고리즘으로 비밀키인 {3, 11, 24, 50, 115}에서 합이 K = 142

4) b는 초 증가 순서에 있는 모든 숫자의 합보다 큰 수로 정하고, a는 b와 서로소인 정수로 정한다.

5) 실제 계산은 생략한다.

가 되는 숫자들을 찾는다. 그리디 알고리즘을 수행하면 3 + 24 + 115 = 142이므로, 선택된 숫자는 1, 선택되지 않은 것은 0으로 비트를 좌에서 우로 모으면 10101이 된다. 그림 4.2.2는 예제의 전 과정을 도식화한 것이다.

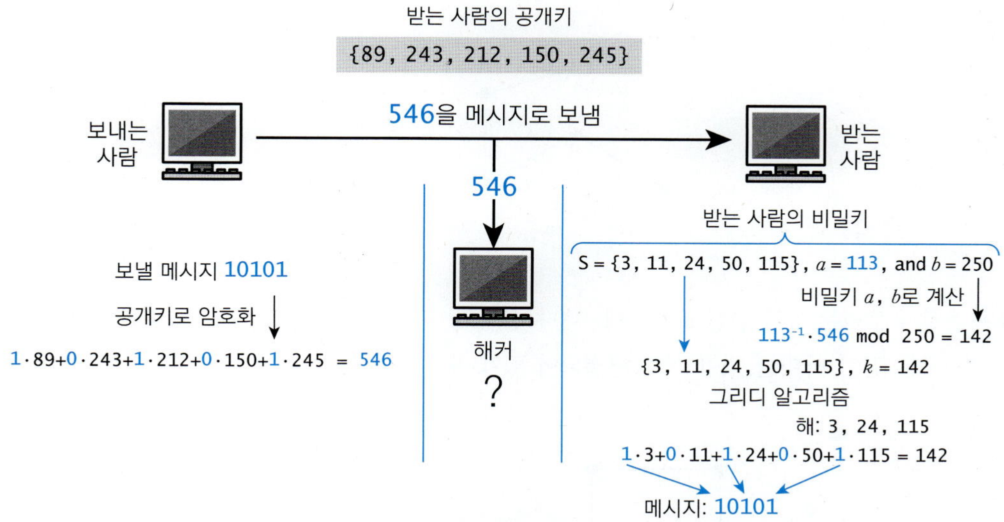

그림 4.2.2 머클-헬만 암호 시스템의 암호화와 복호화 과정

위에서 해커는 546을 쉽게 획득할 수 있지만, 공개키인 {89, 243, 212, 150, 245}에서 어떤 숫자들을 선택해서 합이 546이 되는지 알아내려면 거의 모든 조합을 다 시도해야 하므로 지수 시간이 소요된다. 왜냐하면 {89, 243, 212, 150, 245}는 초 증가 순서가 아니기 때문이다. 예제에서는 공개키를 위해 5개의 숫자만 사용했지만, 실제는 수백에서 수천 개의 숫자를 사용하므로 해커가 메시지를 사실상 해독할 방법이 없다.

따라서 머클-헬만 암호 시스템은 선형 시간에 메시지를 해독할 수 있는 반면에 일반적인 숫자들로 위장하여 암호화된 메시지는 거의 해독 불가능한 점을 이용한 암호 시스템이다.

4.3 최소 신장 트리

그래프에서 트리는 점들이 서로 연결된 동시에 사이클을 가지지 않는다. 특히 그래프의 모든 점을 연결하는 트리를 신장 트리(spanning tree)라고 한다. 트리는 다음의 2가지 특성을 가진다.

[1] n개의 점을 가진 그래프의 신장 트리는 $n-1$개의 간선을 가진다.

[2] 두 점 사이의 경로는 하나밖에 없다.

다음의 그래프 G에 대해 신장 트리와 아닌 것을 살펴보자.

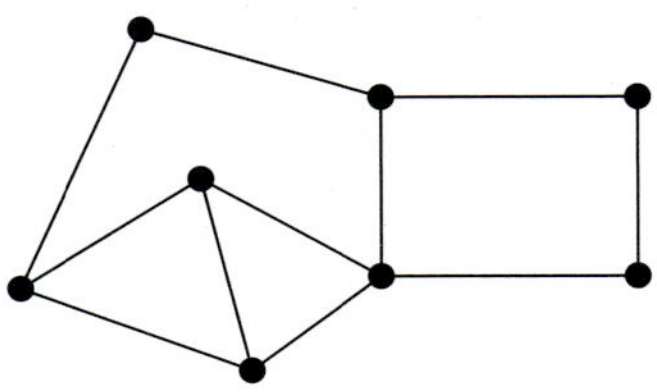

다음 2개의 트리는 G의 신장 트리이다. 왜냐하면 각 그래프는 G에 있는 모든 점을 가지고 있고, 또 모든 점이 사이클 없이 서로 연결되어 있기 때문이다.

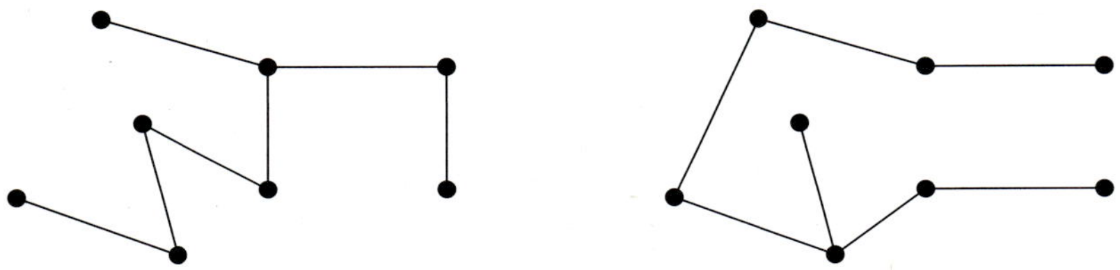

그러나 다음 그래프는 G의 신장 트리가 아니다. 그 이유는 하나는 사이클이 있고, 다른 하나는 1개의 점이 다른 점들과 연결되어 있지 않기 때문이다.

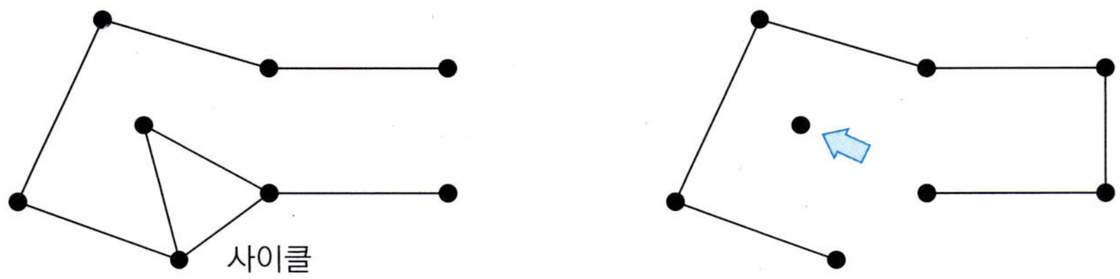

그래프에는 매우 많은 신장 트리가 있다. 그중에 특히 최소 신장 트리(Minimum Spanning Tree, MST)[6]는 간선에 가중치가 부여된 그래프에서 최소 가중치의 합을 가진 신장 트리이다. 그림 4.3.1(a)의 그래프에 대한 최소 신장 트리는 (b)이고, (c)는 신장 트리이지만, 간선 가중치의 합이 18이라서 (b)의 가중치 합인 11보다 크므로 (c)는 MST가 아니다.

6) 최소 신장 트리는 최소 비용 신장 트리(Minimum Cost Spanning Tree)라고도 한다.

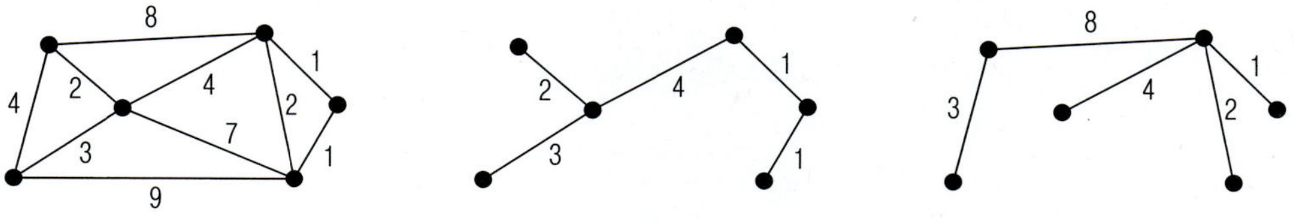

(a) 가중치 그래프 (b) MST (c) 신장 트리

그림 4.3.1 MST와 신장 트리

> **생각해보자**
>
> 신장 트리를 하나씩 만들어 가며 트리 간선의 가중치 합을 비교하여 MST를 찾아보자.

그런데 n개의 점으로 이루어진 그래프에서 만들 수 있는 신장 트리의 수는 n이 커질수록 너무 많아서[7] 일일이 모든 트리를 만들기 어려워진다.

> **생각해보자**
>
> 나누어 해결해보자.

주어진 그래프를 두 부분으로 나누어 각각의 부분에 대해 MST를 만든다. 이렇게 만들어진 2개의 트리를 각각 T_1과 T_2라고 하자. 그리고 T_1과 T_2를 연결하는 간선 중에서 가장 가중치가 작은 간선으로 T_1과 T_2를 연결하여 트리를 만든다.

다음의 그래프에 대해 나누어 해결하기 알고리즘으로 MST를 찾아보자.

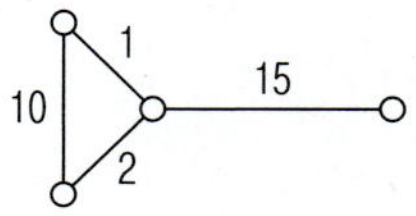

다음과 같이 그래프를 왼쪽의 두 점과 오른쪽 두 점으로 나누고, 각각에 대해 MST를 찾는다. 그리고 두 트리를 잇는 가장 작은 가중치인 1을 가진 간선으로 T_1과 T_2를 연결하면 우측의 트리가 만들어진다.

7) n개의 점을 가진 그래프에 있는 모든 신장 트리의 수는 n^{n-2} 개다.

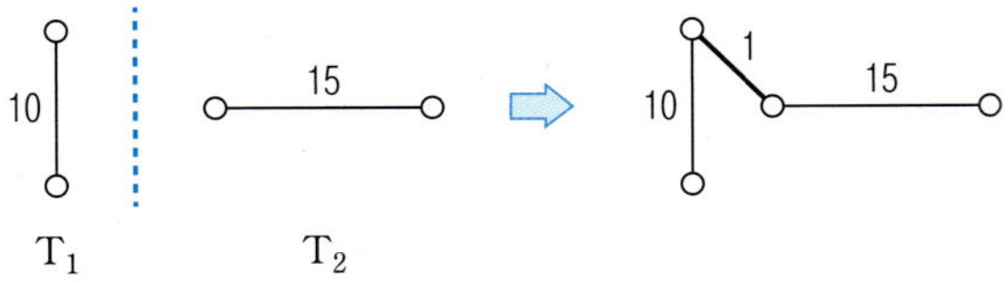

그러나 주어진 그래프의 MST는 다음과 같다. 따라서 나누어 해결하기 알고리즘은 항상 최적해를 찾지 못한다.

MST

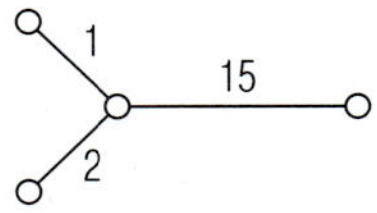

> **생각해보자**
> 가장 짧은 간선부터 욕심내어 차례로 가져다가 신장 트리를 만들어보자.

이때 가져온 간선이 사이클을 만들지 않으면 트리에 추가하고 만들면 그 간선은 버린다. 이 방법이 크러스컬(Kruskal) 알고리즘이다.

그림 4.3.2는 (a)의 그래프에 대해 크러스컬 알고리즘이 단계적으로 MST를 찾는 과정을 보여준다.

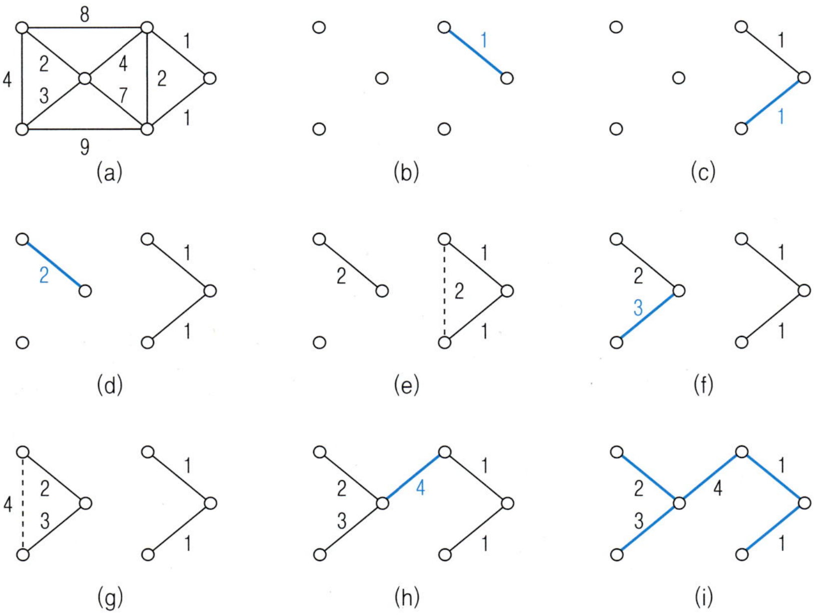

그림 4.3.2 크러스컬 알고리즘 수행 과정

그림 4.3.2(a)에 있는 그래프의 간선들을 가중치로 정렬하면 1, 1, 2, 2, 3, 4, 4, 7, 8, 9이다. 그림 4.3.2(b)~(h)는 정렬된 간선을 차례로 가져다가 사이클을 만들지 않으면 트리에 포함하고, 만들면 버린다. 특히 (e)와 (g)는 이미 선택된 간선들과 사이클을 만들어서 가져온 간선을 각각 버린 경우이다. (h)는 이미 모든 점이 연결되어 있으므로 알고리즘을 종료한다. (i)는 (a)의 MST이다.

생각해보자

한 점에서 시작하여 욕심내어 가장 짧은 간선을 연결하여 점이 2개인 트리를 만들고, 가장 짧은 간선을 트리에 연결해 가며 신장 트리를 만들어보자.

이 방법이 프림(Prim) 알고리즘이다. 다음은 프림의 MST 알고리즘이다.

알고리즘

[1] 임의의 점 하나를 선택하여 T에 넣는다.
[2] 다음을 $n-1$ 회 수행한다.
T 밖에 있는 점 중에서 T에 있는 점과 가장 가까운 점을 T에 추가한다.

생각해보자

프림 알고리즘을 더욱 쉽게 이해하기 위해 그래프를 다음과 같이 단추와 실로 연결된 모형으로 만들어보자.

그림 4.3.3은 그래프를 실로 연결된 단추 모형으로 바꾼 것을 보여준다.

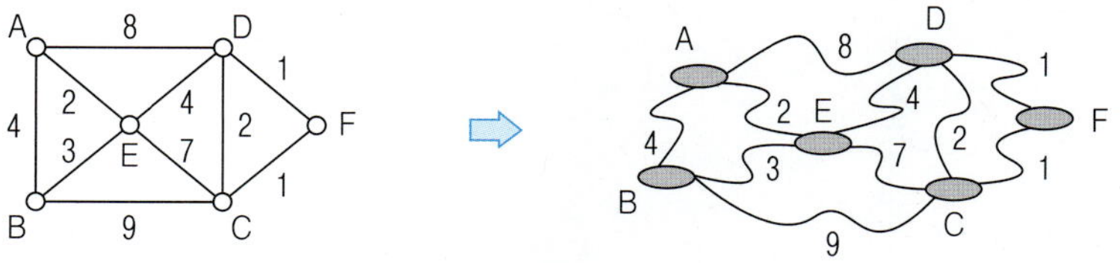

그림 4.3.3 그래프의 실로 연결된 단추 모형

그림 4.3.3의 실-단추 모형에 대해 프림 알고리즘을 수행시켜보자. Step [1]에서 A를 선택하여 T에 넣는다. 단, A가 아닌 다른 점에서 시작해도 무방하다. 왜냐하면 모든 점이 결국에는

트리에 포함되기 때문이다. 초기에 트리 T에는 아무것도 없으므로 T = {A}이다. 이제 실–단추 모형에서 T, 즉 단추 A를 천천히 들어 올리다가 A에 매달린 B, D, E가 팽팽해지면 멈춘다. 이때 가장 짧게 매달린 E를 욕심내어 T에 추가한다. 즉, T = {A, E}이다.

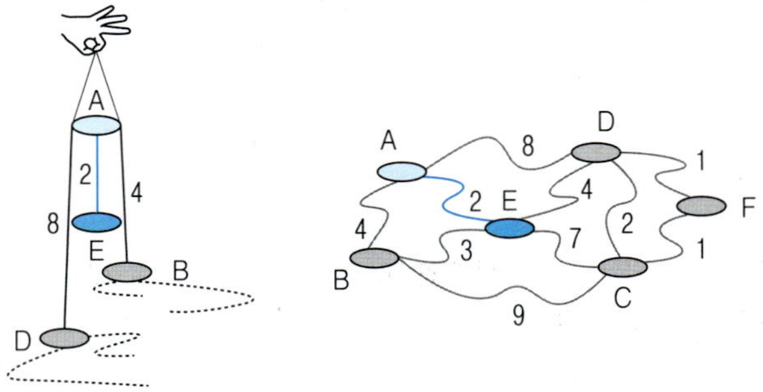

트리에 포함될 다음 단추를 찾기 위해 T = {A, E}, 즉 단추 A와 E를 함께 천천히 들어 올리다가 A와 E에 매달린 B, C, D가 팽팽해지면 멈춘다. 이때 가장 짧게 매달린 B를 욕심내어 T에 추가한다. 따라서 T = {A, E, B}이다.

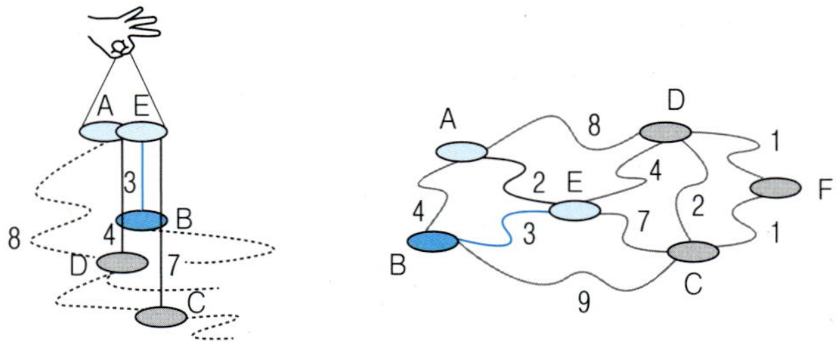

다음 단추를 찾기 위해 T = {A, E, B}, 즉 단추 A, E, B를 함께 천천히 들어 올리다가 A, E, B에 매달린 C, D가 팽팽해지면 멈춘다. 이때 가장 짧게 매달린 D를 욕심내어 T에 추가한다. T = {A, E, B, D}이다.

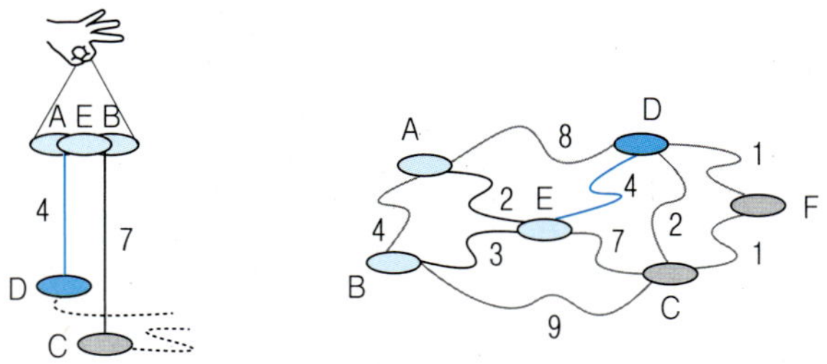

다음 단추를 찾기 위해 T = {A, E, B, D}, 즉 단추 A, E, B, D를 함께 천천히 들어 올리다가 A, E, B, D에 매달린 C, F가 팽팽해지면 멈춘다. 이때 가장 짧게 매달린 F를 욕심내어 T에 추가한다. T = {A, E, B, D, F}이다.

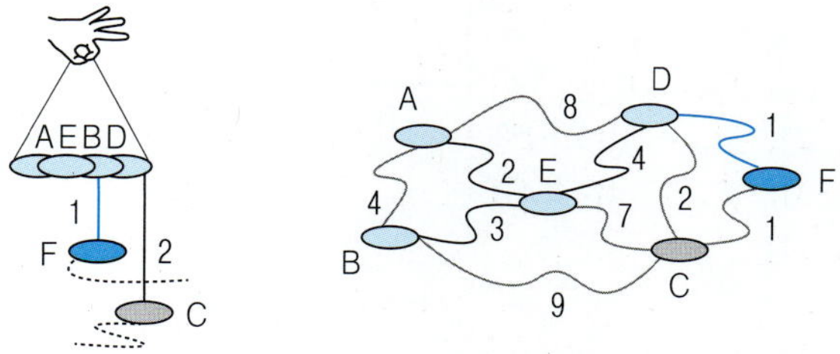

마지막 단추를 찾기 위해 T = {A, E, B, D, F}, 즉 단추 A, E, B, D, F를 함께 천천히 들어 올리다가 A, E, B, D, F에 매달린 C가 팽팽해지면 멈춘다. 이때 C를 T에 추가한다. 즉, T = {A, E, B, D, F, C}이다.

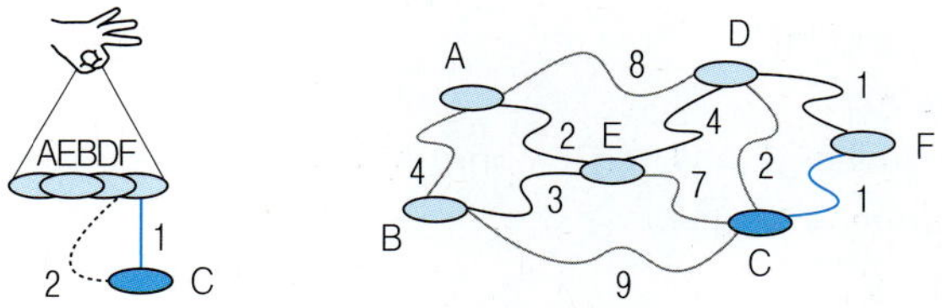

트리 T에 단추가 추가되면서 연결된 실(간선)도 트리에 추가되므로 최종적으로 다음과 같은 MST를 얻는다.

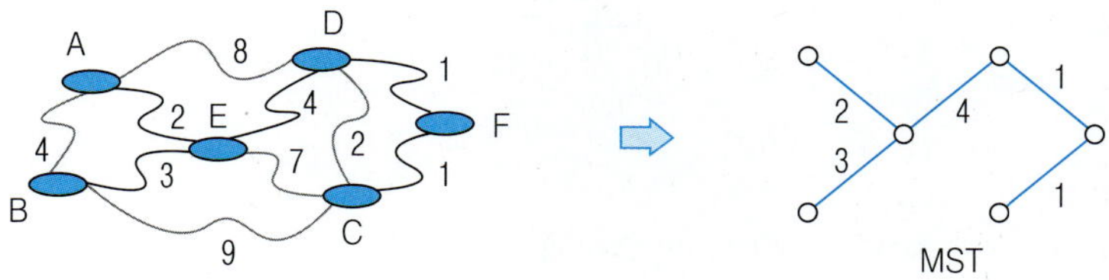

다음은 프림의 MST 알고리즘을 위한 파이썬 프로그램이다.

파일명: AT 4.3 최소 신장 트리.py

```
n = 6
g = [[]] * n
g[0] = [[1, 4], [3, 8], [4, 2]]
g[1] = [[0, 4], [2, 9], [4, 3]]
g[2] = [[1, 9], [3, 2], [5, 1]]
g[3] = [[0, 8], [2, 2], [4, 4], [5, 1]]
g[4] = [[0, 2], [1, 3], [2, 7], [3, 4]]
g[5] = [[2, 1], [3, 1]]

included = [False for _ in range(n)]
D = [float('inf') for _ in range(n)]
D[0] = 0
connected_to = [-1 for _ in range(n)]

for k in range(n):
    m = -1
    min_value = float('inf')
    for j in range(n):
        if not included[j] and D[j] < min_value:
            min_value = D[j]
            m = j
    included[m] = True
    for w, wt in g[m]:
        if not included[w] and wt < D[w]:
            D[w] = wt
            connected_to[w] = m

print('MST: ', end='')
mst_cost = 0
for i in range(1, n):
    print('(%d, %d)' % (i, connected_to[i]), end='')
    mst_cost += D[i]
print('\nMST의 가중치: ', mst_cost)
```

- n = 6: 그래프의 정점 수
- g[0] ~ g[5]: 인접 리스트
- included: 트리에 포함되면 True로
- D: 트리의 정점에서 각 정점까지의 거리
- connected_to: 트리 간선을 추출하기 위해
- m = -1 ~ m = j: 현재까지 만들어진 트리를 들어올렸을 때 가장 짧게 매달리는 정점 m 찾기
- for w, wt in g[m] ~ D[w] = wt: 정점 m에 인접하면서 트리에 속하지 않은 점의 D[] 값을 더 작은 값으로 갱신
- connected_to[w] = m: 나중에 w가 트리에 포함될 때 w가 m과 간선으로 연결된 것을 기억해 둠

```
Run: AT 4.3 최소 신장 트리
C:\Users\user\venv\Scripts\python.exe
MST: (1, 4)(2, 5)(3, 4)(4, 0)(5, 3)
MST의 가중치:  11

Process finished with exit code 0
```

앞의 프로그램에서 리스트 D[i]는 정점 i와 연결된 트리의 정점 중 가장 가까운 거리를 가진다. connected_to[i]는 정점 i가 트리에 포함될 때 연결된 트리의 정점을 가지며, 추후 최소 신장 트리의 간선을 추출하는 데 사용된다.

for-j-루프에서는 트리 밖에 있는 정점 중에 D[] 값이 가장 작은 정점을 선택한다. 이러한 선택은 트리에 포함된 단추들을 들어 올려서 가장 짧게 매달린 단추를 찾는 것과 같다. 그리고 선택된 정점 m이 트리에 포함된 것을 included[m]에 True로 표시한다. for-w-루프는 방금 트리에 포함된 정점 m에 연결된 트리 밖의 점들의 D[] 값들을 더 작은 값이 있는 경우에 갱신한다.

수행 시간

프림 알고리즘의 수행 시간을 살펴보면, 초기에 임의의 점 1개를 선택하여 트리에 포함시킨 후 $n-1$회에 걸쳐 트리에 포함된 정점(단추)들을 들어 올려 트리 밖의 점 1개씩 트리에 포함시킨다. 그리고 트리에 포함된 정점(단추)들을 1회 들어 올릴 때마다 가장 짧게 매달린 점을 찾아야 하므로 최대 $O(n)$ 시간이 소요된다. 따라서 프림 MST 알고리즘의 수행 시간은 $n \times O(n) = O(n^2)$이다.[8)]

응용

- 컴퓨터 네트워크
- 전기 선로 네트워크
- 상하수도 네트워크
- 서킷 디자인
- 클러스터링
- 외판원 문제를 위한 근사 알고리즘

4.4 최단 경로

차량의 내비게이션 장치, 지도 앱 또는 지도 웹 서비스에서 가장 기본적인 기능은 출발점과 도착점 사이의 최단 경로를 찾아 사용자에게 안내하는 것이다.

8) 힙 자료구조로 구현하면 프림 MST 알고리즘의 수행 시간은 $O(m \log n)$이다. 여기서 m은 그래프의 간선 수이다. 따라서 간선 수가 $O(n)$개이면(적은 편이면) 수행 시간은 $O(n \log n)$이 되어 프림 알고리즘을 힙 자료구조로 구현하는 것이 훨씬 효율적이다.

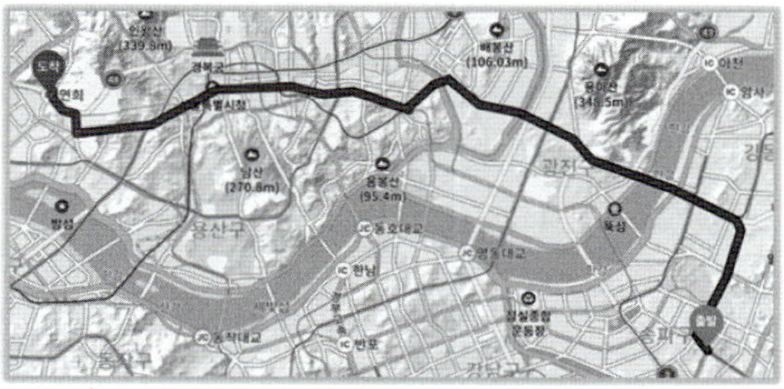

최단 경로(Shortest path) 문제는 그림 4.4.1과 같은 가중치 그래프의 어느 한 출발점에서 또 다른 도착점까지의 최단 경로를 찾는 것이다.

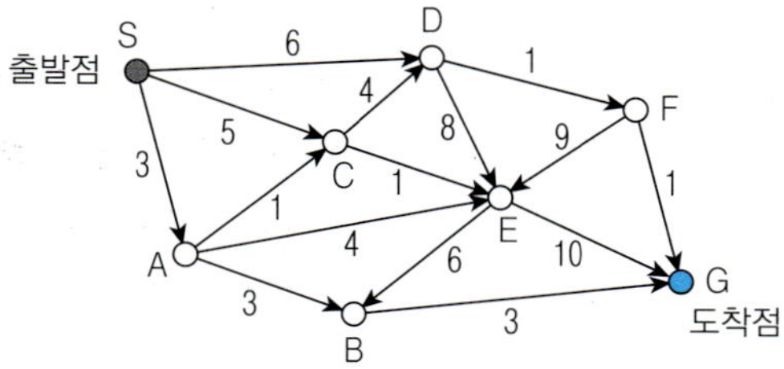

그림 4.4.1 가중치 그래프

> **생각해보자**
> 교차점에서 욕심내어 가장 짧은 길(간선)을 선택하자.

그림 4.4.1의 출발점 S에서 가장 짧은 길은 A로 가는 길이다. A에서는 C로 가고, C에서는 E로 진행하고, E에서는 B로 가서 마지막엔 G에 도착한다. 이때 경로의 길이는 3 + 1 + 1 + 6 + 3 = 14이다. 그러나 최단 경로는 S → D → F → G이고 거리는 8이다.

> **생각해보자**
> 가장 저렴한 비용으로 모든 점을 연결하는 최소 신장 트리를 이용해보자.

단, 그래프의 간선의 방향은 무시한다. 프림 알고리즘으로 그림 4.4.1에 있는 그래프의 최소 신장 트리를 찾으면 그림 4.4.2의 트리와 같다.

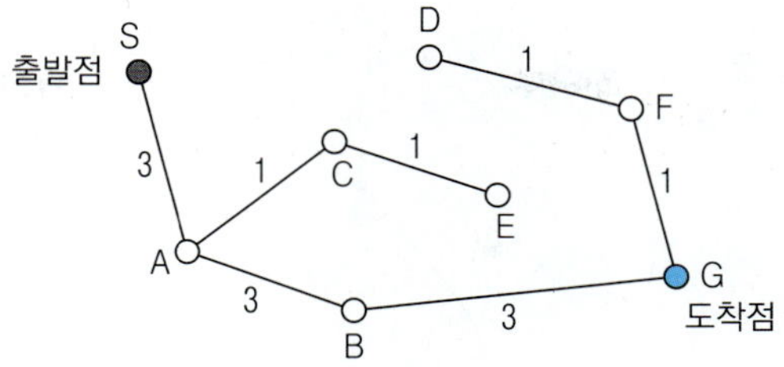

그림 4.4.2 무방향 그래프의 최소 신장 트리

그림 4.4.2에서 S에서 G까지의 경로는 S → A → B → G이고 거리는 3 + 3 + 3 = 9이다. 그러나 이 역시 최단 거리인 8보다 길다.

> **생각해보자**
> 프림 알고리즘 자체를 이용해보자.

이러한 시도가 바로 최단 경로를 찾는 가장 대표적인 알고리즘은 다익스트라[9] 알고리즘이다. 다익스트라 알고리즘은 프림 MST 알고리즘과 거의 같은 형태를 가지고 있다.[10] 두 알고리즘의 차이점은 다음과 같다.

1. 프림 알고리즘은 임의의 점에서 시작하지만, 다익스트라 알고리즘은 출발점에서 시작한다.
2. 프림 알고리즘은 트리에 하나의 정점을 추가할 때 현재 상태의 트리에서 가장 가까운 점을 추가하지만, 다익스트라 알고리즘은 최단 거리가 확정되지 않은 점들[11] 중에서 출발점에서 가장 가까운 점을 추가하고, 추가된 점의 최단 거리를 확정한다.

다익스트라 알고리즘은 출발점에서 모든 다른 점들까지 각각의 최단 경로를 찾는데, 그 수행과정에서 그림 4.4.3과 같이 모든 정점을 경로가 확정된 점들과 미확정된 점들로 구분하여, 알고리즘의 한 단계를 수행할 때마다 경로가 미확정된 점 1개를 선택하여 그 점의 경로를 확정한다.

9) 다익스트라(Dijkstra, 1930–2002)는 1972년 컴퓨터 분야 최고의 상인 튜링상을 수상한 네덜란드의 컴퓨터 과학자이다.

10) 알고리즘의 틀 자체가 동일하다는 의미이다.

11) 최단 거리가 '확정된 점들'은 프림 MST 알고리즘에서 현재까지 만들어온 트리에 속한 점들이고, '미확정된 점들'은 트리 밖의 점들이라고 생각하면 이해하기 쉽다.

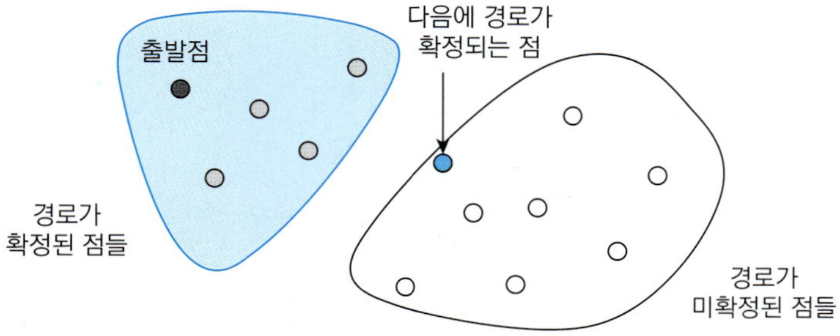

그림 4.4.3 다익스트라 알고리즘 개요

알고리즘

[1] 경로가 미확정된 점 중에서 출발점에서 가장 가까운 점을 선택한다. 선택된 점을 m이라고 하자.

[2] 경로가 미확정된 점 중에서 m에 인접한 점이 있으면, 출발점에서 m을 거쳐서 더 짧은 거리로 인접한 점에 도달할 수 있으면 그 거리를 기록해둔다.

Step [1]은 경로가 미확정된 점 중에서만 가장 가까운 점을 선택한다. 그리고 한번 선택된 점의 경로는 확정된다. 따라서 m은 경로가 확정된 점이 된다.

생각해보자

최소 신장 트리를 찾을 때처럼 그래프를 실–단추 모형으로 생각해보자.

그러면 step [1]은 프림 MST 알고리즘에서 트리를 들어 올려서 가장 짧게 매달린 단추를 선택하는 것과 같다.

Step [2]는 m에 인접하면서 경로가 미확정된 점에 대해서 거리 계산을 수행하여 출발점에서 m을 거쳐서 인접한 점에 도달한 거리가 더 가까운 경우에만 그 거리[12)]를 기록한다. 이를 간선 완화(edge relaxation)라고 한다. 이렇게 기록된 거리에 기반을 두어 step [1]에서 가장 가까운 점을 선택한다.

[예제] 그림 4.4.1에 있는 그래프를 실–단추 모형으로 만든 그림 4.4.4의 그래프에 대해서 다익스트라 알고리즘으로 출발점인 S에서 각 점까지의 최단 경로와 거리를 찾아보자.

12) 출발점에서 m을 거쳐서 그 인접한 점까지의 거리

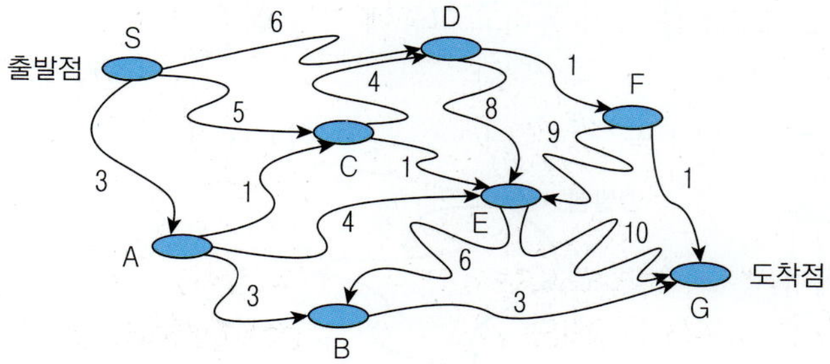

그림 4.4.4 그림 4.4.1에 있는 그래프의 실-단추 모형

알고리즘이 1회 반복될 때마다 모든 확정된 단추들을 함께 들어 올려 가장 짧게 매달린 단추를 찾아 확정된 점으로 만든 후에, 방금 확정된 점에 대해 간선 완화를 수행한다.

맨 처음엔 확정된 점이 없으므로 다음 그림과 같이 출발점 S가 매달린다. 그림의 각 정점(단추) 안에 있는 숫자(0 또는 ∞)는 출발점 S에서 각 점까지 거리를 나타내며 이는 현재까지 알고리즘이 찾아놓은 거리이다.

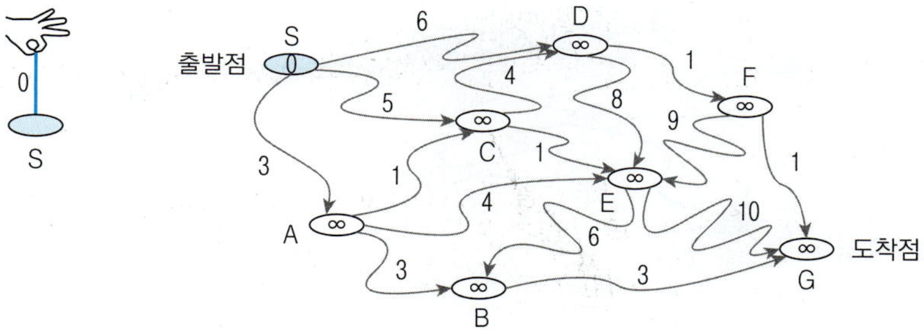

S가 가장 짧게 매달린 단추이므로 S를 확정시키고, S에 인접한 A, C, D에 대해 간선 완화를 수행한다. 즉, 세 점 각각의 거리가 ∞로 초기화되어 있고, S에서 A까지의 거리가 3이므로 ∞보다 작아서 3으로 갱신한다. 마찬가지로 C와 D에 대해서도 각각 5, 6으로 갱신한다. 그리고 S 덕분에 세 점 각각의 출발점으로부터 거리가 짧아졌다는 것을 기록한다.

S 확정

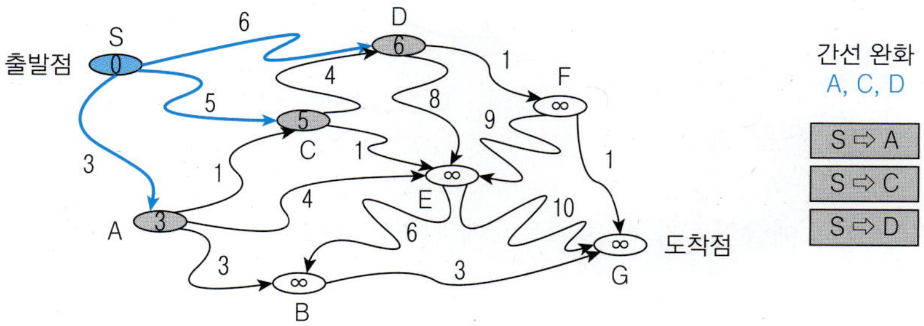

이제 S가 확정되었으므로 S를 들어 올리고 그중에 가장 짧게 매달린 A를 확정시키고,

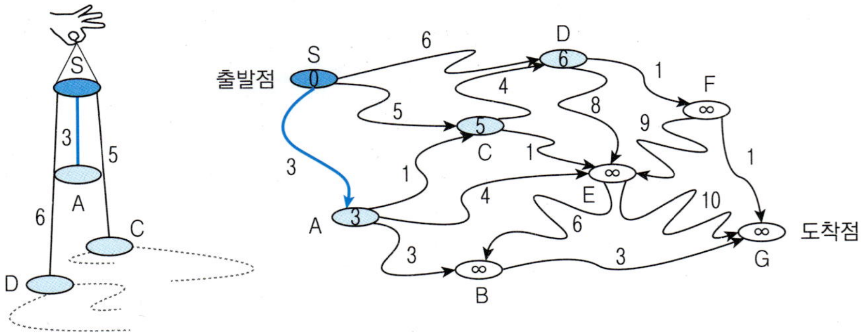

A에 인접한 B, C, E에 대해 간선 완화를 다음과 같이 수행한다. S에서 C로 직접 가는 거리인 5보다 A를 경유해서 C로 가는 거리인 4가 더 짧다. E와 F는 초기화된 보다 A를 경유해서 B로 오는 거리인 6과 E로 오는 거리인 7이 짧으므로 각각 갱신한 것이다.

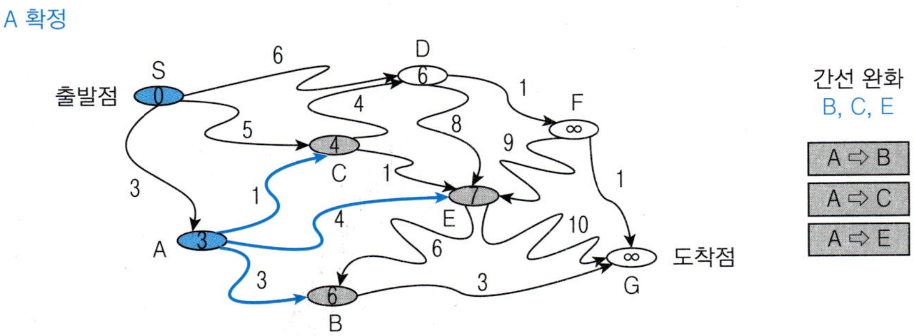

다음엔 확정된 S와 A를 함께 들어 올린다.

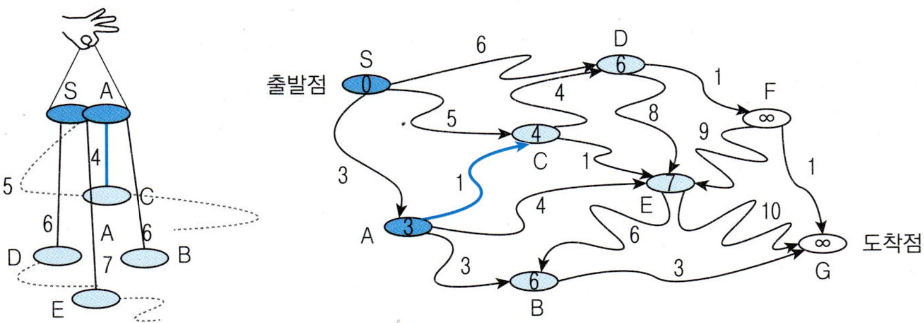

그리고 가장 짧게 매달린 C가 확정되고, C에 인접한 E에 대해 간선 완화를 다음과 같이 수행한다.

C 확정

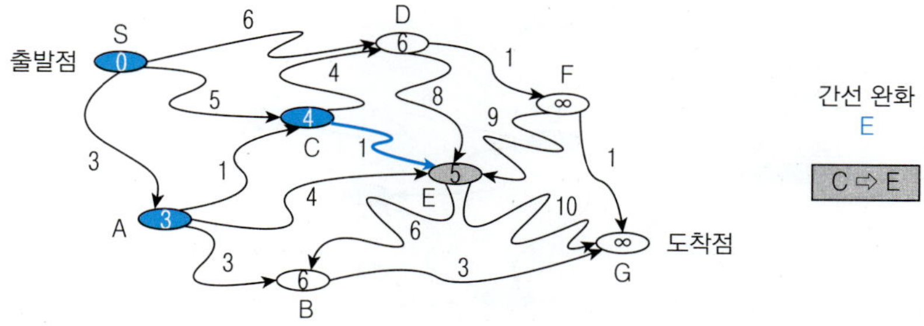

다음은 단추들을 들어 올려서 가장 짧게 매달린 단추를 확정시키고, 확정된 점에 인접한 점들에 대해 간선 완화가 수행된 것을 차례로 보여준다.

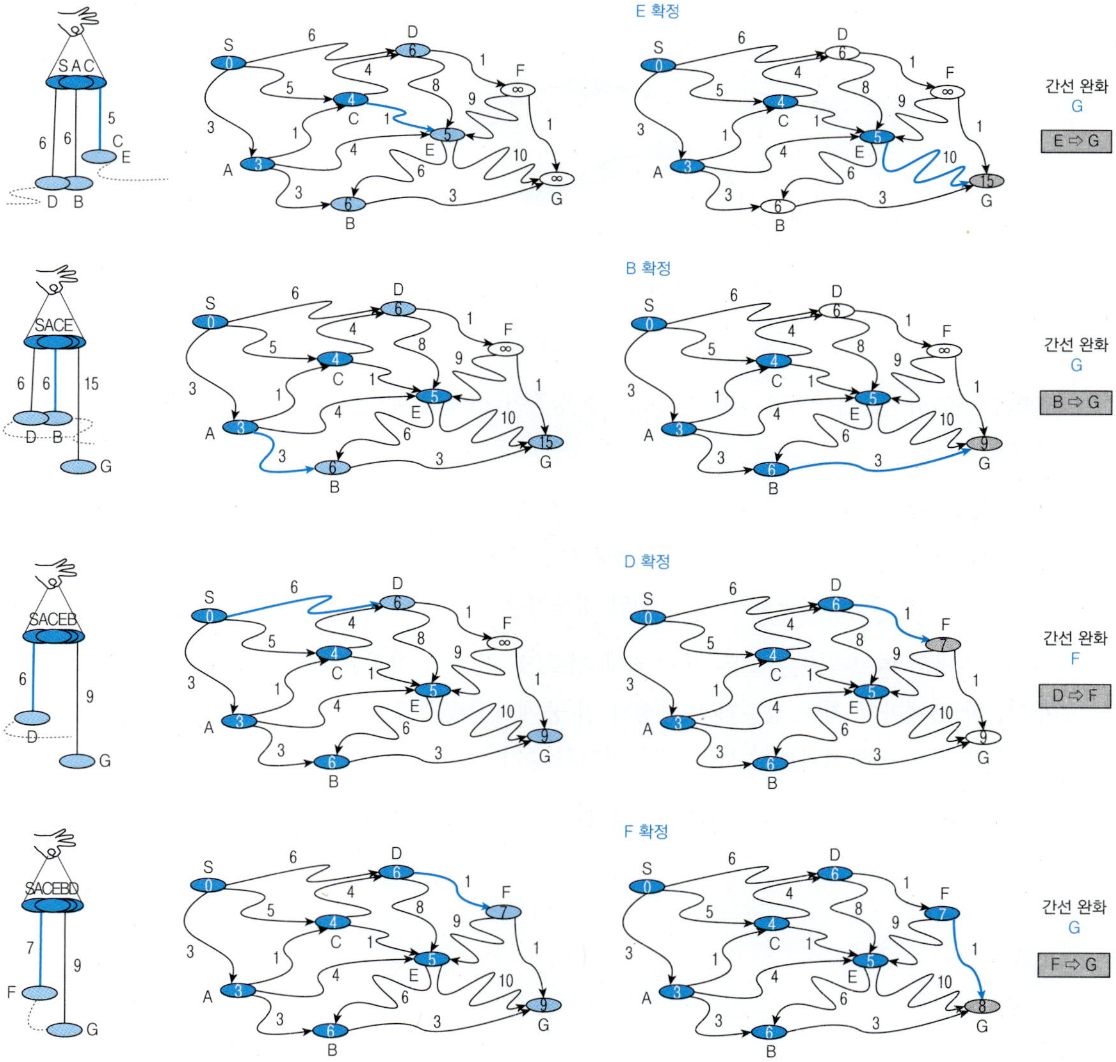

마지막으로 G가 확정되면서 알고리즘이 종료된다.

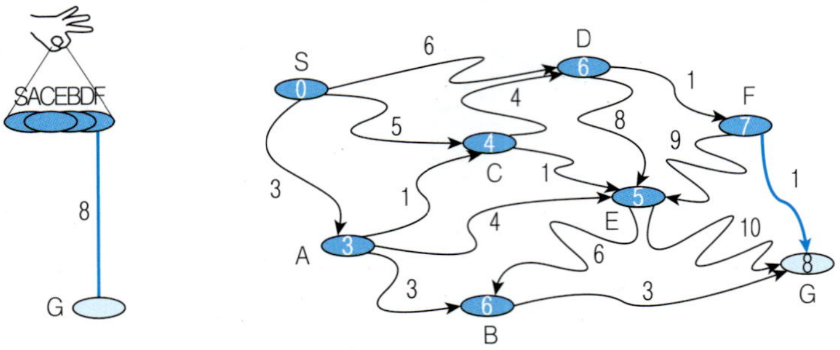

최종적으로 계산된 각 점의 최단 거리와 경로는 다음과 같다.

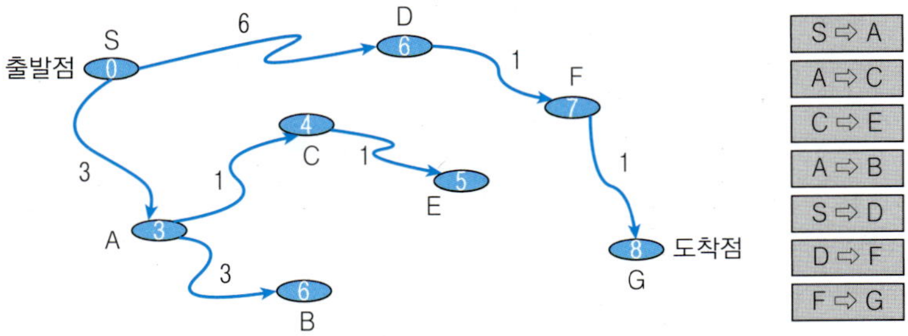

출발점 S에서 각 점까지의 최단 경로는 각 정점이 선택될 때마다 기록해둔 정보를 이용하여 추출한다.

예를 들어 S에서 G까지의 최단 경로는 F → G로부터 최단 경로 상의 G 직전에 F가 있고, D → F로부터 F 직전에 D가 있고, S → D로부터 D 직전에 S가 있는 것을 알 수 있다. 즉, G부터 역추적하면 S → D → F → G가 최단 경로이다.

다익스트라의 알고리즘은 모든 점이 최단 경로(및 거리)가 확정된 점들과 미확정된 점들로 나누고, 한 단계마다 최단 경로가 미확정된 점 중에서 출발점으로부터 가장 가까운 점을 선택한다. 또한 점들이 확정되는 순서는 최단 거리의 증가 순이다.

다음은 다익스트라 알고리즘을 위한 파이썬 프로그램이다.

파일명: AT 4.4 최단 경로.py

```python
n = 8
s = 0
g = [[]] * n
g[0] = [[1, 3], [3, 5], [4, 6]]
g[1] = [[2, 3], [3, 1], [5, 4]]
g[2] = [[3, 7]]
g[3] = [[4, 4], [5, 1]]
g[4] = [[5, 8], [6, 1]]
g[5] = [[2, 6], [7, 10]]
g[6] = [[5, 9], [7, 1]]
g[7] = []

included = [False for _ in range(n)]
distance = [float('inf') for _ in range(n)]
distance[s] = 0
previous = [-1 for _ in range(n)]
previous[s] = 0

for k in range(n):
    m = -1
    min_value = float('inf')
    for j in range(n):
        if not included[j] and distance[j] < min_value:
            min_value = distance[j]
            m = j
    included[m] = True

    for w, wt in g[m]:
        if not included[w] and distance[m] + wt < distance[w]:
            distance[w] = distance[m] + wt
            previous[w] = m
```

- n = 8: 그래프의 정점 수
- s = 0: 출발점
- g[0] ~ g[7]: 인접 리스트
- included: 경로가 확정되면 True로
- distance: 출발점으로부터 각 정점까지의 거리
- previous: 최단 경로를 추출하기 위해
- Step [1]: 경로가 미확정된 점 중에서 시작점으로터 가장 가까운 점 찾기
- Step [2]: 간선 완화
- previous[w] = m: 최단 경로상에서 w가 m과 간선으로 연결된 것을 기록해 둠

Run: AT 4.4 최단 경로 (1)

```
C:\Users\user\venv\Scripts\python.exe
정점  0 (으)로부터 최단 거리:
[0, 0] = 0
[0, 1] = 3
[0, 2] = 6
[0, 3] = 4
[0, 4] = 6
[0, 5] = 5
[0, 6] = 7
[0, 7] = 8

정점  0 (으)로부터의 최단 경로
0
1 <- 0
2 <- 1 <- 0
3 <- 1 <- 0
4 <- 0
5 <- 3 <- 1 <- 0
6 <- 4 <- 0
7 <- 6 <- 4 <- 0

Process finished with exit code 0
```

앞의 프로그램은 그림 4.4.1에 있는 그래프에서 시작점이 0일 때 모든 다른 점까지 최단 경로를 찾는다. 리스트 distance[i]는 출발점 S에서 점 i까지 거리를 나타내며 이는 현재까지 알고리즘이 찾아놓은 거리이다.

미확정된 정점 중에 distance[] 값이 가장 작은 정점을 선택하는데 이는 확정된 단추들을 함께 들어 올려서 가장 짧게 매달린 단추를 찾는 것과 같다. 그리고 선택된 정점 m의 최단 거리가 확정된 것을 included[m]에 True로 표시한다.

그다음엔 방금 최단 거리가 확정된 정점 m에 인접한 미확정된 점들에 대해 간선 완화를 수행한다.

수행 시간

다익스트라 알고리즘의 수행 시간을 살펴보면, 초기에 시작점부터 총 n회 최단 경로가 확정된 정점(단추)들을 들어 올려 점 1개씩 최단 경로를 확정시킨다. 그리고 최단 경로가 확정된 정점들을 1회 들어 올릴 때마다 가장 짧게 매달린 점을 찾으므로 최대 $O(n)$ 시간이 소요된다. 또한 간선 완화도 최대 $O(n)$ 시간이 소요된다. 따라서 다익스트라 알고리즘의 수행 시간은 $n \times (O(n) + O(n)) = O(n^2)$이다.

그러나 미확정된 점 중에서 distance[] 값이 최소인 점을 찾기 위해 프림의 MST 알고리즘과 같이 최소 힙 자료구조를 사용하면 알고리즘의 수행 시간은 $O(m \log n)$이다. 여기서 m은 그래프의 간선 수이다. 따라서 간선 수가 $O(n)$개이면 수행 시간은 $O(n \log n)$이 되어 다익스트라 알고리즘을 최소 힙으로 구현하는 것이 훨씬 효율적이다.

응용

- 내비게이션 장치
- 맵퀘스트(Mapquest)
- 구글 지도
- 네트워크
- 소셜 네트워크 분석
- 산업 공학
- 경영 공학
- 로봇 공학
- 교통 공학
- VLSI 디자인 등

4.5 허프만 코딩

일반적으로 파일의 각 문자는 고정 길이를 가진 아스키(ASCII) 코드[13] 또는 UTF-8 코드[14]로 표현되어 저장된다. 이때 파일의 bit 수는 8×(파일의 문자 수)이다. 고정된 크기의 코드로 만들어진 파일을 저장하거나 전송할 때 파일의 크기를 줄이고, 필요할 때 원래의 파일로 변환할 수 있으면, 메모리 공간을 효율적으로 사용할 수 있고, 파일의 전송 시간도 단축할 수 있다. 주어진 파일의 크기를 줄이는 방법을 파일 압축(file compression)이라고 한다.

이 Part에서는 다양한 압축 알고리즘을 알아보려는 것이 아니라 그리디 알고리즘에 초점을 두어 대표적인 파일 압축 알고리즘인 허프만(Huffman) 코딩[15]을 살펴본다.

각 문자에 같은 크기의 코드를 부여하면 파일 자체가 압축되었다고 보기 어렵다.

> **생각해보자**
> 역발상으로 문자에 따라 다른 크기의 코드를 부여해보자. 그럼 어떤 문자는 긴 코드를 가지고 또 어떤 문자는 짧은 코드를 가지면 좋을까?

만일 파일에 a가 100번 나타나고, z가 3번 나타나면, 어떤 문자에 짧은 코드를 부여하면 좋을까? 당연히 a의 빈도수가 가장 높으니까 짧은 코드로 a를 대체하면 압축 효과가 좋아질 것이다. 그리고 z는 코드가 길어도 빈도수가 3이니까 압축 효과를 떨어뜨리지 않을 것이다. 이처럼 빈도수에 따라서 코드 길이를 가변적으로 부여하면 상당한 압축 효과를 볼 수 있다. 이것이 허프만 코딩의 아이디어이다.

> **생각해보자**
> 빈도수에 따라 코드 길이를 어떻게 정해야 할까?

코드는 이진수이다. 즉, 0과 1로 이루어진다. 따라서 '이진' 코드와 이진 트리를 연관 지어보면, 왼쪽 자식으로 내려갈 때 0, 오른쪽 자식으로 내려가면서 1을 부여할 수 있다.

---

13) ASCII 코드는 각 문자를 7bit로 표현하지만, 파일이 저장될 때는 8bit 단위로 저장된다.

14) UTF(Unicode Transformation Format)-8 코드는 유니코드를 위한 것이나 ASCII 코드에 대응되는 각 문자를 8bit로 표현한다.

15) 허프만 코딩은 David Huffman이 1952년에 제안하였다.

생각해보자

이진 트리의 루트로부터 어떤 노드에 도달했을 때 그 노드에 대응되는 이진 코드를 어떤 문자에 부여해야 할까?

이진 트리의 루트로부터 문자 a를 가진 노드에 도달했을 때 그 노드에 대응되는 이진 코드가 010이라 하자. 그리고 a가 있는 노드의 왼쪽 자식에 문자 b가 있다면 b의 코드는 0100이다.

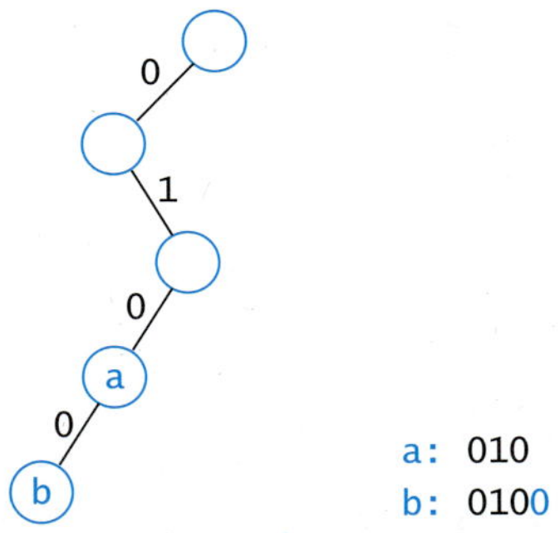

이렇게 부여된 코드로 변환된 파일에 aba…가 있을 때, aba를 코드로 변환하면 0100100010…이 된다. 복호화, 즉 0100100010…를 문자로 복원시킬 때 처음 3bit인 010을 a로 바꾸어야 할지, 아니면 처음 4bit인 0100을 b로 바꾸어야 할지 알 수 없다.

생각해보자

복원할 때 문자를 구분하려면 미리 코드 사이에 특수 문자를 끼워 넣자.

예를 들어 특수 문자 #를 이용하여 010#0100#010#…로 변환시키면 복호화는 문제가 없다. 그러나 특수 문자가 압축된 파일에 코드 사이마다 들어가면 큰 압축 효과를 얻기 어렵다.

생각해보자

특수 문자를 사용하지 않고 복원할 때 문자를 구분하려면 어떻게 문자에 코드를 부여해야 할까?

앞선 예제처럼 a가 010이고 b가 0100이면 010이 0100의 앞부분에 나타나선 안 된다. 즉, 한 문자의 코드가 다른 문자의 코드의 앞부분(접두부)과 같아선 안 된다. 이를 Prefix-free 속성이라고 한다. 따라서 코드가 Prefix-free 속성을 가지려면 이진 트리의 내부 노드(이파리가 아닌 노드)에 문자가 있으면 안 된다. 즉, 문자는 이파리에만 있어야 한다.

위의 모든 생각을 종합해보면 빈도수가 높은 문자들은 짧은 코드를 가져야 하므로 이진 트리의 윗부분에 있는 이파리에 있어야 하고, 반면에 빈도수가 낮은 문자일수록 트리의 깊은 부분에 있는 이파리에 있어야 한다.

다음은 위에서 설명한 특성을 지닌 이진 트리인 허프만 트리를 만드는 그리디 알고리즘이다.

알고리즘

[1] 압축할 파일을 스캔하여 각 문자의 빈도수를 계산한다.
[2] 각 문자에 대해 문자와 빈도수를 가진 이파리 노드를 만든다.
[3] 빈도수가 가장 적은 두 노드의 부모를 만들어 빈도수의 합을 저장한다.
[4] if 노드가 하나만 남으면:
[5] 　　남은 노드를 허프만 트리의 루트로 반환
[6] else
[7] 　　자식이 된 노드들을 제외하고 go to [3]

Step [1]은 파일을 처음부터 끝까지 스캔하여 각 문자의 빈도수를 계산한다. Step [2]는 각 문자에 대응되는 노드를 만든다. 각 노드는 문자를 가지며 step [3]에서 만들어지는 (부모) 노드는 빈도수만 가진다. Step [3]에서는 최소의 빈도수와 두 번째로 적은 빈도수를 가진 노드를 각각 왼쪽과 오른쪽 자식으로 갖는 새 부모 노드를 만들고 두 자식의 빈도수의 합을 새 노드에 저장한다. Step [4]는 남은 1개의 노드를 허프만 트리의 루트로 반환하고 알고리즘을 종료한다.

[예제] 파일이 6개의 문자, a, b, c, d, e, f로 구성되고, 문자의 빈도수가 각각 60, 20, 30, 35, 40, 90이다.

먼저 각 문자에 대해 문자와 빈도수를 가진 이파리를 만든다. 그다음엔 빈도수가 가장 적은 두 노드, 즉 [b, 20]과 [c, 30]의 부모 노드를 만든다.

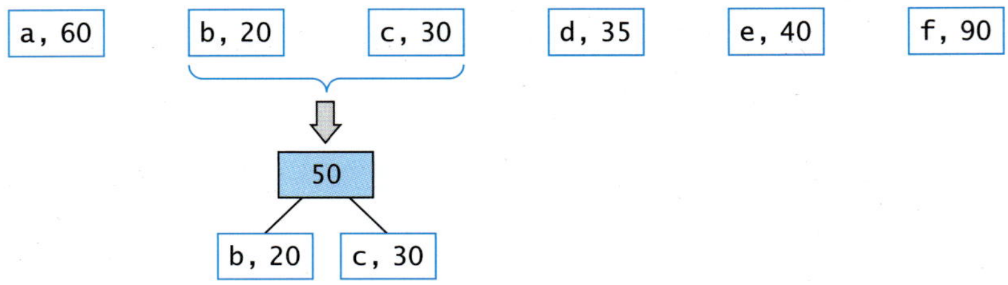

자식 노드가 된 [b, 20]과 [c, 30]은 제외하고, [50]과 나머지 이파리 중에서 빈도수가 가장 적은 두 노드, 즉 [d, 35]와 [e, 40]의 부모 노드를 만든다.

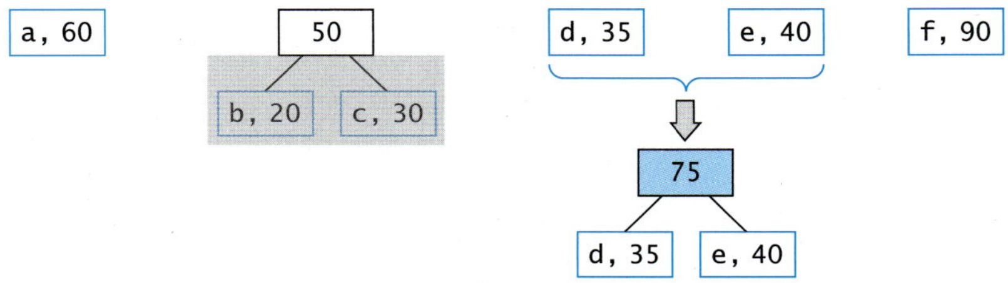

[a, 60], [50], [75], [f, 90] 중에서 빈도수가 가장 적은 두 노드의 부모 노드를 만든다.

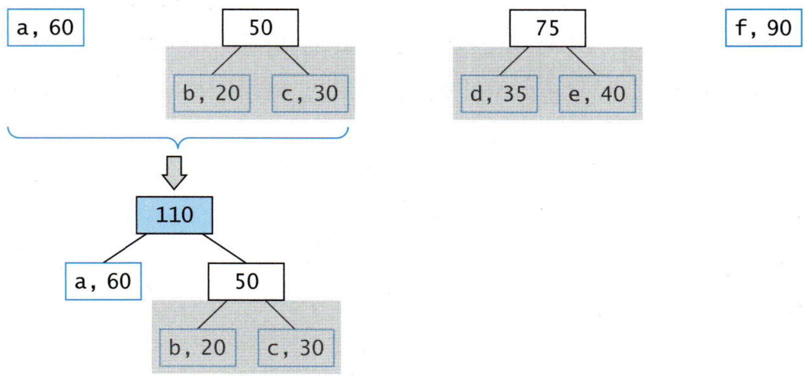

[110], [75], [f, 90] 중에서 빈도수가 가장 적은 두 노드의 부모 노드를 만든다.

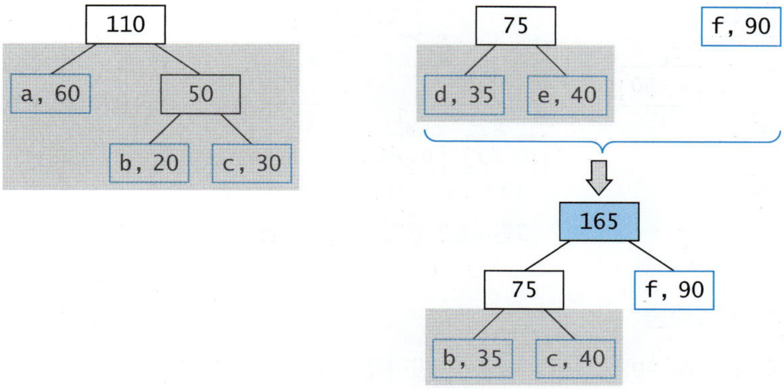

마지막으로 [110], [165]의 부모 노드인 허프만 트리의 루트를 만든다.

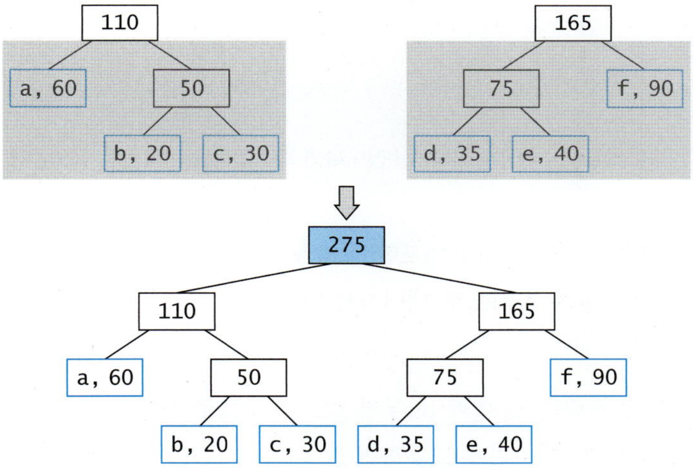

문자의 코드 생성

트리의 루트에서 각 이파리로 내려가며 왼쪽으로 내려갈 땐 0, 오른쪽으로 내려갈 땐 1을 추가하여 이파리에 있는 문자의 허프만 코드를 추출한다.

그림 4.5.2는 [예제]에서 만든 허프만 트리의 각 이파리에 잇는 문자에 부여된 허프만 코드를 추출한 것을 보여준다.

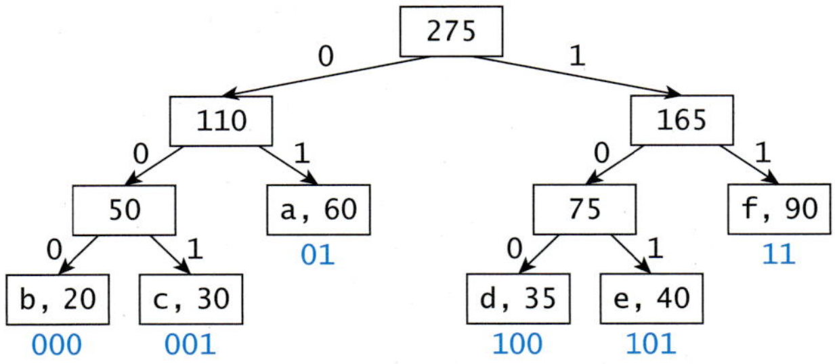

허프만 코드

a: 01 b: 000 c: 001
d: 100 e: 101 f: 11

그림 4.5.2 허프만 코드 생성

복원(Decoding) 알고리즘

각 문자에 대응되는 허프만 코드를 만들어 입력을 압축하는 과정은 단순히 각 문자를 허프만 코드로 바꾸면 된다. 예를 들어 aceffe…를 그림 4.5.2의 허프만 코드로 변환시키면 01, 001, 101, 11, 11, 101, …이다. 이렇게 얻은 코드들을 붙여 쓴 010011011111101…이 압축된 결과이다.

> **생각해보자**
> 압축된 긴 비트 스트링을 어떻게 어디에서 끊어서 원래의 문자들로 복원할 수 있을까?

이진 코드와 이진 트리를 연관 지어 허프만 트리를 만들었으므로 루트에서 시작하여 0이면 왼쪽 자식으로 1이면 오른쪽 자식으로 내려가서 이파리에 도달하면 그 이파리가 가진 문자로 복원한다.

따라서 압축된 비트 스트링의 첫 번째 bit부터 읽으며 루트로부터 0이면 왼쪽 자식으로 1이면 오른쪽 자식으로 내려가서 이파리에 도달하면 그 이파리가 가진 문자로 복원하고, 이후의 비트 스트링에 대해서도 루트에서 시작하여 같은 방법으로 반복하여 복원한다.

다음은 허프만 코드를 만드는 파이썬 프로그램이다.

파일명: AT 4.5 허프만 코딩.py

```
from heapq import heappush, heappop, heapify

def huffman_tree(a):
    h = [[freq, [char, ""]] for char, freq in a]
    heapify(h)
    while len(h) > 1:
        left = heappop(h)
        right = heappop(h)
        for code in left[1:]:
            code[1] = '0' + code[1]
        for code in right[1:]:
            code[1] = '1' + code[1]
        t = [left[0] + right[0]] + left[1:] + right[1:]
        print(t)
        heappush(h, t)
    return h


input_freq = [['b', 20], ['c', 30], ['d', 35], ['e', 40], ['a', 60], ['f', 90]]

h_code = huffman_tree(input_freq)

result = sorted(heappop(h_code)[1:], key=lambda x: x)
for ch, code in result:
    print(ch, ':', code)
```

- 파이썬의 힙 자료구조 사용
- 허프만 트리 초기화
- 최소 힙 만들기
- 최소 빈도수 가진 노드 2개 삭제
- 왼쪽 자식은 0을 맨 앞에 추가 오른쪽 자식은 1을 맨 앞에 추가
- left와 right를 합하여 만든 노드
- t를 힙에 삽입

```
Run:  AT 4.5 허프만 코딩
C:\Users\user\venv\Scripts\python.exe
a : 01
b : 000
c : 001
d : 100
e : 101
f : 11

Process finished with exit code 0
```

위의 파이썬 프로그램은 앞선 예제의 입력에 대해 허프만 코드를 생성한다. 단, 프로그램은 앞서 설명한 알고리즘을 닮았지만, 허프만 트리를 실제로 만들지 않고 파이썬 리스트의 유용

한 기능을 이용하여 허프만 코드를 생성한다.

입력 리스트인 input_freq의 각 원소는 [문자, 빈도수]이다. 함수 huffman_tree에서는 입력 리스트의 각 원소를 [빈도수, [문자, 코드]] 형태의 원소를 가지는 리스트 h를 만든다. 여기서 (허프만) 코드는 " "(empty 스트링)으로 초기화하는데 나중에 해당 문자가 새로 만들어지는 노드의 왼쪽 자식이면 '0', 오른쪽 자식이면 '1'을 맨 앞에 추가한다. 이렇게 0, 1을 앞부분에 추가하여 문자의 코드를 만들기 때문에, 허프만 트리를 만들지 않은 채 각 문자의 허프만 코드를 출력할 수 있다.

수행 시간

다음은 허프만 트리를 만드는 알고리즘에 대한 분석이다.[16] 알고리즘은 가장 적은 빈도수와 그다음으로 적은 빈도수를 가진 노드의 부모 노드를 만들고 두 자식 노드들은 무시하므로 새 부모 노드를 만들 때마다 2개의 노드는 없어진 셈이므로 총 노드 수는 1개 감소한다. 따라서 총 $(n-1)$개의 부모 노드를 만들면, 1개의 노드만 남게 되어 알고리즘이 종료된다. 그런데 가장 적은 빈도수와 그다음으로 적은 빈도수를 가진 노드를 찾는데 최소 힙[17]을 사용하면 각각 $O(\log n)$ 시간이 소요된다. 따라서 허프만 트리를 만드는 시간은 $O(n \log n)$이다.

압축 성능

허프만 알고리즘은 입력에 민감하다. 최악의 경우는 입력 파일의 문자들이 모두 같은 빈도수를 갖는 경우이다. 이때 만들어진 허프만 트리는 포화 이진 트리와 유사한 형태를 가지며, 모든 문자가 거의 같은 길이의 코드를 가진다.

원래 허프만의 아이디어는 빈도수가 큰 문자에 짧은 코드를 부여하고, 빈도수가 적은 문자에 긴 코드를 부여하는 것이므로 파일에 문자들의 빈도수가 고르지 않게 분포할 때 허프만 코드는 우수한 압축 성능을 보인다.

16) 알고리즘을 구현한 파이썬 프로그램에 대한 분석은 아니다. 왜냐하면 프로그램에서는 트리를 만들지 않고 파이썬 리스트의 유용한 기능을 활용했기 때문이다.

17) 알고리즘 시작 전에 n개의 이파리로 최소 힙을 구성하는 데는 $O(n)$ 시간이 소요된다.

요약

- 구간 스케줄링은 일찍 종료하는 태스크 먼저 할당하는 그리디 알고리즘으로 최적해를 찾는다. 수행 시간은 종료 시각으로 정렬이 필요하므로 $O(n\log n)$이다.
- 구간 분할은 일찍 시작하는 태스크 먼저 할당하는 그리디 알고리즘으로 최적해를 찾는다. 수행 시간은 시작 시각으로 정렬하므로 $O(n\log n)$이다.
- 초 증가 순서의 입력을 가진 합이 K 되는 숫자 문제는 거스름 동전 문제처럼 그리디 알고리즘으로 $O(n)$ 시간에 해결된다.
- 머클-헬만 암호 시스템은 먼저 초 증가 순서를 정하고 이를 랜덤하게 선택한 2개의 숫자를 가지고 위장하여 공개키를 만든다. 공개키로 암호화한 메시지를 받은 후, 이를 해독하기 위해 랜덤하게 선택했던 숫자들로 위장했던 부분을 제거한다. 그리고 합이 K 되는 숫자 문제를 위한 그리디 알고리즘을 사용하여 선형 시간에 해독한다.
- 크러스컬 MST 알고리즘은 간선을 가중치로 정렬한 후에 차례로 간선을 가져와서 사이클을 만들지 않으면 트리에 추가하고 만들면 버리는 과정을 통해 트리를 만든다. 수행 시간은 간선을 정렬하므로 $O(m\log m)$이다. 여기서 m은 간선 수이다.
- 프림 MST 알고리즘은 임의 점을 트리의 첫 정점으로 시작하여 트리에 가장 가까운 점을 추가하면서 최소 신장 트리를 만든다. 수행 시간은 $O(n^2)$이나, 최소 힙을 사용하면 $O(m\log n)$이다. 여기서 m은 간선 수이다.
- 최단 경로를 찾는 다익스트라 알고리즘은 프림 MST 알고리즘과 형태가 거의 같다. 다른 점은 출발점이 있다는 것과 간선 완화를 하는 것이다. 다익스트라 알고리즘은 출발점으로부터 최단 거리의 증가 순으로 정점들의 최단 경로를 확정 짓는다. 수행 시간은 프림 MST 알고리즘의 수행 시간과 같다.
- 허프만 코딩은 가변 길이의 코드를 부여하기 위해 최소 빈도수를 가진 2개의 문자를 합하면서 허프만 트리를 만든다. 이 트리의 루트에서 왼쪽 가지로 내려가면 0을 오른쪽 가지로 내려가면 1을 부여하여 이파리에 도착했을 때 이파리에 있는 문자의 허프만 코드를 생성한다. 허프만 트리를 만드는 수행 시간은 $O(n\log n)$이다.
- 살펴본 그리디 알고리즘들은 항상 가장 작은 값(문제에 따라 가장 큰 값)을 단계별로 선택하고 선택한 결과를 계속 축적하여 문제의 해를 얻는 특성이 있다.
- 이러한 욕심스러운 선택은 알고리즘을 아주 쉽고 단순하며, 근사 알고리즘에 자주 사용된다.

연습문제

1 다음의 입력에 대해 1개의 프로세서에서 수행할 수 있는 최대 태스크 수는? (단, 프로세서에서 수행될 태스크들의 수행 시간은 서로 겹치지 않아야 한다.)

```
[3, 6], [1, 4], [1.5, 2,5], [6, 8], [0, 2]
```

① 2 ② 3
③ 4 ④ 5
⑤ 답 없음

2 다음의 입력에 대해 1개의 프로세서에서 수행할 수 있는 최대 태스크 수는? (단, 프로세서에서 수행될 태스크들의 수행 시간은 서로 겹치지 않아야 한다.)

```
[1, 4], [3, 5], [0, 6], [5, 7], [3, 8], [5, 9],
[6, 10], [8, 11], [8, 12], [2, 13], [12, 14]
```

① 4 ② 5
③ 6 ④ 7
⑤ 답 없음

3 다음의 입력에 대해 모든 태스크를 수행시키는 데 필요한 최소의 프로세서 수는? (단, 프로세서에서 수행될 태스크들의 수행 시간은 서로 겹치지 않아야 한다.)

```
[3, 6], [1, 4], [1.5, 2,5], [6, 8], [0, 2]
```

① 2 ② 3
③ 4 ④ 5
⑤ 답 없음

4 다음의 입력에 대해 모든 태스크를 수행시키는 데 필요한 최소의 프로세서 수는? (단, 프로세서에서 수행될 태스크들의 수행 시간은 서로 겹치지 않아야 한다.)

```
[1, 4], [3, 5], [0, 6], [5, 7], [3, 8], [5, 9],
[6, 10], [8, 11], [8, 12], [2, 13], [12, 14]
```

① 4 ② 5
③ 6 ④ 7
⑤ 답 없음

5 다음의 입력에 대해 구간 분할 그리디 알고리즘의 수행 결과는? (단, 프로세서에서 수행될 태스크들의 수행 시간은 서로 겹치지 않아야 한다.)

> [1, 4], [3, 5], [0, 6], [5, 7], [3, 8], [5, 9],
> [6, 10], [8, 11], [8, 12], [2, 13], [12, 14]

6 구간 스케줄링을 위한 그리디 알고리즘이 항상 최적해를 찾을 수 있음을 증명하라.

7 다음의 태스크들에 대해서 가장 이른 종료 시각을 가진 태스크 우선(Earliest Finish Time First) 배정 원칙에 따라 태스크 스케줄링을 찾아라. 그리고 같은 입력에 대해서 최적해를 찾아라.

> [0,2], [1,6], [1,5], [3,7], [6,8], [5,9], [7,8]

8 다음의 태스크들에 대해서 가장 긴 태스크 우선(Longest Task First) 배정 원칙에 따라 태스크 스케줄링을 찾아라. 그리고 같은 입력에 대해서 최적해를 찾아라.

> [3,11], [1,7], [3,8], [8,12], [7,10], [1,3], [11,12]

9 다음의 태스크들에 대해서 가장 짧은 태스크 우선(Shortest Task First) 배정 원칙에 따라 태스크 스케줄링을 찾아라. 그리고 같은 입력에 대해서 최적해를 찾아라.

> [11,12], [1,3], [7,10], [8,12], [3,8], [1,7], [3,11]

10 구간 분할 문제에 대해 다음의 그리디 알고리즘이 최적해를 찾는지 아니면 찾지 못하는지를 답하고, 그 답에 관해 설명하라.

```
다음을 입력이 소진될 때까지 수행한다.
    구간 스케줄링 알고리즘으로 입력에 대해 해를 찾아서 새 프로세서에 배정한 후에 배정
    된 태스크들을 입력에서 제거한다.
```

11 다음 중 초 증가 순서인 것은?

① 1, 2, 3, 4, 5, 6
② 1, 2, 4, 8, 16, 32
③ 1, 3, 6, 9, 16, 24
④ 1, 4, 5, 8, 15, 20
⑤ 답 없음

12 다음의 정수들에 대해 숫자들의 합이 70이 되려면 몇 개의 숫자를 합해야 하나?

```
[1, 3, 5, 11, 25, 50]
```

① 3개
② 4개
③ 5개
④ 6개
⑤ 답 없음

13 초 증가 순서의 입력에 대한 합이 K 되는 숫자 문제를 위한 그리디 알고리즘의 수행 시간은?

① $O(\sqrt{n})$
② $O(\log n)$
③ $O(n)$
④ $O(n \log n)$
⑤ 답 없음

14 머클-헬만 암호 시스템에서 다음의 공개키로 메시지 11001을 암호화한 것은?

```
{41, 32, 23, 54, 17}
```

① 90
② 167
③ 150
④ 77
⑤ 답 없음

15 머클-헬만 암호 시스템에서 다음의 비밀키로 복원한 메시지는?

```
{1, 4, 8, 20, 36}, K = 48
```

① 01101
② 10011
③ 11000
④ 10101
⑤ 답 없음

16 머클-헬만 암호 시스템에 관한 설명 중 틀린 것은?

① 선형 시간에 메시지를 해독할 수 있다.
② 공개키 암호 시스템이다.
③ 합이 K 되는 숫자 문제를 다항식 시간에 해결할 수 있으면 암호 시스템으로 사용할 수 없다.
④ 해커는 공개키를 알 수 없다.
⑤ 답 없음

17 다음과 같이 정수의 집합이 주어질 때 어떤 원소들의 합이 140이 될까?

{ 20, 30, 50, 70, 80 }

18 다음 그래프에는 몇 개의 신장 트리가 있나?

① 4
② 8
③ 12
④ 16
⑤ 답 없음

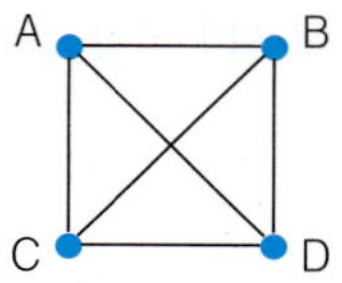

19 그래프 G의 인접 행렬에 대해 다음 설명 중 옳은 것은? (단, 인접 행렬의 원소 G[i][j]는 정점 i와 j 사이의 거리이다.)

$$G = \begin{bmatrix} 0 & 1 & 1 \\ 1 & 0 & 1 \\ 1 & 1 & 0 \end{bmatrix}$$

① G에 대한 최소 신장 트리는 없다.
② G에는 1개의 최소 신장 트리만 있다.
③ G에는 가중치가 2인 최소 신장 트리가 3개 있다.
④ G에는 가중치가 서로 다른 최소 신장 트리가 3개 있다.
⑤ 답 없음

20 5개의 정점 A, B, C, D, E를 가진 그래프의 간선들이 서로 다른 가중치를 가지고 있고, (A, B)의 거리가 최소이고, (D, E)의 거리가 최대일 때 다음 중 옳지 않은 것은? (단, 그래프는 1개의 연결 성분으로 되어 있다.)

① 최소 신장 트리는 반드시 간선 (A, B)를 포함한다.
② 어떠한 최소 신장 트리도 간선 (D, E)를 포함하지 않는다.
③ 간선 (D, E)를 포함하는 최소 신장 트리는 없다.
④ 1개의 최소 신장 트리만 있다.
⑤ 답 없음

21 다음의 그래프에서 프림 MST 알고리즘으로 S에서 시작하여 최소 신장 트리를 찾으려고 한다. S 이후에 4번째로 트리에 추가되는 점은?

① C
② D
③ E
④ F
⑤ G

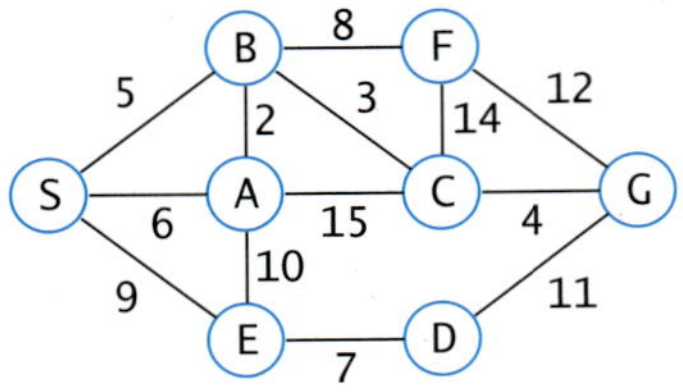

22 21번 문제의 그래프에서 크러스컬 MST 알고리즘으로 최소 신장 트리를 찾으려고 한다. 5번째로 트리에 추가되는 간선은?

① (S, A)
② (B, C)
③ (C, G)
④ (E, D)
⑤ 답 없음

23 다음 그래프의 신장 트리를 모두 고르라.

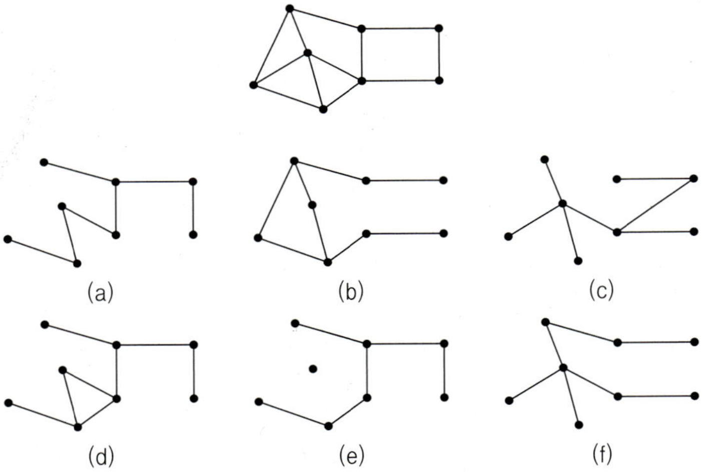

24 다음의 그래프에 대해서 크러스컬 MST 알고리즘을 이용하여 최소 신장 트리를 찾아라.

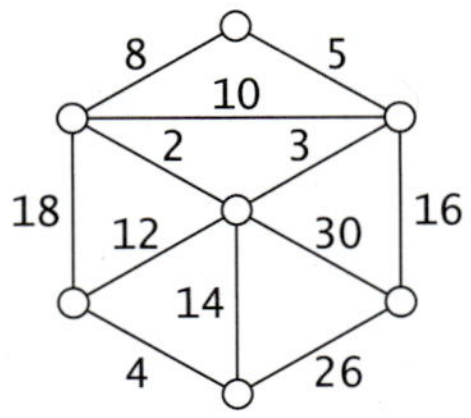

25 다음의 그래프에서 정점 A에서 시작하여 프림 MST 알고리즘이 수행되는 과정을 보여라.

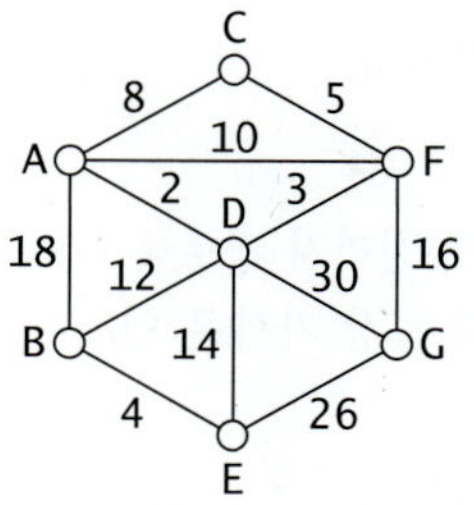

26 프림 MST 알고리즘이 현재까지 만든 트리 T의 점들과 트리 밖에 있는 점들 (V-T)을 연결하는 간선 중에서 욕심내어 최소의 가중치를 가진 간선을 선택하여 트리를 확장한다. 이렇게 욕심내어 선택하여도 왜 항상 최적해를 찾는지를 설명하라. (단, V는 입력 그래프의 점의 집합이다.)

27 다음의 문장이 맞으면 True, 틀리면 False로 답하고, 그 이유를 설명하라.

> 그래프 G에 있는 임의의 사이클상의 가장 작은 가중치를 가진 간선은 G의 최소 신장 트리의 간선이다.

28 다음의 문장이 맞으면 True, 틀리면 False로 답하고, 그 이유를 설명하라.

> 간선의 같은 가중치가 최대 2개인 그래프의 서로 다른 최소 신장 트리의 수는 최대 2개이다.

29 다음의 문장이 맞으면 True, 틀리면 False로 답하고, 그 이유를 설명하라.

> 모든 간선의 가중치가 양수인 그래프 G=(V, E)가 있다. G의 각 간선에 5를 더한 그래프를 H라고 하자. H의 최소 신장 트리의 가중치는 G의 최소 신장 트리의 가중치보다 5(|V|-1) 크다. 여기서 |V|는 그래프 정점의 수이다.

30 주어진 그래프 G=(V, E)에 대해 아래의 알고리즘이 최소 신장 트리를 찾는지 아니면 찾을 수 없는지를 설명하라. (단, 간선의 가중치는 서로 다르다.)

```
[1] 간선을 가중치가 감소하는 순서로 정렬한다.
[2] while 그래프의 간선 수 < |V|-1:
        정렬된 간선 리스트에서 다음 간선 e를 가져온다.
        if G에서 e를 제거해도 G가 하나의 연결 성분이 되면:
            e를 그래프에서 제거한다.
        else
            e를 그래프에 남겨 둔다.
```

31 최대 신장 트리(Maximum spanning tree)란 주어진 그래프에 있는 모든 점을 사이클 없이 연결하되 연결하는 모든 간선의 가중치 합이 최대인 트리이다. 가중치가 있는 그래프에서 최대 신장 트리를 찾는 알고리즘을 작성하라.

32 다음의 그래프에서 시작점에서 도착점까지 경로를 다음의 그리디 알고리즘으로 찾을 때 그 경로의 길이는? (단, 현재의 정점에서 가장 가까운 인접한 정점으로 진행한다.)

① 10
② 11
③ 14
④ 17
⑤ 답 없음

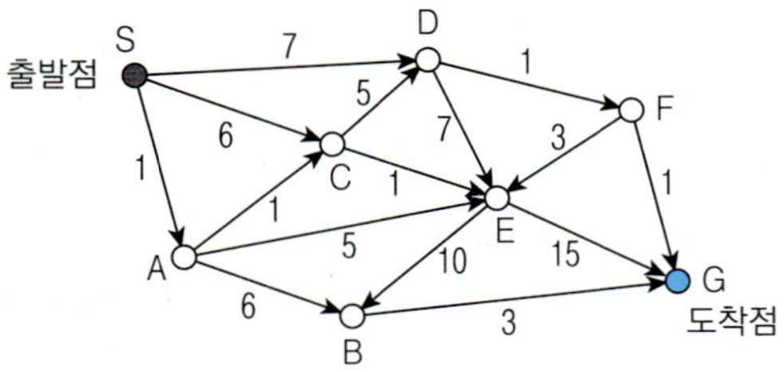

33 32번 문제의 그래프에서 시작점에서 도착점까지의 최단 경로의 길이는?

① 8 ② 9
③ 10 ④ 11
⑤ 답 없음

34 다음 그래프에서 다익스트라 알고리즘으로 S에서 각각 다른 점까지 최단 거리를 찾으려고 한다. 다익스트라 알고리즘이 맨 처음에 S의 최단 거리를 0으로 확정시킨 후 4번째로 최단 거리가 확정되는 점은?

① C
② D
③ E
④ F
⑤ G

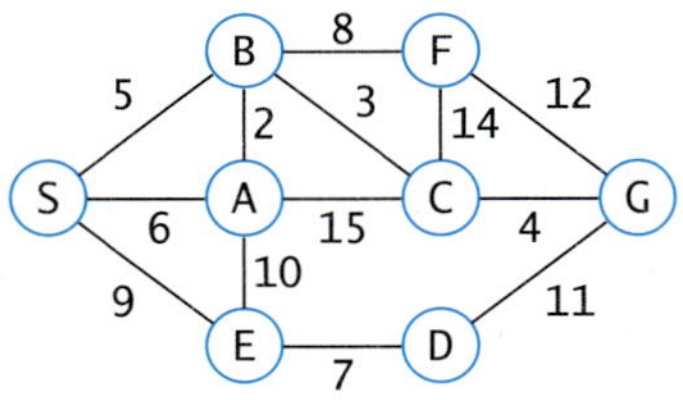

35 다음의 그래프에서 다익스트라 알고리즘으로 S에서 모든 다른 점들까지 최단 거리를 찾았을 때 S에서 B까지의 거리는?

① 3
② 4
③ 5
④ 6
⑤ 답 없음

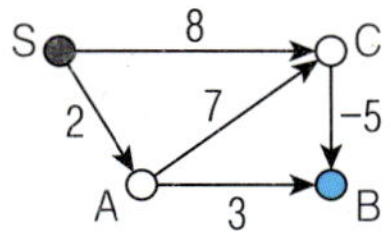

36 35번 문제의 그래프에서 S에서 B까지의 최단 거리는?

① 3 ② 4
③ 5 ④ 6
⑤ 답 없음

37 다익스트라 알고리즘에 대한 설명이 (가)~(마)에 주어져 있다. 다음 중 옳은 설명을 <u>모두</u> 고르면?

(가) 너비 우선 탐색의 형태로 알고리즘이 수행된다.
(나) 그리디 알고리즘이다.
(다) 간선이 음수의 가중치를 가진다면 알고리즘이 틀린 해를 줄 수도 있다.
(라) 우선순위 큐를 이용하면 항상 빠른 수행 시간을 가진다.
(마) 한 점에서 각각의 다른 점까지 최단 경로를 찾을 수 있다.

① (가), (나), (다) ② (가), (다), (마)
③ (나), (다), (라) ④ (가), (나), (다), (라)
⑤ (가), (나), (다), (마)

38 다음 그래프에서 S에서 각각 다른 점까지 최단 거리를 다익스트라 알고리즘으로 찾을 때 최단 거리가 확정되는 점들의 순서를 옳게 나열한 것은?

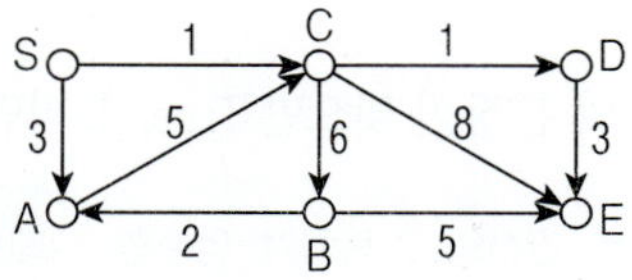

① S–A–B–C–D–E
② S–A–C–B–D–E
③ S–C–B–A–E–D
④ S–C–D–A–E–B
⑤ 답 없음

39 다음 그래프에서 S에서 각각 다른 점까지 최단 거리를 다익스트라 알고리즘으로 찾았다. 그러나 음수 가중치를 가진 간선 때문에 다익스트라 알고리즘이 잘못된 최단 거리를 찾은 것이 있다. 다음 중 최단 거리가 <u>잘못</u>된 점들만을 모아 놓은 것은?

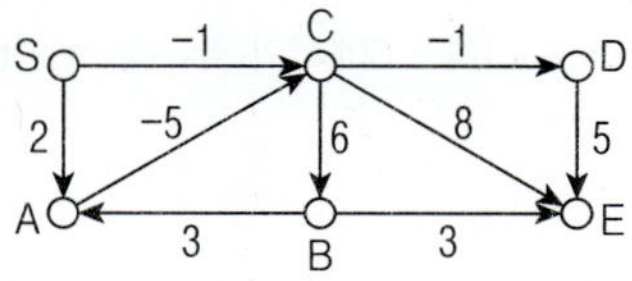

① A, B, D
② B, D, E
③ A, B, C, E
④ B, C
⑤ B, E

40 다음 그래프에서 다익스트라의 최단 경로 알고리즘을 이용하여, 출발점이 A일 때 E까지의 최단 경로를 찾아라.

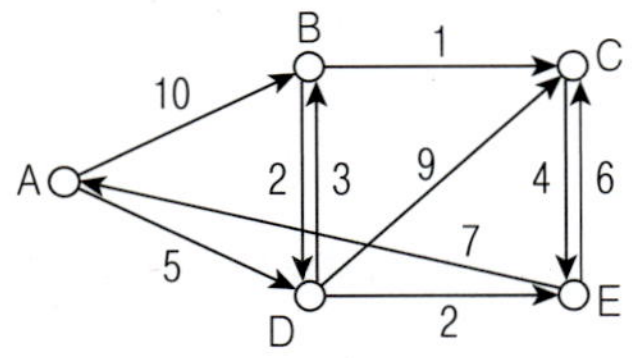

41 음수 가중치가 있는 그래프에서 다익스트라 알고리즘을 적용하면 항상 정확한 해를 얻지 못한다. 이를 보완하기 위해 그래프에 있는 최저 가중치가 $-w$라고 할 때, 각 간선의 가중치를 w만큼 증가시킨 후, 다익스트라 알고리즘을 수행시키면 항상 정확한 해를 찾는지, 아니면 못 찾는지를 답하고, 그 이유를 설명하라.

42 다음의 문장이 맞으면 True, 틀리면 False로 답하고, 그 이유를 설명하라.

> 다익스트라 알고리즘이 찾은 최단 경로는 간선 수가 최소이다.

43 다익스트라 알고리즘을 이용하여 간선 수가 최소인 최단 경로를 찾는 방법을 설명하라. (단, 모든 간선의 가중치는 양의 정수이다.)

44 다음의 문장이 맞으면 True, 틀리면 False로 답하고, 그 이유를 설명하라.

> 모든 간선의 가중치가 양수인 그래프 G=(V, E)가 있다. G의 각 간선의 가중치에 1을 더한 그래프를 G'라고 하자. G에서의 두 점 u, v 간의 최단 경로는 G'에서도 u, v 간의 최단 경로와 같다.

45 다음의 문장이 맞으면 True, 틀리면 False로 답하고, 그 이유를 설명하라.

> 간선의 가중치가 1보다 큰 그래프 G=(V, E)가 있다. G의 각 간선의 가중치를 제곱한 그래프를 G'라고 하자. G에서의 두 점 s, t 간의 최단 경로는 G'에서도 s, t 간의 최단 경로와 같다.

46 주어진 그래프의 최소 신장 트리와 어느 한 점에서 모든 다른 점들까지 다익스트라 알고리즘으로 찾은 최단 경로들로 만들어진 트리가 항상 같은지 아닌지 답하라.

47 다음의 문장이 맞으면 True, 틀리면 False로 답하고, 그 이유를 설명하라.

> 모든 간선의 가중치가 다른 그래프 G에는 G의 어느 점 s에서 각각의 다른 점까지의 최단 경로는 유일하다.

48 6개의 문자로 작성된 파일의 문자 빈도수가 다음과 같다. 허프만 코드로 압축된 파일의 총 bit 수는?

문자	A	B	C	D	E	F
빈도수	50	10	15	40	25	4

① 220
② 331
③ 356
④ 375
⑤ 400

49 6개의 문자로 구성된 파일의 문자 빈도수가 모두 같다. 허프만 코드로 압축된 파일의 총 bit 수는?

문자	A	B	C	D	E	F
빈도수	24	24	24	24	24	24

① 384
② 390
③ 392
④ 401
⑤ 410

50 4개의 문자로 작성된 파일의 각 문자의 빈도수가 다음과 같을 때, 각 문자의 허프만 코드는?

문자	A	B	C	D
빈도수	60	50	150	70

51 6개의 문자로 작성된 파일의 각 문자의 빈도수가 다음과 같을 때 각 문자의 허프만 코드는?

문자	A	B	C	D	E	F
빈도수	6	2	3	3	4	9

52 다음의 코드가 허프만 압축 알고리즘으로 만들어진 것이면 O, 아니면 X로 표시하라.

(1) 0, 10, 11 ( )
(2) 0, 1, 11 ( )
(3) 10, 01, 00 ( )

53 n개의 문자가 있을 때 허프만 압축 알고리즘으로 생성할 수 있는 가장 긴 허프만 코드의 길이는? 그 경우의 예를 보여라.

54 다음의 빈칸에 알맞은 것은?

> 그리디 알고리즘은 데이터 간의 관계를 고려하지 않고 수행 과정에서 [ ] 최적값을 가진 데이터를 선택하며, 선택한 값들을 [ ] 문제의 최적해를 찾는다.

① 분할하여, 제거하여
② 부분 문제 중에서, 정렬하여
③ 부분 문제 중에서, 비교하여
④ 욕심내어, 축적하여
⑤ 답 없음

55 다음의 빈칸에 공통으로 알맞은 것은?

> 그리디 알고리즘은 문제의 최적해 속에 [ ]의 최적해가 포함되어 있고, 부분 문제의 해 속에 그보다 작은 [ ]의 해가 포함되어 있다.

① 부분 문제
② 큰 문제
③ 중간 문제
④ 답 없음

쉬어가는 페이지

A* 알고리즘

Part 4.4의 다익스트라 알고리즘은 출발점 s에서 도착점 t까지 최단 경로를 찾을 때 s로부터 거리가 가까운 점의 순서로 최단 경로(거리)를 확정한다. 따라서 다음 그림에서 s에서 t까지 찾으려면 대부분의 점들의 최단 경로를 찾은 후에 거의 마지막에 t까지의 최단 경로를 찾는 문제점을 가진다. 즉, 쓸데없는 점들까지 최단 경로를 찾느라 시간 낭비를 많이 한다.

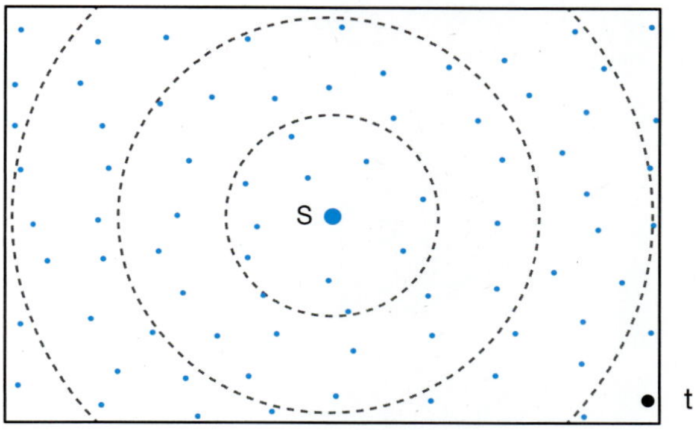

다익스트라 알고리즘의 이러한 단점을 보완하려면 출발점을 기준으로 도착점의 위치 정보가 필요하다. A* 알고리즘은 도착점의 위치 정보를 이용하여 아래의 그림과 같이 탐색 범위를 좁혀서 도착점까지 최단 경로를 찾는다.

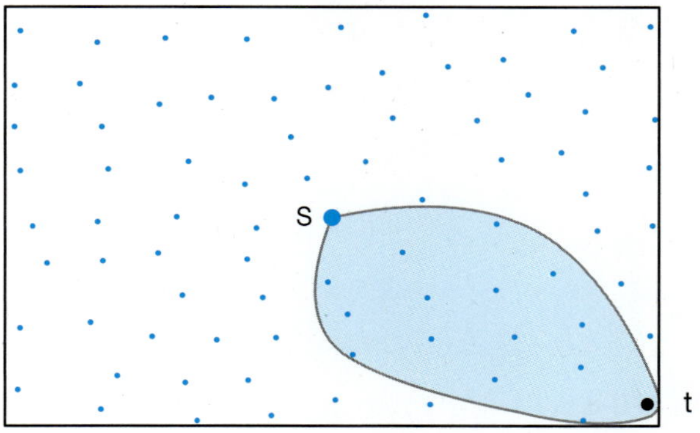

도착점의 위치 정보를 이용하는 방법은 만일 지도상이라면 t에서 나머지 $n-1$의 각 점까지 기하학적 거리(Euclidean distance)를 미리 계산하여 그 거리를 도착점까지의 예측 거리로 사용한다. 그리고 다익스트라 알고리즘을 그대로 사용하면서 방금 확정된 점에 인접한 점 v를 간선 완화할 때 (s에서 v까지 거리 + v의 예측된 거리)를 이용한다.

A* 알고리즘의 수행 과정, 즉 최단 경로가 확정되는 점들의 순서를 보면 Part 6의 분기 한정 알고리즘이 최선 우선(best first) 탐색으로 해를 찾는 과정과 같다.

PART

05 작은 것들부터 풀어보기

CONTENTS

PART

5 작은 것들부터 풀어보기

문제를 작은 것부터 풀어본다는 것은 작은 문제들을 먼저 해결하여 그 해를 이용하여 문제를 해결하는 것이다. 이러한 방식의 알고리즘을 동적 계획(Dynamic Programming) 알고리즘이라고 일컫는다. 동적 계획 알고리즘은 그리디 알고리즘과 같이 최적화(최댓값 또는 최솟값을 찾는) 문제를 해결한다.

작은 문제란 주어진 문제와 같은 문제이며 다만 입력이 원래의 문제 입력의 일부분일 뿐이다. 작은 문제는 부분 문제라고 일컫는다.

이 Part에서는 작은 문제들부터 차곡차곡 해결하여 문제의 최적해를 계산하는 가장 긴 증가 순서 찾기, 벨만-포드 최단 경로 알고리즘, 서열 정렬(Sequence Alignment), 합이 최대 K 되는 문제 그리고 배낭 문제를 차례로 살펴본다.

5.1 가장 긴 증가 순서

일렬로 나열된 숫자에서 가장 긴 증가 순서를 찾아보자. 여기서 증가 순서는 반드시 숫자가 서로 이웃해야만 하는 것은 아니다. 예를 들어 [5, 2, 8, 6, 4, 6, 1, 9, 3]에서 [5, 8, 9], [5, 6, 9], [2, 8, 9], [2, 6, 9] 등이 증가 순서이다. 그러나 이 예제에서 가장 긴 증가 순서는 [2, 4, 6, 9]이다.

5	2	8	6	4	6	1	9	3

생각해보자

모든 숫자의 조합으로 증가 순서를 만들어보자.

모든 조합 중에서 가장 긴 증가 순서를 찾는 것이다. 그러나 이 방법은 숫자가 많아질수록 더욱 그 조합의 수가 너무 많아져서 답 찾기가 점점 더 어려워진다. 예를 들어 다음 4개의 숫자에 대해 15개 조합을 모두 검사하며 그중에 가장 긴 증가 순서를 찾아야 한다.

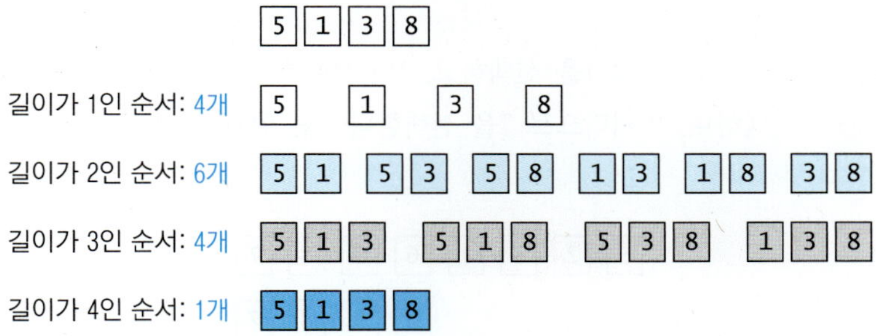

> **생각해보자**
> 나누어 해결하기로 찾아보자.

[8, 7, 3, 6, 9, 11, 10, 5, 6, 12]에서 가장 긴 증가 순서를 찾기 위해 1/2 크기로 한 번만 나누어보자. [8, 7, 3, 6, 9]에서 가장 긴 증가 순서는 [3, 6, 9]이고, [11, 10, 5, 6, 12]에서는 [5, 6, 12]이다.

```
[8, 7, 3, 6, 9, 11, 10, 5, 6, 12]
            ⇩ 분할
[8, 7, 3, 6, 9 | 11, 10, 5, 6, 12]
       ⇩                ⇩
   [3, 6, 9]        [5, 6, 12]
           ⇩ 취합(정복)
      [3, 6, 9, 5, 6, 12]
```

이 둘을 취합하면 [3, 6, 9, 5, 6, 12]가 된다. 그런데 취합한 순서는 증가 순서가 아니다. 여기서 가장 긴 증가 순서는 [3, 6, 9, 11, 12] 또는 [3, 6, 9, 10, 12]이다.

> **생각해보자**
> 욕심내어 풀어보자.

먼저 가장 작은 숫자 s를 찾아 선택하고, s의 오른쪽에서 s보다 큰 숫자 중에서 가장 작은 수를 선택한다. 선택된 숫자를 s라 하고 이를 반복하여 증가 순서를 찾아보자.

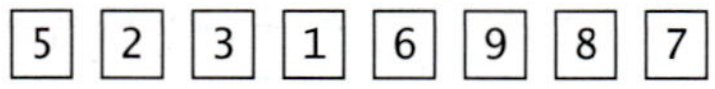

위의 입력에서 1이 가장 작으므로 1을 선택하고, 1의 오른쪽에서 1보다 큰 수 중에 가장 작은 수가 6이므로 6을 선택하며, 마지막으로 7을 선택한다. 즉, 위와 같이 욕심내면 [1, 6, 7]의 증가 순서를 얻는다.

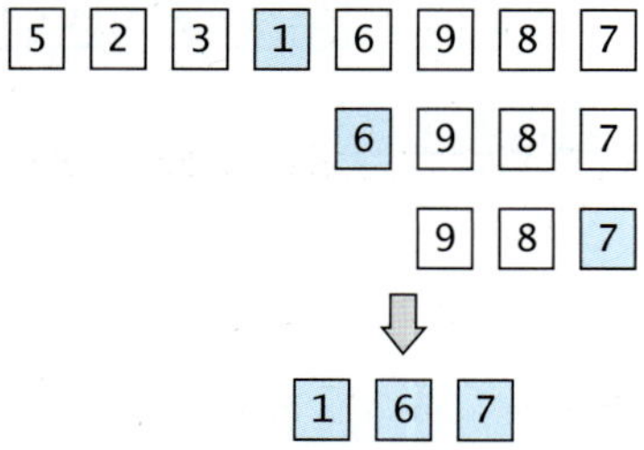

그러나 이 예제의 가장 긴 증가 순서는 [2, 3, 6, 9], [2, 3, 6, 8] 또는 [2, 3, 6, 7]이다.

> **생각해보자**
> 때로는 문제를 다른 형태의 문제로 바꾸어 생각하면 문제를 아주 쉽게 해결할 수 있다. 주어진 숫자로 그래프를 만들어보자.

먼저 일렬로 주어진 숫자를 맨 왼쪽으로부터 차례로 각 숫자에 대응되는 점을 만든다.

`[5, 2, 8, 6, 4, 6, 1, 9, 3]`

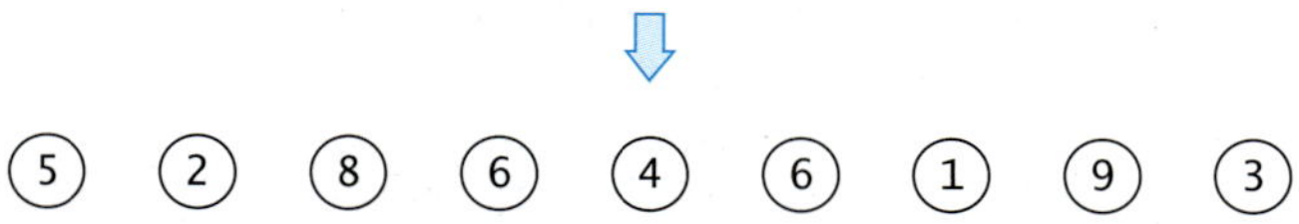

그리고 각 점에서 오른쪽에 있는 점에 대해서 자신보다 큰 숫자를 가진 점을 간선으로 연결하면 그림 5.1.1의 그래프와 같이 된다. 단, 각 간선은 방향을 가지며 반드시 왼쪽에서 오른쪽으로만 향한다.

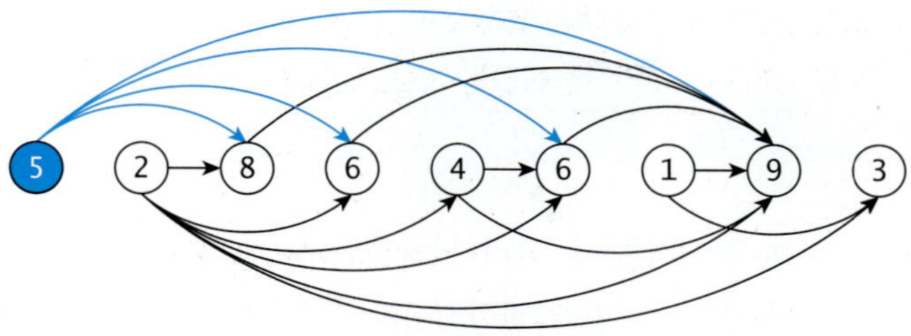

그림 5.1.1 주어진 순서에 대응되는 방향 그래프

일렬로 주어진 숫자로 만든 그래프를 살펴보면, 가장 긴 증가 순서는 그래프에서 가장 긴 경로에 있는 숫자들과 같다.

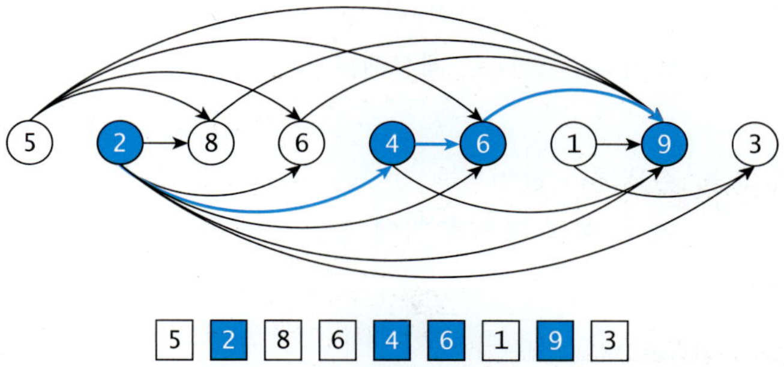

> **생각해보자**
> 일렬로 주어진 숫자들로 만든 그래프에서 어떻게 가장 긴 경로를 찾아야 할까?

주어진 숫자로 만든 그래프에는 사이클이 없고 각 간선은 항상 좌에서 우로 향한다. 따라서 뒤돌아볼 필요 없이 좌에서 우로 맨 왼쪽 점부터 하나씩 각 점에 도달하는 최장 경로를 찾은 후에 가장 긴 경로를 가진 점을 찾는다. 다음은 주어진 숫자로 만든 그래프에서 최장 경로를 찾는 알고리즘이다.

알고리즘

[1] 주어진 숫자로 그래프를 만든다.

[2] 가장 왼쪽 정점으로부터 하나씩 차례로

정점 i로 들어오는 간선 〈j, i〉의 왼쪽 끝 정점 j까지 계산된 경로의 길이 중에서 가장 긴 것에 1을 더하여 정점 i의 경로의 길이를 계산한다.

[3] 모든 점을 검사하여 가장 긴 경로를 반환한다.

생각해보자
왜 이 알고리즘이 작은 것부터 해결하기 방식일까?

가장 작은 문제는 첫 번째 점 자신만을 고려하는 것이고, 즉 입력에 숫자 1개만 있는 경우이고, 그다음 크기의 작은 문제는 두 번째 점까지이다. 따라서 첫 번째 점에 대한 해를 이용하여 두 번째 점까지의 해를 찾는다. i번째 점까지의 해를 찾을 때는 앞선 i-1개의 점까지의 작은 문제들이 이미 해결된 상태이다. 그러므로 점 i에 대한 해는 점 i로 들어오는 간선들의 각 왼쪽 끝점에 대한 해를 이용하여 점 i까지 최장 경로의 길이를 찾는다.

[예제] [5, 2, 8, 6, 4, 6, 1, 9, 3]에서 가장 긴 경로의 길이를 그림 5.1.1의 그래프의 가장 왼쪽 점으로부터 알고리즘에 따라 차례대로 계산해보자.

먼저 가장 왼쪽에 있는 점으로는 들어오는 간선은 없으므로 이 점까지 도달하는 경로의 길이는 1이다.[1] 그림에서 오른쪽 회색 타원에 속에 있는 점들은 현재 점에 대한 해를 찾을 때는 고려하지 않는다.

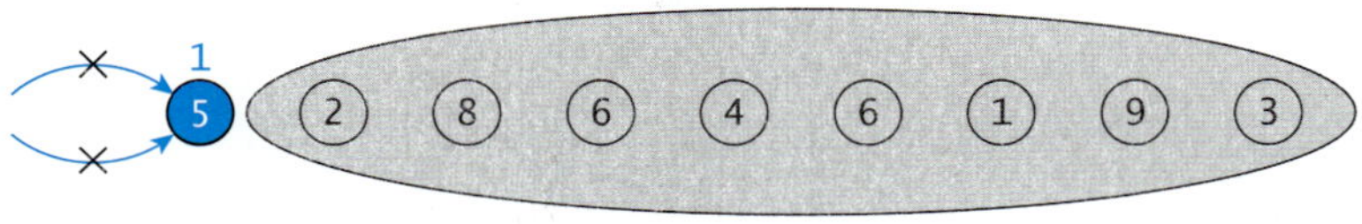

두 번째 점으로도 들어오는 간선이 없으므로 두 번째 점까지 도달하는 경로의 길이는 1이다.

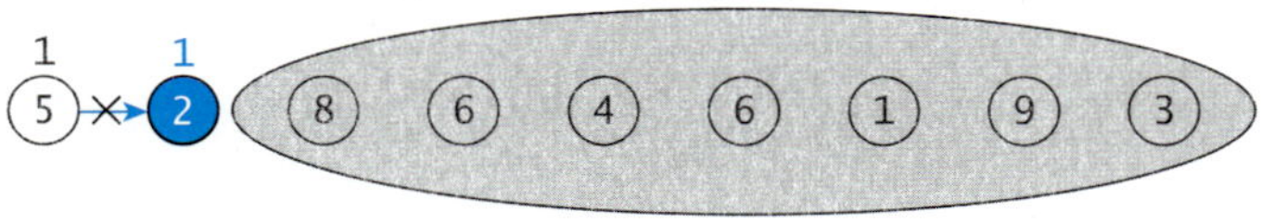

세 번째 점으로는 2개의 간선이 들어온다. 그 간선들의 왼쪽 끝에 있는 점까지의 경로의 길이는 각각 1이다. 따라서 세 번째 점까지 도달하는 경로의 길이는 1 + 1 = 2이다.[2] 작은 문제의 해를 이용하여 다음 크기의 작은 문제를 해결한 것이다.

---

1) 점이 숫자를 가지고 있으므로 숫자 1개를 경로의 길이로 여기는 것이다.

2) 세 번째 점까지 경로의 길이가 2라는 것은 [5, 8] 또는 [2, 8]이기 때문인데, 둘 중에서 아무 것이나 하나를 선택해도 무방하다.

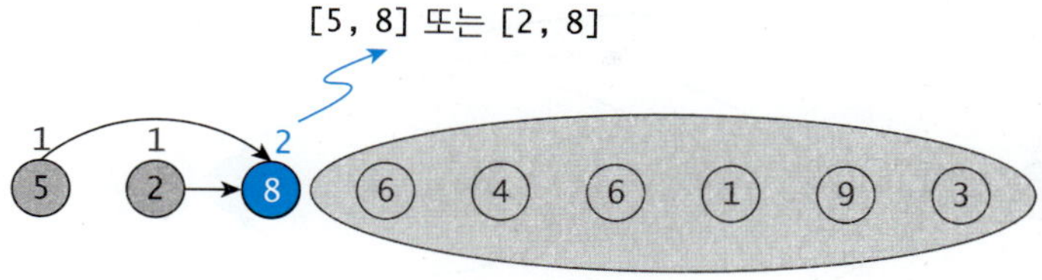

다음 2개의 점으로 들어오는 간선들을 보면, 각 간선 왼쪽 끝에 있는 점의 경로의 길이가 1이다. 따라서 각 점까지 도달하는 경로의 길이는 1 + 1 = 2이다.

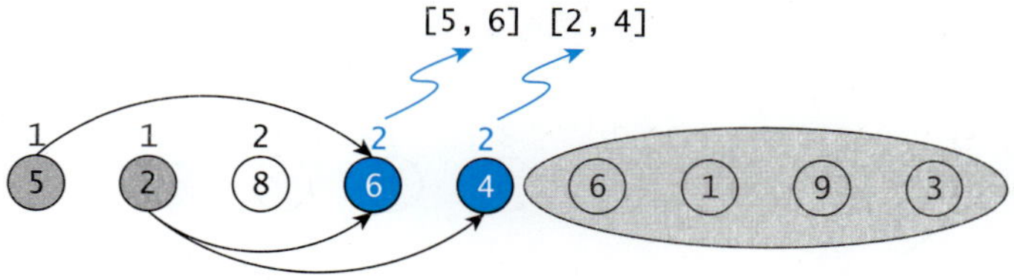

여섯 번째 점으로는 3개의 간선이 들어오는데, 간선의 왼쪽 끝에 있는 점까지의 길이 중에 가장 긴 것은 2이다. 따라서 6까지의 경로 길이는 2 + 1 = 3이다. 이때 이 경로상의 숫자는 [2, 4, 6]이다.

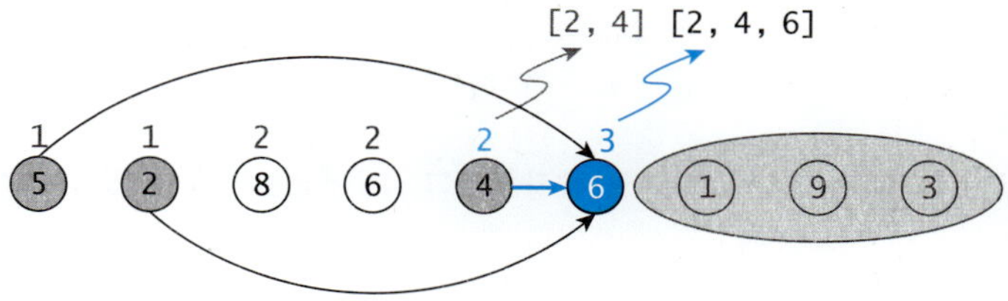

다음 점은 1을 가지고 있으므로 들어오는 간선이 없다. 따라서 이 점의 경로 길이는 1이다.

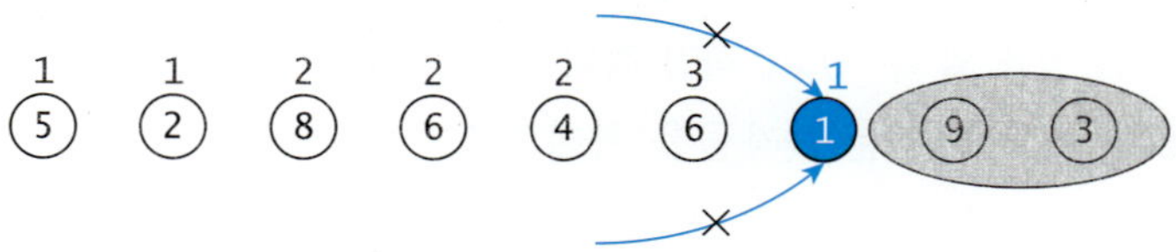

다음 점인 9의 경우, 7개의 간선이 들어오는데 이때 간선 왼쪽 끝에 있는 점 중에서 가장 긴 길이가 3이므로 9까지의 가장 긴 경로 길이는 3 + 1 = 4이다.

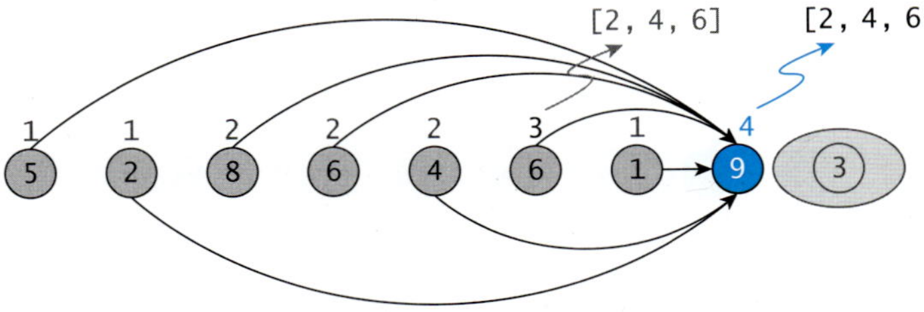

마지막 점으로는 2개의 간선이 들어오고, 왼쪽 끝점의 경로의 길이가 동일하게 1이므로 이 점의 경로 길이는 2이다.

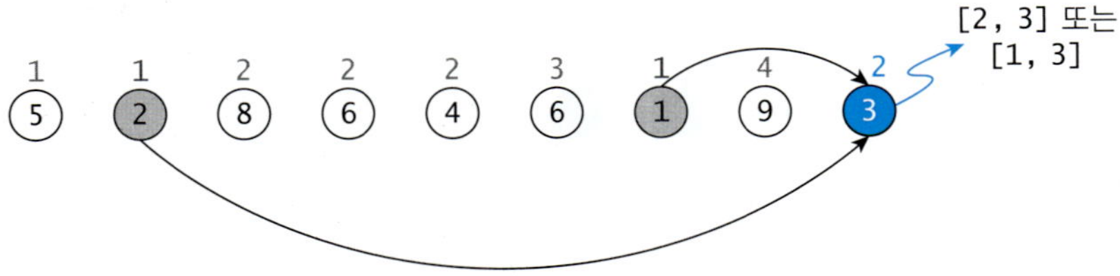

이제 모든 점에 대한 경로 길이를 찾았다. 그중에서 9를 가진 점이 최댓값인 4를 가지고 있으므로 가장 긴 증가 순서의 길이는 4이다.

> **생각해보자**
> 가장 긴 경로의 길이는 알아냈지만 어떤 숫자들이 그 경로에 있는지 알 수 있을까?

각 점의 경로 길이가 결정될 당시를 살펴보면, 어떤 점 덕분에 그 점의 경로 길이가 정해졌는지를 알 수 있다. 따라서 이 점을 기록해 둔다.

이렇게 기록된 점이 바로 경로상의 직전 점이다. 그러므로 가장 긴 경로의 길이를 가진 점에서 역방향으로 직전 점을 알 수 있고, 직전 점의 직전 점을 계속 찾으며, 더 이상의 직전 점이 없을 때까지 경로상의 점에 있는 숫자들을 차례로 모은다. 이렇게 모은 숫자의 역순이 가장 긴 증가 순서이다.

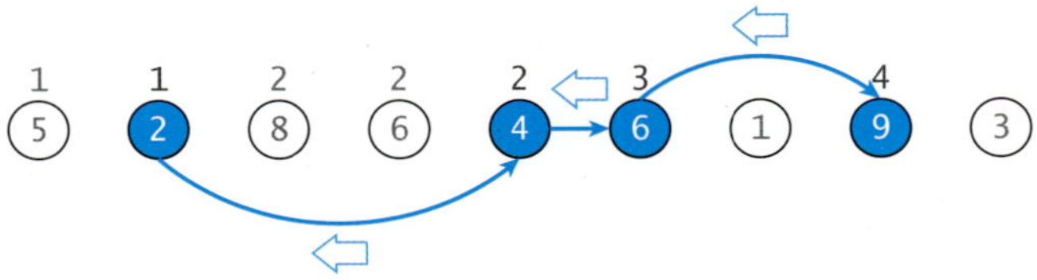

다음은 가장 긴 증가 순서를 찾는 파이썬 프로그램이다.

파일명: AT 5.1 가장 긴 증가 순서.py

```
s = [5, 2, 8, 6, 4, 6, 1, 9, 3]
n = len(s)
g = [None, None, [0, 1], [0, 1], [1], [0, 1, 4], None, [0, 1, 2, 3, 4, 5, 6], [1]]
previous = [-1 for _ in range(n)]
length = [1 for _ in range(n)]
for i in range(1, n):
    if g[i] is not None:
        max_length = -1
        for j in g[i]:
            if length[j] > max_length:
                max_length = length[j]
                previous[i] = j
        length[i] = max_length + 1

print('가장 긴 증가 순서의 길이 =', max(length))

k = length.index(max(length))
seq = [k]          # 순서 역추적
while previous[k] != -1:
    seq.insert(0, previous[k])
    k = previous[k]
lis = [s[i] for i in seq ]
print('가장 긴 증가 순서 = ', lis)
```

정점의 수

증가 순서를 추출하기 위해

들어오는 간선이 있으면

들어오는 각 간선의 끝점 중 가장 긴 것 찾기

자신의 숫자를 길이에 반영

가장 긴 증가 순서 길이를 가진 점의 인덱스 찾기

```
Run: AT 5.1 가장 긴 증가 순서
C:\Users\user\venv\Scripts\python.exe "C:/Users/use
가장 긴 증가 순서의 길이 = 4
가장 긴 증가 순서 =  [2, 4, 6, 9]

Process finished with exit code 0
```

위 프로그램에서 g는 입력 순서로 만든 그래프의 인접 리스트이다. 그리고 각 점의 length는 1로 초기화하며, 이는 각 점 자신의 길이가 1인 것을 의미한다. 그리고 for-루프는 두 번째 점부터 해를 계산한다.

수행 시간

알고리즘의 첫 단계에서는 그래프를 만드는데, 이때 간선 수만 해도 최대 $n(n-1)/2$ 이다. 따라서 그래프를 만드는 시간은 $O(n^2)$ 이다. 다음 단계는 좌에서 우로 각 점으로 들어오는 간선에 대해 연산이 수행되므로 총연산량은 그래프의 간선 수와 같다. 따라서 알고리즘의 수행 시간은 $O(n^2)+O(m)=O(n^2)$ 이다. 여기서 m은 간선 수이다.

5.2 벨만-포드(Bellman-Ford) 최단 경로 알고리즘

다익스트라의 최단 경로 알고리즘은 음수 가중치를 가진 그래프에서 최단 경로를 찾지 못할 수도 있다. 그림 5.2.1의 그래프에서 출발점 S로부터 다익스트라 알고리즘을 수행하면 먼저 S에서 B보다 A가 더 가까우므로 A의 최단 경로가 확정된다. 다음엔 B의 최단 경로가 확정되나, A에 대해 간선 완화를 수행하지 못한다. 왜냐하면 A의 최단 경로는 이미 확정되었고, 다익스트라 알고리즘은 확정되지 않은 점들에 대해서만 간선 완화를 시도하기 때문이다. 그러나 A까지의 최단 경로는 S → B → A이고 거리는 7 - 4 = 3이다.

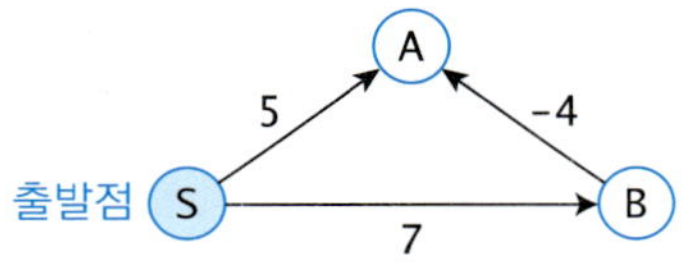

그림 5.2.1 다익스트라 알고리즘의 문제점

> **생각해보자**
> 다익스트라 알고리즘이 확정된 점들에 대한 간선 완화를 시도하지 않으니 어떻게 해야 확정된 점들에 대해 간선 완화를 시도할 수 있을까?

그리디 알고리즘은 한번 선택하여 확정된 값에 대해 수정을 허락하지 않는다. 따라서 그리디 알고리즘으로는 근본적으로 이 문제를 해결하기 어렵다.

그림 5.2.2의 그래프를 보면 A → C → D → A의 사이클상에 있는 간선들의 가중치의 합이 1 + 2 + (−4) = −1이다. 이렇게 사이클상의 간선의 가중치의 합이 음수인 사이클을 음수 사이클이라 한다.

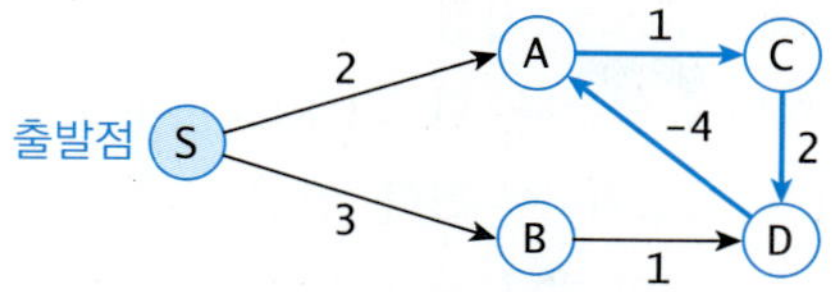

그림 5.2.2 음수 사이클

생각해보자

그래프에 음수 사이클이 있으면 최단 경로를 찾을 수 있을까?

경로상에서 음수 사이클을 반복하면 할수록 거리는 더 짧아져서 최단 경로를 찾는 문제 자체가 성립되지 않는다. 따라서 최단 경로를 찾는 입력 그래프에는 음수 사이클이 없다고 가정한다.

생각해보자

음수 사이클이 없는 그래프에서는 간선 완화를 최대 몇 번 시도해야 할까?

그림 5.2.3과 같은 선형 그래프를 생각해보자.

그림 5.2.3 선형 그래프

마지막 점이 간선 완화가 되어 출발점으로부터 최단 거리가 계산되려면 직전에 있는 점의 거리가 계산된 후에 가능하다. 또 직전에 있는 점까지의 최단 거리가 계산되려면 마지막에서 세 번째에 있는 점의 거리가 계산된 후에나 가능하다. 따라서 출발점에서 시작하여 좌에서 우로 간선 완화를 단계적으로 수행하여 그 결과가 다음 점에 연속하여 반영되고 드디어 마지막 점까지 반영되면 모든 점의 최단 거리의 계산을 마칠 수 있다. 이와 같은 단계적인 수행은 Part 5.1의 가장 긴 증가 순서를 찾는 과정과 유사하다.

생각해보자

선형 그래프에서 최단 경로를 찾는 방식을 어떻게 일반적인 그래프에 적용할 수 있을까?

그래프의 출발점에서 간선 수를 기준으로 가장 멀리 떨어져 있는 점을 서로 반대 방향으로 잡아당기면 그림 5.2.3과 같은 형태를 얻는다. 단, 그래프의 다른 간선들은 편의상 무시하자. 그러면 간선 완화는 최대 $n-1$회 시도되어야 한다. 간선 완화를 그 이상 시도해도 입력 그래프에 음수 사이클이 없으므로 모든 점의 최단 거리 및 경로는 변하지 않는다.

생각해보자

간선 완화를 최대 n–1회 시도하는데, 간선 완화를 1회 시도할 때마다 과연 어떤 점들이 간선 완화에 참여해야 할까?

간선 완화에 참여하지 않는 점들은 쉬고 있다가 나중에 간선 완화를 시도해야 할까? 그래프는 다양한 형태를 가지므로 쉬거나 참여하는 점들을 구분하기 쉽지 않으며, 구분하더라도 알고리즘 자체만 복잡해진다. 따라서 해결 방안은 모든 점에 대해 간선 완화를 시도하는 것이다.

실제로 간선 완화를 시도해서 출발점으로부터 거리가 갱신되는 점들도 있지만 거리가 변하지 않는 점들도 있다. 하지만 $n-1$회의 간선 완화를 시도하면 모든 음수 가중치는 빠짐없이 반영된다.

다음은 음수 가중치를 가진 그래프에서 최단 경로(거리)를 찾는 벨만-포드 최단 경로 알고리즘[3]이다. 이 알고리즘에서는 정점을 0, 1, …, $n-1$로 하여 알고리즘 종료 후에 D[i]가 출발점 s에서 점 i까지의 최단 거리를 갖는다.

알고리즘

[1] D를 ∞로 초기화한다. 단, D[s] = 0, s는 출발점

[2] 다음을 $n-1$회 수행한다.

각 간선 ⟨i, j⟩에 대하여 간선 완화를 시도한다.

간선 ⟨i, j⟩에 대해 간선 완화는 다음과 같이 수행된다.

3) 이 알고리즘은 알폰소 심벨(Alfonso Shimbel)이 1955년에 최초로 제안하였다. 그러나 레스터 포드 주니어(Lester Ford, Jr.)가 1956년에 이 알고리즘을 논문지에 게재하고, 1958년에 리처드 벨만(Richard Bellman)이 포드의 간선 완화를 위한 식을 이용하여 최단 경로 알고리즘을 논문지에 게재하였다.

```
if D[j] 〉 (D[i] + 간선 〈i, j〉의 가중치):
    D[j] = D[i] + 간선 〈i, j〉의 가중치
    previous[j] = i
```

간선 〈i, j〉의 끝점 j에 대해 D[j] 〈 (D[i] + 간선 〈i, j〉의 가중치)가 True이면 간선 완화를 수행하고, previous[j] = i는 출발점 s에서 정점 j까지의 경로상에서 정점 i가 j의 직전 정점이라는 것을 표시하여 알고리즘 종료 후 최단 경로를 추출하는 데 사용된다.

[예제] 그림 5.2.4는 (a)의 입력 그래프에 대해 벨만-포드 알고리즘이 수행되는 과정을 단계적으로 나타낸 것이다. 각 정점 i 주위의 숫자는 D[i]이다. 그림 5.2.4(b)~(g)는 (a)의 입력 그래프에 대해 차례로 알고리즘이 수행되면서 간선 완화된 것과 아울러 previous[]가 갱신된 것을 보여준다.

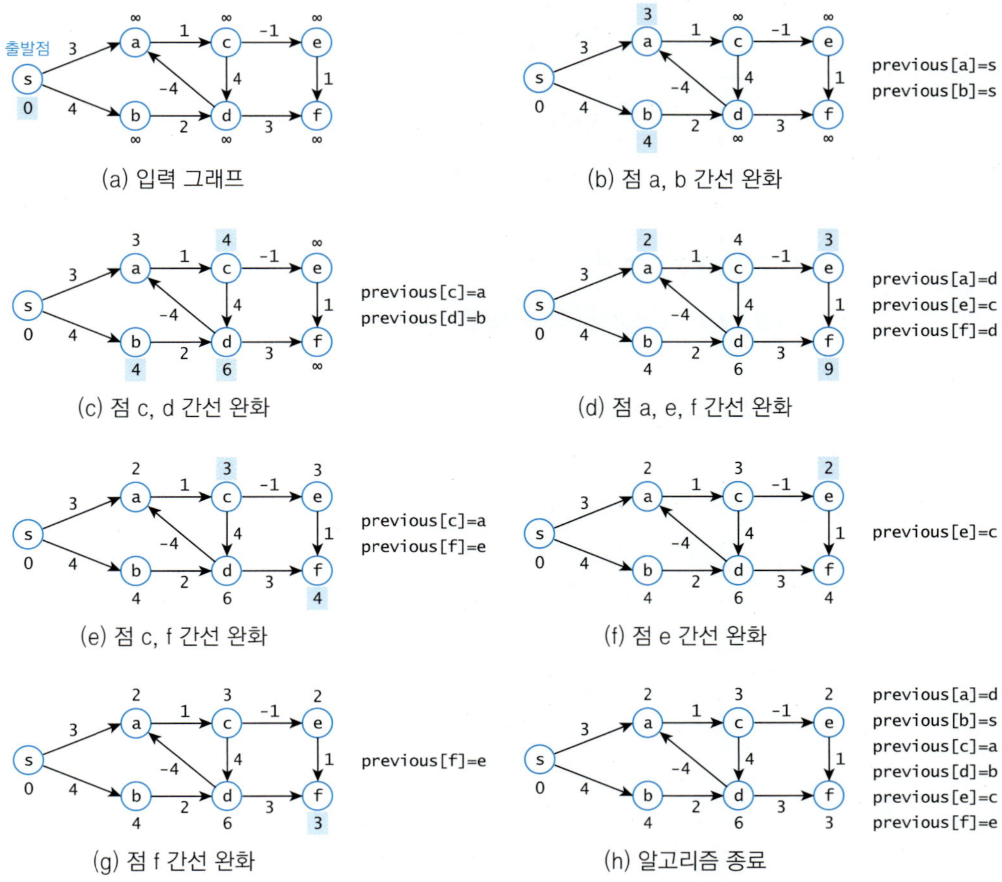

그림 5.2.4 벨만-포드 알고리즘의 단계적 수행 과정

- 그림 5.2.4(b)에서는 점 a와 b가 간선 완화되어 초기의 ∞가 각각 3과 4로 감소하고 previous[a] = previous[b] = s로 갱신된다. 즉, s로 인해 거리가 감소한 것을 기록한다.
- 그림 5.2.4(c)에서는 a와 b가 간선 완화된 여파로 c, d가 각각 간선 완화된다. 그리고 previous[c] = a, previous[d] = b가 된다.
- 그림 5.2.4(d)에서는 점 a, e, f가 간선 완화되며, a는 거리가 3이었으나 간선 〈d, a〉의 가중치가 −1이기 때문에 2로 단축되고, previous[a] = d로 갱신한다. 점 e, f의 거리도 ∞에서 각각 3, 9로 갱신되고 previous[e] = c, previous[f] = d로 갱신된다.
- 이처럼 그림 5.2.4(e)~(g)를 차례로 수행하면 (h)를 결과로 얻는다.

그림 5.2.5는 그림 5.2.4(a)의 그래프를 s와 f를 서로 반대 방향으로 잡아당겨 일직선 형태로 그린 것이다. 출발점 s로부터 가장 긴(간선 수 기준으로) 경로를 보여주기 위해 간선 〈s, a〉, 〈d, f〉, 〈c, d〉를 생략하였다.

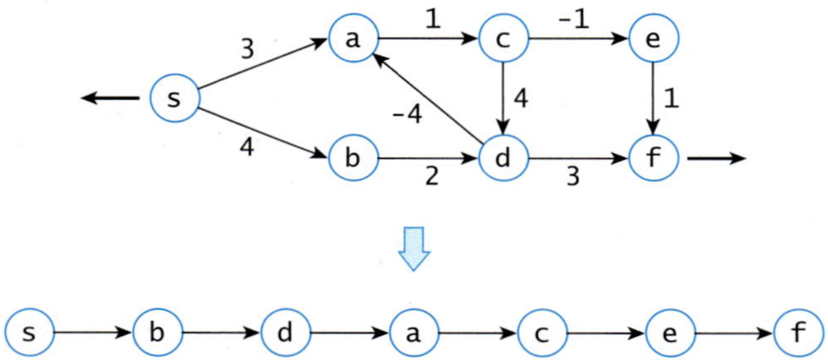

그림 5.2.5 그림 5.2.4(a)의 그래프를 양쪽으로 잡아당긴 그래프

이렇게 선형으로 만든 그래프에서 특히 살펴볼 것은 간선 〈d, a〉의 가중치인 −4가 점 f까지 단계적으로 영향을 미치는 과정이다. 그림 5.2.6은 이 과정을 단계적으로 보여준다.

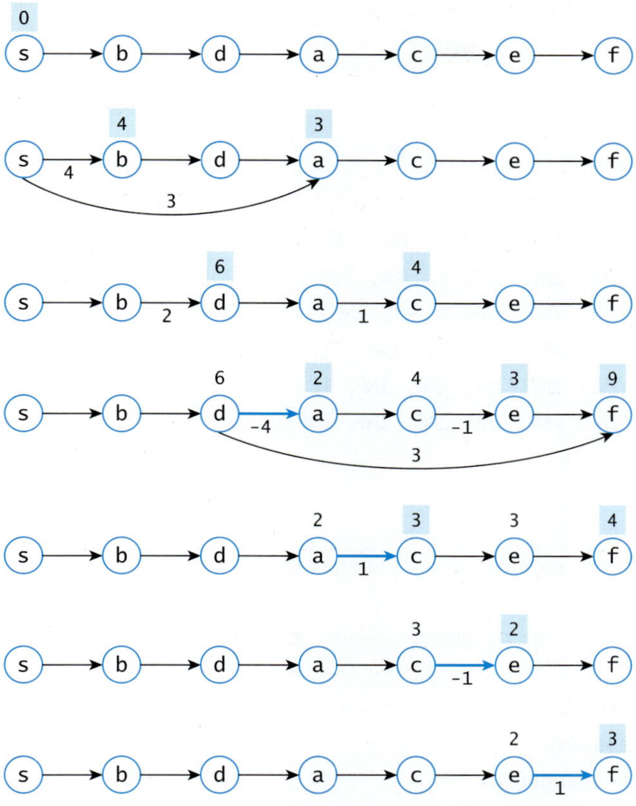

그림 5.2.6 음수 가중치가 미치는 단계적 영향

> **생각해보자**
> 벨만-포드 알고리즘이 왜 작은 것부터 풀어보기 방식일까?

작은 것부터 해결하려면 Part 5.1의 가장 긴 증가 순서에서처럼 가장 작은 문제, 그다음 크기의 작은 문제 등 작은 문제들을 구분할 수 있어야 하는데 그래프는 시작점 외에 다른 점들이 서로 얽혀있는 형태라서 한눈에 크기가 다른 부분 문제들을 확인하기 어렵다.

그러나 벨만-포드 알고리즘에서는 시작점 자체가 가장 작은 문제이고, 나머지 $n-1$개의 각 정점의 관점에서 작은 문제를 살펴보면, 예를 들어 그림 5.2.6의 점 f의 관점에서 보면 경로상의 직전 점인 e까지의 해를 찾은 후에 f까지의 최단 경로가 확정되듯이 c까지의 해가 확정되어야 e까지의 최단 거리가 결정된다. 이렇게 출발점 s에서 f까지 경로에서 간선 완화 결과가 전파되는 과정은 Part 5.1의 가장 긴 증가 순서의 그래프와 실질적으로 같다. 따라서 각 정점의 관점에서 간선 완화가 진행되는 과정 그 자체가 작은 것부터 해결하는 방식이라 할 수 있다.

다음은 벨만-포드 알고리즘을 위한 파이썬 프로그램이다.

파일명: AT 5.2 Bellman-Ford 알고리즘.py

```python
INF = float('inf')
graph = [[INF, 3, 4, INF, INF, INF, INF],       # 입력 그래프
         [INF, INF, INF, 1, INF, INF, INF],
         [INF, INF, INF, INF, 2, INF, INF],
         [INF, INF, INF, INF, 4, -1, INF],
         [INF, -4, INF, INF, INF, INF, 3],
         [INF, INF, INF, INF, INF, INF, 1],
         [INF, INF, INF, INF, INF, INF, INF]]
n = len(graph)

s = 0                                   # 출발점
D = [INF for _ in range(n)]             # 출발점으로부터 거리
D[s] = 0
previous = [-1 for _ in range(n)]       # 최단 경로를 추출하기 위해
previous[s] = 0
for k in range(n - 1):                  # (n-1)회 수행
    for i in range(n):
        for j in range(n):
            if graph[i][j] != INF:
                if D[j] > D[i] + graph[i][j]:      # 간선 완화
                    D[j] = D[i] + graph[i][j]
                    previous[j] = i     # i 덕분에 j까지의 거리가 단축된 것을 기록
```

```
Run:  AT 5.2 Bellman-Ford 알고리즘
C:\Users\user\venv\Scripts\python.exe
정점 0으로부터의 최단 거리          정점 0으로부터의 최단 경로
[0, 0] =   0                      0
[0, 1] =   2                      1 <- 4 <- 2 <- 0
[0, 2] =   4                      2 <- 0
[0, 3] =   3                      3 <- 1 <- 4 <- 2 <- 0
[0, 4] =   6                      4 <- 2 <- 0
[0, 5] =   2                      5 <- 3 <- 1 <- 4 <- 2 <- 0
[0, 6] =   3                      6 <- 5 <- 3 <- 1 <- 4 <- 2 <- 0
```

프로그램의 가장 바깥의 for-루프는 $n-1$ 회의 간선 완화를 위한 것이고, 모든 간선 ⟨i, j⟩에 대해 if-조건이 True이면 간선 완화를 수행하고, '누구 덕분에' 거리가 단축되었는지 previous[]에 기록한다.

수행 시간

벨만-포드 알고리즘은 각 간선 ⟨i, j⟩에 대해 간선 완화를 $n-1$회 시도하고, 각 간선 완화는 $O(1)$ 시간이 걸리므로 알고리즘의 수행 시간은 $(n-1)\times O(m) = O(nm)$이다. 여기서 m은 간선 수이다. 프로그램과 같이 인접 행렬을 사용하면 수행 시간은 $O(n^3)$이다.

5.3 서열 정렬

DNA는 세포의 핵 속에 있는 단백질로 구성된 유전 물질로서, 아데닌(Adenine, A), 구아닌(Guanine, G), 사이토신(Cytosine, C), 타이민(Thymine, T)의 네 종류의 염기로 구성된다. 즉, A, G, C, T 4가지 문자로 만들어진 긴 스트링이다.[4] 침팬지는 인간의 DNA와 약 99% 일치한다는 연구 결과가 알려진 지는 이미 오래전이다. 그럼 인간은 과연 침팬지로부터 DNA가 변형(진화)된 것일까?

서열 정렬(Sequence Alignment)은 어느 DNA가 다른 DNA로 변형되는데 얼마나 많은 변이가 필요한가를 계산하는 문제이다. 변이는 삽입, 삭제, 대체의 연산으로 이루어진다. 일례를 들어보면, TTCAACA를 ATTGCGC로 만드는데 필요한 최소의 연산 횟수를 계산하는 것이 서열 정렬 문제이다.

단백질 염기인 A, T, G, C로 구성된 스트링은 알고리즘을 이해하는데 단조로움을 주기 때문에 알파벳(a~z)을 사용하여 서열 정렬 문제를 살펴보자. 또한 컴퓨터의 문서 편집기를 사용

4) 인간의 DNA를 A, T, G, C 각각을 1개의 문자로 카운트하면 그 길이는 약 60억이다.

하는 중에 스트링 S를 수정하여 스트링 T로 변환시킬 때에도 삽입, 삭제, 대체 연산을 사용하는데 이 역시 서열 정렬 문제와 다를 바가 없다.

S를 T로 변환시키는데 필요한 최소의 편집 연산 횟수를 편집 거리(edit distance)라고 한다.

생각해보자

script를 scope로 어떻게 편집해야 할까?

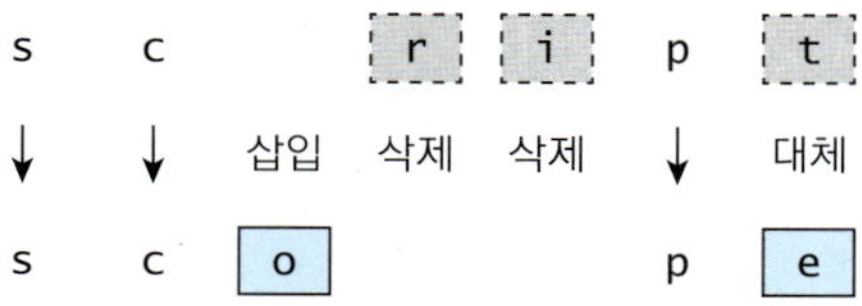

그림 5.3.1 script를 scope로 바꾸기

그림 5.3.1에서는 s와 c는 각각 그대로 사용하고, o를 삽입한 후에 r과 i를 삭제한다. 그다음은 p를 그대로 사용하고, 마지막으로 t를 e로 대체[5)]시켜, 총 4회의 편집 연산이 수행되었다.

생각해보자

script를 scope로 다르게 편집해보자.

반면에 s와 c는 그대로 사용한 후, r을 삭제하고, i를 o로 대체하고 p를 그대로 사용한 후, t를 e로 대체하면, 총 3회의 연산만 수행되었고, 이는 최소 편집 횟수이다.

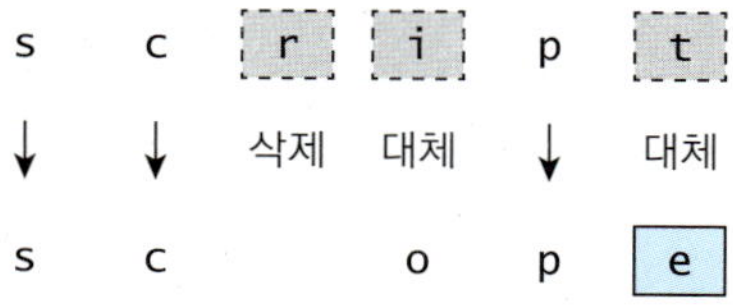

그림 5.3.2 최소 편집 횟수로 변환

5) 대체 연산은 문자를 삭제한 후에 삽입하는 것이 아니라, 기존 문자를 1번에 다른 문자로 바꾸는 연산이다.

이처럼 S를 T로 바꾸는데 어떤 연산을 수행하는가에 따라서 연산 횟수는 달라질 수 있다.

> **생각해보자**
> 서열 정렬 문제를 나누어 해결해보자.

S와 T의 길이가 서로 다를 수 있는데 S와 T를 각각 어떤 크기로 나누어 편집해야 할까?

[예제] S = katesk를 T = skate로 변환하려 할 때 S를 반으로 kat와 esk로 나누고, T도 sk와 ate로 나누어 각각 앞부분과 뒷부분을 편집하여 취합해보자. kat를 sk로 바꾸기 위해 s 삽입, a와 t 삭제가 필요하고, 3번의 대체 연산으로 esk를 ate로 바꾸면, 총 6회의 연산이 사용된다.

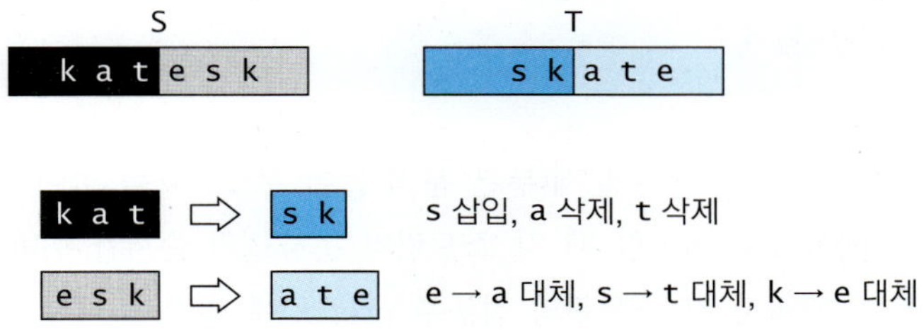

그러나 최소 편집 연산은 s를 삽입하고 S의 마지막 두 문자인 sk를 각각 삭제하는 것이다.

S = k a t e s k → s k a t e ~~s k~~ = T

이처럼 나누어 풀어보기는 서열 정렬을 해결하는데 오히려 또 다른 문제 거리를 초래하며 또 취합한 결과에 대해 최소 연산 횟수를 보장하는지도 의문이다.

> **생각해보자**
> 욕심내어 해결해보자.

욕심내는 기준은 다양하겠지만 하나의 시도로서 T를 좌에서 우로 스캔하면서 S에 있는 같은 문자는 그대로 놓아두고 다른 문자들에 대해 편집을 수행해보자.

[예제] S = katesk를 T = skate로 만들려면, T의 첫 문자인 s가 나타날 때까지 S의 kate를 삭제한다. 다음 k를 찾고, ate를 삽입하면 T를 얻는다. 이를 위해 7회의 편집 연산이 수행되었다.

S = ~~k a t e~~ s k → s (4회 삭제)
s k → s k
s k → T = s k a t e (3회 삽입)

그러나 s를 삽입하고 S의 마지막 두 문자인 sk를 삭제하면 3회의 연산으로 skate를 만들 수 있다.

S = k a t e s k → s k a t e ~~s k~~ = T

생각해보자
작은 것부터 해결해보자.

작은 것부터 해결하려면 먼저 작은 문제(부분 문제)들이 무엇인가를 알아야 한다. 그런데 한 가지 다행인 것은 S에서 T로 변환할 때 각 스트링의 문자들의 순서가 뒤바뀌는 경우는 고려할 필요 없는 것이다. 따라서 각 스트링의 접두부(prefix)에 대해서, 예를 들어 그림 5.3.3과 같이 scri를 sco로 바꾸는 것에 대해 미리 계산되어 있으면, 각 스트링의 나머지 부분에 대해서, 즉 pt를 pe로의 변환에 대해 계산하여 S를 T로 변환하는 편집 거리를 계산할 수 있다.

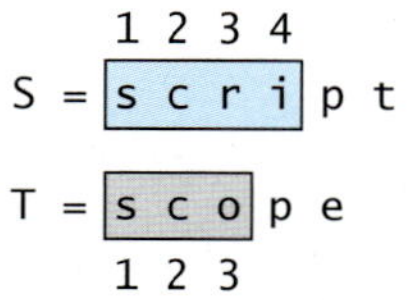

그림 5.3.3 부분 문제

부분 문제를 정의하기 위해서 S와 T의 길이가 각각 m과 n일 때, S와 T의 각 문자를 다음과 같이 s_i와 t_j라고 하자. 단, i = 1, 2, ⋯, m이고, j = 1, 2, ⋯, n이다.

$$S = s_1\ s_2\ s_3 \cdots s_{m-1}\ s_m$$

$$T = t_1\ t_2\ t_3 \cdots t_{n-1}\ t_n$$

그러면 부분 문제를 다음과 같이 정의할 수 있다.

> 부분 문제 E[i, j]는 S의 접두부 i개 문자를 T의 접두부 j개 문자로 변환시키기 위한 편집 거리이다.

> **생각해보자**
>
> 부분 문제 $s_1s_2s_3s_4 \rightarrow t_1t_2t_3$ [scri를 sco로], 즉 E[4, 3]은 어떻게 계산해야 할까?

- scri를 sc로 바꾼 E[4, 2]의 해를 미리 알고 t_3 = o를 삽입하면 sco를 얻는다. 이때 편집 거리는 E[4, 2] + 1 = 3이다.
- scr을 sco로 바꾼 E[3, 3]의 해를 알고 있을 때, sco가 이미 만들어져 있으므로 s_4 = i를 삭제하면 sco를 얻는다. 이때 편집 거리는 E[3, 3] + 1 = 2이다.
- scr을 sc로 바꾼 E[3, 2]의 해를 알고 s_4 = i를 t_3 = o로 대체하면 sco를 얻는다. 이때 편집 거리는 E[3, 2] + 1 = 2이다.

T

S			s	c	o
		0	1	2	3
	0				
s	1				
c	2				
r	3			1	1
i	4			2	2

그림 5.3.4 E[4, 3]과 주변 3개의 부분 문제

따라서 그림 5.3.4와 같이 E[4, 3]의 편집 거리를 계산하려면 주변 3개의 부분 문제의 해, 즉 E[4, 2], E[3, 3], E[3, 2]의 편집 거리가 필요하다. 따라서 E[4, 3]의 편집 거리는 (2 + 1), (1 + 1), (1 + 1) 중에서 최솟값인 2이다.

다음은 스트링 S를 T로 변환하는 편집 거리 문제를 위한 동적 계획 알고리즘이다. 알고리즘에서 2차원 m×n 리스트 E는 편집 거리를 저장한다. 여기서 |S| = m, |T| = n이다.

알고리즘

[1] 2차원 m×n 리스트 E를

  첫 번째 행부터 차례로 각 원소에

    주변 3개의 해로 계산된 결과 중에서 최솟값을 저장한다.

[2] return E[m, n]

단, 0번째 행은 1, 2, 3, ⋯, n으로 초기화하고, 0번째 열을 1, 2, 3, ⋯, m으로 그림 5.3.5와 같이 초기화한다.

				T			
			t_1	t_2	t_3	⋯	t_n
		0	1	2	3	⋯	n
		0	0	1	2	3	⋯	n
	s_1	1	1				
	s_2	2	2				
S	s_3	3	3				
		⋯	⋯				
	⋮	⋯	⋯				
	s_m	m	m				

그림 5.3.5 0번째 행과 열의 초기화

0번째 행을 그림 5.3.5와 같이 초기화하는 이유는 초기에 S에 아무런 문자도 없을 때 T의 각 문자를 차례로 삽입하는 데 필요한 연산 수를 나타낸다. 0번째 열은 S의 각 문자를 차례로 삭제하여 T에 아무 문자도 없는 상태를 만드는 데 필요한 각각의 연산 수이다. 이러한 초기화가 필요한 이유는 E[i, 1]과 E[1, j]를 계산할 때 각각 주변 3개의 해가 필요하기 때문이다. 여기서 i = 1, 2, ⋯, m이고 j = 1, 2, ⋯, n이다.

그림 5.3.6은 표를 채워가는 순서를 보여준다.[6]

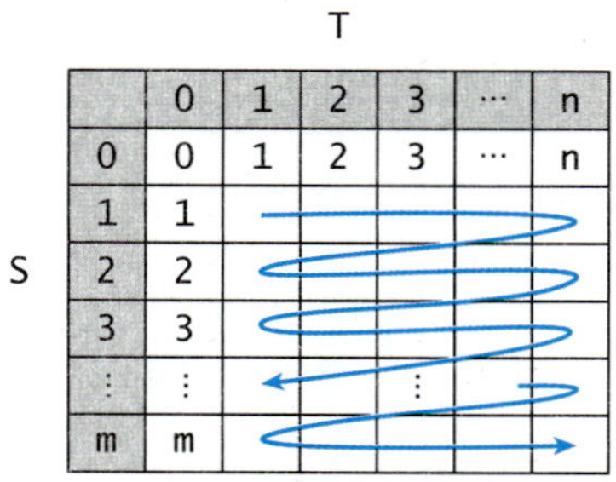

그림 5.3.6 표를 채워가는 순서

알고리즘에서 원소가 E[i, j]라면 (E[i, j]의 왼쪽 원소의 값)+1, (위쪽 원소의 값)+1, (대각선 위쪽의 원소의 값)+[0 또는 1] 중에서 최솟값을 E[i, j]에 저장한다. 여기서 대각선 위쪽의 원

6) 표를 1열, 2열, ⋯ 순으로 채워가도 무방하다.

소의 값+[0 또는 1]은 $s_i = t_j$이면 0, $s_i \neq t_j$이면 1이다. 즉, 두 문자가 같으면 편집 연산이 필요 없고, 다르면 대체 연산이 필요하므로 1을 더한다. 그림 5.3.7은 E[i, j]를 계산하는 데 필요한 주변 3개의 원소와 관련 연산을 보여준다.

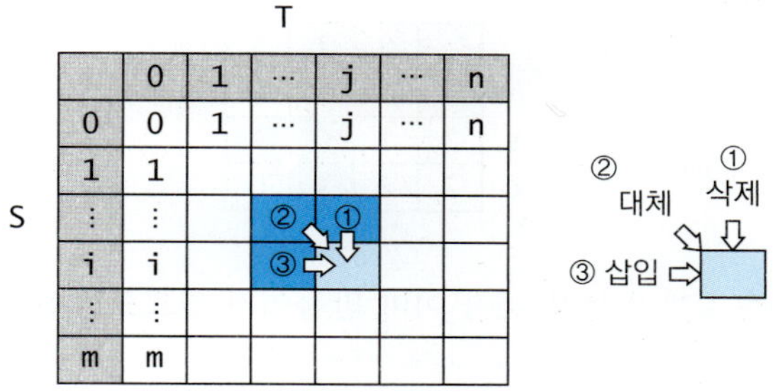

그림 5.3.7 E[i, j]의 계산

[예제] 그림 5.3.8은 서열 정렬 문제를 위한 동적 계획 알고리즘이 script를 scope로 바꾸는 데 필요한 편집 거리를 계산한 결과이다.

S \ T			s	c	o	p	e
		0	1	2	3	4	5
	0	0	1	2	3	4	5
s	1	1	0	1	2	3	4
c	2	2	1	0	1	2	3
r	3	3	2	1	1	2	3
i	4	4	3	2	2	2	3
p	5	5	4	3	3	2	3
t	6	6	5	4	4	3	3

그림 5.3.8 편집 거리 계산 결과

그림 5.3.8에서 색으로 표시된 부분이 계산되는 과정을 각각 상세히 살펴보자.

- E[1, 1] = 0. 주변의 3개의 원소를 보면 0, 1, 1인데, 대각선 위쪽의 원소가 0이고 $s_1 = t_1 =$ s이므로 아무런 연산이 필요 없다. 따라서 E[1, 1] = 0이다.

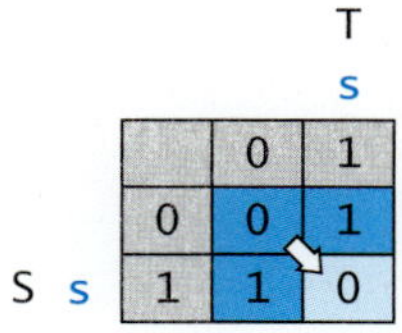

- $E[2,\ 2] = 0$. 주변의 3개의 원소를 보면 0, 1, 1인데, 대각선 위쪽의 원소가 0이고 $s_2 = t_2 = c$이므로 아무런 연산이 필요 없다. 따라서 $E[2,\ 2] = 0$이다.

S \ T			s	c
		0	1	2
	0	0	1	2
s	1	1	0	1
c	2	2	1	0

- $E[3,\ 2] = 1$. T의 처음 2개의 문자 sc가 이미 만들어져 있으므로 S의 3번째 문자인 r을 삭제한다는 의미이다.

S \ T			s	c
		0	1	2
	0	0	1	2
s	1	1	0	1
c	2	2	1	0
r	3	3	2	1

- $E[4,\ 3] = 2$. T의 처음 2개의 문자 sc가 만들어져 있는 상태에서 $s_4 \neq t_3$이므로 대체 연산, 즉 i→o로 바꾸어 sco를 만든다. 물론 sco가 이미 만들어진 $E[3,\ 3]$ 상태에서 i를 삭제하여도 2회의 편집 연산으로 scri에서 sco를 얻는다.

S \ T			s	c	o
		0	1	2	3
	0	0	1	2	3
s	1	1	0	1	2
c	2	2	1	0	1
r	3	3	2	1	1
i	4	4	3	2	2

■ E[5, 4] = 2. $s_5 = t_4$ = p이므로 아무런 연산이 필요 없이 scop가 만들어진다.

T

				s	c	o	p
			0	1	2	3	4
		0	0	1	2	3	4
	s	1	1	0	1	2	3
	c	2	2	1	0	1	2
S	r	3	3	2	1	1	2
	i	4	4	3	2	2	2
	p	5	5	4	3	3	2

■ E[6, 5] = 3. T의 처음 4개의 문자 scop가 만들어져 있는 상태에서, s_6인 t를 t_5인 e로 대체하여 T를 완성한다.

T

				s	c	o	p	e
			0	1	2	3	4	5
		0	0	1	2	3	4	5
	s	1	1	0	1	2	3	4
	c	2	2	1	0	1	2	3
	r	3	3	2	1	1	2	3
S	i	4	4	3	2	2	2	3
	p	5	5	4	3	3	2	3
	t	6	6	5	4	4	3	3

위의 수행 단계를 종합해보면 그림 5.3.2와 같이 s와 c는 그대로 사용한 후, r을 삭제하고, i를 o로 대체하고 p를 그대로 사용한 후, t를 e로 대체시켜서 T를 얻은 것이다.

다음은 서열 정렬 문제를 위한 파이썬 프로그램이다.

파일명: AT 5.3 서열 정렬.py

```
S = 'script'    # 입력
T = 'scope'     # 입력
m = len(S)
n = len(T)
E = [[_ for _ in range(n+1)] for _ in range(m+1)]   # 편집 거리 저장
for i in range(m+1):      # 초기화
    E[i][0] = i
for j in range(n+1):
    E[0][j] = j
```

```
for j in range(1, n + 1):
    for i in range(1, m + 1):
        if S[i - 1] == T[j - 1]:
            alpha = 0
        else:
            alpha = 1
        E[i][j] = min(E[i - 1][j] + 1,
                      E[i][j - 1] + 1,
                      E[i - 1][j - 1] + alpha)

print(S, '->', T, '의 편집 거리:', E[m][n])
```

주변 3개 부분해에 대한 최솟값 선택

```
Run: AT 5.3 서열 정렬
C:\Users\user\venv\Scripts\python.exe
script -> scope 의 편집 거리: 3

Process finished with exit code 0
```

프로그램에 대한 설명은 알고리즘과 예제 설명으로 대체한다.

수행 시간

서열 정렬을 위한 알고리즘의 수행 시간은 $O(mn)$이다. 단, m과 n은 두 스트링의 각각의 길이이다. 그 이유는 총 부분 문제의 수가 리스트 E의 원소 수인 $m \times n$이고, 각 부분 문제를 계산하기 위해서 주변에 있는 3개의 부분 문제의 해를 참조한 후 최솟값을 찾으므로 $O(1)$ 시간이 걸리기 때문이다.

응용

- 생물 정보 공학(Bioinformatics), 생명 공학, 의학 분야에서 유전자 분석
- 특정인의 유전자 속에서 암을 유발하는 유사한 유전자를 찾아내고, 암세포에만 있는 특징을 분석하여 항암제를 개발하는 연구
- 좋은 형질을 가진 유전자 탐색 등의 연구
- 범죄 수사, 친자 확인 등에도 활용
- 철자 오류 검색

- 광학 문자 인식에서의 보정 시스템
- 자연어 번역 소프트웨어 등

5.4 합이 최대 K 되는 숫자

Part 4.1의 구간 스케줄링은 각 동아리가 미팅의 시작과 종료 시각을 제시하고 미팅룸은 1개만 있을 때 가장 많은 수의 동아리 미팅을 시간이 겹치지 않도록 스케줄링하는 것이다. 구간 스케줄링 문제의 조건을 변화하여 각 동아리가 시작과 종료 시각과 상관없이 미팅에 필요한 시간만을 제시한다고 가정해보자.

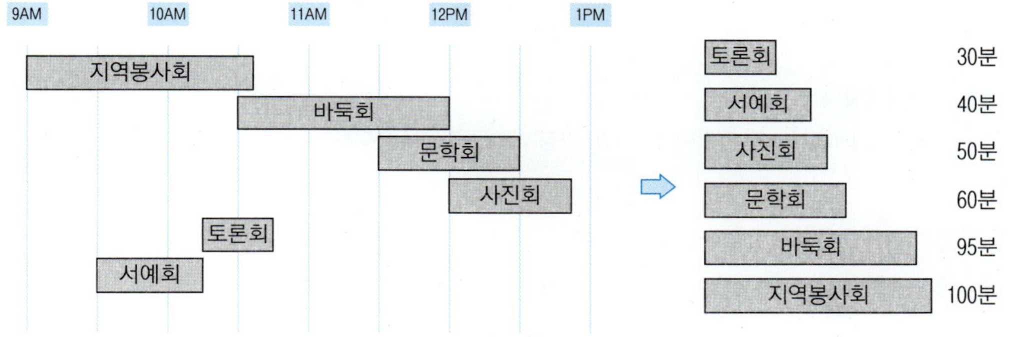

그림 5.4.1 구간 스케줄링 문제의 조건 변화

예를 들어 6개의 동아리에서 각각 30분, 40분, 50분, 60분, 95분, 100분 동안 미팅룸을 사용하기를 원한다. 따라서 1개의 미팅룸에 특정 시간 동안(예를 들어 아침 9시부터 오후 1시까지, 240분 동안)에 가능한 한 미팅룸이 비어있지 않도록 동아리들을 미팅룸에 배정해보자. 단, 이 문제에서는 선택된 동아리 수나 동아리의 미팅 순서는 중요하지 않다.

[예제] S = {30, 40, 50, 60, 95, 100}, K = 240일 때, 어떤 숫자들을 선택해야 그 합이 240에 가장 가까울까 하는 문제는 6개의 물건의 무게가 {30, 40, 50, 60, 95, 100}이고, 트럭의 총 용량이 240일 때 가능한 한 최대로 트럭에 물건을 싣는 문제와 같다.

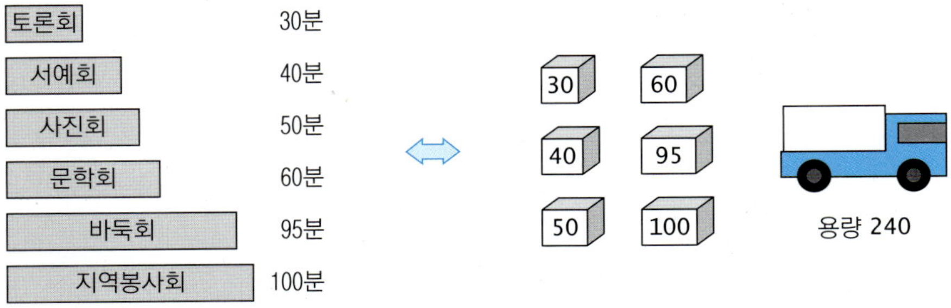

그림 5.4.2 트럭에 물건을 싣는 문제

위의 문제는 주어진 숫자 중에서 합이 K가 되는 숫자들이 없으면, 대신 합이 K에 가장 가까운 숫자들을 찾는 것이다. 이는 합이 K 되는 숫자 문제를 최적화 문제의 형태로 바꾼 것이다.

> **생각해보자**
> 모든 조합에 대해 각 경우의 합이 K에 가장 가까운 경우를 찾아보자.

이 방법은 n이 커지면 조합 수가 너무 많아지므로 지수 시간이 소요되어 해를 찾기 어렵다.

> **생각해보자**
> 욕심내어 작은 것부터 선택해보자.

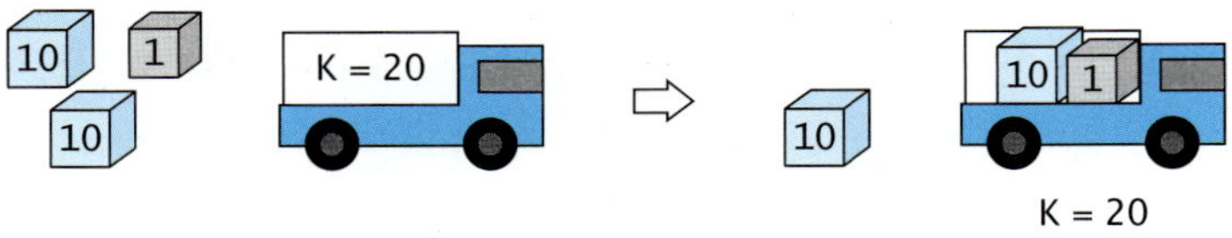

S = {1, 10, 10}, K = 20이면, 욕심내어 가장 작은 1을 선택하고 그다음에 10을 선택하면, 11밖에 싣지 못한다. 그러나 최적해는 2개의 10을 선택하는 것이다.

> **생각해보자**
> 욕심내어 큰 것부터 선택해보자.

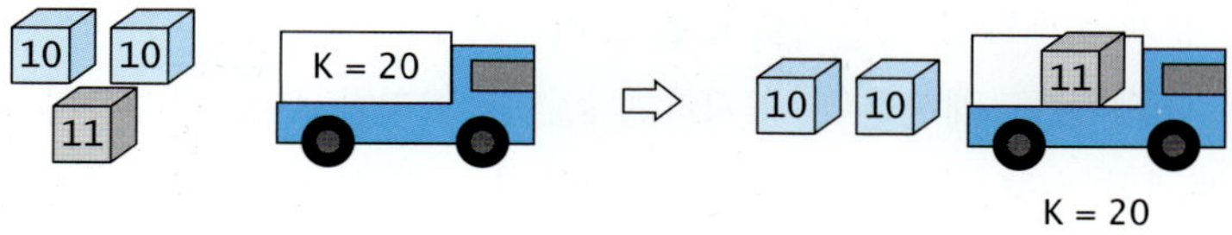

S = {10, 10, 11}, K = 20이면, 욕심내어 가장 큰 11을 선택한다. 그다음엔 아무것도 선택할 수 없다. 왜냐하면 10을 선택하면 11 + 10 〉 20이 되기 때문이다. 따라서 11밖에 싣지 못한다. 그러나 최적해는 2개의 10을 선택하는 것이다.

생각해보자

나누어 해결해보자.

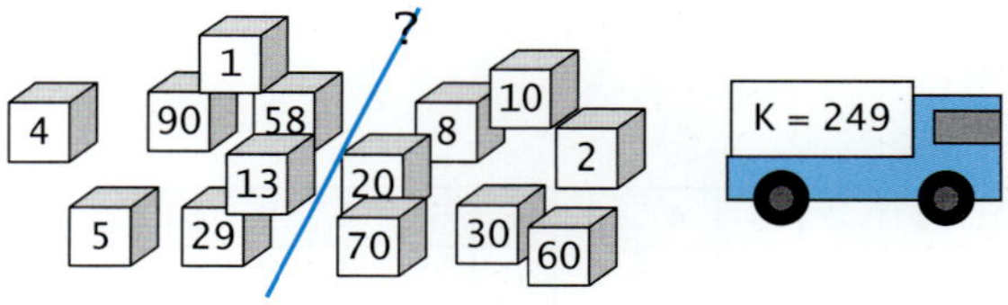

나누어 해결하기를 시도하려면 어떻게 물건들을 분할하고, 또 각 부분의 결과를 어떻게 취합할 것인지 정해야 한다. 설사 어떤 방식으로 분할하고 취합하였다고 하더라도 그 결과가 최적해라는 보장도 없다.

생각해보자

작은 것부터 해결해서 그 결과를 이용하여 점차 큰 부분 문제를 해결해보자.

합이 K 되는 숫자 문제의 작은 문제, 즉 부분 문제는 무엇일까? 이 문제를 위해서는 다음의 두 가지를 고려하여 부분 문제의 크기를 조절할 수 있다.

1. 물건을 1개씩 늘려가며 부분 문제의 크기를 증가시킨다.
2. 트럭의 용량을 1부터 K까지 1씩 증가시키어 부분 문제의 크기를 증가시킨다.

주어진 물건이 s_1, s_2, ⋯, s_{n-1}, s_n이라면, 물건을 처음엔 1개, 즉 s_1만을 고려하여 트럭의 용량을 1부터 K까지 증가시켜가며 각 부분 문제의 해를 계산한다. 그다음엔 s_2를 고려하되 s_1만을 고려한 부분 문제들의 해를 바탕으로 s_2를 고려하여 트럭의 용량을 1부터 K까지 증가시켜 가며 각 부분 문제의 해를 계산한다. 마지막엔 s_{n-1}을 고려한 부분 문제들의 해를 바탕으로 s_n을 고려하여 트럭의 용량을 1부터 K까지 증가시켜가며 각 부분 문제의 해를 계산한다.

다음은 합이 최대 K 되는 숫자를 찾는 문제를 위한 동적 계획 알고리즘이다.

알고리즘

[1] 물건을 차례로 하나씩 다음과 같은 결정을 내린다.

트럭 용량을 1씩 증가시키며 물건을 트럭에 싣는 것이 유리한지, 싣지 않는 것이 나은지 결정한다.

[2] return 마지막 물건에 대해 K일 때의 트럭에 실은 물건의 총량

[예제] S = [3, 4, 5, 6], K = 13일 때, 합이 최대 K 되는 숫자 문제를 위한 동적 계획 알고리즘으로 해를 찾아보자.

T	0	1	2	3	4	5	6	7	8	9	10	11	12	13
0	0	0	0	0	0	0	0	0	0	0	0	0	0	0
1	0													
2	0													
3	0													
4	0													

- 첫 번째 물건 s_1 = 3에 대해 트럭 용량이 1, 2일 때는 s_1이 트럭 용량보다 크므로 각각 s_1을 트럭에 실을 수 없고, 트럭 용량이 3일 때는 다음과 같이 s_1을 트럭에 싣는다.

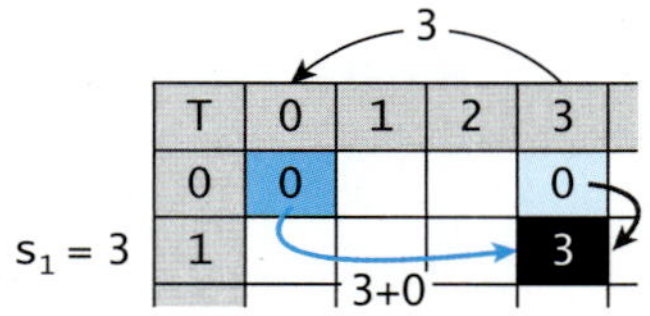

트럭 용량이 4, ⋯, 13에 대해서도 각각 s_1을 트럭에 싣는다.

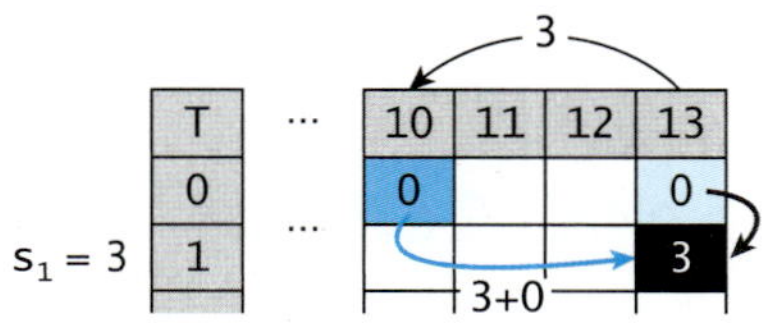

T	0	1	2	3	4	5	6	7	8	9	10	11	12	13
0	0	0	0	0	0	0	0	0	0	0	0	0	0	0
1	0	0	0	3	3	3	3	3	3	3	3	3	3	3
2	0													
3	0													
4	0													

- 두 번째 물건 s_2 = 4에 대해 트럭 용량이 1, 2일 때는 s_2가 트럭 용량보다 크므로 각각 s_2를 트럭에 실을 수 없고, 트럭 용량이 3일 때에도 s_2가 트럭 용량보다 크므로 s_1을 트럭에 싣고 있는 것이 유리하다. 트럭 용량이 4일 때는 s_1을 차에서 내리고 다음과 같이 s_2를 트럭에 싣는 것이 유리하다.

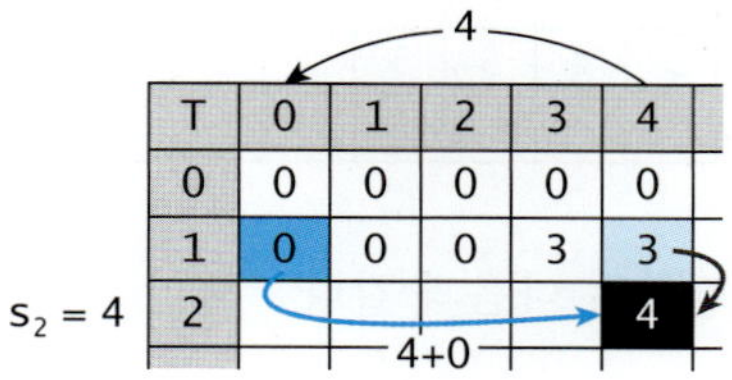

트럭 용량이 5, 6일 때도 4일 때와 마찬가지로 s_2만을 트럭에 싣는다.
트럭 용량이 7이면 s_1과 s_2를 동시에 트럭에 싣는다.

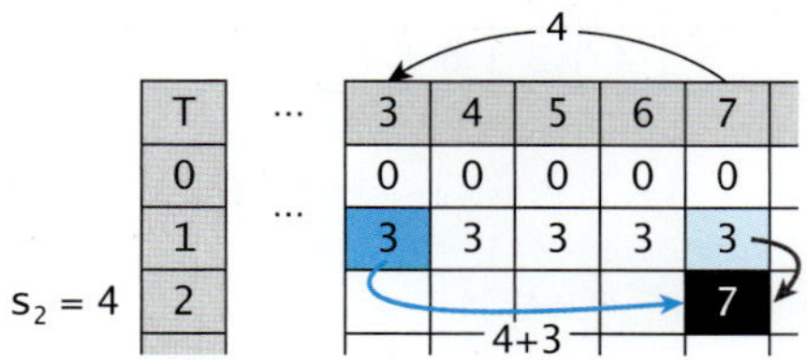

이후 트럭 용량이 8, …, 13까지는 용량이 7일 때처럼 s_1과 s_2를 트럭에 함께 싣는다.

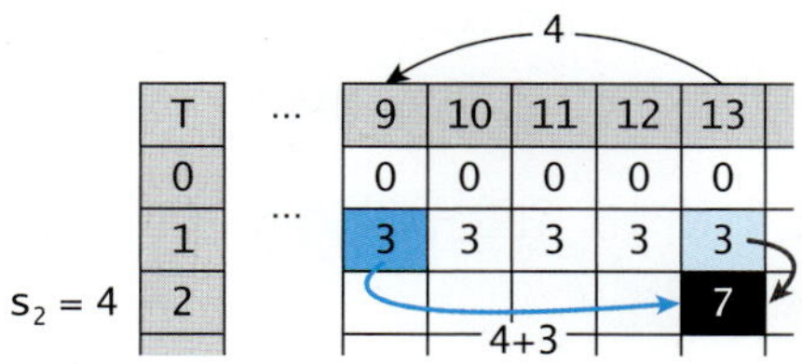

T	0	1	2	3	4	5	6	7	8	9	10	11	12	13
0	0	0	0	0	0	0	0	0	0	0	0	0	0	0
1	0	0	0	3	3	3	3	3	3	3	3	3	3	3
2	0	0	0	3	4	4	4	7	7	7	7	7	7	7
3	0													
4	0													

- 세 번째 물건 s_3 = 5에 관한 결과는 다음과 같다.

T	0	1	2	3	4	5	6	7	8	9	10	11	12	13
0	0	0	0	0	0	0	0	0	0	0	0	0	0	0
1	0	0	0	3	3	3	3	3	3	3	3	3	3	3
2	0	0	0	3	4	4	4	7	7	7	7	7	7	7
3	0	0	0	3	4	5	5	7	8	9	9	9	12	12
4	0													

- 네 번째 물건 s_4 = 6에 관한 결과는 다음과 같다.

T	0	1	2	3	4	5	6	7	8	9	10	11	12	13
0	0	0	0	0	0	0	0	0	0	0	0	0	0	0
1	0	0	0	3	3	3	3	3	3	3	3	3	3	3
2	0	0	0	3	4	4	4	7	7	7	7	7	7	7
3	0	0	0	3	4	5	5	7	8	9	9	9	12	12
4	0	0	0	3	4	5	6	7	8	9	10	11	12	13

⇧ 3 + 4 + 6

- 따라서 13이 최종 해이다.

위 알고리즘에서는 합이 최대 K인 수(13)만을 반환하고 어떤 숫자들을 합하여 그 수(13)를 얻었는지를 알 수 없다. 그러나 알고리즘에서 s_i를 트럭에 실을 때에 별도의 리스트를 사용하여 어떤 물건을 실었는지 기록하면 최종적으로 합이 최대 K가 되는 숫자들을 출력할 수 있다.

다음은 합이 최대 K 되는 숫자 문제를 위한 동적 계획 알고리즘을 파이썬으로 구현한 프로그램이다.

파일명: AT 5.4 합이 최대 K 되는 숫자.py

```
S = [0, 3, 4, 5, 6]
K = 13
n = len(S)-1
T = [[0 for _ in range(K+1)] for _ in range(n+1)]

for i in range(1, n+1):
    for j in range(K+1):
        if S[i] > j:
            T[i][j] = T[i - 1][j]    ← s[i]를 무시
        else:
            T[i][j] = max(T[i - 1][j], S[i] + T[i - 1][j - S[i]])    ← s[i] 포함 여부 결정

print('T[', n, ',', K, '] =', T[n][K])
```

Run: AT 5.4 합이 최대 K 되는 숫자

```
C:\Users\user\venv\Scripts\python.exe
T[ 4 , 13 ] = 13

Process finished with exit code 0
```

프로그램의 바깥 for–루프는 물건을 1개씩 고려하는 것이고 안쪽의 for–루프는 트럭 용량을 1씩 증가시키면서 물건을 트럭에 싣는 것이 유리한지, 안 싣는 것이 유리한지를 결정한다.

수행 시간

물건 수가 n이고, 트럭 용량이 K이므로 알고리즘의 수행 시간은 $O(nK)$이다. 왜냐하면 각각의 경우가 트럭에 물건을 실을지 말지를 결정하는 것으로 $O(1)$ 시간만 걸리기 때문이다.

그러나 이 문제에는 K에 대한 크기 제한이 없으므로 $K = 2^n$이면 n이 증가할수록 문제의 해를 찾기 점점 어려워진다. 따라서 K가 크지 않을 때만 동적 계획 알고리즘을 사용하는 것이 바람직하다. Part 7.4에서는 합이 최대 K 되는 숫자 문제를 위한 근사 알고리즘을 소개한다. 이 알고리즘은 다항식 시간에 최적해에 가까운 근사해를 찾는다.

5.5 배낭 문제

배낭(Knapsack) 문제[7]는 n개의 물건이 각각 무게와 가치를 가지고 배낭의 용량 K가 주어질 때 물건들을 배낭에 담아서 얻을 수 있는 최대의 가치를 찾는 문제이다.

Part 5.4에서 다룬 합이 최대 K 되는 문제는 숫자가 물건의 무게이고 K가 배낭의 용량이며 각 물건의 가치와 무게가 같은 특수한 형태의 배낭 문제이다.

배낭 문제를 해결하는 여러 방법을 조사해보자.

생각해보자

가장 단순한 방법은 모든 물건의 조합으로 배낭에 담아보는 것이다. 그리고 그중에서 최대 가치를 가지는 조합의 물건을 찾는다.

이 방법은 물건 수가 많아질수록 그 조합의 수가 폭발적으로 많아져서 해 찾기가 점점 더 어려워진다. 이는 합이 K 되는 숫자 문제에서 모든 조합을 고려하는 경우와 같다.

생각해보자

나누어 해결해보자.

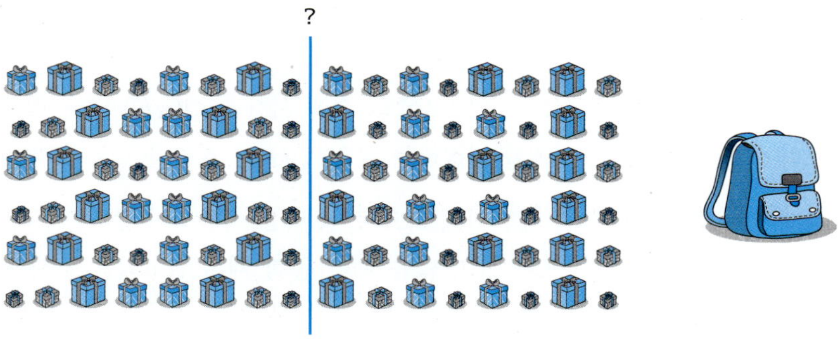

나누어 해결하려면 물건들을 어떻게 나눌 것인지 또 배낭도 어떻게 나눌 것인지를 결정해야 한다. 또한 나누어 얻는 해를 취합한 것이 최적해인지 확인할 방법도 분명하지 않다.

7) 0-1 배낭 문제라고도 불린다. 0은 물건을 배낭에 담지 못하고, 1은 물건을 배낭에 담는다는 의미를 가진다.

> **생각해보자**
> 욕심내어 비싼 물건을 먼저 배낭에 담아보자.

그림 5.5.1의 예제에 대해 욕심내어 가장 가치 있는 물건 3을 먼저 담고, 그다음에 비싼 물건 2를 배낭에 담으면 배낭이 2kg의 여유밖에 없어서 더 이상 다른 물건을 담을 수 없다. 이때의 얻은 가치는 50 + 40 = 90만 원이다.

그림 5.5.1 물건들과 배낭

그러나 물건 1, 2, 4를 배낭에 담으면 100만 원의 가치를 얻는다.

> **생각해보자**
> 욕심내어 단위 무게당 비싼 물건을 먼저 배낭에 담아보자.

그림 5.5.2의 예제에 대해 단위 무게당 가장 가치를 계산하면, 물건 1은 50/5 = 10, 물건 2는 140/20 = 7, 물건 3은 60/10 = 6이다. 따라서 단위 무게당 가장 가치 있는 물건 1을 먼저 담고, 그다음엔 물건 2를 배낭에 담으면 배낭이 5kg의 여유밖에 없어서 더 이상 다른 물건을 담을 수 없다. 이때의 얻은 가치는 50 + 140 = 190만 원이다.

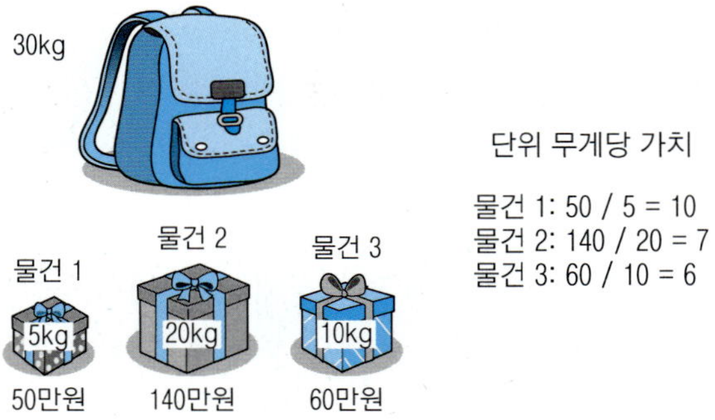

그림 5.5.2 단위 무게 당 가치

그러나 물건 2와 3을 배낭에 담으면 140 + 60 = 200만 원의 가치를 얻는다. 그럼 어떻게 물건을 배낭에 담아야 최대 가치를 얻을 수 있을까?

생각해보자

작은 문제부터 해결해보자. 그럼 무엇이 작은 문제들일까?

배낭 문제는 Part 5.4의 합이 최대 K 되는 문제와 같이 두 가지를 고려하여 부분 문제의 크기를 조절할 수 있다.

1. 물건을 1개씩 늘려가며 부분 문제의 크기를 증가시킨다.
2. 배낭의 용량을 1부터 K까지 1씩 증가시키어 부분 문제의 크기를 증가시킨다.

물건 수는 처음엔 물건 1만을 고려하고, 그다음엔 물건 2를 추가해 고려해보고, 또 그다음엔 물건 3을 추가해 고려해보고, …, 즉 차례로 물건을 하나씩 추가하여 고려하며 배낭에 담아본다. 또한 배낭의 최대 용량이 문제에 주어지지만, 배낭 용량을 1kg부터 1kg씩 늘려가며 배낭의 최대 용량까지 물건들을 담아본다.[8)]

[예제] 그림 5.5.3과 같이 물건의 무게와 가치가 (5kg, 10만 원), (4kg, 40만 원), (6kg, 30만 원), (3kg, 50만 원)이고 배낭의 용량이 10kg일 때 어떤 물건들을 배낭에 담아야 최대의 가치를 얻을까?

8) 처음엔 배낭 용량을 1kg이라 가정하고, 다음엔 2kg이라고 가정하고, 그다음엔 3kg이라 가정하고, …, 마지막엔 주어진 최대 용량이라 생각하여 각각의 경우에 대해 물건들을 담아본다.

배낭 용량 10		
물건	무게	가치
1	5	10
2	4	40
3	6	30
4	3	50

그림 5.5.3 배낭 문제

먼저 물건 1에 대해서만 배낭 용량을 1kg씩 늘려가면서 어떤 가치를 얻을 수 있는지 살펴보자. 배낭 용량이 1kg, 2kg, 3kg, 4kg일 때에는 물건 1을 배낭에 담을 수 없다. 따라서 각각의 경우에 얻는 가치는 0이다.

이제 배낭 용량을 1kg 늘리면 용량이 5kg이 된다. 이때는 물건 1의 무게가 5kg이므로 물건 1을 배낭에 담을 수 있다. 그다음 계속해서 배낭 용량이 10kg이 될 때까지 1kg씩 늘려서 각각의 경우를 살펴보면 일단 물건 1만 고려하는 것이므로, 각각 10만 원의 가치를 얻는다.

지금까지 해결한 작은 문제들의 결과, 즉 얻은 가치는 다음의 표와 같다.

			배낭 용량									
무게	가치	물건	1	2	3	4	5	6	7	8	9	10
5	10	1	0	0	0	0	10	10	10	10	10	10

다음은 물건 2에 대해, 물건 1에 관한 결과를 이용하여 배낭의 용량이 1kg일 때부터 1kg씩 늘려가면서 물건 2를 배낭에 담는 것을 고려해보자.[9] 배낭 용량이 1kg, 2kg, 3kg일 때는 물건 2가 무거워서 배낭에 담을 수 없다. 참고로 이때 물건 1도 담을 수 없다. 그러므로 각각의 경우 얻는 가치는 0원이다.

그런데 배낭 용량이 4kg이 되면 물건 2를 담을 수 있다. 이때 물건 1은 배낭에 담을 수 없다. 따라서 배낭 용량이 4kg일 때 얻는 가치는 물건 2의 가치인 40만 원이다.

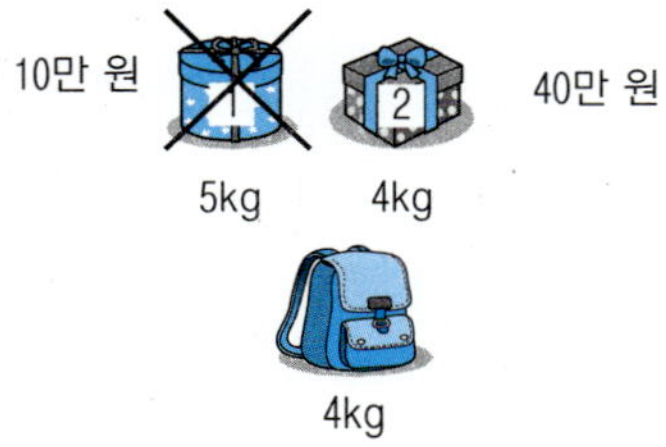

생각해보자

그다음에 배낭 용량이 5kg이 되면, 물건 1과 2 중에 어떤 것을 배낭에 담아야 할까?

다음 두 가지의 경우에 대해 더 큰 가치를 얻을 수 있는 것은 어느 것일까?

9) 배낭에 담을 대상이 물건 1과 2 둘 다란 뜻이다.

[1] 물건 2를 무시하고 물건 1을 배낭에 남겨두었을 때의 가치

[2] 4kg인 물건 2를 담기 위해, (현재의 배낭 용량인 5kg을 4kg만큼 줄여서, 즉 배낭 용량이 1kg일 때의 가치) + (물건 2의 가치)

그런데 [1]은 10이고, [2]는 0 + 40 = 40이다. 따라서 물건 1을 배낭에서 꺼내고 물건 2를 배낭에 담아야 더 큰 가치를 얻는다. 여기서 주의할 것은 배낭 용량을 줄여서 1kg이 되었을 때의 가치가 0이 아닐 수도 있다.

4kg 배낭 용량

무게	가치	물건	1	2	3	4	5	6	7	8	9	10
5	10	1	0	0	0	0	10	10	10	10	10	10
4	40	2	0	0	0	40	?					

0 + 40 = 40

그다음 배낭 용량을 1kg씩 늘려가며 용량이 8kg이 될 때까지는 물건 1을 꺼내고 물건 2를 담는 것이 배낭 용량이 5kg일 때와 마찬가지로 더 큰 가치를 얻는다.

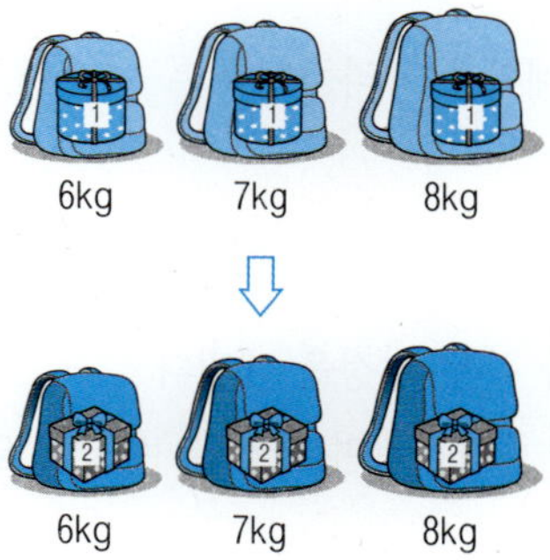

그런데 배낭의 용량이 9kg일 때는 물건 1과 2 모두 배낭에 담을 수 있다. 따라서 이때의 가치는 10 + 40 = 50만 원이다. 배낭 용량이 10kg일 때도 마찬가지로 가치는 50만 원이다.

4kg

무게	가치	물건	1	2	3	4	5	6	7	8	9	10
5	10	1	0	0	0	0	10	10	10	10	10	10
4	40	2	0	0	0	40	40	40	40	40	?	

10 + 40 = 50

지금까지 해결한(물건 1, 2만을 고려한) 부분 문제들의 결과를 표로 나타내면 다음과 같다.

무게	가치	물건	1	2	3	4	5	6	7	8	9	10
5	10	1	0	0	0	0	10	10	10	10	10	10
4	40	2	0	0	0	40	40	40	40	40	50	50

(배낭 용량)

위와 같이 물건 3에 대해서 배낭의 용량을 늘려가며 가치를 계산하고, 마지막으로 물건 4에 대해서 가치를 계산하면 다음과 같은 표를 얻는다.

무게	가치	물건	1	2	3	4	5	6	7	8	9	10
5	10	1	0	0	0	0	10	10	10	10	10	10
4	40	2	0	0	0	40	40	40	40	40	50	50
6	30	3	0	0	0	40	40	40	40	40	50	70
3	50	4	0	0	0	50	50	50	90	90	90	90

(배낭 용량)

따라서 용량이 10kg인 배낭에 4개의 물건 중에서 물건 2와 4를 담을 때 최대 가치인 90만 원을 얻는다.

다음은 배낭 문제를 위한 동적 계획 알고리즘이다.

알고리즘

[1] 물건을 차례로 하나씩 다음과 같은 결정을 내린다.

배낭의 용량을 1kg씩 증가시키며 물건을 배낭에 담는 것이 유리한지 담지 않는 것이 나은지 결정한다.

[2] return 마지막 물건에 대해 K일 때의 배낭에 담은 물건의 총 가치

다음은 배낭 문제를 위한 동적 계획 알고리즘을 파이썬으로 구현한 프로그램이다.

파일명: AT 5.5 배낭 문제.py

```
W = [5, 4, 6, 3]
V = [10, 40, 30, 54]
K = 10
n = len(W)
T = [[0 for _ in range(K+1)] for _ in range(n+1)]

for i in range(n):
    for j in range(K+1):
        if W[i] > j:
            T[i][j] = T[i-1][j]
        else:
            T[i][j] = max(T[i-1][j], V[i] + T[i-1][j - W[i]])

print('최대 가치:', T[n-1][K])
```

- 입력 (W, V, K)
- 각 부분 문제의 해 초기화 (T)
- 물건 i가 j보다 무거우면 (if W[i] > j)
- 물건 i를 담지 않는다. (T[i][j] = T[i-1][j])
- 물건 i를 담지 않는 것과 담는 것 중 가치 큰 경우 선택 (T[i][j] = max(...))

```
Run: AT 5.5 배낭 문제
C:\Users\user\venv\Scripts\python.exe
최대 가치: 94

Process finished with exit code 0
```

먼저 2차원 리스트 T를 선언하면서 동시에 모든 원소를 0으로 초기화한다. for-루프에서는 물건을 차례로 배낭의 용량을 1kg씩 증가시키며 물건을 배낭에 담는 것이 유리한지 담지 않는 것이 나은지 결정한다. 그리고 마지막에는 T[n-1][K]를 반환한다.[10]

수행 시간

물건 1개에 대해 총 K개의 경우에 대해 최솟값을 찾으며, 각각의 경우에 최솟값 찾기는 $O(1)$ 시간이 걸리므로 알고리즘의 수행 시간은 $O(nK)$이다.

그러나 이 문제에는 K에 대한 크기 제한이 없으므로 $K = 2^n$이면 n이 증가할수록 문제의 해를 찾기 점점 어려워진다. 따라서 K가 크지 않을 때 동적 계획 알고리즘으로 최적해를 찾는 것이 바람직하다.

10) 물건이 0, 1, …, 이므로 T[n][K]가 아니라 T[n-1][K]를 반환한 것이다.

요약

작은 문제들의 해를 이용해서 보다 큰 문제들을 해결하여, 주어진 문제를 해결하는 방식을 동적 계획 알고리즘이라고 한다.

- 가장 긴 증가 순서 찾기는 입력을 그래프로 변환하여 좌에서 우로 각 정점으로 들어오는 간선의 다른 끝점까지의 길이를 비교하며 최장 경로를 찾는다. 수행 시간은 $O(n^2)$이다.
- 벨만-포드 알고리즘은 음수 가중치가 있는 그래프에서 최단 경로를 찾는다. 단, 입력 그래프는 음수 사이클이 없다. 알고리즘은 모든 간선을 통해 $n-1$회 간선 완화를 시도한다. 수행 시간은 인접 리스트를 사용하면 $O(nm)$이다. m은 간선 수이다.
- 서열 정렬은 편집 거리 문제로도 알려져 있다. 두 스트링의 접두부의 크기를 변화시키며 표를 채워서 최소 연산 횟수를 계산하는데 수행 시간은 $O(nm)$이다. 여기서 n과 m은 두 스트링 각각의 길이이다.
- 합이 최대 K 되는 숫자 문제의 조건이 변화된 구간 스케줄링 문제와 같으며 배낭 문제의 특수한 경우이다. 숫자를 하나씩 증가시키며 1부터 K까지 증가시키어 해를 찾으므로 수행 시간은 $O(nK)$이다.
- 배낭 문제는 합이 최대 K 되는 숫자 문제에 조건을 추가한 문제로서 합이 최대 K 되는 숫자 문제의 동적 계획 알고리즘과 거의 유사하다. 물건을 하나씩 추가하면서 배낭의 무게를 1kg씩 늘려서 얻을 수 있는 최대 가치를 계산한다. 수행 시간은 $O(nK)$이다.
- 그리디 알고리즘도 작은 문제들의 해를 이용하지만, 선택한 해를 계속 축적하여 문제의 해를 얻는다.
- 동적 계획 알고리즘은 가능한 모든 경우의 작은 문제들을 빠짐없이 해결해 놓고 그중에서 최적의 해를 이용하여 문제의 해를 얻는다.

연습문제

1 다음의 입력에 대해 가장 긴 증가 순서의 길이는?

```
1, 8, 4, 6, 2, 8, 6, 9, 1, 9, 5, 8, 3, 10
```

① 4
② 5
③ 6
④ 7
⑤ 답 없음

2 다음의 입력에 대해 가장 긴 증가 순서의 길이는?

```
-10, 20, -1, 35, -15, 60, -40, 80, 90
```

① 4
② 5
③ 6
④ 7
⑤ 답 없음

3 다음의 입력에 대해 가장 긴 증가 순서는?

```
8, -2, 11, 5, 8, 20, 13, 16
```

① 8, 11, 20
② 8, 11, 13, 16
③ −2, 11, 13, 16
④ −2, 5, 8, 13, 16
⑤ 답 없음

4 다음의 입력에 대해 가장 긴 증가 순서를 찾기 위한 그래프를 그려라.

```
10, 70, 5, 30, 25, 50, 40, 60, 35
```

5 다음의 순서에서 가장 긴 증가 순서의 길이는?

10, 70, 5, 30, 25, 50, 40, 60, 35

① 3 ② 4
③ 5 ④ 6
⑤ 답 없음

6 5개의 나열된 숫자에서 가장 긴 증가 순서의 길이가 1이 되는 경우의 예를 보여라.

7 모든 숫자의 조합으로 증가 순서를 만들면서 그중에서 가장 긴 증가 순서를 찾으려 할 때, 가능한 모든 숫자의 조합의 가짓수는? (단, 입력 크기가 n이다.)

① n^2 ② n^3
③ 2^n-1 ④ $n!$
⑤ 답 없음

8 다음의 그래프에 있는 모든 간선이 양의 가중치를 가진다면 Bellman-Ford 알고리즘의 step [2]가 총 $n-1$회의 간선 완화를 시도하는 중에서 몇 회를 시도하면 모든 점의 최단 경로를 찾는가? (여기서 1회의 간선 완화 시도란 개별 간선에 대한 간선 완화 시도가 아니라 step [2]가 1회 수행되는 것을 의미한다.)

① 3
② 4
③ 5
④ 6
⑤ 답 없음

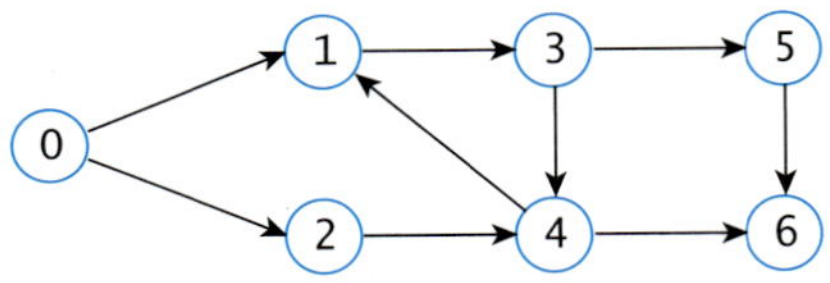

9 다음의 그래프에 대해 Bellman-Ford 알고리즘의 step [2]가 4회 수행된 직후에 정점 0으로부터 정점 3의 거리, 즉 D[3]의 값은?

① 1
② 2
③ 3
④ 4
⑤ 답 없음

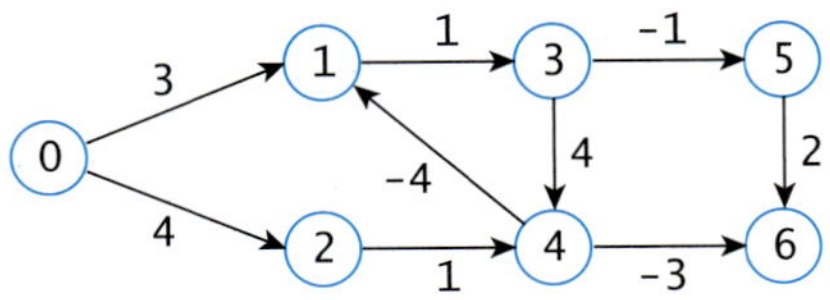

10 Bellman-Ford 알고리즘의 수행 시간은? (단, n은 그래프의 점의 수이고 그래프는 인접 행렬에 저장된다.)

① $O(n)$ ② $O(n^2)$
③ $O(n \log n)$ ④ $O(n^3)$
⑤ 답 없음

11 Bellman-Ford 알고리즘의 수행 시간은? (단, n은 그래프의 점의 수이고, m은 간선 수이며, 그래프는 인접 리스트에 저장된다.)

① $O(m)$ ② $O(mn^2)$
③ $O(mn)$ ④ $O(n^3)$
⑤ 답 없음

12 다음 중 Bellman-Ford 알고리즘에 관한 설명 중 틀린 것은? (단, n은 그래프의 점의 수이다.)

① 입력 그래프에 음수 사이클이 있는지를 확인할 수 있다.
② 최대 $n-1$회의 간선 완화를 시도한다.
③ 미확정된 점 중에서 가장 가까운 점을 찾지도 않으며, 정점의 방문 여부도 검사하지 않는다.
④ 음수 가중치가 없는 그래프에 대해 다익스트라 알고리즘보다 수행 시간이 빠르다.
⑤ 답 없음

13 Bellman-Ford 알고리즘은 어떤 종류의 알고리즘인가?

① 분할 정복 알고리즘
② 그리디 알고리즘
③ 동적 계획 알고리즘
④ 백트래킹 알고리즘
⑤ 답 없음

14 다음의 그래프에 대해 Bellman-Ford 알고리즘으로 정점 0에서 정점 6까지 최단 경로 및 거리를 찾아라.

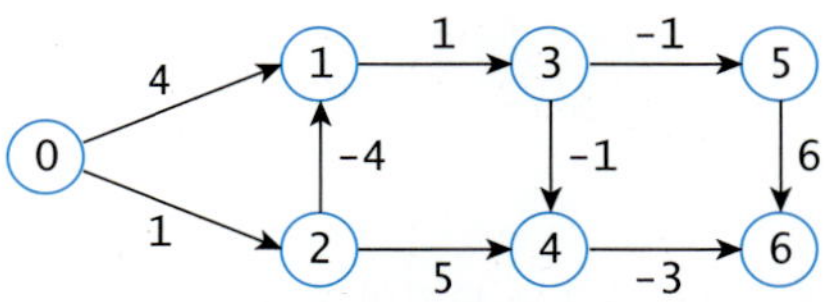

15 ε(공 문자열)을 'qwerty'로 만들려면 최소 몇 회의 편집 연산이 필요한가?

① 4　　② 5
③ 6　　④ 7
⑤ 답 없음

16 'abcd'를 ε(공 문자열)으로 만들려면 최소 몇 회의 편집 연산이 필요한가?

① 0　　② 1
③ 3　　④ 4
⑤ 답 없음

17 'abcd'를 'efghk'로 만드는데 필요한 편집 거리는?

① 4　　② 5
③ 6　　④ 7
⑤ 답 없음

18 'twitter'를 'whittier'로 만드는데 필요한 편집 거리는?

① 3　　② 4
③ 5　　④ 6
⑤ 답 없음

19 서열 정렬 알고리즘의 수행 시간은? (단, 두 스트링의 길이는 각각 m, n이다.)

① $O(m+n)$　　② $O(m\log n)$
③ $O(n\log m)$　　④ $O(mn)$
⑤ 답 없음

20 서열 정렬 알고리즘은 어떤 종류의 알고리즘인가?

① 분할 정복 알고리즘
② 그리디 알고리즘
③ 동적 계획 알고리즘
④ 백트래킹 알고리즘
⑤ 답 없음

21 서열 정렬을 위한 알고리즘은 두 입력 스트링의 편집 거리만을 출력한다. 실제로 편집 거리에 대응되는 편집 연산이 어떤 순서로 이루어지는지 출력하도록 알고리즘을 수정하라.

22 다음의 두 스트링에 대해 서열 정렬 알고리즘을 수행하여 편집 거리를 계산하라.

S = algorithmic ⇨ T = altruistic

23 {3, 4, 5, 6, 9, 10, 12}, K = 24일 때, 욕심내어 <u>작은 것부터</u> 선택하는 그리디 알고리즘으로 선택한 숫자들의 합은? (단, 숫자의 합은 K를 초과하지 말아야 한다.)

① 18 ② 20
③ 22 ④ 24
⑤ 답 없음

24 {3, 4, 5, 6, 9, 10, 12}, K = 24일 때, 욕심내어 <u>큰 것부터</u> 선택하는 그리디 알고리즘으로 선택한 숫자들의 합은? (단, 숫자의 합은 K를 초과하지 말아야 한다.)

① 18 ② 20
③ 22 ④ 24
⑤ 답 없음

25 {3, 4, 5, 6, 9, 10, 12}에서 합이 24가 되는 숫자들을 찾아라.

26 합이 최대 K 되는 숫자 문제를 위한 동적 계획 알고리즘의 수행 시간은? (단, n개의 숫자들과 K가 주어진다.)

① $O(n^K)$ ② $O(K^n)$
③ $O(nK)$ ④ $O(K\log n)$
⑤ 답 없음

27 합이 K 되는 숫자 문제를 해결하기 위해 모든 조합을 시도 방법의 수행 시간은? (단, n개의 숫자와 K가 주어진다.)

① $O(n^3)$ ② $O(2^n)$
③ $O(nK^2)$ ④ $O(n\log n)$
⑤ 답 없음

28 합이 최대 K 되는 숫자 문제를 위한 동적 계획 알고리즘이 수행되기 전에 표의 0번 행을 0으로 초기화해야 한다. 그 이유를 설명하라.

29 다음의 4개의 물건에 대해 배낭의 용량이 30kg일 때, 단위 무게 당 가치가 가장 많은 물건을 먼저 담는 그리디 알고리즘으로 얻는 가치는?

① 190
② 200
③ 180
④ 110
⑤ 답 없음

물건	무게(kg)	가치
1	5	50
2	20	140
3	10	60

30 다음의 4개의 물건에 대해, 배낭의 용량이 30kg일 때 최대로 얻는 가치는?

① 190
② 200
③ 180
④ 110
⑤ 답 없음

물건	무게(kg)	가치
1	5	50
2	20	140
3	10	60

31 배낭 문제를 해결하는 가장 간단한 방법은 모든 물건의 조합으로 배낭에 담아보는 것이다. 만약 물건이 10개 있다면 총 몇 가지의 조합으로 배낭에 담는 시도해야 할까?

① 10 ② 100
③ 511 ④ 1023
⑤ 답 없음

32 배낭 문제를 위한 동적 계획 알고리즘의 수행 시간은? (단, n개의 물건들과 배낭 용량 K가 주어진다.)

① $O(n^K)$ ② $O(K^n)$
③ $O(nK)$ ④ $O(K\log n)$
⑤ 답 없음

33 배낭 문제에 대해 옳은 것들을 모두 모아 놓은 것은?

(가) 완전 탐색(Exhaustive Search)으로 최적해를 찾으려면 지수 시간이 소요된다.
(나) 동적 계획 알고리즘으로 최적해를 찾으므로 다항식 시간에 해결된다.
(다) 배낭의 용량을 변화시키는 대신에 물건의 가치를 0, 1, 2, 3, … 으로 변화시키는 동적 계획 알고리즘으로 해결할 수도 있다.
(라) 동적 계획 알고리즘으로 해결하려 할 때 각 부분 문제는 $O(1)$ 시간에 해결할 수 있다.

① (가), (나)　② (가), (나), (다)
③ (가), (나), (다), (라)　④ (가), (다), (라)
⑤ (다), (라)

34 배낭 문제를 위한 동적 계획 알고리즘이 시작되기 전에 표의 0번째 행을 0, 0, 0, …, 0으로 초기화하는 이유를 설명하라.

배낭 용량	0	1	2	3	4	…	K
	0	0	0	0	0	…	0

35 배낭 문제를 위한 동적 계획 알고리즘이 시작되기 전에 표의 0번째 열을 0, 0, 0, …, 0으로 초기화하는 이유를 설명하라.

배낭 용량		0
물건	1	0
	2	0
	⋮	⋮
	n	0

36 다음의 표와 같이 4개의 물건의 무게와 가치가 각각 주어질 때 동적 계획 알고리즘을 이용하여 배낭에 담을 수 있는 물건들의 최대의 가치를 계산하라. (단, 배낭의 용량은 8이다.)

물건	무게	가치
1	1	15
2	5	10
3	3	9
4	4	5

37 배낭의 용량 10kg일 때 동적 계획 알고리즘으로 최대 가치는 과정을 표로 만들어 채워라. (단, 물건은 통째로 배낭에 담아야 한다.)

물건	무게(kg)	가치
1	2	6
2	5	10
3	6	15
4	7	25

38 다음의 빈칸에 알맞은 것은?

> 동적 계획 알고리즘은 입력 크기가 [ ] 부분 문제들을 모두 해결한 후에 그 해들을 이용하여 보다 [ ] 크기의 부분 문제들을 해결하는 알고리즘이다.

① 큰, 작은
② 큰, 큰
③ 작은, 작은
④ 작은, 큰
⑤ 답 없음

쉬어가는 페이지

동적 계획 이야기

Dynamic Programming은 동적 계획이라 번역되어 사용되나, 원래 컴퓨터 분야에서는 dynamic이란 단어는 '동적(動的)인', 즉 'CPU가 프로그램을 수행하는 동안'이라는 의미로 사용된다. 반면에 '정적(靜的)'이란 프로그램이 수행되기 전에 '컴파일러가 프로그램을 처리하는 동안'이라는 의미로 쓰인다.

Dynamic Programming이라는 용어는 1950년에 리차드 벨만(Richard Bellman)이 처음 사용하였다. 벨만은 자신의 자서전에서 당시 미국 국방부 장관인 윌슨(Wilson)이 '연구(research)'란 단어를 매우 증오하였고, 연구라는 말만 들어도 얼굴이 붉게 변하고 매우 폭력적으로 변했으며, '수학'이란 단어도 매우 싫어하였다고 하였다.

벨만은 윌슨에게 연구 계획서를 제출해야 했는데 자신의 연구 주제인 단계적인 결정 과정(Multistage Decision Processes)에 대해 수학에 관련된 연구라는 것을 드러내지 않으려고 Dynamic과 Programming이라는 단어를 사용하였다고 한다. 벨만은 자신의 연구가 시간이 흐름에 따라 여러 단계로 진행되는 과정에 관한 연구인데 물리학적으로 dynamic이 시간의 흐름을 잘 반영하기 때문에 dynamic을 선택하였고, 그리고 진행되는 과정에서 단계적인 결정을 내리기 위한 계획(Planning)의 의미로 programming이란 단어와 합성하여 자신의 연구 제목에 Dynamic Programming을 포함시켜 윌슨에게 제출하였다고 한다.

그런데 버클리 대학 교수 러셀(Russell)과 구글의 노르빅(Norvig)이 1995년에 쓴 인공지능 책에서는 윌슨이 1953년에 국방장관이 되었다고 벨만의 이야기를 반박한다. 또한 그들은 윌슨이 카네기 멜론 대학에서 전기 공학을 전공했고, 제너럴 모터스에서 20여 년 일하고 그 회사의 사장까지 되었던 사람인데 어떻게 그가 '연구'와 '수학'이라는 단어를 그렇게 싫어할 수 있을까 하는 의문을 던졌다.

또 하나의 이야기는 브라운 대학 쿠슈너(Kushner) 교수가 Dynamic Programming이란 이름에 대해 직접 벨만에게 물어봤을 때, 벨만은 당시 유명했었던 선형 계획법(Linear Programming)에서 Programming을 가져와서 Dynamic을 앞에 붙인 것이라 말했다고 한다.

리차드 벨만은 Part 5.2의 Bellman-Ford 최단 경로 알고리즘의 Bellman과 동일인이다.

PART

06 되돌아가며 풀어보기

CONTENTS

PART

6 되돌아가며 풀어보기

이 Part에서는 문제의 해를 탐색하는 방식의 알고리즘들을 소개한다. 문제를 되돌아가며 풀어보기는 해를 찾는 과정에서 해를 더 이상 찾지 못하는 경우 바로 직전 상태로 되돌아가서 다른 것을 시도하여 문제 해를 탐색한다. 이러한 방식의 알고리즘을 백트래킹(Backtracking) 알고리즘이라고 한다.

백트래킹 알고리즘은 최적화 문제와 결정 문제를 해결할 수 있다. 결정 문제란 문제에 대한 해의 존재 여부(즉, 해가 '있다' 또는 '없다')를 답하는 문제이다. 이 Part에서는 해결하는데 지수 시간이 소요되는 NP-완전 문제[1]인 그래프 색칠하기(Graph coloring), 서양 장기의 여왕 말 문제(n-Queen's problem), 합이 K 되는 숫자 문제를 위한 백트래킹 알고리즘을 살펴본다.

백트래킹은 해 탐색 순서를 깊이 우선(Depth first)으로 진행한다. 깊이 우선 탐색 방식은 해가 있을 만한 곳에 상관하지 않고 일정한 순서로 탐색하는 단점을 가지고 있다. 이러한 단점을 보완하는 해 탐색 방법이 분기 한정(Branch-and-Bound) 알고리즘이다. 분기 한정 알고리즘은 한정 값(bound)을 이용하여 한정 값이 가장 좋은 것부터 우선 탐색하며 이를 최선 우선(Best First) 탐색이라고 한다. 최선 우선 탐색은 해가 있을 만한 곳을 우선 탐색하므로 깊이 우선 탐색과 비교해 탐색 범위를 상당히 줄여서 해를 찾는다. 이 Part에서는 NP-완전 문제인 배낭 문제를 위한 분기 한정 알고리즘을 살펴본다.

6.1 그래프 색칠하기

그래프 색칠하기 문제는 인접한 영역을 서로 다른 색으로 칠하는 지도 색칠하기와 유사한 문

1) 부록IV 참조

제이다. 그래프 색칠하기(Graph Coloring)는 주어진 그래프를 최소의 색으로 인접한 정점들을 서로 다르게 색칠하는 문제이다.

먼저 지도 색칠하기를 살펴보자. 지도 색칠하기는 인접한 두 영역을 서로 다른 색으로 칠하는 것이다. 지도 색칠하기는 지도를 그래프로 변환하여 해결할 수 있다.

생각해보자

지도를 그래프로 어떻게 바꾸어야 할까?

지도에 n개의 영역이 있으면 영역에 대응되는 n개의 정점을 만든다. 그리고 지도의 두 영역이 서로 인접하면 두 영역에 대응되는 정점을 간선으로 잇는다.

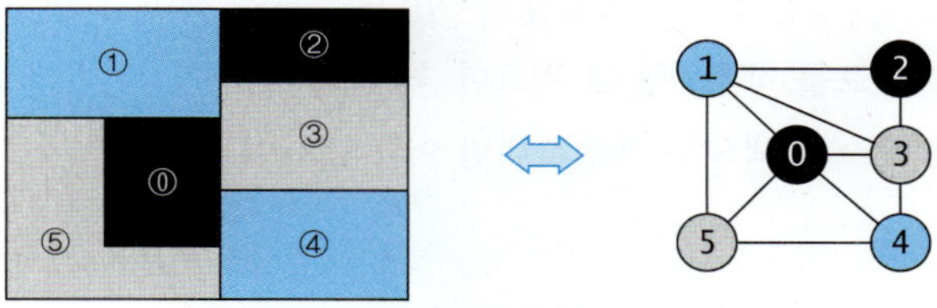

그림 6.1.1 지도를 그래프로 변환

그림 6.1.1은 왼편의 지도를 오른편의 그래프로 변환시킨 것을 보여준다. 먼저 지도의 6개 영역에 대해 6개의 정점을 만들고, 인접한 두 영역이 있으면 그래프의 대응되는 두 점을 간선으로 연결한다. 그림 6.1.1에서 지도의 영역 0은 영역 1, 3, 4, 5와 인접하므로 그래프의 점 0을 1, 3, 4, 5와 각각 연결한다. 영역 3은 영역 0, 1, 2, 4와 인접하므로, 점 3이 점 0, 1, 2, 4와 각각 연결된다.

생각해보자

모든 그래프를 지도로 만들 수는 있을까?

각 점이 모든 다른 점들과 연결된 그림 6.1.2(a)의 그래프에 대응되는 지도를 만들어보자. 우선 4개의 정점 A, B, E, C에 대해 그림 6.1.2(b)와 같이 4개의 영역을 서로 인접하게 만든다. 그러나 D가 A, B, C, E에 모두 인접하려면 적어도 두 영역이 인접할 수 없다. 그림 6.1.2(c)처럼 D를 그리면 A와 C가 인접할 수 없다. 즉, D에 대응되는 영역을 그릴 방법이 없다. 따라서 모든 그래프를 지도로 만들 수 없다. 그러나 항상 지도로 만들 수 있는 그래프가 있는데 이 그래프를 평면 그래프(plane graph)라고 한다.

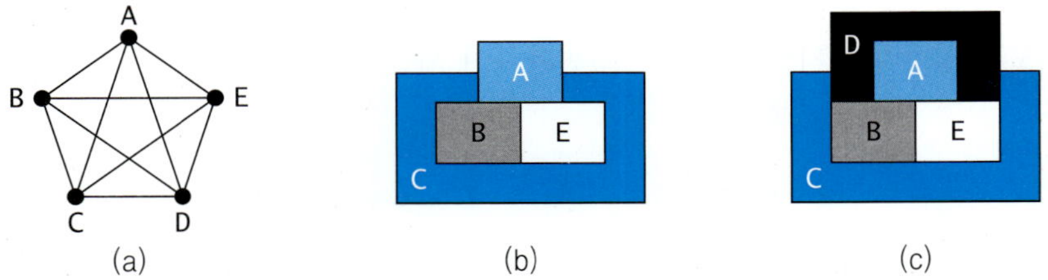

그림 6.1.2 지도로 변환되지 않는 그래프

그림 6.1.1의 그래프를 2개의 색만으로 칠하려면 인접한 두 정점이 같은 색을 가질 수밖에 없다. 즉, 2개의 색으로는 문제의 조건에 맞게 칠할 수 없다. 이 그래프를 4개 이상의 색을 사용하면 당연히 그래프를 성공적으로 색칠할 수 있다. 그러나 색이 3개만 있어도 색칠할 수 있다. 이처럼 주어진 그래프를 색칠하는데 필요한 최소 색의 수를 채색수(chromatic number)라고 한다. 그래프를 최소의 색으로 색칠하려면 어떻게 해야 할까?

생각해보자

최소 색의 수를 찾기 위해 모든 조합의 색을 다 시도해보자.

예를 들어 K = 3개일 때, 색 0, 1, 2에 대해서 그래프에 정점이 4개, A, B, C, D가 있다면 총 3×3×3×3 = 3^4 경우 각각에 대해 색칠이 가능한지 검사한다.

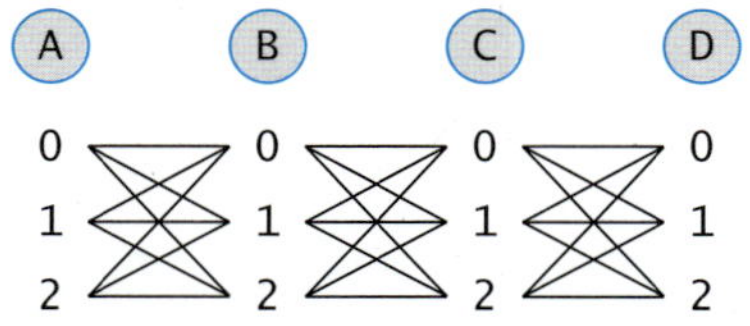

그러나 이 방법은 그래프의 정점의 수가 많아질수록 해를 찾기는 점점 어려워진다.

생각해보자

욕심내어 색칠해보자.

색을 0, 1, 2, … 이라 할 때, 이웃한 정점에 사용되지 않은 색 중에 욕심내어 가장 작은 색을 칠하자. 이를 그리디 색칠하기(Greedy coloring)라고 한다. 그리디 색칠하기는 선형 시간[2)]에 그래프를 색칠할 수 있으나, 그림 6.1.3과 같이 채색수보다 많은 색을 사용하기도 한다. 즉, 그리디 색칠하기는 최소색을 보장하지 않는다.

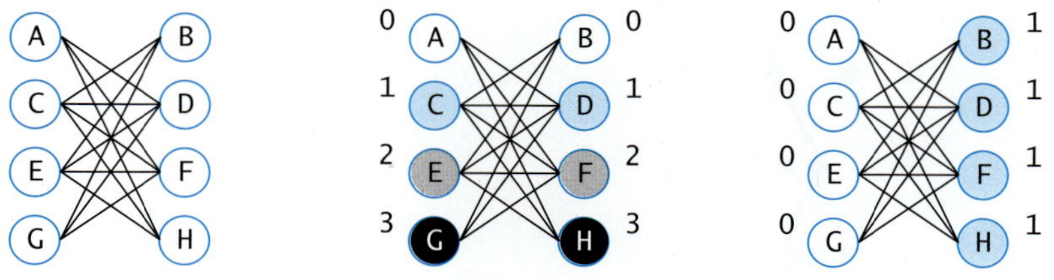

(a) 입력 그래프 (b) 그리디 색칠하기 (c) 최적해

그림 6.1.3 그리디 색칠하기의 문제점

그림 6.1.3(b)에서 그리디 색칠하기로 점 A부터 칠하기 시작해서 점 G의 색을 결정할 때는 점 G에 인접한 점 B, D, F가 각각 다른 색으로 칠해져 있으므로 점 G를 점 B, D, F와 다른 색으로 칠해야 한다. 점 H도 점 G와 같은 상황이어서 점 G와 같은 색으로 칠한다. 그러나 그림 6.1.3(c)를 보면 입력 그래프는 2개의 색으로 칠할 수 있다.

> **생각해보자**
> 백트래킹 알고리즘으로 색칠해보자.

임의의 정점부터 하나의 색을 선택하고, 인접한 정점에 대해 다른 색을 선택하는 방식으로 각 노드에 대해 빠짐없이 차례로 색을 선택하다 보면 모든 노드를 조건에 맞게 색칠할 수 있다.

그림 6.1.4는 그림 6.1.1의 그래프에 대해 3개의 색으로 그래프의 점의 색을 성공적으로 결정하는 과정을 보여준다. 'x'로 표시된 경우는 인접한 노드의 색과 같아서 색칠하기를 실패한 경우이다. 따라서 그 아래의 남아있는 점들에 대해 더 이상 색칠하기를 시도하지 않는다. 이렇게 탐색을 중단하는 것을 가지치기(pruning)라고 한다. 이때는 부모 노드로 되돌아가서 다른 색을 선택한다. 또한 이러한 트리를 상태 공간 트리(state space tree)라고 한다.

상태 공간 트리의 루트는 초기 상태를 나타내며, 레벨마다 정점을 차례로 할당하여 정점을 색칠해보며 색칠할 수 없으면 다음 색을 시도한다. 참고로 그래프를 색칠하기 위해 실제로 상태

2) 수행 시간은 $O(m+n)$ 이다. m은 간선 수이고, n은 정점의 수이다.

공간 트리를 만들지 않는다. 이 트리는 백트래킹 알고리즘이 해를 찾는 과정을 보여줄 따름이다.

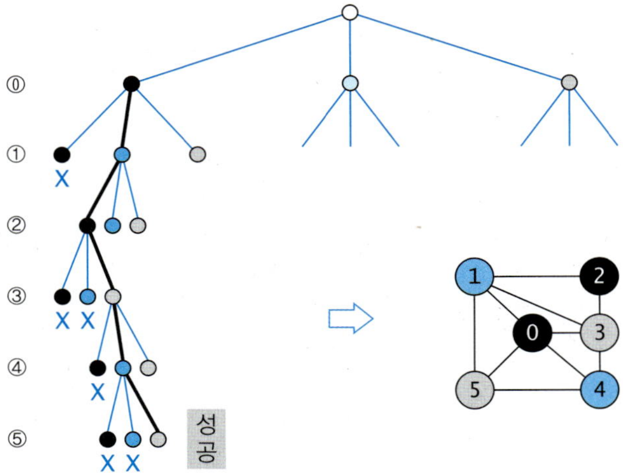

그림 6.1.4 색칠하기를 위한 상태 공간 트리

다음은 그래프를 색칠하기를 위한 백트래킹 알고리즘이다. 단, K색을 사용하여, 정점이 n개인 그래프를 색칠한다.

알고리즘

[1] 정점 0을 하나의 색으로 칠한다.

[2] 모든 점이 색칠될 때까지

다음 점이 이미 색칠된 점과 인접하면, 인접한 점들의 색과 다른 색을 선택한다.

단, 주어진 K에 대해 색칠에 실패하면 K를 1 증가시킨 후, 처음부터 다시 알고리즘을 수행한다.

다음은 그래프를 색칠하기를 위한 백트래킹 알고리즘을 파이썬 프로그램으로 구현한 것이다.

파일명: AT 6.1 그래프 색칠하기.py

```
def valid(i):
    for j in range(n):
        if g[i][j] and color[i] == color[j] and (color[i] != -1):
            return False
    return True


def coloring(i):
    if i == n:
        print('색칠 결과:', color)
        return True

    for c in range(K):
        color[i] = c
        if valid(i):
            if coloring(i + 1):
                return True
    return False


g = [[0, 1, 0, 1, 1, 1],
     [1, 0, 1, 1, 0, 1],
     [0, 1, 0, 1, 0, 0],
     [1, 1, 1, 0, 1, 0],
     [1, 0, 0, 1, 0, 1],
     [1, 1, 0, 0, 1, 0]]
n = len(g)
K = 3
color = [-1 for i in range(n)]
if not coloring(0):
    print('색칠 할 수 없음')
```

- `if g[i][j] and color[i] == color[j] and (color[i] != -1):` — i와 j가 인접하고, –1이 아닌 같은 색으로 칠해졌으면 False 반환
- `if i == n:` — 모든 정점의 색칠이 완료되면 색칠 결과 출력
- `if valid(i):` — 정점 i를 c로 칠해도 되는지 확인하기 위해 valid(i) 호출
- `if coloring(i + 1):` — 다음 점, 즉 i+1을 칠하기 위해 순환 호출
- `g = [[...]]` — 입력 그래프 인접 행렬
- `K = 3` — 색은 0, 1, 2
- `color = [-1 for i in range(n)]` — 각 정점의 색을 –1로 초기화
- `if not coloring(0):` — coloring 함수 호출

Run: AT 6.1 그래프 색칠하기

```
C:\Users\user\venv\Scripts\python.exe
색칠 결과: [0, 1, 0, 2, 1, 2]

Process finished with exit code 0
```

초기에 coloring(0)으로 coloring 함수를 호출하고, coloring 함수에서 만일 i < n이면 for-루프를 통해 정점 i의 색을 하나씩 시도하며 색칠이 적절하면 다음 정점인 i+1로 순환 호출한다. valid(i) 함수는 정점 i의 색칠이 유효한지 검사한다. coloring 함수에서 i == n이 되면 색칠하기를 종료하고 color[] 리스트를 출력한 후, True를 반환한다.

수행 시간

백트래킹 알고리즘의 수행 시간은 해가 상태 공간 트리의 어느 노드에 있는지 알 수 없고 입력에 따라 가지치기도 달라지므로 상태 공간 트리의 노드 수로 계산한다.

그래프 색칠하기를 위한 상태 공간 트리는 루트를 포함해 노드마다 K개의 자식 노드들을 가지므로 총 노드 수는 $K+K^2+K^3+\cdots+K^n=O(K^n)$이다. 각 노드에선 그래프가 색칠이 유효한지 검사해야 하므로 $O(n)$ 시간이 소요된다. 따라서 알고리즘의 수행 시간은 $O(nK^n)$이다.

노드 수가 많고 필요한 색의 수가 많아질수록 상태 공간 트리의 노드 수는 폭발적(기하급수적)으로 늘어난다. 일반적인 그래프에 대해 색칠하기 문제를 해결하는 빠른(다항식 시간) 알고리즘이 있는지 없는지조차도 아직 아무도 모른다.

> **생각해보자**
> 다항식 시간에 색칠할 수 있는 특수한 그래프가 있을까?

첫 번째 그래프는 평면 그래프이다. 지도를 변환한 그래프가 평면 그래프이다. 평면 그래프의 특징은 어떤 간선도 서로 교차하지 않도록 그래프를 그릴 수 있다. 단, 그림 6.1.2의 그래프는 평면 그래프가 아니다.

두 번째 그래프는 구간 그래프(interval graph)이다. Part 4.1에서 구간 분할 문제를 다루었는데, 문제에서 각 동아리가 하나의 정점이고 두 동아리의 미팅 시간이 겹치면 해당 정점들 사이에 간선을 그려서 만든 그래프가 구간 그래프이다. 구간 분할 문제를 그리디 알고리즘으로 최적해를 찾으므로, 즉 최소의 미팅룸에 동아리들을 스케줄링하므로 이때 미팅룸 수는 구간 그래프의 채색수와 같다. 참고로 같은 색의 정점(동아리)들은 같은 미팅룸에 배정된다.

그림 6.1.5는 Part 4.1의 구간 분할 문제의 입력을 구간 그래프로 변환한 것이다.

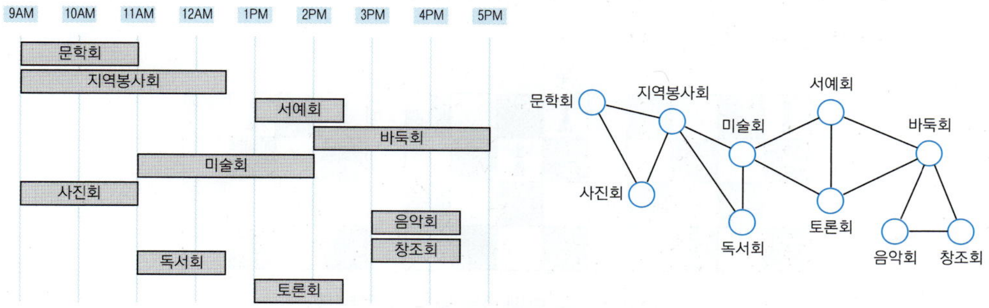

그림 6.1.5 구간 분할 문제의 입력과 구간 그래프

그림 6.1.6은 Part 4.1의 구간 분할 문제의 해와 구간 그래프를 색칠한 것과 비교한 것이다.

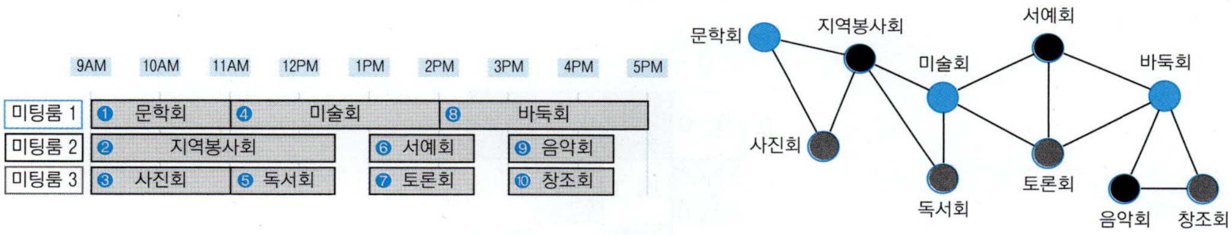

그림 6.1.6 구간 분할 문제의 해와 구간 그래프 색칠

6.2 여왕 말 문제

서양 장기에서 여왕 말은 가장 강력한 공격용 말로서 그림 6.2.1과 같이 8방향(상하좌우 및 대각선상)으로 경기자가 원하는 칸만큼 여왕 말을 움직일 수 있다.

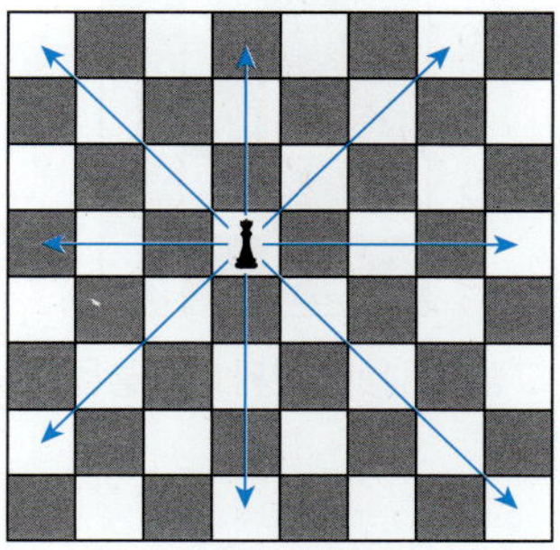

그림 6.2.1 여왕 말이 이동할 수 있는 방향

여왕 말 문제(n-Queens problem)는 여왕 말이 같은 열, 같은 행, 같은 대각선상에 서로 놓이지 않도록, 즉 여왕 말들이 서로를 위협하지 않도록 $n \times n$ 장기판에 n개의 여왕 말(Q)을 배치하는 문제이다. 단, $n > 3$ 이다.

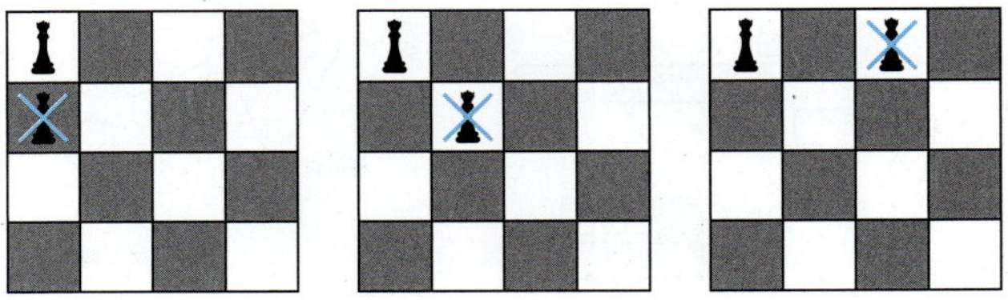

그림 6.2.2 두 번째 Q를 놓을 수 없는 곳

그림 6.2.2는 첫 번째 Q가 가장 위 왼쪽 구석에 놓였을 때 두 번째 Q를 놓을 수 없는 곳들을 보여준다. 서양 장기판의 크기는 8×8이지만, 크기를 줄여서 4×4로 4개의 Q 놓기를 생각해보자. 먼저 4×4 장기판의 각 칸의 위치를 그림 6.2.3과 같이 나타내보자.

	0	1	2	3
0	0, 0	0, 1	0, 2	0, 3
1	1, 0	1, 1	1, 2	1, 3
2	2, 0	2, 1	2, 2	2, 3
3	3, 0	3, 1	3, 2	3, 3

그림 6.2.3 장기판의 칸 위치 표시

그림 6.2.4는 3개의 Q가 서로를 위협하지 않고 있는 상태를 보여준다. 그리고 네 번째 Q를 놓으려고 한다.

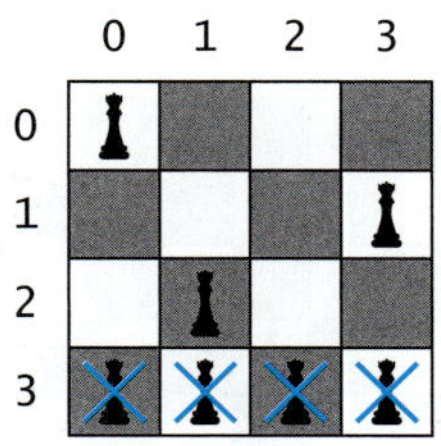

그림 6.2.4 네 번째 Q를 놓을 곳

생각해보자

그림에선 3개의 Q 성공적으로 배치한 후에 네 번째 Q를 놓으려는데, 가능한 곳을 모두 검사해도 놓을 곳이 없다. 이러한 경우엔 어떻게 해야 할까?

막히면 되돌아가자. 즉 세 번째 Q를 현 위치의 다음 칸으로 이동하여 시도해보자.

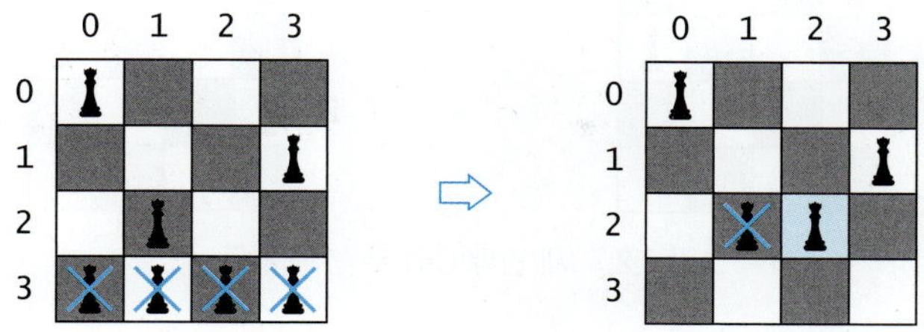

이처럼 Q를 놓을 곳이 없으면 (백트래킹하여) 바로 위층의 Q를 다음 칸에 배치한다.

[예제] 4개의 Q를 배치하기 위해 첫 번째 Q를 (0, 0)에 놓고 두 번째 Q를 다음 층에 놓아보자.

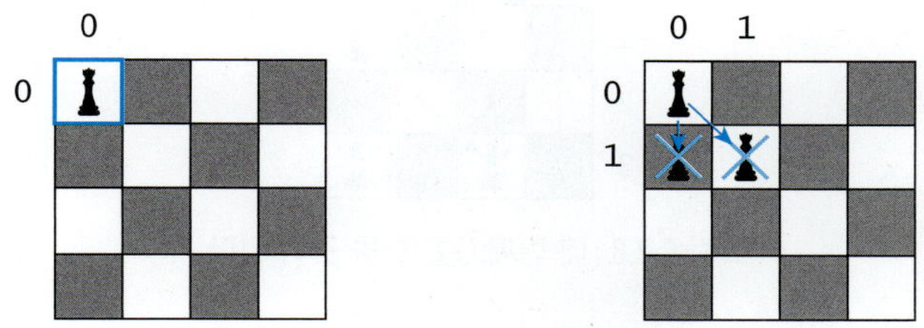

그림 6.2.5 두 번째 Q의 시도

첫 번째 Q 때문에 그림 6.2.5와 같이 두 번째 Q를 (1, 0)이나 (1, 1)에 놓을 수 없다. 따라서 그림 6.2.6(a)와 같이 두 번째 Q를 (1, 2)에 놓는다. 그러나 그림 6.2.6(b)와 같이 세 번째 Q는 첫 번째, 두 번째 Q 때문에 다음 층 어디에도 놓을 수 없다.

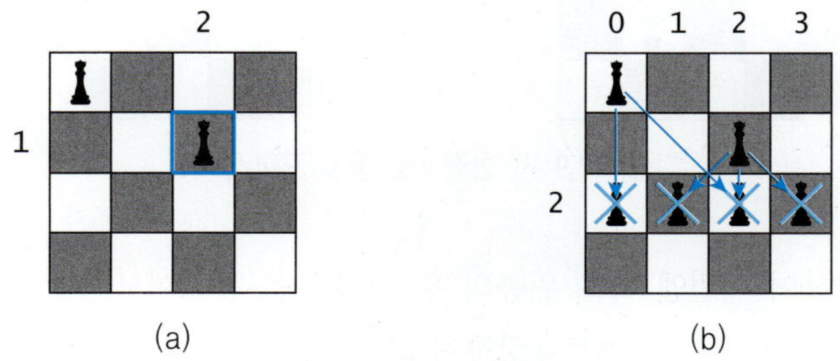

그림 6.2.6 세 번째 Q의 시도

따라서 두 번째 Q를 다음 칸인 (1, 3)에 놓는다. 그림 6.2.7과 같이 세 번째 Q를 (0, 0)의 Q 때문에 (2, 0)에 놓을 수 없으나 (2, 1)에는 가능하다.

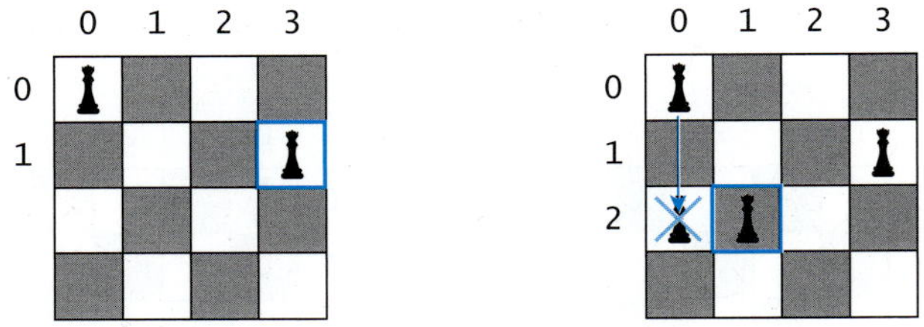

그림 6.2.7 세 번째 Q의 두 번째 시도

그러나 세 번째 Q를 (2, 1)에 놓고 나면, 그림 6.2.8과 같이 위에 있는 세 개의 Q 때문에 마지막 Q를 놓을 곳이 없다.

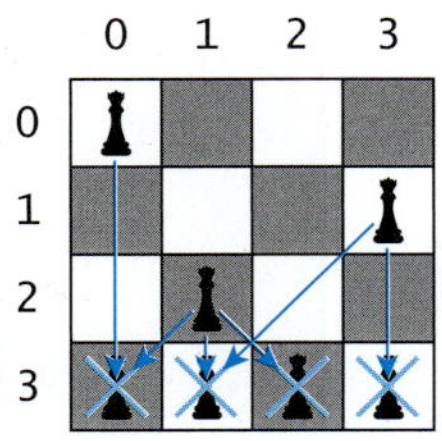

그림 6.2.8 네 번째 Q를 놓을 곳이 없다.

이제 세 번째 Q를 (2, 2)와 (2, 3)에 각각 시도해보지만 그림 6.2.9와 같이 역시 앞선 Q들의 위협 때문에 세 번째 Q가 갈 곳이 없다.

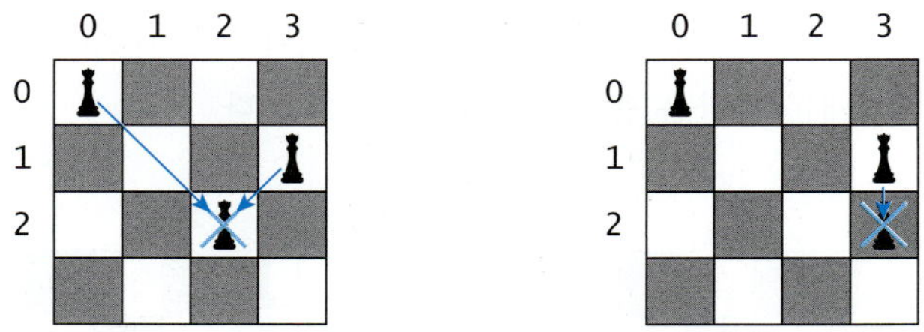

그림 6.2.9 세 번째 Q를 놓을 곳이 없다.

이때 다시 백트래킹하여 이번엔 바로 위층의 두 번째 Q를 움직여보지만 그림 6.2.10(a)와 같이 더 이상 갈 곳이 없다. 또다시 백트래킹하여 그림 6.2.10(b)와 같이 바로 위층의 첫 번째 Q를 (0, 1)에 놓는다.

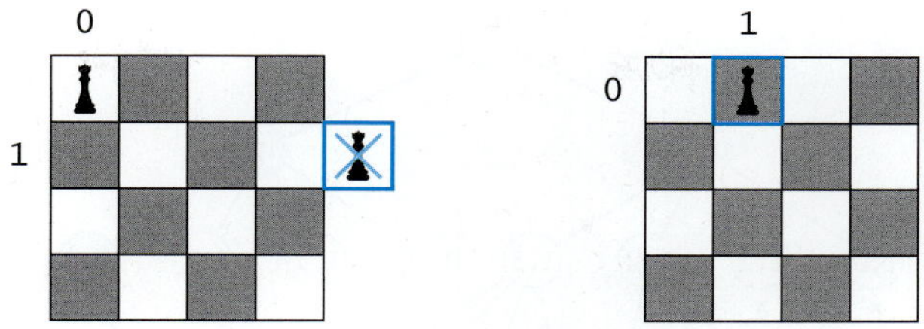

그림 6.2.10 첫 번째 Q를 다음 칸으로

이젠 두 번째 Q를 그림 6.2.11(a)와 같이 (1, 3)에 놓을 수밖에 없다. 왜냐하면 첫 번째 Q의 위협 때문에 (1, 0), (1, 1), (1, 2)에는 불가능하기 때문이다. 그리고 그림 6.2.11(b)와 같이 세 번째 Q는 (2, 0)에 놓는다.

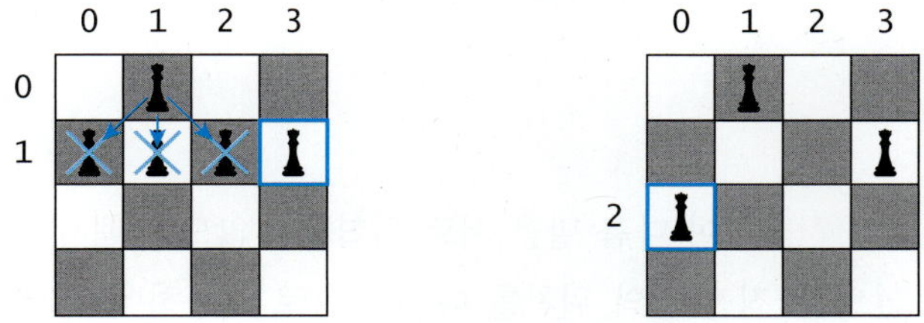

그림 6.2.11 두 번째, 세 번째 Q 위치

마지막 Q는 세 번째 Q 때문에 (3, 0)과 (3, 1)에는 놓을 순 없지만 (3, 2)에는 가능하다. 그림 6.2.12와 같이 드디어 4개의 Q를 성공적으로 장기판에 배치하였다.

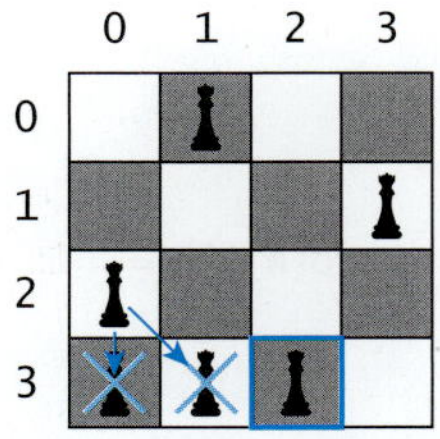

그림 6.2.12 마지막 Q의 배치

그림 6.2.13의 상태 공간 트리는 (0, 0)부터 Q를 놓기 시작하여 4개의 Q 모두를 성공적으로 배치하기까지의 모든 과정을 보여준다. 트리에서 'x'로 표시된 노드는 막다른 곳에 도달하여 가지치기 된 것을 나타낸다.

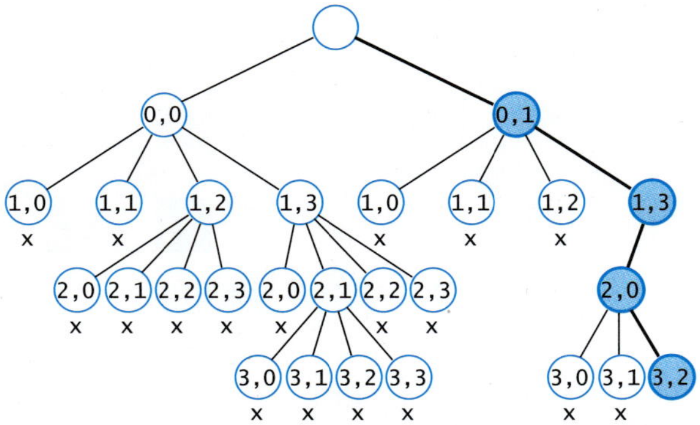

그림 6.2.13 4×4 여왕 말 문제의 상태 공간 트리

다음은 여왕 말 문제를 위한 백트래킹 알고리즘이다.

알고리즘

[1] Q를 (0, 0)부터 놓기 시작하여 다음 말을 서로 위협하지 않도록 배치한다.

[2] 만일 배치할 수 없으면, 직전 말의 위치를 다음 칸으로 이동하여 다시 시도한다. 다음 칸이 없는 경우에는 위층의 말을 다음 칸으로 이동하여 시도한다.

다음은 여왕 말 문제를 위한 파이썬 프로그램이다.

파일명: AT 6.2 여왕 말 문제.py

```
def is_threatening(i, j):
    for k in range(n):
        if board[i][k] == 1 or board[k][j] == 1:    # 같은 행, 같은 열에 있는지 검사
            return True
    for k in range(n):
        for l in range(n):
            if (k+l == i+j) or (k-l == i-j):    # 대각선 상에 있는지 검사
                if board[k][l] == 1:
                    return True
    return False


def queen(i):
    if i == n:    # 모든 말을 배치했으면
```

```
            return True
        for j in range(n):
            if (not(is_threatening(i, j))) and (board[i][j] != 1):
                board[i][j] = 1
                if queen(i + 1):
                    return True
                board[i][j] = 0
        return False


print("여왕 말의 수: ", end='')
n = int(input())
board = [[0 for _ in range(n)] for _ in range(n)]
queen(0)

for x in board:
    print(*x, sep="  ")
```

여왕 말 i를 board[i][j]에 놓을 수 있으면

다음 여왕 말 i+1을 배치하기 위해 순환 호출

다음 여왕 말을 배치하는데 실패했으니 [i][j]를 리셋

n을 입력 받음

nxn 장기판 초기화

여왕 말 0으로 호출

```
Run: AT 6.2 여왕 말 문제
C:\Users\user\venv\Scripts\python.exe
여왕 말의 수: 4
0 1 0 0
0 0 0 1
1 0 0 0
0 0 1 0

Process finished with exit code 0
```

최초에 queen(0)으로 호출되어 모든 여왕 말을 배치하면 종료한다. is_threatening 함수는 (i, j)에 여왕 말을 놓았을 때 상하좌우, 대각선, 역대각선 상에 있는 칸들을 검사하여 문제가 없으면 True를 반환한다.

queen 함수는 순환 호출되므로 i == n이 되면 종료하고 그렇지 않으면 for-루프에서 (i, 0), (i, 1), ⋯, (i, n-1)까지 차례로 검사하며 여왕 말 i를 배치할 수 있으면 queen(i+1)로 순환 호출한다. queen 함수에서 board[i][j] = 0으로 만드는 이유는 (i, j)에 배치하려던 것이 실패했기 때문이다.

수행 시간

상태 공간 트리를 살펴보면 각 노드가 n개의 자식을 가지고, 루트를 제외한 높이가 n이므로 노드 수는 $n+n^2+n^3+\cdots+n^n=O(n^n)$이다. 그런데 각 노드에서는 상하좌우, 대각선, 역대각선 방향을 검사해야 하므로 $O(n)$ 시간이 소요된다. 따라서 총 수행 시간은 $O(n^{n+1})$이다. 단, 수행 시간 분석은 상태 공간 트리의 최대 크기에 기반을 둔 것이다.

6.3 합이 K 되는 숫자

초 증가 순서에 대한 합이 K 되는 숫자 문제는 선형 시간의 그리디 알고리즘으로 쉽게 해결할 수 있는 것을 Part 4.2에서 보았다. 그리고 일반적인 입력에 대한 합이 최대 K 되는 숫자 문제를 동적 계획 알고리즘으로도 해결할 수 있음을 Part 5.4에서 살펴보았다. 단, 동적 계획 알고리즘의 수행 시간은 $O(nK)$이고 $K=2^n$이라 하면 수행 시간이 $O(n2^n)$이 된다. 즉, K가 매우 크면 모든 조합을 하나씩 검사해서 합이 K가 되는 것을 찾는 시간보다 더 오래 걸린다.

이 Part에서는 합이 K 되는 숫자 문제[3)]를 백트래킹 알고리즘을 이용하여 최악 경우의 수행 시간은 $O(2^n)$이지만 현실적으로 빠르게 해를 찾으려고 한다.[4)]

합이 K 되는 숫자 문제를 위한 백트래킹 알고리즘은 모든 조합을 검사하는 것과 근본적으로 같은 방법이나 백트래킹 알고리즘은 가지치기로 해가 될 수 없는 노드들을 탐색하지 않는다. 따라서 모든 조합을 검사하는 것보다 훨씬 빠르게 해를 찾을 수 있다.

다음은 합이 K 되는 숫자 문제를 위한 백트래킹 알고리즘이다.

알고리즘

[1] 주어진 숫자들을 증가 순으로 정렬한다.

[2] 순서대로 숫자를 선택하는 경우(o)와 포기하는 경우(×)로 나누어 상태 공간 트리의 노드들을 만든다. 만일 노드를 만들 수 없거나 만들 필요가 없으면 부모 노드로 되돌아가서 다른 노드를 선택한다.

[3] 위에서 만든(선택한) 노드에서 해를 찾으면 알고리즘을 종료하고, 해가 아니면 [2]를 수행한다.

---

3) 여기서 합이 K 되는 숫자 문제는 정확하게 합이 K가 되는 숫자들이 있으면 그 숫자들을 찾는 문제이다.

4) 합이 K 되는 숫자 문제는 Part 4.2와 Part 5.4에서 상세히 다루어서 이 Part에서는 문제에 대한 다양한 해결 방법을 생각해보는 것은 생략한다.

입력을 미리 정렬하는 이유는 자식 노드를 만들 때 다음 숫자를 추가한 합이 K를 초과하면 그 이후의 숫자들은 다음 숫자보다 크므로 만들어진 노드로부터 아래로 더 이상 탐색해도 해가 없으므로 가지치기를 하기 위함이다.[5)] 또한 탐색 중 남은 숫자들을 다 더하여서 K보다 작은 경우에도 가지치기한다.

Step [2]에서는 현재 숫자를 포함하는 경우와 포기하는 경우에 대해 노드를 만든다. 만일 다음 숫자 또는 남아있는 숫자들을 고려해볼 때 해를 찾을 수 없으면 노드를 만들지 않는다. 이때는 부모 노드로 되돌아가서 다른 노드를 선택한다. 여기서 부모 노드로 되돌아가는 것이 바로 가지치기한 것이다.

Step [3]은 합이 K가 되는 노드(상태), 즉 해를 찾으면 알고리즘을 종료한다. 해가 아니면 step [2]에서 만든(선택한) 노드에서 step [2]를 수행한다.

[예제] 주어진 숫자가 {15, 20, 55, 75}이고, K = 95일 때 백트래킹 알고리즘으로 해를 찾아보자. 그림 6.3.1은 알고리즘이 수행된 전 과정을 보여준다.

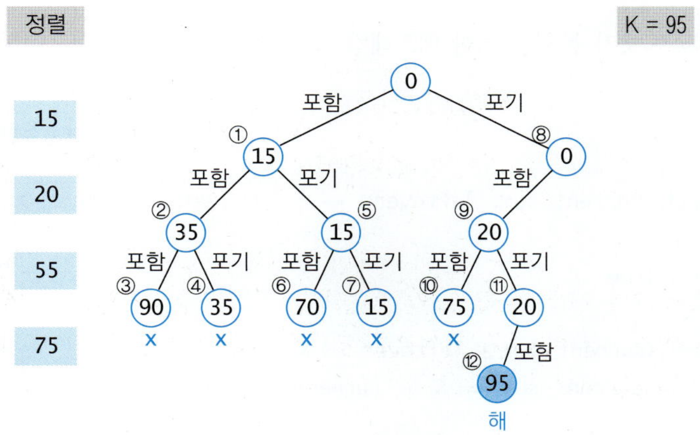

그림 6.3.1 상태 공간 트리

그림 6.3.1에서 노드 속의 숫자는 트리의 루트(트리의 맨 위에 있는 노드)로부터 그 노드까지 포함한 숫자들의 합이다. 루트가 0을 가진 것은 아직 아무 숫자도 포함하지 않은 상태이기 때문이다.

---

5) 다음 숫자를 포함해서 K보다 크면 현재 숫자를 포함하지 않는 경우에도 가지치기한다. 그 이유는 다음 숫자 이후에 고려할 숫자들은 다음 숫자보다 크기 때문이다.

그림 6.3.2와 같이 두 자식을 가진 각 노드에서 왼쪽 가지를 따라서 내려가는 것은 정렬된 숫자 중에 같은 층에 있는 숫자를 포함하는 것을 의미하고, 오른쪽으로 내려가는 것은 그 숫자를 포기하는 것을 나타낸다.

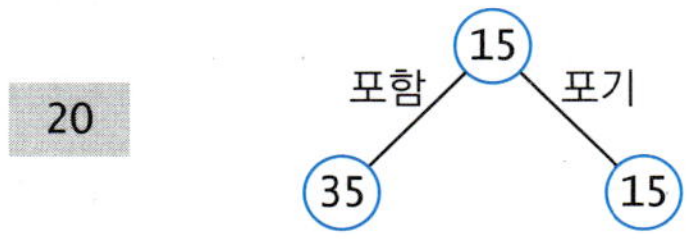

그림 6.3.2 숫자 20을 포함하는 경우와 포기하는 경우

가장 왼쪽 가지를 따라 내려가는 경우, 즉 15, 20, 55를 모두 포함할 때는 그 합이 15 + 20 + 55 = 90이고, 그다음 숫자인 75를 포함하면, 총합이 95보다 크므로 이 줄기를 따라서 95를 가진 노드, 즉 해가 더는 존재하지 않는다는 것을 알 수 있다. 이때 백트래킹하여, 즉 부모 노드에서 55를 포기하는 경우를 시도한다. 이러한 탐색을 계속하면 합이 95가 되는 노드를 찾는다. 그림 6.3.1의 원 숫자는 알고리즘이 깊이 우선 탐색으로 노드를 탐색하는 순서를 표시한다.

다음은 합이 K 되는 숫자 문제를 위한 백트래킹 알고리즘을 파이썬으로 구현한 프로그램이다.

파일명: AT 6.3 합이 K 되는 숫자.py

```
def promising(i, current_sum, leftover):
    if i == -1:
        return True
    else:
        return (current_sum + leftover >= K) and \
               (current_sum == K or current_sum + S[i+1] <= K)


def find_set(i, current_sum, leftover):
    if promising(i, current_sum, leftover):
        if current_sum == K:
            return True
        else:
            include[i+1] = True
            if find_set(i+1, current_sum + S[i+1], leftover - S[i+1]):
                return True

            include[i+1] = False
            if find_set(i+1, current_sum, leftover - S[i+1]):
```

- def promising(...): 다음 숫자를 고려해도 되는지 검사
- return (...) and (...): 조건 검사
- def find_set(...): current_sum: 현재까지 포함된 숫자들의 합
- if promising(...): leftover: 아직 고려 안 된 숫자들의 합
- 첫 번째 find_set 호출: s[i+1]을 포함하여 순환 호출
- 두 번째 find_set 호출: s[i+1]을 포기하여 순환 호출

```
                return True
    return False


S = [15, 20, 55, 75]
K = 95
n = len(S)
include = [None for _ in range(n)]
if find_set(-1, 0, sum(S)):
    print([S[j] for j in range(n) if include[j]])
else:
    print('답 없음')
```

입력

포함되면 True로

최초 호출

해 출력

```
Run: AT 6.3 합이 K 되는 숫자
C:\Users\user\venv\Scripts\python.exe "C:/Users/user/Desktop/
[20, 75]

Process finished with exit code 0
```

최초로 find_set(−1, 0, sum(S))를 호출한다. 여기서 −1은 상태 공간 트리의 루트 상태이고 0은 현재까지 포함한 숫자들의 합(current_sum)이고, sum(S)는 남아있는 숫자들의 합이다. 즉, 시작 상태라서 모든 숫자가 남아있는 상태이다.

find_set 함수는 i, current_sum, leftover를 받아서, 현재 노드(상태)에서 계속해서 해를 찾을 수 있는지를 확인해주는 promising 함수를 호출하고, True가 반환되면, s[i+1]을 포함하는 경우와 포기하는 경우에 각각 순환 호출한다.

수행 시간

상태 공간 트리를 보면 한 개의 노드가 포함하거나 포기하는 두 개의 자식 노드를 가지고, 트리 높이가 $n+1$이다. 따라서 트리의 총 노드 수는 $2^{n+1}-1$이다. 각 노드에서는 현재까지 선택된 숫자의 합과 K를 비교하고, 숫자를 포함하는 경우에 덧셈과 leftover에 대해 뺄셈을 수행하는데, 이는 $O(1)$ 시간에 처리할 수 있다. 따라서 알고리즘의 수행 시간은 $O(2^n)$이다. 이러한 수행 시간 분석은 상태 공간 트리의 최대 크기에 기반을 둔 것이다.

6.4 배낭 문제

Part 5.5에서는 배낭 문제를 동적 계획 알고리즘으로 해결하였다. 이때의 수행 시간은 $O(nK)$이지만 문제에는 K의 크기에 대한 제한이 없으므로 $K = 2^n$이라면 동적 계획 알고리즘은 모든 조합을 하나씩 차례로 검사해보는 방법보다도 성능이 떨어진다.

배낭 문제는 n개의 물건에 대해 무게와 가치를 각각 주고, 배낭의 용량이 K일 때 최대 가치를 얻기 위해 담아야 할 물건들을 찾는 것이다. 단, 담은 물건들의 무게의 합이 K를 초과해서는 안 되고, 물건을 쪼개거나 부분적으로 배낭에 담을 수 없다.

이 문제를 분기 한정 알고리즘으로 해를 찾으려면 상태 공간 트리[6]를 탐색하면서 새 노드를 만들 때 노드의 한정 값을 계산해야 한다. 이때 노드의 한정 값(bound)은 그 노드가 얼마나 해에 가까운지를 알려주는 수치이다. 배낭 문제는 최대 가치를 찾는 문제이므로 높은 한정 값을 가진 노드를 우선하여 탐색, 즉 최선 우선(Best-first) 탐색을 수행하면 백트래킹 알고리즘의 깊이 우선 탐색보다 실제로[7] 훨씬 빠르게 해를 찾는다.

분기 한정 알고리즘에서는 노드의 한정 값을 계산하는 방법이 매우 중요하다. 왜냐하면 한정 값을 어떻게 계산하느냐에 따라 실제 수행 시간도 달라지기 때문이다.

생각해보자

배낭 문제를 위해 노드의 한정 값이 어떤 수치를 보여주면 좋을까?이

배낭 문제는 배낭의 용량을 초과하지 않으면서 물건들을 배낭에 담아 최대 가치를 얻는 것이 목적이다. 따라서 노드의 한정 값이 그 노드로부터 탐색하면 얻을 수 있는 최대 가치(예측값)를 가질 때 상태 공간 트리에서 가장 효율적인 탐색이 가능하다.

생각해보자

노드의 한정 값을 어떻게 계산해야 할까?

한 노드로부터 탐색하여 얻을 수 있는 최대 가치를 예측하려면 먼저 현재까지 배낭에 담은 물건들의 가치의 합을 알아야 하고 그다음엔 그 노드로부터 탐색하여 앞으로 얻을 수 있는 최

6) Part 6.3의 합이 최대 K 되는 숫자 문제를 위한 백트래킹 알고리즘의 상태 공간 트리와 동일하다.
7) 최악 경우 수행 시간은 여전히 $O(2^n)$이나, 실제 프로그램으로 구현하여 수행해보면 빠르다는 의미이다.

대 가치를 알아야 한다. 그리고 이 두 개의 값을 합하여 노드의 한정 값으로 정하는 것이 바람직하다. 따라서 노드의 한정 값을 식으로 표현하면 다음과 같다.

bound = [현재 담긴 물건의 가치] + [배낭의 남은 부분에 담을 물건의 가치]

[예제] 4개의 물건에 대한 물건의 무게와 가치가 (5, 4, 6, 3), (10, 40, 30, 54)이고, 배낭의 용량은 K = 10이다. 먼저 단위 무게 당 가치를 기준으로 물건들을 감소 순으로 정렬하면 (3, 4, 6, 5), (54, 40, 30, 10)이다. 이때 그림 6.4.1에서 청록색 노드의 bound를 계산해보자.

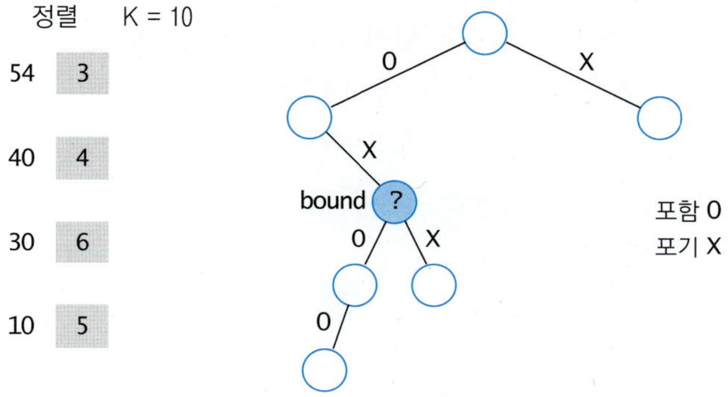

그림 6.4.1 노드의 bound 계산

청록색 노드는 물건 1을 배낭에 담았고 물건 2는 포기한 상태이다. 따라서 현재 담긴 물건의 가치는 54이다. 그다음엔 배낭을 초과하지 않고 채울 수 있는 물건은 물건 3이므로 이때 얻을 수 있는 가치는 30이다. 그리고 아직 배낭에 1만큼의 여유가 있으므로, 즉 배낭 용량이 10이므로 10−(3+6)=1 만큼 배낭이 덜 채워져 있으므로 이 부분을 물건 4를 1만큼 담을 때의 가치, 즉 1×(10/5)=2를 한정 값에 더한다. 그러므로 청록색 노드의 bound는 54+30+2=86이다.

86은 청록색 노드로부터 최대로 얻을 수 있는 예측된 가치[8]일뿐, 실제 그만큼의 가치를 얻지 못 할 수도 있다.

다음은 배낭 문제를 위한 분기 한정 알고리즘이다.

알고리즘

[1] 단위 무게 당 가치를 기준으로 물건들을 감소 순으로 정렬한다.

8) 86은 예측한 수치로서 이 경우에는 86의 가치를 얻지 못한다.

[2] 상태 공간 트리의 루트를 만든다.

[3] 물건을 포함하는 자식 노드와 포기한 자식 노드를 만들고 각각 bound를 계산한다.

[4] 상태 공간 트리의 이파리 중에서 가장 큰 bound를 가진 노드를 선택한다. 만일 남은 이파리들이 현재까지 찾은 가장 큰 가치보다 작은 bound 갖고 있으면 알고리즘을 종료한다.

[5] go to [3]

알고리즘이 종료되면 가장 큰 가치를 최적해로 반환한다.

앞선 예제에 대해 분기 한정 알고리즘의 수행 단계를 차례로 살펴보자. 먼저 상태 공간 트리의 루트를 만든다. 루트에는 어떤 물건도 담지 않은 상태라서 현재 담긴 물건의 가치는 0이고, 배낭의 남은 부분에 담을 물건의 가치는 54+40+((10−7)×30/6)=109이다. 따라서 루트의 bound는 0 + 109 = 109이다. 그림의 각 노드에서 노드 안의 숫자는 배낭에 물건을 담아서 얻는 가치를 나타내고, 노드 옆의 숫자는 그 노드의 bound이다.

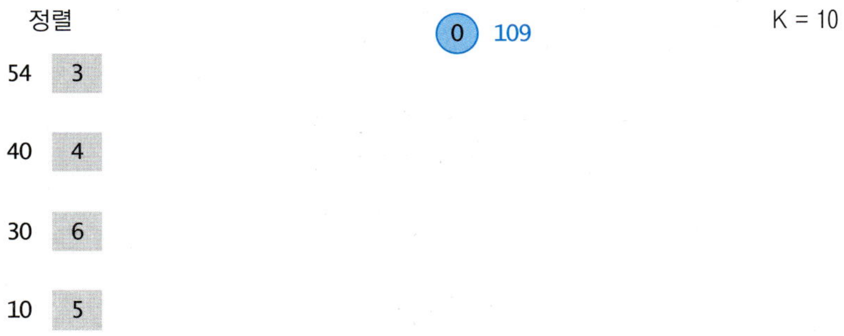

루트에 대해 첫 번째 물건(무게 3, 가치 54)을 배낭에 담는 경우와 포기하는 경우에 대한 두 자식 노드를 만들고 각각 bound를 계산한다. 왼쪽 자식 노드의 한정 값은 물건 1을 포함하는 경우이므로 루트의 한정 값과 같고, 오른쪽 자식의 한정 값은 현재 담긴 물건의 가치는 0이고, 배낭의 남은 부분에 담을 물건의 가치는 40 + 30 = 70이다. 따라서 오른쪽 자식의 bound는 0 + 70 = 70이다.

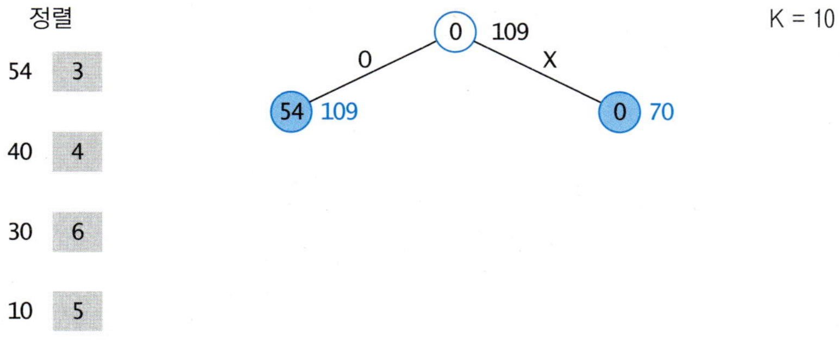

두 자식 노드 중 큰 bound를 가진 노드에 대해 두 번째 물건(무게 4, 가치 40)을 배낭에 담는 경우와 포기하는 경우에 대한 두 자식 노드를 만들고 각각 bound를 계산한다. 왼쪽 자식 노드의 bound는 물건 2를 포함하는 경우이므로 부모의 한정 값과 같고, 오른쪽 자식의 bound는 현재 담긴 물건의 가치는 54이고, 배낭의 남은 부분에 담을 물건의 가치는 30 + [1 ×(10/5)] = 32이다. 따라서 bound는 54 + 32 = 86이다.

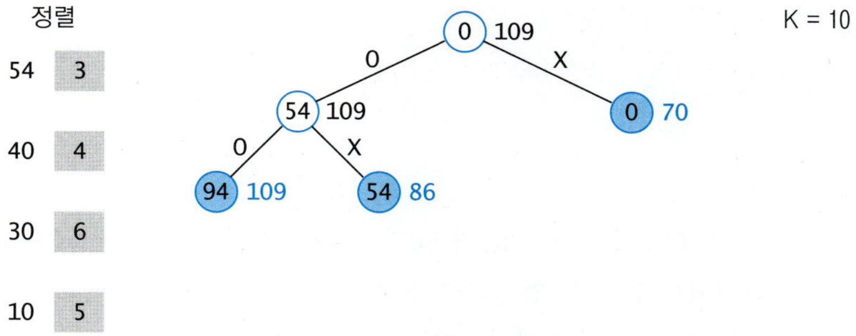

세 개의 이파리 노드 중 가장 큰 bound(109)를 가진 노드에 대해 세 번째 물건(무게 6, 가치 30)을 배낭에 담는 경우와 포기하는 경우에 대한 두 자식 노드를 만들고 각각 bound를 계산한다. 왼쪽 자식 노드는 배낭 용량을 초과하여 해로서 자격을 잃었고, 오른쪽 자식의 bound는 현재 담긴 물건의 가치는 94이고, 배낭의 남은 부분에 담을 물건의 가치는 [3×(10/5)] = 6이다. 따라서 bound는 94 + 6 = 100이다.

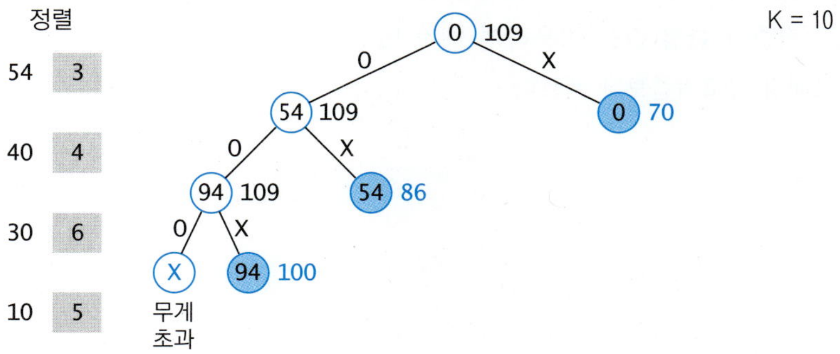

세 개의 이파리 노드 중 가장 큰 bound(100)를 가진 노드에 대해 네 번째 물건(무게 5, 가치 10)을 배낭에 담는 경우와 포기하는 경우에 대한 두 자식 노드를 만들고 각각 bound를 계산한다. 왼쪽 자식 노드는 배낭 용량을 초과하여 해로서 자격을 잃었고, 오른쪽 자식의 bound는 마지막 물건을 포기하여서 bound는 부모의 bound와 같은 100이다.

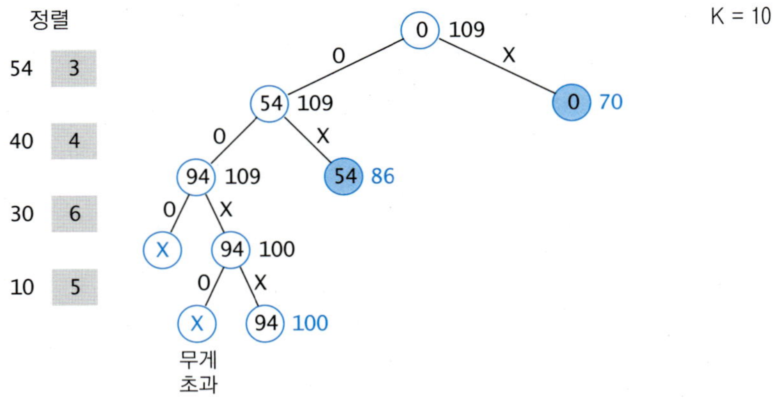

그런데 남아 있는 두 이파리 노드의 bound가 86과 70밖에 안 되므로 탐색을 중단한다. 왜냐하면 이 두 노드를 탐색해서 얻을 수 있는 가치가 현재까지 찾은 가장 큰 가치인 94보다 작기 때문이다. 따라서 현재까지 얻은 최대 가치 94를 최적해로 반환한다.

배낭 문제를 위한 분기 한정 알고리즘을 파이썬으로 구현하는 것은 노드(상태)를 위해 클래스를 선언해야 하고, 최대 힙의 삽입, 삭제 등을 구현해야 하므로 프로그램이 비교적 긴 편이라 생략한다.

수행 시간

분기 한정 알고리즘의 수행 시간은 백트래킹 알고리즘의 수행 시간인 $O(2^n)$과 같다. 그러나 분기 한정 알고리즘이 한정 값을 이용하여 해가 있을 만한 곳을 그리디하게 탐색하므로 실질적으로는 백트래킹 알고리즘보다 빠르다.

요약

- 그래프 색칠하기를 위해 그리디 알고리즘을 사용하면 많은 색을 사용하는 경우가 발생한다. 이를 백트래킹으로 해결하면 체계적으로 그래프를 색칠할 수 있다. 수행 시간은 $O(nK^n)$ 이고 n, K는 각각 그래프의 정점의 수, 사용하는 색의 수이다.
- 그래프 색칠하기에서 색의 수가 부족하면 색의 수를 1개씩 늘려가며 백트래킹 알고리즘을 사용하면 최소의 색을 사용하여 색칠할 수 있다.
- 여왕 말 문제는 백트래킹으로 해결되는 가장 대표적인 문제이다. 여왕 말을 놓을 수 없으면 다음 칸을 시도하고 다음 칸이 없으면 위층에 있는 말을 다음 칸으로 이동한다. 수행 시간은 $O(n^{n+1})$ 이다.
- 합이 K 되는 숫자 문제를 위한 백트래킹 알고리즘은 먼저 숫자들을 정렬한 후 숫자를 차례로 포함하는 경우와 포기하는 경우로 나누어 해를 탐색한다. 수행 시간은 $O(2^n)$ 이지만 가지치기하면서 탐색하기 때문에 빠르게 해를 찾는다.
- 분기 한정 알고리즘으로 해를 찾으려면 상태 공간 트리를 탐색하면서 새 노드를 만들 때 노드의 한정 값을 계산한다. 이때 노드의 한정 값은 일반적으로 그 노드가 얼마나 해에 가까운지를 알 수 있는 척도이다.
- 배낭 문제는 최대 가치를 찾는 문제이므로 한정 값을 이용해 최선 우선 탐색을 수행하면 백트래킹 알고리즘의 깊이 우선 탐색보다 실제로 훨씬 빠르게 해를 찾는다.

연습문제

1 다음 그래프를 인접한 점이 다른 색을 갖도록 색칠하는 데 필요한 최소 색의 수는?

① 2
② 3
③ 4
④ 5
⑤ 답 없음

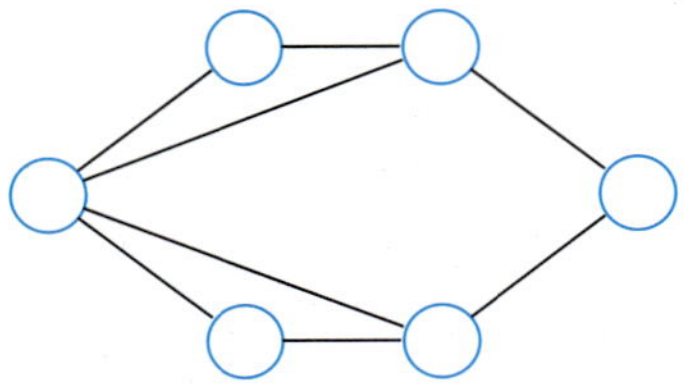

2 다음 그래프를 인접한 점이 다른 색을 갖도록 색칠하는 데 필요한 최소 색의 수는?

① 2
② 3
③ 4
④ 5
⑤ 답 없음

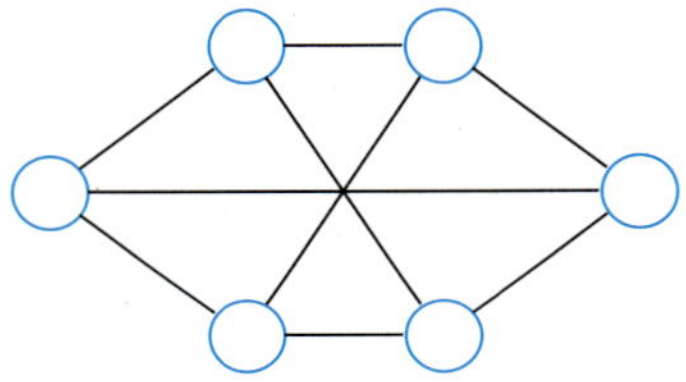

3 다음 그래프를 인접한 점이 다른 색을 갖도록 색칠하는 데 필요한 최소 색의 수는?

① 2
② 3
③ 4
④ 5
⑤ 답 없음

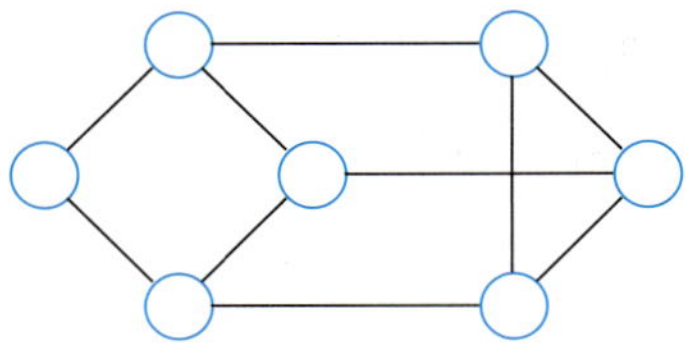

4 다음의 그래프를 Part 6.1에서 설명한 이웃한 정점들의 색에 사용되지 않은 색 중에 가장 작은 색을 칠하는 그리디 알고리즘으로 색칠하는 데 사용되는 색의 수는? (색은 0, 1, 2, 3, … 이고, 색칠하는 점의 순서는 A, B, C, D, E이다.)

① 2
② 3
③ 4
④ 5
⑤ 답 없음

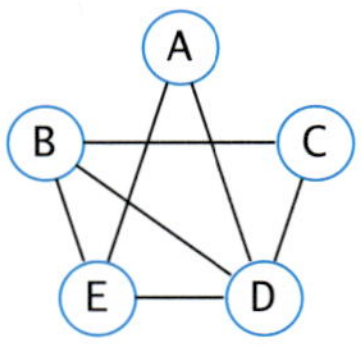

5 다음 그래프를 인접한 점이 다른 색을 갖도록 색칠하는데 필요한 최소 색의 수는?

① 2
② 3
③ 4
④ 5
⑤ 답 없음

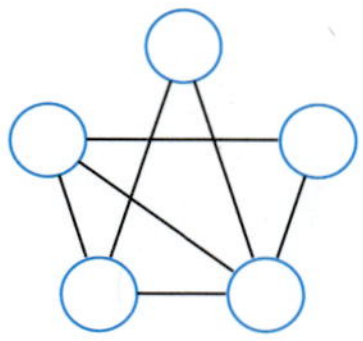

6 그래프의 정점의 수가 5이고 색이 4개인 경우에 그래프를 색칠하기 위한 모든 조합의 경우의 수는?

① 5 ② 25
③ 125 ④ 625
⑤ 답 없음

7 그래프에 정점이 5개가 있고, 색이 3개인 경우에 백트래킹 알고리즘을 사용하여 그래프를 색칠하기 위한 상태 공간 트리의 최대 노드 수는?

① 20 ② 90
③ 200 ④ 363
⑤ 답 없음

8 그래프의 정점의 수가 n이고 색이 K개인 경우에 백트래킹 알고리즘의 수행 시간은? (단, m은 그래프의 간선 수이다.)

① $O(mn^K)$ ② $O(nK^n)$
③ $O(K^{n+m})$ ④ $O(mK^n)$
⑤ 답 없음

9 이분 그래프(bipartite graph)를 인접한 점이 다른 색을 갖도록 색칠하는데 필요한 최소 색의 수는?

① 2 ② 3
③ 4 ④ 5
⑤ 답 없음

10 n개의 정점을 가진 완전 그래프(complete graph)를 인접한 점이 다른 색을 갖도록 색칠하는 데 필요한 최소 색의 수는?

① 1
② $n/2$
③ $n-1$
④ n
⑤ 답 없음

11 n개의 정점을 가진 사이클 그래프(cycle graph)를 인접한 점이 다른 색을 갖도록 색칠하는 데 필요한 최소 색의 수는?

① n이 짝수이면 n색이 필요하다.
② n이 홀수이면 $(n-1)$색이 필요하다.
③ n이 짝수이면 2색이 필요하다.
④ n이 홀수이면 2색이 필요하다.
⑤ 답 없음

12 서양 장기의 여왕 말은 총 몇 개의 방향으로 이동할 수 있나?

① 5
② 6
③ 7
④ 8
⑤ 답 없음

13 $n \times n$ 서양 장기판에 여왕 말 문제의 해가 존재하지 않는 n을 <u>모두</u> 고르라.

① 1
② 2
③ 3
④ 4
⑤ 답 없음

14 5×5 서양 장기판에 5개의 여왕 말들을 서로 위협하지 않도록 배치하라.

15 6×6 서양 장기판에 6개의 여왕 말들을 서로 위협하지 않도록 배치하라.

16 서양 장기의 여왕 말 문제는 n개의 여왕 말이 서로를 공격하지 못하도록 장기판에 n개의 여왕 말을 배치하는 것이다. 여기서 여왕 말이 장기판 (i, j)에 배치되면 다른 여왕 말은 i행, j열, 양 대각선상에 배치될 수 없다.

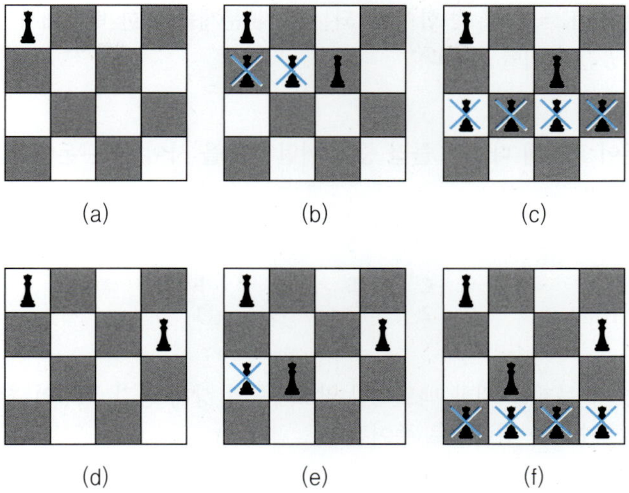

위의 그림처럼 장기판이 4×4일 때 4개의 여왕 말을 서로를 공격하지 못하도록 백트래킹 기법을 이용하여 (a)~(f)까지 탐색을 하였는데 마지막 행에 4번째 말을 놓는 데 실패한 상태이다. 그다음엔 몇 번째 말을 어디에 놓아야 할까?

(1,1)	(1,2)	(1,3)	(1,4)
(2,1)	(2,2)	(2,3)	(2,4)
(3,1)	(3,2)	(3,3)	(3,4)
(4,1)	(4,2)	(4,3)	(4,4)

① 첫 번째 말을 (1, 2)에 놓는다.
② 두 번째 말을 (2, 3)에 놓는다.
③ 세 번째 말을 (3, 2)에 놓는다.
④ 두 번째 말을 (2, 1)에 놓는다.
⑤ 답 없음

17 10개의 서로 다른 양의 숫자들이 주어질 때 합이 K 되는 숫자 문제를 해결하기 위해 총 몇 개의 조합을 시도해야 할까?

① 10　② 100
③ 1000　④ 1023
⑤ 답 없음

18 다음은 합이 K 되는 숫자 문제를 위한 백트래킹 알고리즘의 상태 공간 트리이다. 문제의 입력에는 몇 개의 숫자가 주어졌는가?

① 4
② 5
③ 6
④ 7
⑤ 답 없음

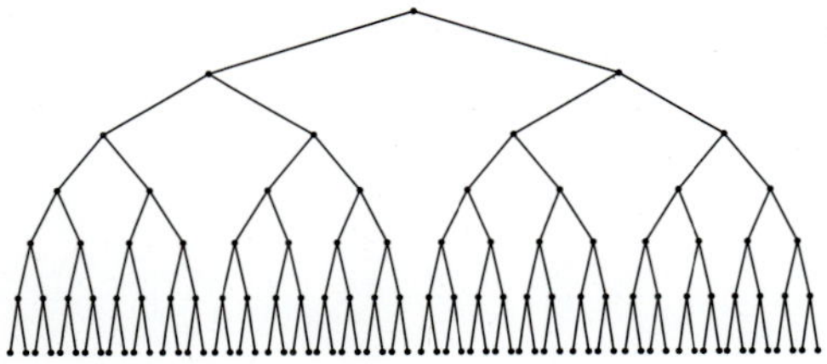

19 {5, 7, 2, 3, 9, 1}과 K = 13일 때 합이 K 되는 숫자 문제를 위한 백트래킹 알고리즘이 해를 찾기까지의 상태 공간 트리를 그려라.

20 가지고 있는 돈이 13인데 다음의 물건 중에 어떤 물건을 사야 남는 돈이 없을까?

A	B
5	7

C	D	E	F
2	3	9	1

21 합이 K 되는 숫자 문제를 위한 백트래킹 알고리즘의 상태 공간 트리의 최대 노드 수는? (단, n개의 서로 다른 숫자가 입력으로 주어진다.)

① $O(n^2)$　② $O(n^3)$
③ $O(2^n)$　④ $O(n^n)$
⑤ 답 없음

22 합이 K 되는 숫자 문제를 위한 백트래킹 알고리즘의 수행 시간은? (단, n개의 서로 다른 숫자가 입력으로 주어진다.)

① $O(n^2)$　② $O(n \log n)$
③ $O(2^n)$　④ $O(n^n)$
⑤ 답 없음

23 4개의 물건에 대한 무게와 가치가 (3, 4, 6, 5), (48, 60, 30, 10)이고, 배낭의 용량은 K = 10이다. Part 6.4에서 설명한 분기 한정 알고리즘의 수행 중 그림의 상태 A의 가치는?

① 48
② 108
③ 138
④ 148
⑤ 답 없음

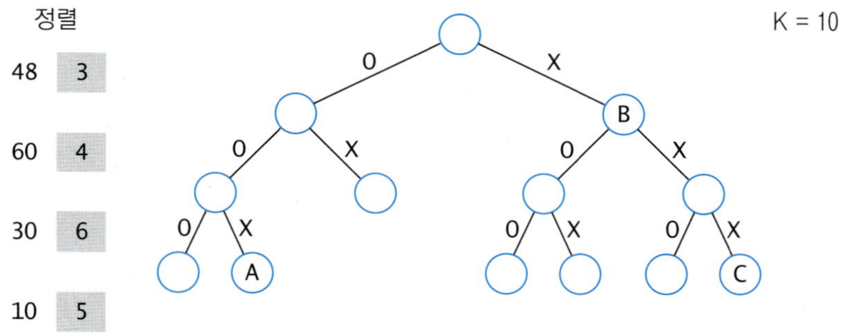

24 Part 6.4에서 설명한 분기 한정 알고리즘의 수행 중에 23번 문제의 트리에 있는 상태 B의 bound는?

① 94 ② 90
③ 80 ④ 84
⑤ 답 없음

25 Part 6.4에서 설명한 분기 한정 알고리즘의 수행 중에 23번 문제의 트리에 있는 상태 C의 bound는?

① 10 ② 30
③ 40 ④ 42
⑤ 답 없음

26 4개의 물건에 대한 무게와 가치가 다음의 표와 같고, 배낭의 용량은 K = 10이다. Part 6.4에서 설명한 분기 한정 알고리즘으로 찾은 최대 가치는?

① 48
② 90
③ 108
④ 118
⑤ 답 없음

물건	무게	가치
1	3	48
2	4	60
3	6	30
4	5	10

27 입력의 크기가 n인 배낭 문제를 위한 분기 한정 알고리즘의 수행 시간은?

① $O(n^2)$ ② $O(n^3)$
③ $O(2^n)$ ④ $O(n2^n)$
⑤ 답 없음

28 배낭 문제를 위한 분기 한정 알고리즘에 사용되는 탐색 방법은?

① 깊이 우선 탐색 ② 너비 우선 탐색
③ 최선 우선 탐색 ④ 평균 우선 탐색
⑤ 답 없음

29 배낭 문제를 위한 분기 한정 알고리즘에 사용될 수 있는 가장 적절한 자료구조는?

① 최대 힙 ② 최소 힙
③ 이진 탐색 트리 ④ 스택
⑤ 답 없음

30 다음의 배낭 문제의 입력에 대해 분기 한정 알고리즘으로 최적해를 찾아라. 배낭의 용량 K = 10이다. (단, 한정 값 계산은 아래의 식을 이용하라. wt는 현재 상태까지 배낭에 담은 물건들의 무게의 합이고, val은 현재 상태까지 배낭에 담은 물건들의 가치의 합이다.)

$$\text{bound} = val + (K - wt)(v_{i+1}/w_{i+1})$$

물건	무게	가치
1	4	40
2	7	42
3	5	25
4	3	12

31 다음에 주어진 배낭 문제의 입력에 대해서 백트래킹 알고리즘으로 해결되는 과정을 보여주는 상태 공간 트리를 그려라. 배낭의 용량은 12kg이다.
[주의] 분기 한정 알고리즘이 아닌 순수한 백트래킹 알고리즘으로 해를 탐색하여야 한다.

물건	무게(kg)	가치
1	5	5,000
2	8	6,400
3	6	3,600
4	4	1,200

32 백트래킹 알고리즘에 대한 설명이다. 다음 중 옳지 않은 것은?

① 모든 해를 다 찾을 수 있다.
② 일반적으로 완전 탐색보다 효율적이다.
③ 해가 성립되지 않으면 탐색을 중단하고 이전 단계에서 탐색을 계속한다.
④ 일반적으로 깊이 우선 방식의 탐색으로 진행된다.
⑤ 답 없음

33 분기 한정 알고리즘에 대한 설명이다. 다음 중 옳지 않은 것은?

① 백트래킹 알고리즘을 향상한 탐색 알고리즘이다.
② 상태 공간 트리 대부분의 노드가 문제의 조건에 부합하기 때문에 분기 한정 알고리즘이 백트래킹 알고리즘보다 효율적이다.
③ 분기 한정 알고리즘은 최적해가 있을 만한 부분을 먼저 탐색한다.
④ 분기 한정 알고리즘은 탐색할 노드의 한정 값이 현재까지 찾은 해와 같거나 나쁘면 그 노드는 탐색하지 않는다.
⑤ 답 없음

34 분기 한정 알고리즘에 대한 설명이다. 다음 중 옳은 것은?

① 너비 우선 탐색보다 깊이 우선 탐색이 더 많은 해를 찾는다.
② 임의의 탐색 방법을 사용하여도 해를 찾는 시간은 비슷하다.
③ 깊이 우선 탐색이 다른 탐색 방법보다 항상 효율적으로 해를 찾는다.
④ 최선 우선 탐색이 깊이 우선 탐색보다 효율적이다.
⑤ 답 없음

35 다음의 빈칸에 알맞은 것은?

> 백트래킹 알고리즘은 해를 찾는 도중에 [ ] 되돌아가서 다시 해를 찾아가는 기법으로 상태 공간 트리에서 [ ] 탐색 방법으로 해를 찾는 알고리즘이다.

① 충돌하면, 깊이 우선
② 해가 없으면, 너비 우선
③ 막히면, 깊이 우선
④ 막히면, 너비 우선
⑤ 답 없음

쉬어가는 페이지

서양장기

서양장기(Chess)는 정확한 기록이 없어 언제 누가 만들었는지에 대한 기록은 없지만, 7세기 인도에서 유래되었다고 알려진다. 인도의 어느 왕국에 백성들에게 관심이 없는 왕이 살았다. 브라민 씻사(Brahmin Sissa)라는 사람은 왕을 즐겁게 해주기 위해 체스를 만들어 왕과 체스를 두었고 왕은 체스를 매우 좋아하게 되었다. 왕을 위해 씻사가 체스를 만든 의도는 장기판에 있는 8개의 폰(pawn)의 중요성을 일깨우는 것이었다. 폰은 우리나라 장기의 졸(卒)과 유사하고 가장 힘없는 말이다. 씻사는 폰을 통해 왕이 힘없는 백성들의 중요함을 느꼈으면 하는 바램이었다.

왕은 체스를 만든 씻사에게 상을 주겠다하고 무엇이든지 원하는 것을 말하라고 하였다. 씻사는 장기판 64개 정사각형 위에 곡식 낱알을 다음과 같이 놓아달라고 왕에게 청했다.

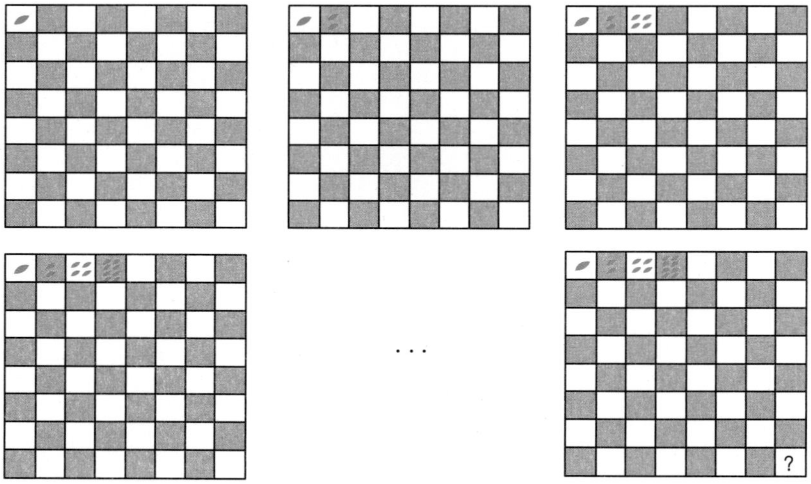

첫 칸에 1개, 둘째 칸에 2개, 셋째 칸에 4개, 넷째 칸에 8개, …. 이렇게 64개 칸에 곡식 낱알로 채워 달라고 하자 왕은 즉시 신하에게 그 청을 들어주라고 말하였다. 물론 왕은 장기판의 64칸에 곡식 낱알들을 채워봤자 장기판 위에 곡식이 쌓일 정도인 것으로 생각했었을 것이다. 그러나 씻사의 청대로 곡식 낱알의 수를 모두 합하면 그 수가 자그마치 18,446,744,073,709,551,615이다. 이는 $2^{64}-1$이다. 우리나라의 약 20배 정도 넓이의 인도 땅을 몇 번을 덮을 수 있는 양의 곡식이다.

PART

07 근사하게 해결하기

CONTENTS

PART

7 근사하게 해결하기

NP-완전 문제[1]는 실생활의 광범위한 영역에 활용되지만, 불행하게도 이 문제들을 다항식 시간에 해결할 수 있는 알고리즘이 아직 알려지지 않았다. 또한 지금까지 그 누구도 이 문제들을 다항식 시간에 해결할 수 없다고 증명하지도 못했다. 대부분 학자는 이 문제들을 해결할 다항식 시간 알고리즘이 존재하지 않을 것으로 생각하고 있다. 이러한 문제들을 어떤 방식으로든지 해결하려면 다음의 3가지 중에서 1가지는 포기해야 한다.

- 다항식 시간에 해를 찾는 것
- 모든 입력에 대해 해를 찾는 것
- 최적해를 찾는 것

Part 7에서는 NP-완전 문제를 해결하기 위해 세 번째 것을 포기하고 최적해에 근사한(가까운) 해를 찾아주는 근사 알고리즘(Approximation Algorithm)을 살펴본다. 근사 알고리즘은 근사해를 찾는 대신에 다항식 수행 시간을 가진다.

근사 알고리즘은 근사해가 최적해에 얼마나 근사한지(즉, 최적해에 얼마나 가까운지)를 나타내는 근사 비율(approximation ratio)을 보여주어야 한다. 근사 비율은 근사해의 값과 최적해의 값의 비율로서, 1.0에 가까울수록 정확도가 높은 알고리즘이다. 근사 비율을 계산하려면 최적해를 알아야 하는 모순이 생긴다. 따라서 대부분은 최적해를 대신할 수 있는 '간접적인' 해를 찾아서 근사 비율을 계산한다.

Part 7에서는 외판원 문제, 집합 커버(Set Cover), 통 채우기(Bin Packing), 합이 최대 K 되는 숫자 문제에 대한 근사 알고리즘을 각각 살펴본다.

1) 부록 IV 참조

7.1 외판원 문제

외판원 문제(Traveling Salesperson Problem, TSP)는 임의의 한 도시에서 출발하여 다른 모든 도시를 1번씩만 방문하고 출발했던 도시로 돌아오는 여행 경로의 거리를 최소화하는 문제이다.

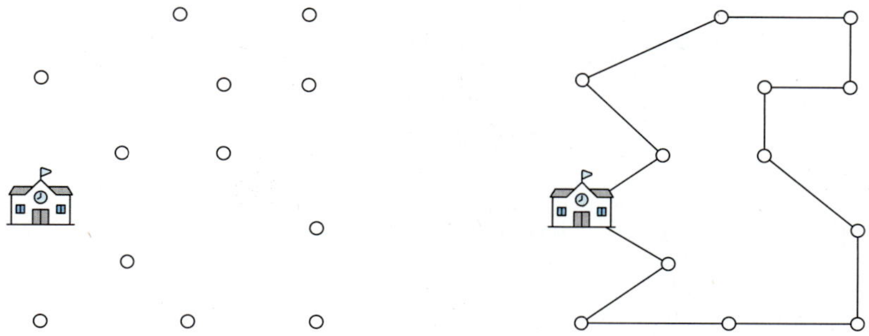

그림 7.1.1 통학 버스 경로

외판원 문제는 다양한 알고리즘으로 최적해를 찾을 수 있다. 그러나 이 알고리즘들은 최적해를 찾기 위해 모두 지수 시간이 걸리므로 도시 수가 많아지면 최적해를 찾기가 점점 어려워진다. 따라서 최적해를 찾는 대신에 다항식 시간에 최적해에 가까운 해를 찾는 근사 알고리즘으로 외판원 문제를 해결해보자.

TSP를 위한 근사 알고리즘을 고안하려면 먼저 다항식 시간에 해결되는 유사한 문제를 찾아서 그 문제의 알고리즘을 활용하는 것이 중요한 단초가 된다.

생각해보자

어떤 문제가 TSP와 가장 유사한 문제인가?

TSP와 비슷한 특성을 가진 문제는 Part 4.3의 최소 신장 트리(Minimum Spanning Tree, MST) 문제이다. MST가 그래프의 모든 점을 사이클 없이 최소의 가중치로 연결하는 것과 TSP가 모든 점을 1번씩 최소 비용으로 방문하는 것은 매우 유사하다.

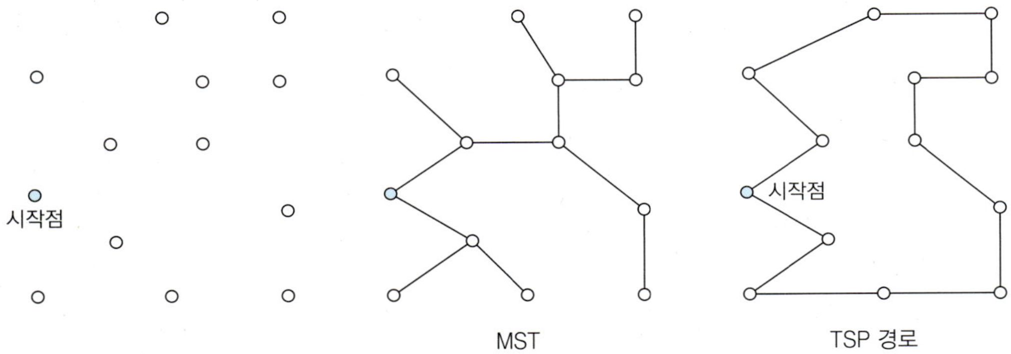

그림 7.1.2 MST vs TSP 경로

두 문제의 다른 점은 TSP는 시작점으로 돌아와야 하므로 TSP 경로의 간선 수는 n이고, MST의 간선 수는 $n-1$이다.

> **생각해보자**
> MST의 간선을 활용하여 어떻게 TSP의 경로를 만들 수 있을까?

먼저 TSP의 시작점으로부터 최소 신장 트리에서 모든 점을 방문하고 시작점으로 돌아오는 정점 방문 순서를 생각해보자. 시작점부터 트리에서 점들을 방문하다 보면 트리에는 사이클이 없으므로 1번 이상 방문하는 점들이 있다.

그림 7.1.3에서 시작점이 A라면 방문 순서는 A로부터 B를 거쳐서 C에 도착하면 D, E, F 중 한 점을 먼저 방문한다. 여기서 D를 먼저 방문하면 D에서 E나 F로 직접 갈 수 없으므로 D에서 C로 다시 돌아와야 한다. 그다음 C에서 E를 방문하면 다시 C로 돌아와서 F를 방문한다. 그 순서는 [A, B, C, D, C, E, C, F]이다.

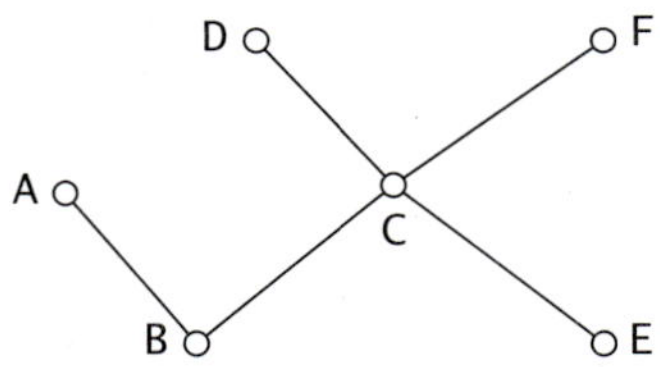

그림 7.1.3 MST

F를 방문하며 트리의 모든 점을 방문했지만, 아직 시작점으로 돌아오지 못했으므로, F에서 C로, C에서는 B로, 마지막엔 B에서 A로 돌아옴으로써 TSP의 시작점으로 돌아오는 조건을 만

족시킨다. 이때 전체 경로는 [A, B, C, D, C, E, C, F, C, B, A]이다. 이 경로는 시작점 A를 제외하고 C와 B는 두 번 이상 방문한다.

> **생각해보자**
> 그럼 이러한 트리 방문 순서를 어떻게 각 점을 오직 1번만 방문하는 순서로 바꿀 수 있을까?

그 해결책은 지름길(shortcut)이다. 트리 방문 순서에서 지름길을 사용하는 것은 처음 방문한 경우만 제외하고 반복되는 점을 방문 순서에서 제거하는 것과 같다. 예제의 MST에서 방문 순서는 [A, B, C, D, ~~C~~, E, ~~C~~, F, ~~C~~, ~~B~~, A] ⇨ [A, B, C, D, E, F, A]가 되고, 그 결과는 그림 7.1.4와 같다.

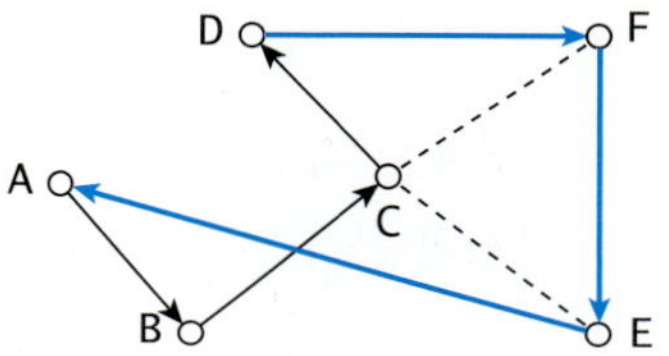

그림 7.1.4 지름길 사용 결과

[예제] 다음은 그림 7.1.5(a)의 입력에 대해 최소 신장 트리를 활용하여 근사해를 찾는 과정을 보여준다. 단, 시작점은 0이다.

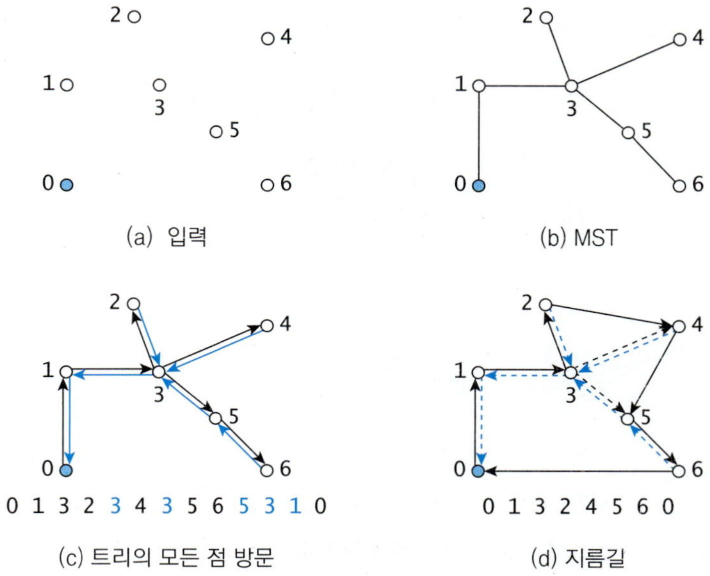

그림 7.1.5 MST를 이용한 TSP 근사해 찾기

그림 7.1.5(a)의 그래프에서 MST 알고리즘을 이용하여 MST(b)를 찾는다. 그리고 점 0에서 출발하여 트리의 간선을 따라서 모든 점을 방문하고 점 0로 돌아오는 방문 순서를 (c)와 같이 찾는다. (c)에서는 트리 방문 순서 [0 1 3 2 3 4 3 5 6 5 3 1 0]을 보여준다. 마지막으로 이 방문 순서를 따라 점들을 방문하되 반복 방문하는 점을 순서에서 그림 7.1.6과 같이 제거하여 외판원 문제의 근사해를 (d)에서 얻는다.

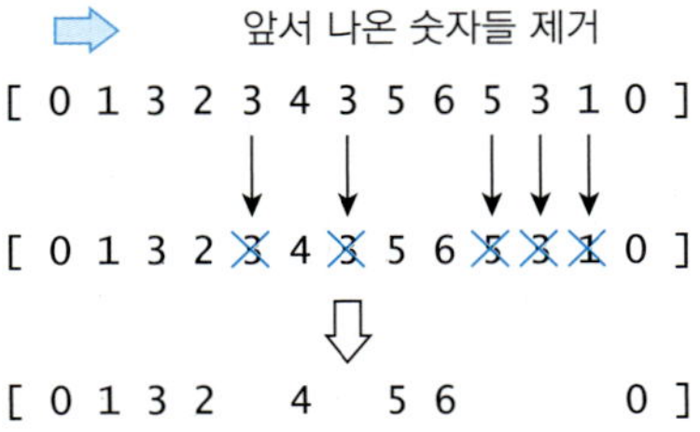

그림 7.1.6 중복 방문한 점 제거

여기서 중복하여 방문하는 도시를 제거하는 과정에 삼각형 부등식 원리[2]가 적용된 것이다. 다음은 MST를 기반으로 한 외판원 문제의 근사 알고리즘이다.

알고리즘

[1] 입력 그래프에서 MST T를 찾는다.

[2] TSP의 시작점으로부터 출발하여 T의 간선을 따라서 모든 점을 방문하고 다시 출발했던 점으로 돌아오는 점들의 방문 순서를 찾는다.

[3] [2]에서 찾은 방문 순서에서 중복된 점을 제거하여 TSP 경로를 만든다. 단, 마지막의 시작점은 제거하지 않는다.

다음은 TSP의 근사 알고리즘을 파이썬으로 구현한 프로그램이다. 프로그램을 위한 입력 그래프와 MST는 그림 7.1.7과 같고, 시작점은 0이다.

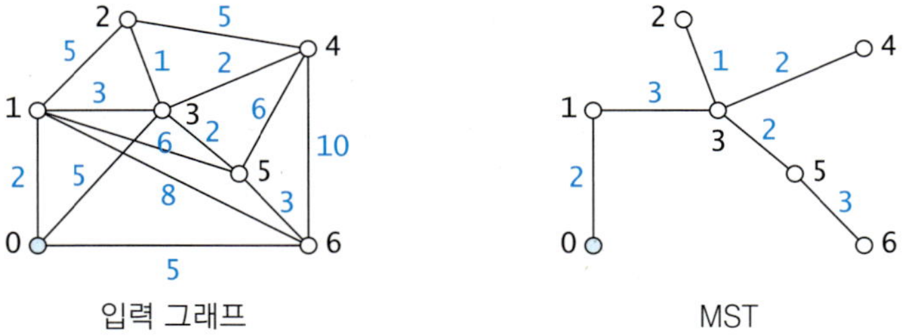

그림 7.1.7 프로그램을 위한 입력 그래프와 MST

2) 삼각 부등식의 원리는 삼각형 빗변의 길이는 다른 두 변의 길이의 합보다 짧은 것을 말한다. 빗변이 지름길인 셈이다.

파일명: AT 7.1 외판원 문제.py

```
tree = [[1], [0, 3], [3], [1, 2, 4, 5], [3], [3, 6], [5]]
n = len(tree)
INF = float('inf')
g = [[0, 2, INF, 5, INF, INF, 5],
     [2, 0, 5, 3, INF, 6, 8],
     [INF, 5, 0, 1, 5, INF, INF],
     [5, 3, 1, 0, 2, 2, INF],
     [INF, INF, 5, 3, 0, 6, 10],
     [INF, 6, INF, 2, 6, 0, 3],
     [5, 8, INF, INF, 10, 3, 0]]
visited = [False for _ in range(n)]
path = []

def dfs(v):
    visited[v] = True
    path.append(v)
    for w in tree[v]:
        if not visited[w]:
            dfs(w)
            path.append(v)

dfs(0)
print('트리 방문 순서:', path)
s = []
for vertex in path:
    if vertex not in s:
        s.append(vertex)
s.append(0)
print('TSP 경로:', s)
```

MST

입력 그래프

방문하면 True로

트리 방문 순서 저장

처음 방문할 때 경로에 추가

v에 인접한 w로 순환 호출

되돌아나올 때 경로에 추가

최초 호출

중복 방문 제거

Run: AT 7.1 외판원 문제

```
C:\Users\user\venv\Scripts\python.exe "C:/Users/user/De
트리 방문 순서: [0, 1, 3, 2, 3, 4, 3, 5, 6, 5, 3, 1, 0]
TSP 경로: [0, 1, 3, 2, 4, 5, 6, 0]

Process finished with exit code 0
```

시작점이 0이므로 최초로 dfs(0)을 호출하여 MST에서 점 0부터 시작하여 점 0으로 돌아오는 순서인 path 리스트를 만든다. dfs 함수에서는 v가 처음 방문될 때 v를 path 뒤에 추가하고, 또한 v에 인접한 점 w로 dfs() 호출을 마쳤을 때 v를 path 뒤에 추가한다. 이러한 v의 추가는 방문하는 과정에서 w로부터 v로 되돌아온 것을 path 순서에 반영시킨 것이다.

그림 7.1.8은 Part 2.5의 깊이 우선 탐색을 위한 dfs 함수와 위 프로그램에서 트리 방문 순서를 만드는 dfs 함수를 비교하여 보여준다.

```
def dfs(v):
    visited[v] = True
    print(v, ' ', end='')
    for w in adj_list[v]:
        if not visited[w]:
            dfs(w)
```

(a) 깊이 우선 탐색의 dfs 함수

```
def dfs(v):
    visited[v] = True
    path.append(v)
    for w in tree[v]:
        if not visited[w]:
            dfs(w)
            path.append(v)
```

(b) 트리 방문 순서를 위한 dfs 함수

그림 7.1.8 깊이 우선 탐색과 트리 방문 순서의 dfs 함수 비교

완성된 후에 path에서 반복되는 점을 제거하여 지름길을 사용하는 경로인 s를 만든다. 즉, s가 TSP의 근사 경로이다.

수행 시간

TSP 근사 알고리즘의 수행 시간을 알아보자. 먼저 MST를 찾기 위해 크러스컬이나 프림 알고리즘의 수행 시간만큼 시간이 소요된다. 이후 트리 간선을 따라서 점들의 방문 순서를 찾는 것은 $O(n)$ 시간이 걸린다. 왜냐하면 트리의 간선 수가 $n-1$이기 때문이다. 그리고 반복되는 점의 제거도 $O(n)$ 시간이 소요된다. 따라서 TSP 근사 알고리즘의 수행 시간은 (MST를 찾는 시간)$+O(n)+O(n)$이므로 크러스컬이나 프림 알고리즘의 수행 시간과 같다.

근사 비율

TSP 근사 알고리즘이 계산한 근사해에 대한 근사 비율을 알아보자. 외판원 문제의 최적해를 일반적으로 알 수 없으므로, MST 간선의 가중치의 합(M)을 최적해의 값으로 간접적으로 활용한다. 왜냐하면 TSP는 시작점으로 돌아와야 하므로 경로의 간선 수가 n이고, MST의 간선 수는 $n-1$이며 MST는 최소 비용으로 모든 점을 연결하기 때문이다. 즉, TSP 최적해의 길

이는 MST의 간선 길이의 합보다 길 수밖에 없다.

TSP 근사 알고리즘이 계산한 근사해의 값은 2M보다는 크지 않다. 그 이유는 다음과 같다.

- Step [2]에서 MST의 간선을 따라서 방문 순서를 찾을 때 사용된 트리 간선을 살펴보면, 각 간선이 정확히 2번 사용된다. 따라서 이 방문 순서에 따른 경로의 총 길이는 2M이다.
- Step [3]에서는 삼각 부등식의 원리를 이용하여 새로운 방문 순서를 만들기 때문에, 이전 방문 순서에 따른 경로의 길이보다 지름길을 사용한 새로운 방문 순서에 따른 경로의 길이가 더 짧다.

따라서 이 알고리즘의 근사 비율은 2M/M = 2.0보다 크지 않다. 즉, 근사해는 최적해의 2배를 넘지 않는다.

응용

- 택배, 통학 버스 경로
- VLSI 서킷 디자인
- 컴퓨터 보드 설계
- 통신
- 생명 공학
- 경영 공학 등

7.2 집합 커버

n개의 원소를 가진 집합 U가 있고, U의 부분 집합들을 원소로 하는 집합 F가 주어질 때, F의 원소(U의 부분 집합) 중에서 어떤 원소들을 선택하여 합집합 하면 U와 같은가? 집합 커버(Set Cover) 문제는 F에서 선택하는 집합의 수를 최소화하는 문제이다.

집합 커버 문제는 많은 실용적인 문제들에 응용된다. 그중에서 그림 7.2.1과 같이 어느 신도시의 학교 위치 선정을 돕는 문제를 살펴보자. 신도시에 10개의 마을이 있는데 다음 두 가지 조건으로 학교 수를 최소화하고자 한다.

- 학교는 마을에 위치해야 한다.
- 등교 거리는 걸어서 15분 이내이어야 한다.

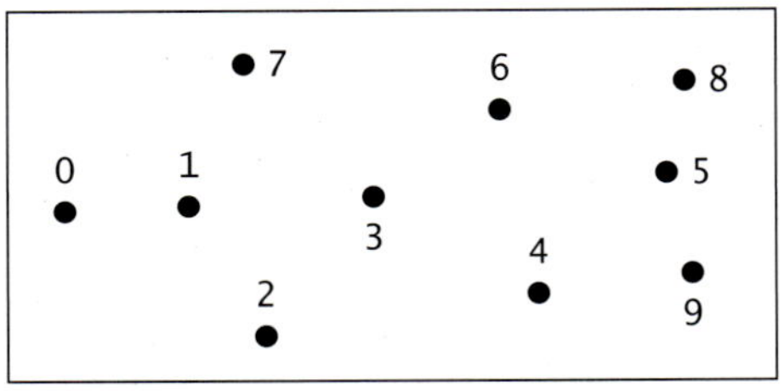

그림 7.2.1 신도시의 10개 마을의 위치

생각해보자

어느 마을에 학교를 신설해야 학교의 수가 최소로 될까?

우선 그림 7.2.1을 문제의 조건에 따라 걸어서 15분 이내에 통학할 수 있는 마을 사이에 간선을 그림 7.2.2와 같이 그린다.

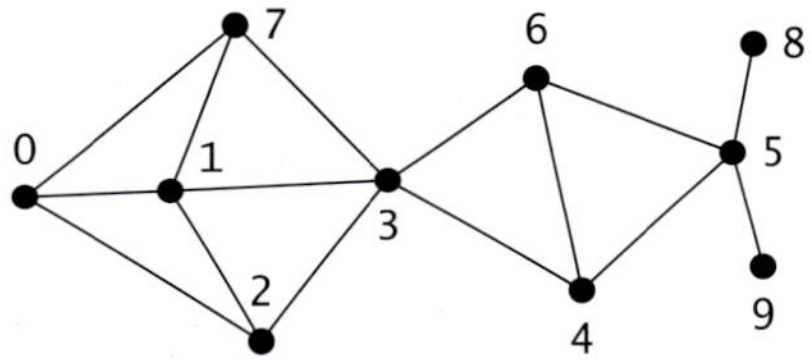

그림 7.2.2 마을 사이에 간선 추가

그림 7.2.2를 보면 간선이 없는 두 마을 0과 3에 대해, 만일 마을 0에 학교를 만들면 마을 3에 있는 학생들이 15분 내 통학할 수 없다. 마찬가지로 학교를 마을 3에 만들어도 마을 0에 사는 학생들이 15분 내 마을 3에 있는 학교를 통학할 수 없다.

그러나 마을 1에 학교를 만들면 마을 0, 1, 2, 3, 7의 학생들이 15분 이내에 등교할 수 있고 (즉, 마을 0, 1, 2, 3, 7이 '커버'되고), 마을 5에 학교를 만들면 마을 4, 5, 6, 8, 9가 커버된다. 즉, 마을 1과 5에 각각 학교를 배치하면 모든 마을이 커버된다. 그러면 1개의 학교를 어떤 마을에 만들면 그림 7.2.2의 모든 마을을 커버할 수 있을까?

그림 7.2.3과 같은 형태라면 가운데 위치한 마을 0에 학교를 두면 모든 마을을 커버할 수 있지만, 그림 7.2.2와 같은 형태의 지리적 위치에서는 1개의 학교로 모든 마을을 커버할 수는 없다.

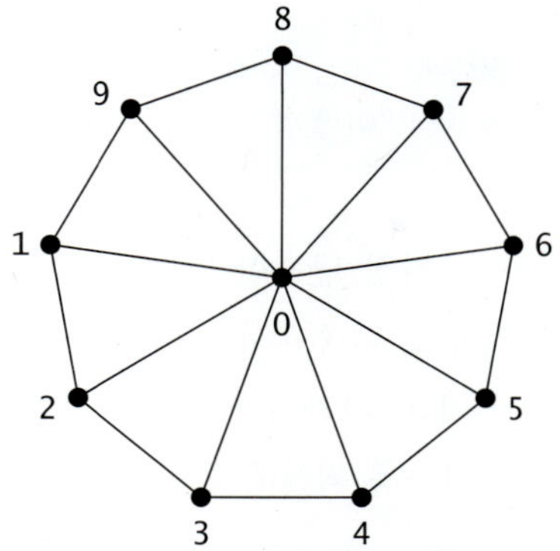

그림 7.2.3 1개의 학교로 모든 마을을 커버할 수 있는 형태

S_i를 마을 i에 학교를 배치했을 때 커버되는 마을들(집합)이라 하면, 신도시의 학교 배치 문제를 집합 커버 문제로 다음과 같이 표현할 수 있다.

U = {0, 1, 2, 3, 4, 5, 6, 7, 8, 9} # 신도시의 마을 10개
F = {S_0, S_1, S_2, S_3, S_4, S_5, S_6, S_7, S_8, S_9}
S_0 = {0, 1, 2, 7}
S_1 = {0, 1, 2, 3, 7}
S_2 = {0, 1, 2, 3}
S_3 = {1, 2, 3, 4, 6, 7}
S_4 = {3, 4, 5, 6}
S_5 = {4, 5, 6, 8, 9}
S_6 = {3, 4, 5, 6}
S_7 = {0, 1, 3, 7}
S_8 = {5, 8}
S_9 = {5, 9}

학교 배치 문제는 S_i 집합 중에서 합집합이 U가 되는 최소의 집합들을 찾는 집합 커버 문제이다.

이 문제의 최적해는 $S_1 \cup S_5$ = {0, 1, 2, 3, 7} ∪ {4, 5, 6, 8, 9} = {0, 1, 2, 3, 4, 5, 6, 7, 8, 9} = U로서 그림 7.2.4와 같다.

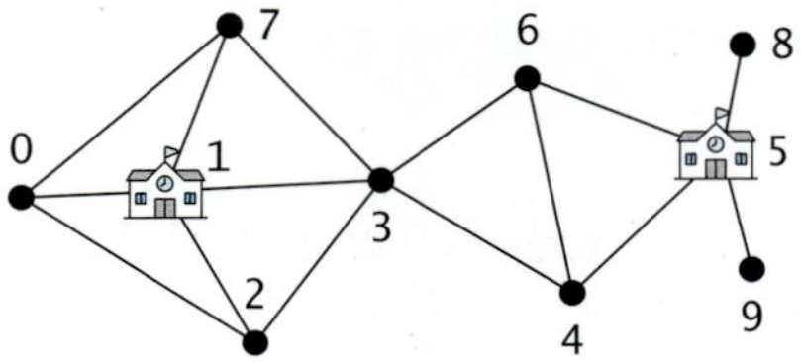

그림 7.2.4 최적해

생각해보자

집합 커버 문제의 최적해는 어떻게 찾아야 할까?

F에 n개의 집합이 있다고 가정하자. 가장 단순한 방법은 F에 있는 집합들의 모든 조합을 하나씩 합집합하여 U가 되는지 확인하고, 그중에서 집합 수가 최소인 것을 찾는 것이다. 그러나 합이 K 되는 숫자 문제나 배낭 문제와 마찬가지로 모든 조합이란 $(2^n - 1)$가지의 경우로서 이를 하나씩 다 검사하려면 n이 커질수록 최적해를 찾는 것은 현실적으로 어렵다.

이를 극복하기 위해서는 최적해를 찾는 대신에 최적해에 근접한 근사해를 찾는 알고리즘을 생각해보자.

알고리즘

```
[1]  C = []
[2]  while U가 empty가 아니면:
[3]        집합 하나를 선택하여 Si라고 하자.
[4]        U = U - Si
[5]        Si의 원소를 다른 집합에서 제거한다.
[6]        Si를 F에서 제거하고, Si를 C에 추가한다.
```

위의 알고리즘 step [3]에서 S_i를 선택하는 여러 가지 방법을 생각해보자.

생각해보자

집합 S_i가 현재 상태의 U에 있는 원소를

- 가장 많이 커버하면 욕심내어 S_i를 선택하자.
- 가장 적게 커버하면 욕심내어 S_i를 선택하자.
- 커버 안 된 원소 중에 랜덤하게 선택된 원소를 가진 집합 중에 하나를 S_i로 선택하자.

위의 생각 외에도 다른 선택 방법이 있을 수 있으나, 대부분은 집합 S_i가 현재 상태의 U에 있는 원소를 가장 많이 커버하면 선택하는 것보다 좋은 결과를 보이지 못한다. 다음은 U에 있는 원소를 가장 많이 커버하는 집합을 선택하는 근사 알고리즘이다.

알고리즘

[1] C = []
[2] while U가 empty가 아니면
[3]   U의 원소들을 가장 많이 포함하고 있는 집합 Si를 F에서 선택
[4] $U = U - S_i$
[5] S_i의 원소를 다른 집합에서 제거
[6] S_i를 F에서 제거하고, S_i를 C에 추가

[예제] 다음의 집합 커버 문제를 위의 그리디 근사 알고리즘으로 근사해를 찾아라.

$U = \{0, 1, 2, 3, 4, 5, 6, 7, 8, 9\}$,
$F = \{S_0, S_1, S_2, S_3, S_4, S_5, S_6, S_7, S_8, S_9\}$

$S_0 = \{0, 1, 2, 7\}$
$S_1 = \{0, 1, 2, 3, 7\}$
$S_2 = \{0, 1, 2, 3\}$
$S_3 = \{1, 2, 3, 4, 6, 7\}$
$S_4 = \{3, 4, 5, 6\}$
$S_5 = \{4, 5, 6, 8, 9\}$
$S_6 = \{3, 4, 5, 6\}$
$S_7 = \{0, 1, 3, 7\}$
$S_8 = \{5, 8\}$
$S_9 = \{5, 9\}$

- 가장 먼저 S_3이 가장 큰 집합이므로 S_3을 step [3]에서 선택한다. 그리고 step [4]에서는 $U = \{0, 1, 2, 3, 4, 5, 6, 7, 8, 9\} - \{1, 2, 3, 4, 6, 7\} = \{0, 5, 8, 9\}$가 된다. Step [5]에서 이미 S_3 때문에 커버된 각 마을을 집합에서 각각 제거하면,

$S_0 = \{0\}$
$S_1 = \{0\}$
$S_2 = \{0\}$
$S_3 = \{\}$
$S_4 = \{5\}$
$S_5 = \{5, 8, 9\}$
$S_6 = \{5\}$
$S_7 = \{0\}$
$S_8 = \{5, 8\}$
$S_9 = \{5, 9\}$

Step [6]에서 $C = \{S_3\}$이 된다. 루프가 수행된 결과는 그림 7.2.5와 같다.

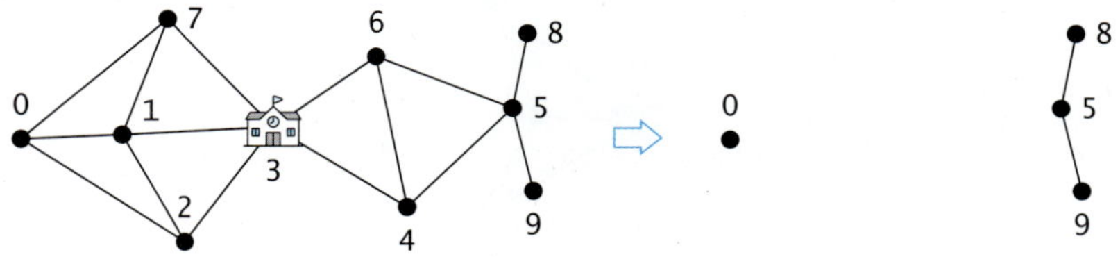

그림 7.2.5 S_3을 선택한 결과

- 이제 step [2]의 while-루프가 두 번째 수행되면 S_5가 U의 원소들을 가장 많이 포함하고 있는 집합이므로 step [3]에서 S_5를 선택한다. Step [5]에서 S_5 덕분에 커버된 각 마을을 집합에서 각각 제거하면,

S_0 = {0}	S_4 = {}	S_8 = {}
S_1 = {0}	S_5 = {}	S_9 = {}
S_2 = {0}	S_6 = {}	
S_3 = {}	S_7 = {0}	

Step [6]에서 C = {S_3, S_5}가 된다. 루프가 두 번째 수행된 결과는 그림 7.2.6과 같다.

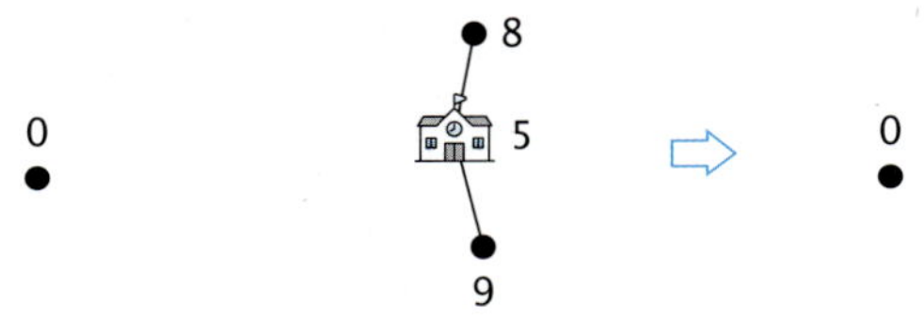

그림 7.2.6 S_5를 선택한 결과

- 마지막으로 step [2]의 while-루프가 수행되면 S_0이 U의 원소를 가장 많이 포함하고 있는 집합이므로 step [3]에서 S0을 선택한다. 그리고 S_0 때문에 커버된 각 마을을 집합에서 각각 제거하면,

S_0 = {}	S_4 = {}	S_8 = {}
S_1 = {}	S_5 = {}	S_9 = {}
S_2 = {}	S_6 = {}	
S_3 = {}	S_7 = {}	

그리고 Step [6]에서 C = {S_3, S_5, S_0}이 되고, 근사해는 그림 7.2.7과 같다.

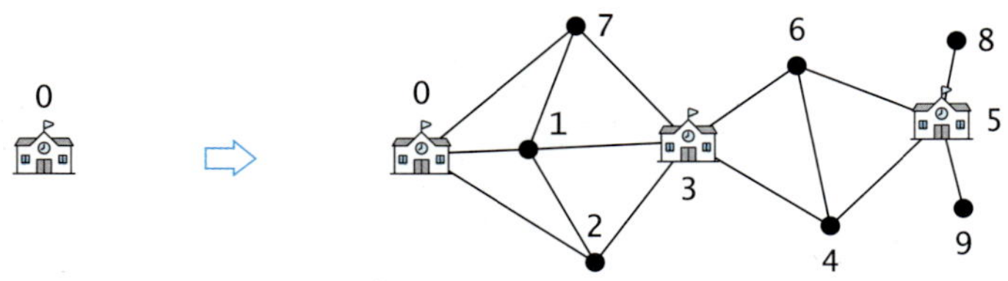

그림 7.2.7 S_0를 선택한 결과와 근사해

다음은 집합 커버를 위한 근사 알고리즘의 파이썬 프로그램이다.

파일명: AT 7.2 집합 커버.py

```
U = {0, 1, 2, 3, 4, 5, 6, 7, 8, 9}
S = [{0, 1, 2, 7},          # s0
     {0, 1, 2, 3, 7},       # s1
     {0, 1, 2, 3},          # s2
     {1, 2, 3, 4, 6, 7},    # s3
     {3, 4, 5, 6},          # s4
     {4, 5, 6, 8, 9},       # s5
     {3, 4, 5, 6},          # s6
     {0, 1, 3, 7},          # s7
     {5, 8},                # s8
     {5, 9}]                # s9
set_cover = []

while len(U) > 0:
    max_cover_set = S.index(max(S, key=lambda x: len(U & x)))
    U = U - S[max_cover_set]
    for i in range(len(S)):
        if i != max_cover_set:
            S[i] = S[i] - S[max_cover_set]
    set_cover.append(max_cover_set)
    S[max_cover_set] = set()
print('집합 커버를 위한 부분 집합 리스트:', set_cover)
```

부분 집합들로 커버해야 하는 전체 원소들

10개의 입력 부분 집합들

근사해를 저장

가장 많은 원소를 커버하는 집합 입덱스 찾기

찾은 집합 원소 제거

각 부분 집합에서 찾은 집합 원소 제거

찾은 집합 인덱스를 해에 추가

찾은 집합을 공집합으로

```
Run: AT 7.2 집합 커버
C:\Users\user\venv\Scripts\python.exe
집합 커버를 위한 부분 집합 리스트: [3, 5, 0]

Process finished with exit code 0
```

위의 프로그램은 집합 커버를 위한 근사 알고리즘과 거의 유사하므로 설명은 프로그램 내의 주석으로 대체한다.

수행 시간

집합 커버 문제를 위한 근사 알고리즘의 수행 시간을 생각해보자. 먼저 while-루프가 1번 수행될 때마다 적어도 1개의 U의 원소가 커버되므로 루프는 최대 n번 수행된다.

Step [3]에서 U의 원소들을 가장 많이 포함하고 있는 집합 S를 찾으려면, 현재 남아 있는 S_i 각각을 U와 비교하여야 한다. 따라서 S_i들의 수가 최대 n이라면, 각 S_i와 U의 비교는 $O(n)$ 시간이 걸리므로, Step [3]은 $O(n^2)$ 시간이 소요된다.

Step [4]에서는 집합 U에서 집합 S_i의 원소를 제거하는 것이므로 $O(n)$ 시간이 걸린다. Step [5]에서는 S_i의 원소를 다른 집합에서 제거하는 것이므로 $O(n^2)$ 시간을 넘지 않는다. Step [6]에서는 S_i를 F에서 제거하고, S_i를 C에 추가하는 것이므로 $O(1)$ 시간이 걸린다. 따라서 루프 1회의 수행 시간은 $O(1)+O(n^2)+O(n)+O(n^2)+O(1)=O(n^2)$이다. 그러므로 집합 커버 문제를 위한 근사 알고리즘의 수행 시간은 $n\times O(n^2)=O(n^3)$이다.

근사 비율

근사 알고리즘은 근사해가 최적해에 얼마나 가까운지를 나타내는 근사 비율을 알고리즘과 함께 보여주어야 한다. 집합 커버 알고리즘의 근사 비율은 K$\ln n$으로서[3], 그 의미는 집합 커버 알고리즘의 최악 경우의 해일지라도 그 집합 수가 K$\ln n$개를 넘지 않는다는 뜻이다. 여기서 K는 최적해의 집합 수이다. 학교 배치 예제에서는 최적해가 집합 2개로 모든 마을을 커버했으므로, K$\ln n$ = 2×ln10 < 2×3 = 6이다. 즉, 집합 커버 알고리즘이 찾은 근사해의 집합 수는 6개를 초과하지 않는다는 것이다.

집합 문제의 최적해를 찾는 데는 지수 시간이 걸리지만, 근사 알고리즘은 $O(n^3)$ 시간에 근사해를 찾으며 그 해도 실질적으로 최적해와 비교해 일반적으로 그리 나쁘지 않은 경우가 많다.

응용

집합 커버 문제는 실제로 다음과 같이 매우 다양한 분야에서 활용된다.

- 도시 계획(city planning)에서 공공 기관 배치하기
- 경비 시스템 : 미술관, 박물관, 기타 철저한 경비가 요구되는 장소의 CCTV 카메라의 최적 배치
- 컴퓨터 바이러스 찾기 : 알려진 바이러스들을 커버하는 부분 스트링들의 집합 찾기 — IBM에서 5,000개의 알려진 바이러스들로부터 9,000개의 부분 스트링들을 추출하였고, 이 부분 스트링들의 집합 커버를 찾았는데, 총 180개의 부분 스트링이었다. 이 180개로 컴퓨터 바이러스의 존재를 확인하는 데 성공하였다.

---

3) 상세한 분석은 생략한다.

- 대기업의 구매 업체 선정: 대기업의 부품 업체 선정에 있어서 각 업체가 제시하는 여러 종류의 부품들과 가격에 대해, 최소의 비용으로 구매하려고 하는 부품들을 모두 커버하는 업체를 찾기
- 기업의 경력 직원 고용: 예를 들어, 어느 IT 회사에서 경력 직원을 고용하는데, 회사에서 필요한 n개의 기술이 있고, 각 지원자가 여러 개의 기술을 보유하고 있을 때, 회사가 모든 기술을 커버하는 최소 인원 찾기
- 네트워크에서 중요한 파일을 공유할 때 최소의 노드에 그 파일을 저장하여 주변 노드에서 빠르게 접근할 수 있는 노드 선택
- 우주에서 지구로 들어오는 모든 빛을 관측할 최소의 망원경 수를 결정하기
- 그 외에도 비행기 조종사 스케줄링, 조립 공정 균형화, 정보 검색 등에 활용

7.3 통 채우기

통 채우기(Bin Packing) 문제는 통의 용량이 C이고 n개의 물건이 있을 때, 모든 물건을 가장 적은 수의 통에 채우는 문제이다. 단, 각 물건의 크기는 C보다 크지 않고, 물건을 통에 넣으려면 그 통에 물건이 들어갈 여유가 있어야만 한다. 통 채우기는 여러 대의 트럭에 물건을 싣는 것, 화물 컨테이너에 물건을 담는 것, 작업 스케줄링, 부하 균형(Load Balancing), 신문의 광고 배치 등 다양한 분야에 응용된다.

생각해보자
어떤 문제가 통 채우기 문제와 유사할까?

앞서 다루었던 합이 K 되는 숫자 문제를 살펴보면 용량 C인 통이 1개만 주어지고 n개의 물건으로 통을 남기는 부분 없이 채우는 문제이다. 그리고 합이 최대 K 되는 숫자 문제는 통에 물건을 최대로 채우는 문제이다.

또한 각 물건의 가치와 무게가 같고 배낭의 용량 C인 배낭 문제도 1개의 통만 사용하는 통 채우기 문제이다. 단, 합이 K 되는 숫자 문제에서는 주어지는 숫자가 서로 다르고, 배낭 문제에서도 각 물건이 1개씩만 있다고 가정하지만, 통 채우기 문제의 입력에는 같은 크기의 물건이 중복되어 나타날 수도 있다.

생각해보자

통 채우기 문제를 단순한 방법으로 해결해보자.

물건들을 모든 조합을 시도하여 k개의 그룹으로 분할한다. 여기서 k는 ⌈모든 물건 크기의 합 / C⌉이다. 단, 각 분할된 그룹의 물건의 합은 C를 넘지 않는다. 예를 들어 [7, 5, 6, 4, 2, 3, 7, 5], C = 10이라면, 먼저 모든 물건의 합으로 최소로 사용되는 통의 수를 예측한다. 물건의 합이 39이므로 통의 수는 4개이다.

따라서 8개의 숫자를 각 부분의 합이 10을 초과하지 않도록 4개의 부분으로 나누어야 한다. 그러나 합이 K 되는 숫자 문제에서 살펴보았듯이 어떤 숫자들을 선택해야 그 합이 K 되는지를 알기 위해서도 지수 시간이 필요하다. 그런데 여기서는 숫자들을 어떻게 4개의 그룹으로 나눠야 하는지도 추가로 해결해야 한다. 따라서 이 방법은 물건 수가 커질수록 최적해를 찾는 것이 점점 어려워진다.

생각해보자

통의 크기가 10이고, 그림 7.3.1과 같이 3개의 통에 각각 6, 5, 8 만큼씩 차 있을 때 크기가 2인 물건을 어느 통에 넣어야 할까?

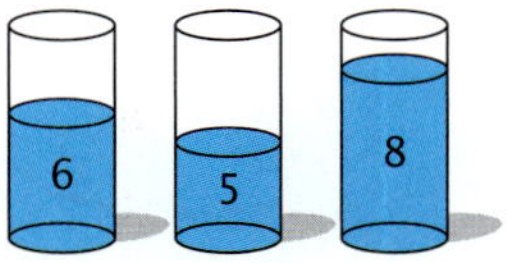

그림 7.3.1 어느 통에 새 물건을 담아야 할까?

새로운 물건을 첫 번째 통에 넣는 경우, 두 번째 통에 넣는 경우, 세 번째 통에 넣는 경우는 각각 다음과 같은 그리디 방법이다.

- 좌에서 우로 통을 살피면서 가장 먼저 담을 수 있는 통에 새 물건을 넣는다. 이를 최초 적합(First fit)이라 한다.
- 새 물건을 넣을 수 있는 통 중에서 남는 부분이 가장 큰 통에 새 물건을 넣는다. 이를 최악 적합(Worst fit)이라 한다.
- 새 물건을 넣을 수 있는 통 중에서 남는 부분이 가장 적은 통에 새 물건을 넣는다. 이를 최선 적합(Best fit)이라 한다.

각 방법으로 새 물건을 기존의 어느 통에 넣을 수 없으면, 새로운 통에 새 물건을 넣는다. 또 하나의 통 채우기 방법은 다음과 같다.

- 직전에 물건을 넣은 통에 여유가 있으면 새 물건을 넣는다. 넣을 수 없으면 새 통에 새 물건을 넣는다. 이를 다음 적합(Next fit)이라 한다.

[예제 1] 통의 용량 C = 10이고, 물건의 크기가 [7, 5, 6, 4, 2, 3, 7, 5]일 때, 최초 적합 알고리즘으로 물건들을 채워보자. 그림 7.3.2의 원 숫자는 물건들이 채워지는 순서를 나타낸다.

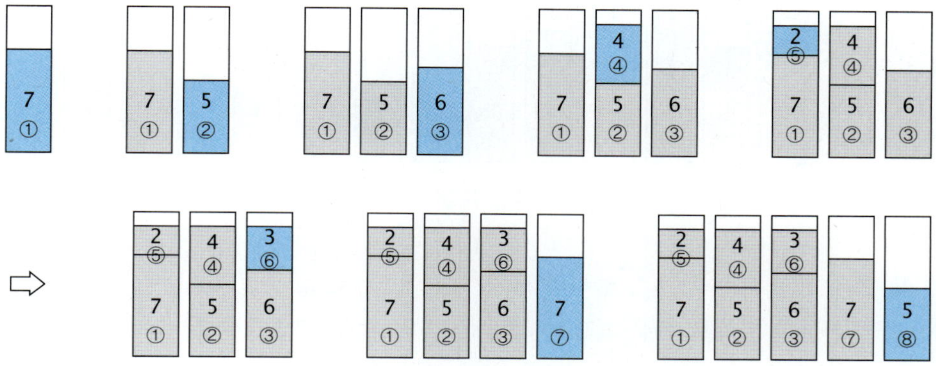

그림 7.3.2 최초 적합으로 통 채우기

[예제 2] 통의 용량 C = 10이고, 물건의 크기가 [7, 5, 6, 4, 2, 3, 7, 5]일 때, 최악 적합 알고리즘으로 물건들을 차례로 채운 결과는 그림 7.3.3과 같다. 그림에서 원 숫자는 물건이 채워지는 순서를 나타낸다.

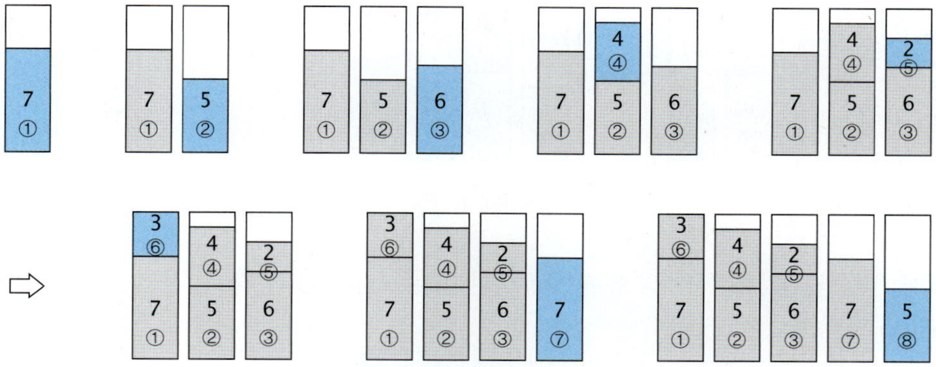

그림 7.3.3 최악 적합으로 통 채우기

[예제 3] 통의 용량 C = 10이고, 물건의 크기가 각각 [7, 5, 6, 4, 2, 3, 7, 5]일 때, 최선 적합 알고리즘으로 통에 물건을 차례로 채운 결과는 그림 7.3.4와 같다. 그림에서 원 숫자는 물건이 채워지는 순서를 나타낸다.

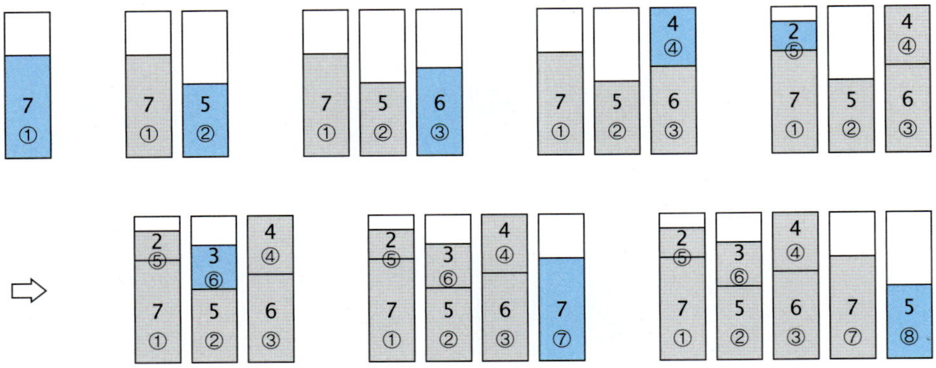

그림 7.3.4 최선 적합으로 통 채우기

[예제 4] 통의 용량 C = 10이고, 물건의 크기가 [7, 5, 6, 4, 2, 3, 7, 5]일 때, 다음 적합 알고리즘으로 물건들을 차례로 채운 결과는 그림 7.3.5와 같다. 그림에서 원 숫자는 물건이 채워지는 순서를 나타낸다.

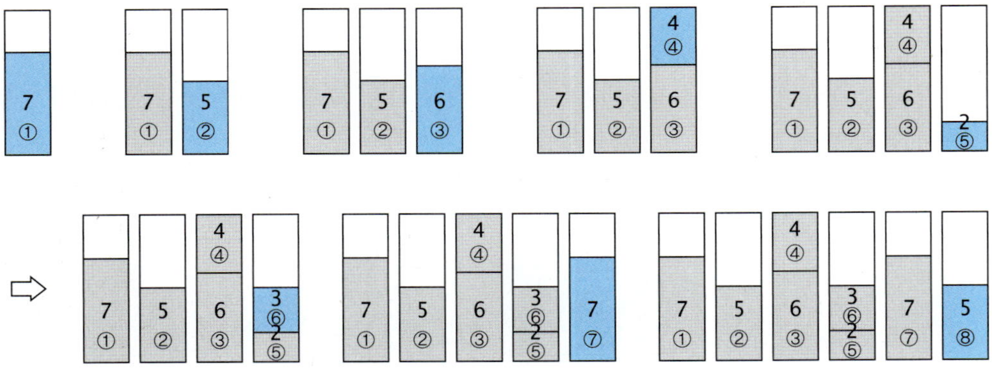

그림 7.3.5 다음 적합으로 통 채우기

위 예제에 대한 최적해는 4개의 통을 사용하며 이는 그림 7.3.6과 같다.

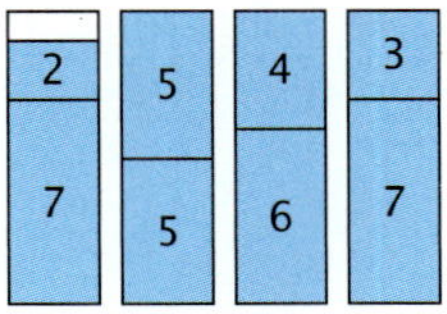

그림 7.3.6 최적해

다음은 각 그리디 방법으로 통 채우기를 위한 근사 알고리즘이다.

알고리즘

```
B = 0  # 사용된 통의 수
for i = 1 to n
    if 물건 i를 넣을 여유가 있는 기존의 통이 있으면
        그리디 방법에 따라 정해진 통에 물건 i를 넣는다.
    else
        새 통에 물건 i를 넣는다.
        B = B + 1  # 통의 수를 1 증가시킨다.
```

다음은 최초 적합을 위한 파이썬 프로그램이다. 최악, 최선, 다음 적합에 대한 프로그램은 생략한다.

파일명: AT 7.3 통 채우기 First Fit.py

```
BIN_SIZE = 10
item = [7, 5, 6, 4, 2, 3, 7, 5]
n = len(item)
bins = [[] for i in range(n)]
remnant = [BIN_SIZE for _ in range(n)]
bin_count = 1

for i in range(n):
    j = 0
    packed = False
    while j < bin_count:
        if item[i] <= remnant[j]:
            bins[j].append([i, item[i]])
            remnant[j] -= item[i]
            packed = True
            break
        j += 1
    if not packed:
        bins[j].append([i, item[i]])
        remnant[j] -= item[i]
```

입력

bins[0] 첫 번째 통
bins[1] 두 번째 통
...

각 통의 남는 부분

통의 수

물건 i를 통에 담기

기존에 있는 통 j에 물건 i를 담는 경우

새 통에 물건 i를 담는 경우

```
        bin_count += 1    ← 통의 수 1 증가

print('최초 적합: 총 사용된 통의 수  =', bin_count)
for i in range(bin_count):
    print('통 %d: ' % i)
    for j in range(len(bins[i])):
        print(' 물건 = %d, size = %d ' % (bins[i][j][0], bins[i][j][1]))
                                          ← 결과 출력
```

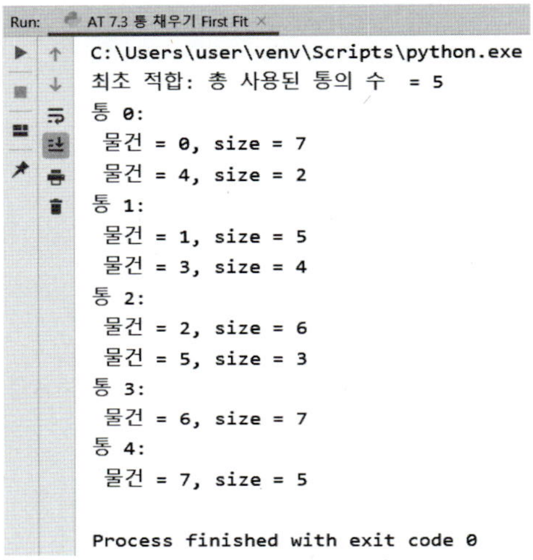

```
C:\Users\user\venv\Scripts\python.exe
최초 적합: 총 사용된 통의 수  = 5
통 0:
 물건 = 0, size = 7
 물건 = 4, size = 2
통 1:
 물건 = 1, size = 5
 물건 = 3, size = 4
통 2:
 물건 = 2, size = 6
 물건 = 5, size = 3
통 3:
 물건 = 6, size = 7
통 4:
 물건 = 7, size = 5

Process finished with exit code 0
```

프로그램의 for-루프에서는 물건을 차례로 고려한다. while-루프는 기존의 통들을 처음부터, 즉 bins[0], bins[1],… 차례로 살피면서 물건 i를 처음 담을 수 있는 통이 나타나면 물건 i를 찾은 통에 담고 그 통의 남는 부분(remnant)을 갱신한다.

만일 모든 기존의 통들에 물건 i를 담지 못하면 새 통에 물건 i를 담는다. 그리고 사용하고 있는 통의 수인 bin_count를 1 증가시킨다.

수행 시간

다음 적합을 제외한 3가지 알고리즘은 새 물건을 넣을 때마다 기존의 통들을 살펴보아야 한다. 통의 수는 n을 넘지 않으므로 수행 시간은 $O(n^2)$이다. 다음 적합은 새 물건에 대해 직전에 사용된 통만 살펴보기 때문에 물건 1개를 담는 데는 $O(1)$만 소요된다. 따라서 다음 적합의 수행 시간은 $O(n)$이다.

근사 비율

다음 적합을 제외한 3가지 알고리즘이 사용하는 통을 살펴보면 2개 이상의 통이 1/2 이하로 차 있을 수 없다. 그림 7.3.7과 같이 만일 2개의 통이 각각 1/2 이하로 차 있다면, 각 알고리즘은 새 통을 사용하지 않고, 이 2개의 통에 있는 물건들을 1개의 통으로 합친다.

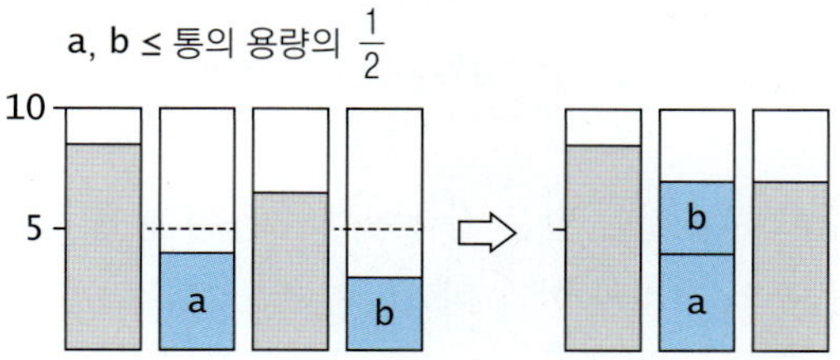

그림 7.3.7 기존의 두 개의 통에 1/2 이하로 채워져 있는 경우

최적해에서 사용된 통의 수를 OPT라고 하면, OPT ≥ (모든 물건의 크기의 합)/C이다. 여기서 C는 통의 크기이다. 따라서 각 방법이 사용한 통의 수를 F라면, F의 통 중에서 기껏해야 1개의 통이 1/2 이하로 차 있고 나머지 (F−1)개의 통 각각은 반 이상 차 있다. 따라서 ((F−1)×C/2)와 모든 물건의 크기의 합을 비교하면 다음과 같은 부등식이 성립한다.

(모든 물건의 크기의 합) > (F−1)×C/2
⇒ (모든 물건의 크기의 합)/C > (F−1)/2 # 양변을 C로 나눈 결과
⇒ OPT > (F−1)/2 # OPT ≥ (모든 물건의 크기의 합)/C이므로
⇒ 2OPT > F−1 # 양변에 2를 곱한 결과
⇒ 2OPT + 1 > F
⇒ 2OPT ≥ F

따라서 3가지 그리디 알고리즘의 근사 비율은 2.0이다.

다음 적합은 직전에 사용된 통에 들어있는 물건의 크기의 합과 새 물건의 크기의 합이 통의 용량보다 클 때만, 새 통에 새 물건을 넣는다. 다음 적합이 사용한 통의 수가 F라면, 이웃한 2개의 통을 쌍으로 그림 7.3.8과 같이 나타낼 수 있다.

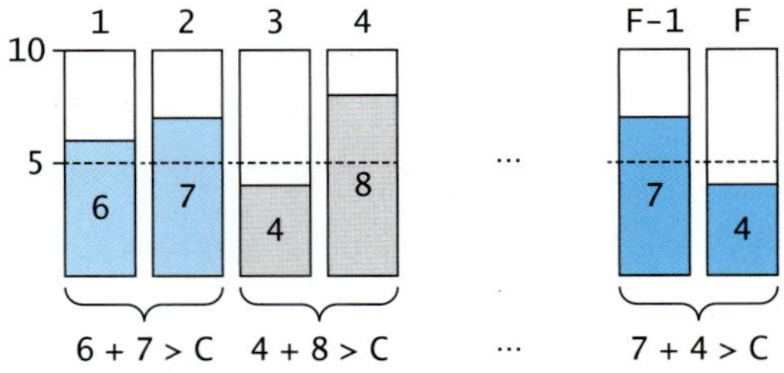

그림 7.3.8 이웃한 2개의 통에 담긴 물건 크기의 합

그림 7.3.8처럼 다음 적합으로 물건을 담은 상태에서 사용된 통들 중에 1/2, 즉 F/2개의 통이 꽉 채워진 경우를 모든 물건의 크기의 합과 비교하면,

(모든 물건의 크기의 합) > (F/2)×C
⇒ (모든 물건의 크기의 합)/C > F/2 # 양변을 C로 나눈 결과
⇒ OPT > F/2 # OPT ≥ (모든 물건의 크기의 합)/C이므로
⇒ 2OPT > F

따라서 다음 적합의 근사 비율도 2.0이다.

7.4 합이 최대 K 되는 숫자 문제

합이 K 되는 숫자 문제는 해가 있다면 합이 정확히 K가 되어야 하지만 이러한 제한을 완화하여 해가 없더라도 합이 K를 초과하지 않으면서 최대인 숫자의 합을 찾는 것이 합이 최대 K 되는 숫자 문제이다.

합이 최대 K 되는 숫자 문제는 Part 5.4에서 동적 계획 알고리즘으로 최적해를 찾았고, Part 6.3에서는 합이 K 되는 숫자 문제를 위해 백트래킹 알고리즘으로 해를 찾았다. 그러나 동적 계획 알고리즘의 수행 시간이 $O(nK)$라서 $K = 2^n$이라면 입력이 커지면 최적해를 찾는 것은 현실적으로 어렵다.

합이 최대 K 되는 숫자 문제에 대해 근사해를 찾는 근사 알고리즘은 앞서 설명한 외판원 문제, 집합 커버, 통 채우기 문제에서 보았던 그리디 알고리즘을 기반을 둔 근사 알고리즘과는 전혀 다르다.

입력이 {1, 4, 5, 6, 10, 11, 12, 16, 17, 25, 26, 39, 40, 41, 55, 56, 69, 70, 71, 88, 90,

99, 100}, K = 349일 때

> **생각해보자**
> 모든 조합의 합을 검사하여 그 합이 349에 가장 가까운 숫자들을 찾으려 할 때 최악의 경우 총 몇 개의 조합을 검사해야 할까?

답은 최대 $2^{23}-1$ = 8,388,607개의 부분 집합을 검사해야 한다. 그러나 주어진 숫자를 잘 살펴보면 이웃하는 숫자들의 크기가 비슷한 것이 보인다. 예를 들어 {4, 5, 6}, {10, 11, 12}, {16, 17}, {25, 26}, … 등 이웃하는 숫자들의 차이가 1밖에 안 된다.

> **생각해보자**
> 비슷한 숫자 중에 하나만 대표 숫자로 남기고 나머지를 제외해보자.

예를 들어 2 이내의 숫자 중 가장 작은 숫자를 대표로 남기고 나머지 숫자들을 삭제해보면, {1, 4, 10, 16, 25, 39, 55, 69, 88, 99}의 대표 숫자들이 남는다. 23개였던 숫자가 10개로 줄었다. 이때 10개 숫자에 대해 모든 조합의 합을 검사하여 그 합이 349에 가장 가까운 부분 집합을 찾으면 $2^{10}-1$ = 1,023개의 조합만을 검사하면 된다.

> **생각해보자**
> 만일 20 이내의 숫자 중에 가장 작은 숫자를 대표로 남긴다면 어떻게 될까?

남은 대표 숫자들은 {1, 25, 55, 88}로 4개밖에 안 된다. 이때는 합이 349에 가장 가까운 숫자들은 대표 숫자들 전부로서 모두 다 더한 169이다. 그러나 많은 숫자가 제거되어 최적해와의 차이가 너무 크게 되었다.

따라서 위에서 2 또는 20 같은 제거 범위를 어떻게 정하느냐에 따라 알고리즘의 수행 시간과 근사해의 정확도가 달라진다. 근사 알고리즘을 위해 수행 시간이 짧으면 정확도가 떨어지고 수행 시간이 길면 정확도가 향상되는 관계를 조절하는 파라미터(상수)가 필요하다.

생각해보자

근사 알고리즘의 정확도를 나타내는 상수 ϵ을 이용하여 삭제할 숫자를 결정하는 제거 범위를 만들어보자.

ϵ이 0에 가까울수록 범위가 좁아져서 모든 숫자 스스로가 대표 숫자가 되어 제거되는 숫자가 없고, 반면에 ϵ이 1.0에 가까울수록 범위가 넓어져 적은 수의 숫자만 대표 숫자로 남도록 만들자. 그런데 제거 범위를 정하는 데 입력의 크기도 반영해야 하므로, 상수 ε과 입력 크기인 n을 결합하여 δ를 식 (1)과 같이 정의하자.

$$\delta = \frac{\epsilon}{2n}, \quad 0 < \epsilon < 1 \qquad \text{식 (1)}$$

위 식에서 ϵ을 입력 크기의 2배로 나누는 이유는 알고리즘의 근사 비율을 $(1 + \epsilon)$으로 표현하기 위한 것이다.

[예제] [101, 103, 105, 106, 110, 112, 120, 123, 217, 220]이 주어지면, n = 10이고 만일 ϵ = 0.5라면 δ는 다음과 같이 계산된다.

$$\delta = \frac{\epsilon}{2n} = \frac{0.5}{2 \times 10} \approx 0.025$$

δ를 이용한 제거 범위는 대표 숫자보다 크고 대표 숫자×(1.0+ δ)보다 작다. 즉, 대표 숫자 $<$ 제거되는 숫자 ≤ 대표 숫자×(1.0+ δ)

다음은 주어진 숫자 리스트 T에서 제거 범위를 이용하여 대표 숫자들만 남기고 나머지 숫자들을 제거하는 대표_숫자_알고리즘이다. 알고리즘의 입력은 T와 δ이다.

알고리즘

```
[1] 리스트 T를 정렬한다.
[2] 대표 숫자 = T[0]      # 첫 숫자를 대표 숫자로 정한다.
[3] for i = 1 to |T|-1
[4]     if 대표 숫자 〈 T[i] ≤ 대표 숫자×(1.0+δ)
            T[i]를 T에서 제거
[5]     else
```

대표 숫자= T[i]

[6] return T

[예제] δ = 0.025일 때 [101, 102, 103, 106, 107, 112, 120, 123, 217, 220]에 대해 위의 대표 숫자 알고리즘으로 대표 숫자들만 남기고 나머지를 제거해보자.

- 대표 숫자 = 101, 102와 103이 101×(1.0 + 0.025) = 103.5보다 작으므로 102와 103을 제거한다. 그러나 다음 숫자인 106은 103.5보다 크므로
- 대표 숫자 = 106, 107이 106×(1.0 + 0.025) = 108.6보다 작으므로 107을 제거한다. 다음 숫자 112는 범위 밖이므로
- 대표 숫자 = 112, 120이 112×(1.0 + 0.025)보다 크므로, 즉 120은 범위 밖이므로
- 대표 숫자 = 120, 123이 120×(1.0 + 0.025) = 123과 같으므로, 123을 제거한다. 다음 숫자 217은 범위 밖이므로
- 대표 숫자 = 217, 마지막 숫자 220이 217×(1.0 + 0.025) = 222.4보다 작으므로 220을 제거한다.
- [101, 106, 112, 120, 217]을 반환

합이 최대 K 되는 숫자 문제를 위한 근사 알고리즘을 설명하기 전에 모든 조합을 다 시도하는 합이 K 되는 숫자 문제의 해를 찾는 알고리즘[4]을 먼저 알아본다. 이 알고리즘은 주어진 숫자에 대해 모든 조합을 빠짐없이 시도하면서 최대한 K에 가까운 숫자의 합을 찾는다. 따라서 실제로 이 알고리즘은 입력의 크기가 커질수록 해 찾는 시간이 너무 오래 걸리므로 현실적인 알고리즘이 아니다. 그러나 이 알고리즘은 대표 숫자들에 대해서만 사용될 것이다.

다음은 합이 최대 K 되는 숫자 문제를 위한 모든 조합 시도 알고리즘이다. 문제의 입력은 $\{s_1, s_2, s_3, \cdots, s_n\}$과 K이다.

알고리즘

[1] 리스트 L = [0]으로 초기화한다.

[2] for i = 1 to n

[3] 　　L의 각 원소에 s_i를 더한 숫자로 리스트 A를 만든다.

[4] 　　A와 L을 합병[5]하여 리스트 T를 만든다.

4) 수행 시간에 상관없이 최적해를 찾는 알고리즘을 Exact algorithm이라 부른다.

5) 합병은 2개의 정렬된 리스트를 합쳐서 1개의 정렬된 리스트로 만드는 것을 의미한다.

```
[5]       T에서 중복된 숫자는 하나만 남기고 제거
[6]       T에서 K보다 큰 숫자 제거
[7]       L = T
[8] return L에서 가장 큰 숫자
```

[예제] S = {1, 4, 7, 10}, K = 19에 대해 모든 조합 시도 알고리즘이 수행되는 과정을 살펴보자.

L = [0]

for-루프

- i = 1일 때, s_1 = 1

  A = [1], T = [0] + [1] = [0, 1]

  T에 중복된 숫자는 없고, 모두 K보다 작아서 T = [0, 1]

  L = T = [0, 1]

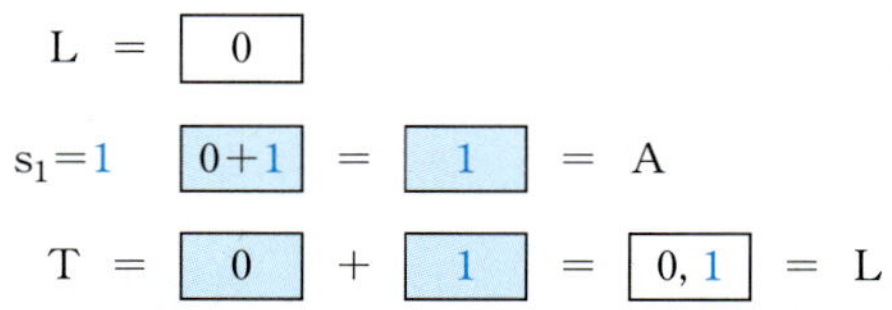

- i = 2일 때, s_2 = 4

  A = [0+4, 1+4] = [4, 5], T = [0, 1] + [4, 5] = [0, 1, 4, 5]

  T에 중복된 숫자는 없고, 모두 K보다 작아서 T = [0, 1, 4, 5]

  L = T = [0, 1, 4, 5]

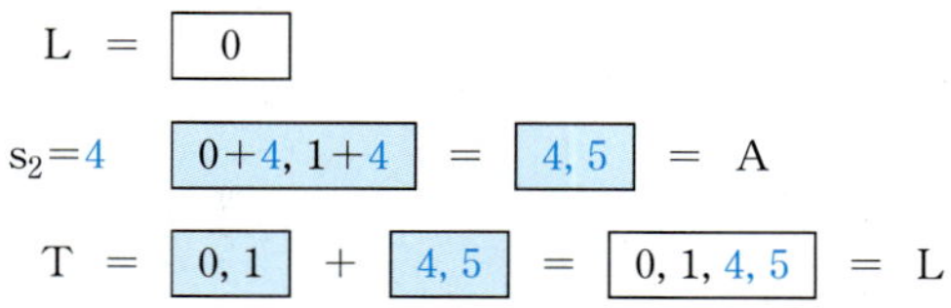

- i = 3일 때, s_3 = 7

  A = [0+7, 1+7, 4+7, 5+7] = [7, 8, 11, 12], T = [0, 1, 4, 5] + [7, 8, 11, 12] = [0, 1, 4, 5, 7, 8, 11, 12]

  T에 중복된 숫자는 없고, 모두 K보다 작아서 T = [0, 1, 4, 5]

  L = T = [0, 1, 4, 5, 7, 8, 11, 12]

L = [0, 1, 4, 5]

s_3=7 [0+7, 1+7, 4+7, 5+7] = [7, 8, 11, 12] = A

T = [0, 1, 4, 5] + [7, 8, 11, 12] = [0, 1, 4, 5, 7, 8, 11, 12] = L

- i = 4일 때, s_3 = 10

  A = [0+10, 1+10, 4+10, 5+10, 7+10, 8+10, 11+10, 12+10] = [10, 11, 14, 15, 17, 18, 21, 22],

  T = [0, 1, 4, 5, 7, 8, 11, 12] + [10, 11, 14, 15, 17, 18, 21, 22] = [0, 1, 4, 5, 7, 8, 10, 11, 11, 12, 14, 15, 17, 18, 21, 22]

  중복된 숫자인 11을 제거하고, 21과 22는 K보다 크므로 제거

  L = T = [0, 1, 4, 5, 7, 8, 10, 11, 12, 14, 15, 17, 18]

L = [0, 1, 4, 5, 7, 8, 11, 12]

s_4=10 [0+10, 1+10, 4+10, 5+10, 7+10, 8+10, 11+10, 12+10] = [10, 11, 14, 15 17, 18, 21, 22] = A

T = [0, 1, 4, 5, 7, 8, 11, 12] + [10, 11, 14, 15 17, 18, 21, 22] = [0, 1, 4, 5, 7, 8, 10, 11 ~~11~~, 12, 14, 15, 17, 18 ~~21~~, ~~22~~]

= [0, 1, 4, 5, 7, 8, 10, 11, 12, 14, 15, 17, 18] = L

마지막으로 L에서 가장 큰 숫자인 18을 반환한다.

다음은 모든 조합 시도 알고리즘을 기반을 둔 합이 최대 K 되는 숫자 문제를 위한 근사 알고리즘이다.

알고리즘

[1] $\delta = \epsilon/2n$
[2] L = [0]
[3] for i = 1 to n
[4] L의 각 원소에 s_i를 더한 숫자로 리스트 A를 만든다.
[5] A와 L을 합병하여 리스트 T를 만든다.
[6] T에서 중복된 숫자를 하나만 남기고 제거

```
[7]        대표_숫자_알고리즘(T, δ) 호출
[8]        T에서 K보다 큰 숫자 제거
[9]        L = T
[10] return 리스트 L에서 가장 큰 숫자
```

위의 알고리즘은 step [1]과 [7]을 제외하면 모든 조합 시도 알고리즘과 같다. Step [1]은 대표 숫자로부터 제거 범위를 정하는 δ를 계산하고, step [8]에서는 대표_숫자_알고리즘을 호출하여 T에 대표 숫자들만 남기고 나머지 숫자들은 제거한다.

[예제] S ={1110, 1008, 1250, 1006}, K = 2500에 대해 위의 근사 알고리즘이 수행되는 과정을 살펴보자. 단, ϵ = 0.4이다.

[1] $\delta = \epsilon/2n = 0.4/(2\times4) = 0.05$

[2] T[0] = [0]

[3] i = 1, s_1 = 1110일 때

T = [0, 1110]

- 대표 숫자 = 0, 다음 숫자 1110이 (0×(1+0.05)) = 0보다 크므로
- 대표 숫자= 1110

제거되는 숫자 없음

[3] i = 2, s_2 = 1008일 때

T = [0, 1008, 1110, 2118]

- 대표 숫자 = 0, 1008이 (0×(1+0.05)) = 0보다 크므로
- 대표 숫자= 1008, 1110이 (1008×(1+0.05) = 1058보다 크므로
- 대표 숫자= 1110, 2118이 (1110×(1+0.05) = 1165)보다 크므로
- 대표 숫자= 2118

제거되는 숫자 없음

[3] i = 3, s_3 = 1250일 때

T = [0, 1008, 1110, 1250, 2118, 2258, 2360, 3368]

- 대표 숫자 = 0, 1008이 (0×(1+0.05)) = 0보다 크므로

⋮

- 대표 숫자= 2360, 3368이 (2360×(1+0.05))보다 크므로

- 대표 숫자= 3368

3368은 K보다 크므로 제거

[3] i = 4, s_4 = 1006일 때

T = [0, 1006, 1008, 1110, 1250, 2014, 2116, 2118, 2256, 2258, 2360, 3124, 3264, 3366]

- 대표 숫자 = 0, 1008이 (0×(1+0.05)) = 0보다 크므로
- 대표 숫자 = 1006, 1008이 (1006×(1+0.05))보다 작으므로 1008 제거

⋮

- 대표 숫자= 2116, 2118이 (2116×(1+0.05))보다 작으므로 2118 제거

⋮

- 대표 숫자= 2256, 2258이 (2256×(1+0.05))보다 작으므로 2258 제거

⋮

- 대표 숫자= 3264, 3366은 (3264×(1+0.05))보다 작으므로 3366 제거

T = [0, 1006, ~~1008~~, 1110, 1250, 2014, 2116, ~~2118~~, 2256, ~~2258~~, 2360, ~~3124~~, ~~3264~~, ~~3366~~], 3124와 3264는 K보다 크므로 제거

L = [0, 1006, 1110, 1250, 2014, 2116, 2256, 2360]

[10] return 2360

근사해인 2360과 ϵ = 0.4의 관계는 2360이 K = 2500의 40% 이내에 있는, 즉 근사해가 최적해의 40% 이내로 가깝다는 의미를 나타낸다.

다음은 합이 최대 K 되는 숫자 문제를 위한 근사 알고리즘의 파이썬 프로그램이다.

파일명: AT 7.4 합이 최대 K 되는 숫자.py

```
def filtering(A, d):
    A.sort()
    F = [A[0]]
    rep_num = A[0]                      # 첫 숫자를 대표 숫자로
    for j in range(1, len(A)):
        if A[j] > (rep_num * (1 + d)):
            F.append(A[j])              # A[j]가 대표 숫자*(1+delta)보다 크면 남긴다.
            rep_num = A[j]              # A[j]를 새 대표숫자로
    return F


S = [-1, 1110, 1008, 1250, 1006]
K = 2500                                # 입력, s[0]은 사용 안함
n = len(S)
epsilon = 0.4
delta = epsilon/(2*n)                   # delta 계산
T = [[0] for _ in range(n)]
for i in range(1, n):
    T[i] = list(set(T[i-1]) | set([x+S[i] for x in T[i-1]]))   # T[i−1]과 T[i−1]+S[1]를 합병 그리고 중복된 숫자 제거
    T[i] = filtering(T[i], delta)       # 대표 숫자만 추출하기 위해
    T[i] = [x for x in T[i] if x <= K]  # k보다 큰 숫자 제거

print('마지막 숫자 리스트:', T[n-1])
print('근사해 =', max(T[n-1]))
```

```
Run: AT 7.4 합이 최대 K 되는 숫자
C:\Users\user\venv\Scripts\python.exe
마지막 숫자 리스트: [0, 1006, 1110, 1250, 2014, 2116, 2256, 2360]
근사해 = 2360

Process finished with exit code 0
```

위 프로그램은 알고리즘과 거의 동일하므로 설명은 프로그램의 주석으로 대체한다.

수행 시간

합이 최대 K 되는 숫자 문제를 위한 근사 알고리즘의 실제 수행 시간은 ϵ의 값에 따라서 달라진다. ϵ이 0에 가까워질수록 대표 숫자 알고리즘에서 제거되는 숫자가 거의 없으므로 모든

조합 시도 알고리즘의 수행 시간인 $O(2^n)$에 가까워진다. 물론 그렇게 찾은 근사해는 최적해와 거의 같아진다. 반면에 ϵ이 1.0에 가까워질수록 대표 숫자 알고리즘에서 제거되는 숫자가 많아서 매우 빠른 시간에 해를 찾으나 이렇게 찾은 해는 최적해와 많은 차이가 난다.

근사 비율

합이 최대 K 되는 숫자 문제를 위한 근사 알고리즘의 근사 비율은 $1+\epsilon$이다.[6] 앞서 설명한 외판원 문제, 통 채우기 문제의 근사 비율은 각각 2.0이고, 집합 커버를 위한 근사 알고리즘의 근사 비율은 $K\ln n$이다. 이러한 근사 알고리즘들은 근사해의 정확도를 조절할 수 없다. 즉, 근사해와 최적해에 대한 비율의 상한이 고정되어 있어서 최적해에 더 근접한 해를 찾을 수 없다. 그러나 합이 최대 K 되는 숫자 문제를 위한 근사 알고리즘은 수행 시간을 더 증가시킬수록 최적해에 점점 더 근접한 해를 찾을 수 있는 장점이 있다.

6) 근사 비율에 대한 상세한 증명은 생략한다.

요약

- 외판원 문제를 위한 근사 알고리즘은 최소 신장 트리를 이용하여 근사해를 찾으며 최적 경로의 2배를 넘지 않는 근사 비율을 보인다.
- 외판원 문제를 위한 근사 알고리즘의 수행 시간은 최소 신장 트리를 위한 MST 알고리즘의 수행 시간과 같다.
- 집합 커버 문제를 위한 근사 알고리즘은 그리디 알고리즘으로서 가장 많이 커버하는 집합을 우선하여 선택한다.
- 집합 커버 문제를 위한 근사 알고리즘의 근사 비율은 $K\ln n$이다. 여기서 K는 최적해의 집합 수이다. 그리고 수행 시간은 $O(n^3)$이다.
- 통 채우기 문제는 최초 적합, 다음 적합, 최선 적합, 최악 적합의 그리디 방법으로 근사해를 찾는다. 이들의 근사 비율은 각각 2.0이다. 다음 적합을 제외하고 수행 시간은 $O(n^2)$이다. 다음 적합의 수행 시간은 $O(n)$이다.
- 합이 최대 K 되는 숫자 문제를 위한 근사 알고리즘은 모든 조합을 다 검사하는 모든 조합 시도 알고리즘에 기반을 둔 알고리즘으로 대표 숫자와 차이가 얼마 나지 않는 숫자들을 제거함으로써 수행 시간을 감소시킨다.
- 합이 최대 K 되는 숫자 문제를 위한 근사 알고리즘의 근사 비율은 $1+\epsilon$이고, 수행 시간은 ϵ의 값에 따라서 달라진다.
- ϵ이 0에 가까워질수록 수행 시간은 $O(2^n)$에 가까워지고, ϵ이 1.0에 근접할수록 매우 빠른 시간에 근사해를 찾으나 이 근사해는 최적해와 큰 차이가 난다.
- 근사 알고리즘은 NP-완전 문제를 해결하기 위해 최적해에 근접한 해를 찾는다. 근사 알고리즘은 근사해를 찾는 대신에 다항식 수행 시간을 가진다.
- 근사 비율은 근사해의 값과 최적해의 값의 비율로서, 1.0에 가까울수록 정확도가 높은 알고리즘이다.

연습문제

1 다음은 TSP를 위한 근사 알고리즘에 관한 설명이다. 옳지 않은 것은?

① 최소 신장 트리를 이용한다.
② 삼각형 부등식 원리가 반드시 적용되어야만 한다.
③ 근사 비율은 2.0을 넘지 않는다.
④ 최적해의 값을 최소 신장 트리의 가중치의 2배로 삼는다.
⑤ 답 없음

2 Part 7.1의 TSP를 위한 근사 알고리즘의 근사 비율은?

① 0.5　② 1.0
③ 1.5　④ 2.0
⑤ 답 없음

3 TSP를 위한 근사 알고리즘의 step [2]를 수행하는 데 걸리는 시간은?

① $O(n^{0.5})$　② $O(n)$
③ $O(n^2)$　④ $O(n \log n)$
⑤ 답 없음

4 TSP를 위한 근사 알고리즘의 step [3]을 수행하는 데 걸리는 시간은?

① $O(n^{0.5})$　② $O(n)$
③ $O(n^2)$　④ $O(n \log n)$
⑤ 답 없음

5 왼쪽 입력에 대한 최소 신장 트리가 오른쪽에 있다. 최소 신장 트리에서 외판원 경로를 찾기 위해 트리를 [A, B, C, B, D, B, A, E, F, G, F, H, F, E, A] 순서로 방문하여 얻은 근사해는?

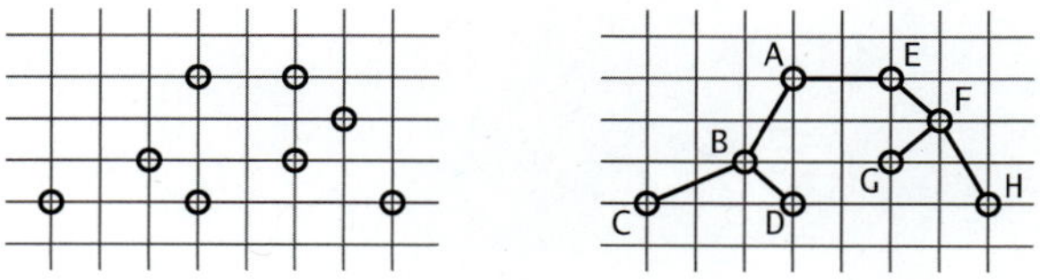

①
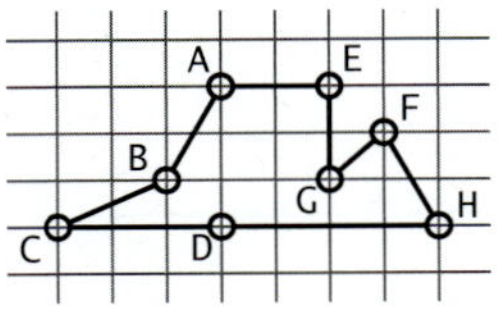

②
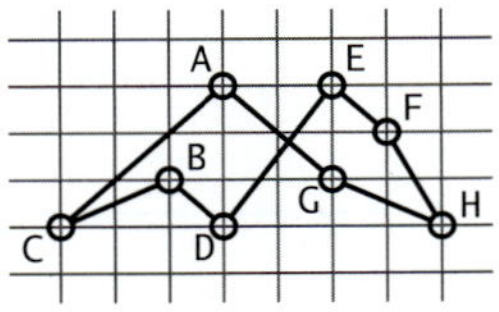

③
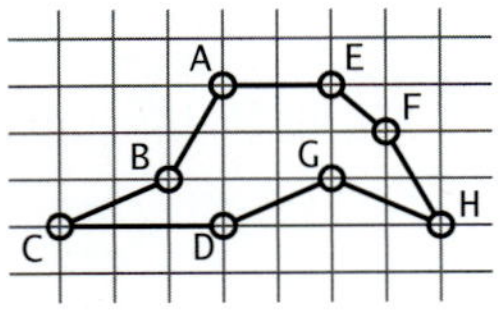

④
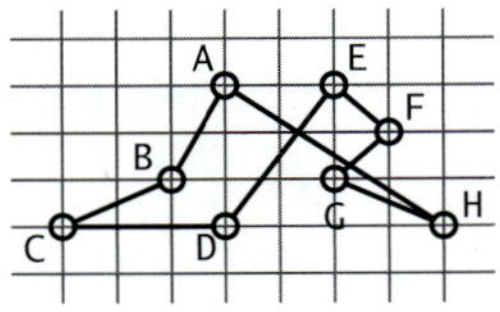

⑤ 답 없음

6 다음 입력에서 Part 7.1에서 설명한 TSP 근사 알고리즘으로 외판원 경로를 찾아라.

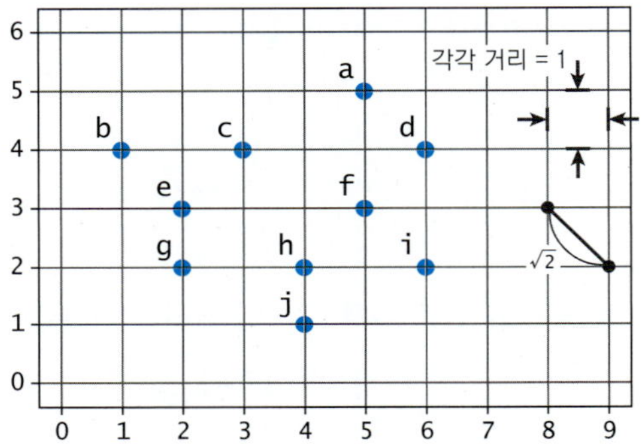

7 외판원 문제의 최적해 값(길이)이 같은 입력의 최소 신장 트리의 간선의 가중치의 합보다 항상 큰 이유를 설명하라. (단, 모든 간선은 양의 가중치를 갖고, 정점들에 대해 삼각 부등식이 적용된다.)

8 근사 비율이 1.5인 외판원 문제를 위한 근사 알고리즘을 조사하라.

9 집합 커버를 위한 근사 알고리즘의 수행 시간은? (단, n은 커버할 항목의 수이다.)

① $O(n)$
② $O(n^2)$
③ $O(n^3)$
④ $O(n \log n)$
⑤ 답 없음

10 집합 커버를 위한 근사 알고리즘은 어떤 종류의 알고리즘인가?

① 분할 정복 알고리즘 ② 그리디 알고리즘
③ 동적 계획 알고리즘 ④ 분기 한정 알고리즘
⑤ 답 없음

11 집합 커버를 위한 근사 알고리즘의 근사 비율은? (단, n은 커버할 항목의 수이고, K는 최적해의 집합 수이다.)

① 1.0 ② 2.0
③ n ④ $\text{Kln}n$
⑤ 답 없음

12 다음 중 집합 커버 알고리즘으로 해결할 수 없는 것은?

① 기업의 구매 업체 선정
② 우주의 모든 빛을 관측할 최소의 망원경 수 결정
③ 네트워크에서 최소의 노드에 파일을 저장하여 주변 노드에서 빠르게 접근할 수 있는 노드들 정하기
④ 컴퓨터 바이러스 찾기
⑤ 답 없음

13 집합 커버의 근사 알고리즘 step [3]을 'F에서 빈도수가 높은 숫자(마을)를 가진 집합 중에 현재 상태의 U에 있는 원소를 가장 많이 커버하는 집합을 S_i로 선택'하는 것으로 바꾸었을 때 알고리즘의 수행 결과는?

① S_1, S_5, S_0 ② S_3, S_2, S_6, S_0
③ S_1, S_4, S_5 ④ S_3, S_5, S_0
⑤ 답 없음

14 어느 회사에서 새 프로젝트를 위해 다음 8가지 기술을 커버할 전문 인력이 필요하다. 각 지원자는 하나 이상의 기술을 가지고 있으며, 회사에서는 최소 인력을 모집하려고 한다.

```
Algorithm, Block_chain, Cloud_computing, Deep_learning, Python, Linux,
Security, Web_development,
```

5명의 지원자 각각의 보유 기술은 다음과 같다.

```
지원자 0 {B, C, W}
지원자 1 {A, B, C, P, W}
지원자 2 {A, S}
지원자 3 {A, B, C, D, L, W}
지원자 4 {D, L, S, W}
```

위 문제를 해결하기 위해 집합 커버 근사 알고리즘으로 찾은 근사해는?

① 지원자 1, 지원자 2, 지원자 4
② 지원자 0, 지원자 2, 지원자 3
③ 지원자 1, 지원자 2, 지원자 3
④ 지원자 1, 지원자 4
⑤ 답 없음

15 다음 그림에서 집합 커버의 최적해를 찾고, 근사 알고리즘으로 근사해를 찾아라.

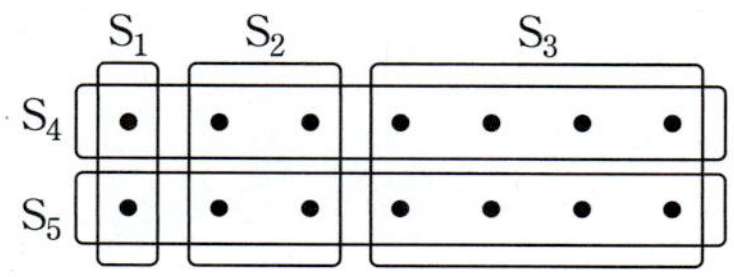

16 다음의 집합들에 대해서 집합 커버의 최적해를 찾고, 근사 알고리즘으로 근사해를 찾아라. (단, U = {a, b, c, d, e, f, g, h, i, j, k, l}이다.)

S_1 = {a, b, c, d, e, f}, S_2 = {e, f, h, i}, S_3 = {a, d, g, j},
S_4 = {b, e, g, h, k}, S_5 = {c, f, i, l}, S_6 = {j, k}

17 다음의 그림의 집합에 대해서 집합 커버의 최적해를 구하고, 근사 알고리즘으로 근사해를 찾아라.

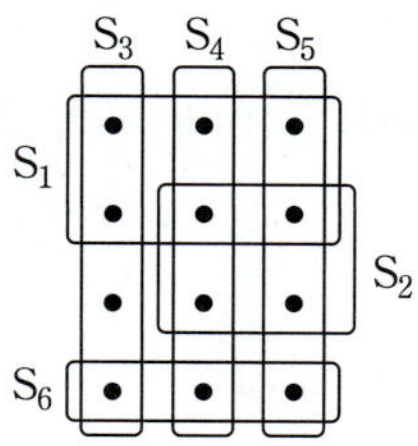

18 집합 커버를 위한 근사 알고리즘의 step [2]에 있는 while-루프가 최악의 경우 n번 수행되는 경우의 입력 예를 보여라.

19 다음은 통 채우기 문제를 위한 근사 알고리즘에 관한 설명이다. 옳지 않은 것은?

① 최적해의 값을 ⌈모든 물건의 크기의 합/통의 크기⌉로 삼는다.

② 대표적인 알고리즘에는 최초 적합, 다음 적합, 최선 적합, 최악 적합이 있다.

③ 최악 적합의 근사 비율은 2.0을 넘지 않는다.

④ 다음 적합의 수행 시간 $O(n^2)$이다. 단, n은 물건의 수이다.

⑤ 답 없음

20 다음은 물건의 크기이다. 통의 크기가 10일 때 다음 중 어떤 알고리즘이 가장 많은 수의 통을 사용하는가?

5 7 5 2 4 2 5 1 6

① 최초 적합 ② 다음 적합

③ 최선 적합 ④ 최악 적합

⑤ 답 없음

21 통의 용량 C = 10이고, 물건의 크기가 4, 8, 5, 1, 7, 6, 1, 4, 2, 2일 때, 최초 적합을 이용하여 모든 물건을 통에 채워라.

22 통의 용량 C = 10이고, 물건의 크기가 4, 8, 5, 1, 7, 6, 1, 4, 2, 2일 때 다음 적합을 이용하여 모든 물건을 통에 채워라.

23 통의 용량 C = 10이고, 물건의 크기가 4, 8, 5, 1, 7, 6, 1, 4, 2, 2일 때 최선 적합을 이용하여 모든 물건을 통에 채워라.

24 통의 용량 C = 10이고, 물건의 크기가 4, 8, 5, 1, 7, 6, 1, 4, 2, 2일 때 최악 적합을 이용하여 모든 물건을 통에 채워라.

25 통의 용량 C = 10이고, 물건의 크기가 4, 8, 5, 1, 7, 6, 1, 4, 2, 2일 때 최적해를 찾아라.

26 통의 용량 C = 10이고, 물건의 크기가 4, 8, 5, 1, 7, 6, 1, 4, 2, 2일 때 감소 순서 최초 적합을 이용하여 모든 물건을 통에 채워라. (단, 감소 순서 최초 적합(First fit decrease)이란 물건을 크기 감소 순서로 정렬한 후에 최초 적합을 적용하는 것이다.)

27 통의 용량 C = 10이고, 물건의 크기가 4, 8, 5, 1, 7, 6, 1, 4, 2, 2일 때 감소 순서 최선 적합을 이용하여 모든 물건을 통에 채워라. (단, 감소 순서 최선 적합(Best fit decrease)이란 물건을 크기 감소 순서로 정렬한 후에 최선 적합을 적용하는 것이다.)

28 합이 K 되는 숫자 문제를 위한 모든 조합 시도 알고리즘은 어떤 종류의 알고리즘인가?

① 분할 정복 알고리즘　　② 그리디 알고리즘
③ 동적 계획 알고리즘　　④ Exact 알고리즘
⑤ 답 없음

29 합이 K 되는 숫자 문제를 위한 모든 조합 시도 알고리즘에 대한 설명으로 옳은 것은?

① 주어진 입력에 대해 언제나 다항식 시간에 최적해를 찾는다.
② 주어진 입력에 대해 언제나 지수 시간에 근사해를 찾는다.
③ 주어진 입력에 대해 언제나 근사해를 찾는다.
④ 주어진 입력에 대해 언제나 최적해를 찾는다.
⑤ 답 없음

30 합이 최대 K 되는 숫자 문제를 위한 모든 조합 시도 알고리즘이 종료되기 직전에 최대로 만들어질 수 있는 숫자의 개수는? (단, 문제의 입력 크기는 n이다.)

① n　　② n^2
③ 2^n　　④ $n2^n$
⑤ 답 없음

31 [101, 103, 105, 106, 110, 112, 120, 123, 217, 220]이 주어지고, δ = 0.045라면 대표_숫자_알고리즘이 몇 개의 숫자를 제거할까?

① 3　　② 4
③ 5　　④ 6
⑤ 답 없음

32 합이 최대 K 되는 숫자 문제를 위한 근사 알고리즘의 수행 시간에 대해 옳지 않은 것은?

① ϵ이 작아질수록 수행 시간이 더 길어진다.
② ϵ이 커질수록 δ도 커져서 수행 시간이 단축된다.
③ ϵ이 음수가 가면 수행 시간이 양수일 때보다 더 단축된다.
④ ϵ이 0에 가까워질수록 지수 시간이 소요된다.
⑤ 답 없음

33 합이 최대 K 되는 숫자 문제를 위한 근사 알고리즘의 근사 비율은?

① 1 ② 2
③ δ ④ $1 + \epsilon$
⑤ 답 없음

34 합이 최대 K 되는 숫자 문제를 위한 근사 알고리즘에 대해 옳지 않은 것은?

① ϵ이 0에 가까워질수록 근사해가 최적해에 근접한다.
② ϵ이 0.5이면 근사해가 최적해의 50% 이내에 근접한 해이다.
③ ϵ이 1.0에 가까워질수록 정확도가 높아진다.
④ 근사 비율을 조절하여 근사해의 정확도를 높일 수 있다.
⑤ 답 없음

35 다음 중 근사 비율을 조절할 수 있는 근사 알고리즘을 가진 문제는?

① 외판원 문제 ② 집합 커버 문제
③ 통 채우기 문제 ④ 합이 최대 K 되는 숫자 문제
⑤ 답 없음

36 {50, 1990, 108, 3250, 1906, 2000}, K = 5500, ϵ = 0.4에 대해 합이 최대 K 되는 숫자 문제를 위한 근사 알고리즘을 수행하여 근사해를 찾아라.

쉬어가는 페이지

NP 이야기

NP-완전 문제의 가장 중요한 속성은 어느 한 NP-완전 문제가 다항식 시간에 해결된다면 모든 다른 NP-완전 문제들도 다항식 시간에 해결되는 것이다. 그러면 어떻게 수많은 NP-완전 문제들 사이에 이러한 관계가 존재할까? 이 질문에 대한 답을 위해 문제의 변환(reduction), 즉 다른 문제의 알고리즘을 이용하기 위해 주어진 문제의 입력과 출력을 약간 변환시키는 것이다. 이에 대한 예제를 살펴보자.

문제 A: 부분 집합의 합(Subset Sum)은 합이 K 되는 숫자 문제이다. 입력이 S = {20, 35, 45, 70, 80}, K = 105이면, {35, 70}이 문제의 해이다.

문제 B: 분할(Partition)은 집합 S를 2개의 합이 같은 부분 집합으로 분할하는 문제이다. S = {20, 35, 45, 70, 80}이면, X = {20, 35, 70}과 Y = {45, 80}이 해이다.

[1] **입력 변환**: 문제 A의 입력에 아래의 식에서 계산된 t를 S에 추가한다. 여기서 SUM은 집합 S의 모든 원소의 합이다.

$$t = SUM - 2K = (20 + 35 + 45 + 70 + 80) - (2 \times 105) = 40$$

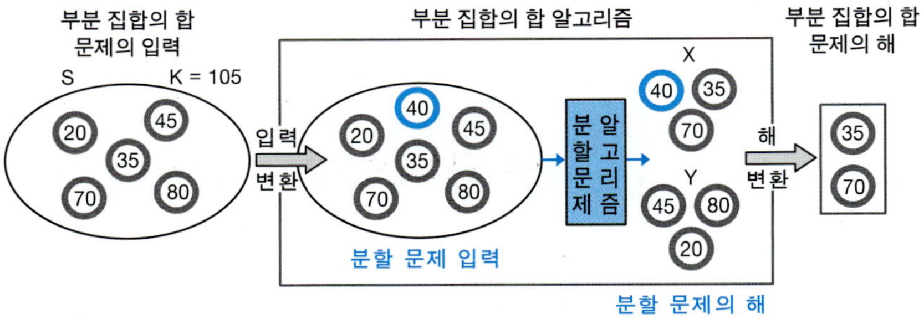

[2] **출력 변환**: Partition 알고리즘으로 얻은 해인 X = {40, 35, 70}과 Y = {45, 80, 20} 중에 X에서 40을 제거한다. 즉, {35, 70}이 Subset Sum의 해이다.

따라서 만일 Partition 문제가 다항식 시간에 해결되면 Subset Sum 문제도 다항식 시간에 해를 찾을 수 있다.

부록

CONTENTS

부록

I. 파이썬 메모리

파이썬 프로그램을 실행하는 데 사용되는 메인 메모리는 두 부분으로 나뉜다. 프로그램의 실행에 따라 생성되는 객체, 리스트, 튜플(tuple), 딕셔너리(dictionary)가 저장되는 heap[1] 메모리, 그리고 함수나 메소드의 호출에 따른 매개 변수, 지역 변수 등이 저장되는 stack 메모리로 구분된다. 다음 그림은 stack 메모리와 heap 메모리를 보여준다.

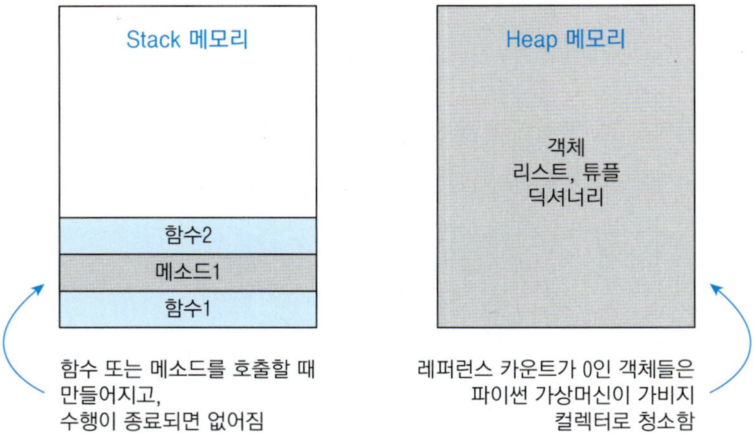

그림의 stack 메모리는 함수 1에서 메소드 1을 호출하고, 메소드 1을 수행하는 도중에 함수 2를 호출한 상태를 보여준다. Stack 메모리는 호출된 함수/메소드의 매개 변수(parameter)와 호출한 함수/메소드 내에서 선언된 지역 변수(local variable) 등이 저장된 스택 프레임(stack frame)이 저장되는 곳이다. 함수(또는 메소드)의 수행이 끝나면 해당 스택 프레임도 제거된다.

1) Part 2.4의 이진 힙과는 무관하다.

Heap 메모리의 객체들은 가비지 컬렉션에 의해 제거되지 않는 한 프로그램이 끝날 때까지 heap 메모리에 남아있다. 객체마다 레퍼런스 카운트(reference count), 즉 해당 객체를 참조하고 있는 레퍼런스 수를 가진다. 가비지 컬렉터는 레퍼런스 수가 0이 된, 즉 프로그램이 사용하지 않는 객체들이 차지하고 있는 메모리를 청소한다. 그러나 삭제되어야 할 객체들이 서로를 참조하며 사이클을 형성하는 경우도 발생하므로 파이썬에서는 세대 기반 GC(Generation-based garbage Collection) 기법을 함께 사용한다.

세대 기반 GC는 프로그램 수행 중에 생성되는 객체들의 수명을 조사해봤을 때 대부분 객체의 수명이 매우 짧다는 것에 기반하여 만들어진 기법이다. 즉, 대부분의 객체가 생성된 지 얼마 안 되어 프로그램에서 참조되지 않아 '죽은' 객체가 된다. 반면에 오래 살아있는 객체의 수는 그리 많지 않은 편이다. 세대 기반 GC는 이러한 특성을 이용하여 객체의 수명에 따라 young 세대와 old 세대로 나누어 heap 영역에 저장한다. 상세한 설명은 생략한다.

II. 단순 연결 리스트 파이썬 프로그램

파일명: AT 2.2 연결 리스트.py

```
class SList:
    class Node:
        def __init__(self, item, link):
            self.item = item
            self.next = link

    def __init__(self):
        self.head = None
        self.size = 0

    def insert_front(self, item):
        if self.size == 0:
            self.head = self.Node(item, None)
        else:
            self.head = self.Node(item, self.head)
        self.size += 1

    def delete_front(self):
        if self.size == 0:
```

Node 객체 생성자

노드 객체는 item과 next로 구성 ➡ Node: item | item

SList 객체 생성자

노드 객체는 item과 next로 구성 ➡ SList: head | size

노드 수 초기화

리스트에 노드가 없을 때 새 노드 삽입

리스트에 첫 노드 앞에 새 노드 삽입

```python
            print('리스트 empty')
        else:
            self.head = self.head.next
            self.size -= 1

    def search(self, target):
        p = self.head
        for k in range(self.size):
            if target == p.item:
                return k
            p = p.next
        return None

    def print_list(self):
        p = self.head
        while p:
            print(p.item, ' -> ', end=' ')
            p = p.next
        print()

s = SList()
s.insert_front('orange')
s.insert_front('apple')
s.insert_front('pear')
s.print_list()
print('배는 %d번째 노드에 있다.' % s.search('pear'))
print('키위는', s.search('kiwi'))
s.print_list()
print('첫 노드를 삭제한 후:\t', end=' ')
s.delete_front()
s.print_list()
```

- print('리스트 empty'): 리스트에 노드가 없는데 삭제할 때 경고
- self.head = self.head.next / self.size -= 1: 첫 노드 삭제 후 노드 수 1 감소
- def search(self, target): 리스트에서 target 탐색
- for k in range(self.size): … p = p.next: 첫 노드부터 차례로 탐색하며 target을 가진 노드를 찾으면 그 노드가 몇 번째 노드인지를 반환
- return None: 리스트에 target이 없으면 None 반환
- def print_list(self): … print(): 첫 노드부터 차례로 노드의 item 출력
- s = SList(): SList 객체 s 생성
- s.insert_front('orange') … s.print_list(): 3개의 Node 객체를 만들어 각각 맨 앞에 삽입 후 출력
- s.search('pear'): pear 탐색
- s.search('kiwi'): kiwi 탐색
- s.delete_front() / s.print_list(): 첫 노드 삭제 후 출력

Run: AT 2.2 연결 리스트

```
C:\Users\user\venv\Scripts\python.exe
pear  ->  apple  ->  orange  ->
배는 0번째 노드에 있다.
키위는 None
pear  ->  apple  ->  orange  ->
첫 노드를 삭제한 후:   apple  ->  orange  ->

Process finished with exit code 0
```

단순 연결 리스트 SList의 객체는 2개의 필드를 가지고 있다. 하나는 연결 리스트의 첫 노드를 가리키는 레퍼런스를 저장하는 head이고, 다른 하나는 연결 리스트에 있는 노드 수를 저장하는 size이다. 맨 처음 SList 객체가 만들어지면 head는 None을 가지며, 그 의미는 리스트에 노드가 없다는 것이다. 또한 size는 0으로 초기화된다.

위 프로그램에서는 Node 객체도 2개의 필드를 가지고 있으며, 하나는 노드에 저장할 정보인 item이고, 다른 하나는 다음 노드를 가리키는 레퍼런스가 저장되는 next이다.

맨 앞에 새 노드를 삽입하는 insert_front()는 연결 리스트가 empty인 경우와 아닌 경우로 나뉘어 수행된다. 먼저 리스트가 empty인 경우 그림 II.1과 같이 Node 객체를 생성하여 item에 데이터를 저장하고 next를 None으로 만든 후에, head가 생성된 노드를 가리키며 삽입이 완료된다. 그리고 size는 1 증가한다.

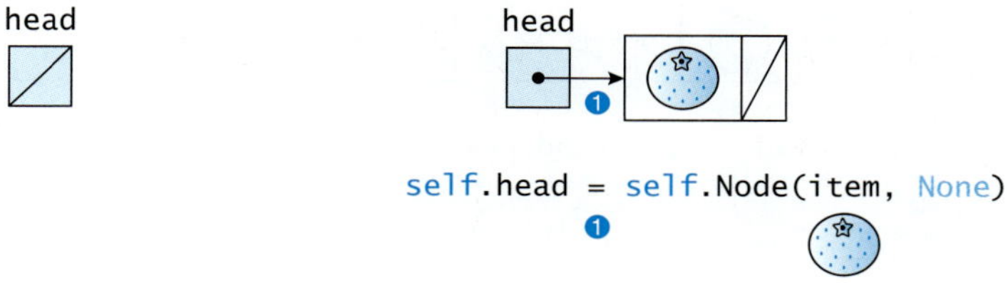

(a) 리스트가 empty인 상태 (b) 새 노드가 삽입된 후

그림 II.1 리스트가 empty인 경우 삽입

리스트가 empty가 아닌 경우는 그림 II.2와 같이 원 숫자에 따라 수행된다.

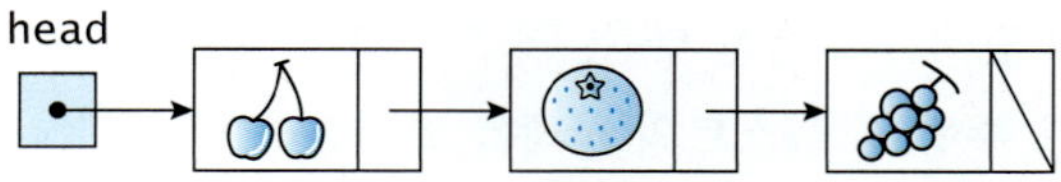

(a) 새 노드('apple') 삽입 전

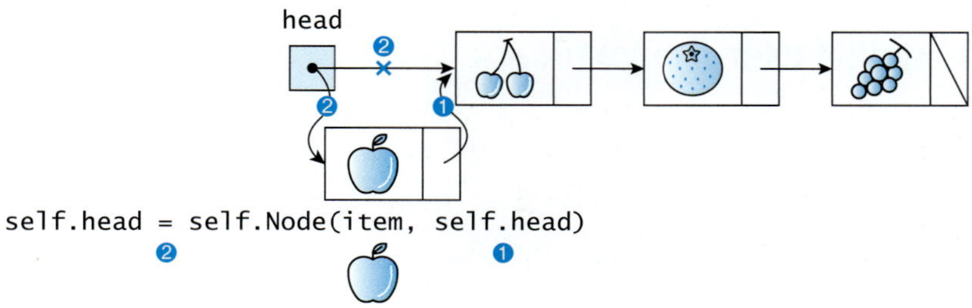

(b) 새 노드('apple') 삽입 후

그림 II.2 리스트가 empty가 아닌 경우 삽입

단순 연결 리스트의 첫 노드를 삭제하는 delete_front()는 삭제를 수행하기 전에 반드시 연결 리스트가 empty인지 확인한다. 만일 연결 리스트가 empty인 상황에서 삭제 메소드가 호출되면 언더플로(underflow)[2]가 발생하였다고 한다. 위 프로그램에서는 단순히 '리스트 empty'라고 출력한다. 정상적으로 삭제된 후에는 항목 수인 size를 1 감소시킨다. delete_front()는 리스트가 empty가 아닐 때, 그림 II.3과 같이 리스트의 첫 노드를 건너뛰어 삭제한다.

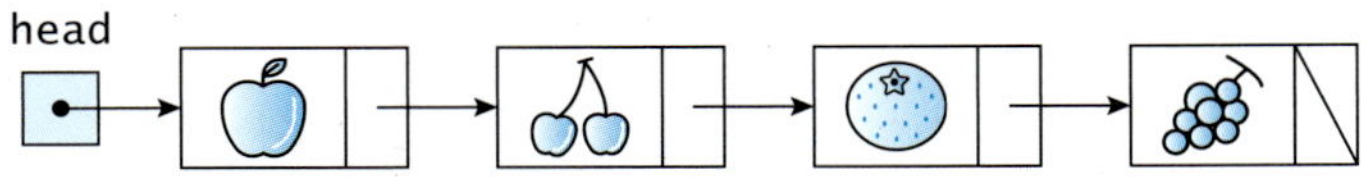

(a) 첫 노드('apple') 삭제 전

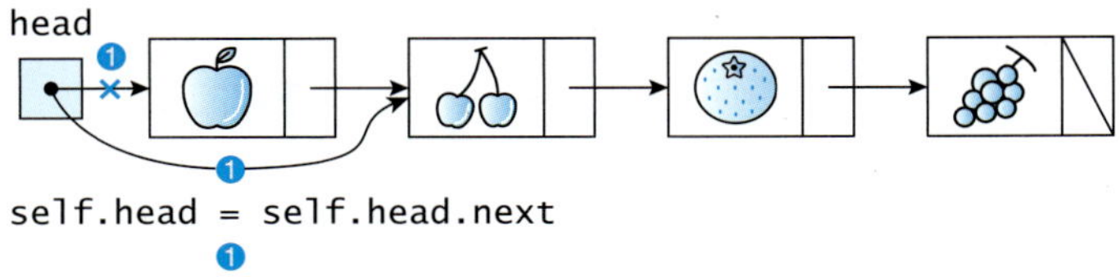

(b) 첫 노드('apple') 삭제 후

그림 II.3 delete_front()의 삭제

search()와 print_list()는 첫 노드부터 순차적으로 노드를 방문하여 주어진 항목을 각각 탐색하거나 출력한다.

위 프로그램에서는 먼저 SList 객체인 s를 만들고, 3개의 노드를 만들어 차례로 리스트 맨 앞에 삽입하고, 두 번의 탐색을 수행한 다음, 첫 노드를 삭제한다. 그리고 연산들 사이사이에 리스트를 출력하여 연산 수행 후 리스트의 상태를 확인한다.

III. 마스터 정리(Master Theorem)

점화식이 $T(n) = aT(n/b) + n^d$의 형태를 가지면 a, b, d의 크기에 따라 $T(n)$을 다음과 같이 비순환 형태의 점근적 표현으로 나타낼 수 있다. 단, $T(1) = O(1)$이다. 그리고 점화식에 있는 n^d 대신에 $O(n^d)$으로 주어져도 마찬가지로 계산한다.

2) 언더플로(underflow)는 데이터가 없는데 삭제를 수행하는 경우를 일컬으며, 반면에 오버플로(overflow)는 새 항목을 저장할 메모리가 부족할 때 발생하는 에러이다. 물론 파이썬 리스트에서는 오버플로가 발생하지 않도록 리스트의 크기가 자동 조절된다.

$$T(n)=\begin{cases} O(n^{\log_b a}) & \text{if } d<\log_b a \quad \text{(case 1)} \\ O(n^d \log n) & \text{if } d=\log_b a \quad \text{(case 2)} \\ O(n^d) & \text{if } d>\log_b a \quad \text{(case 3)} \end{cases}$$

다음의 점화식을 마스터 정리를 이용하여 비순환 형태의 점근적 표현으로 변환하여 보자.

- $T(n)=4T(n/2)+O(n),\ T(1)=O(1)$
  $a=4,\ b=2,\ d=1$이므로, $\log_2 4=2>d=1$이다.
  따라서 case 1이므로 $T(n)=O(n^{\log_b a})=O(n^{\log_2 4})=O(n^2)$

- $T(n)=3T(n/2)+O(n),\ T(1)=O(1)$
  $a=3,\ b=2,\ d=1$이므로, $\log_2 3=2>d=1$이다.
  따라서 case 1이므로 $T(n)=O(n^{\log_b a})=O(n^{\log_2 3})=O(n^{1.59})$

- $T(n)=2T(n/2)+O(n),\ T(1)=O(1)$
  $a=2,\ b=2,\ d=1$이므로, $\log_2 2=1=d$이다.
  따라서 case 2이므로 $T(n)=O(n^d \log n)=O(n^1 \log n)=O(n \log n)$

- $T(n)=2T(n/2)+O(n^2),\ T(1)=O(1)$
  $a=2,\ b=2,\ d=2$이므로, $\log_2 2=1<d=2$이다.
  따라서 case 3이므로 $T(n)=O(n^d)=O(n^2)$

마스터 정리에 대한 증명은 생략한다.

IV. NP-완전 문제

Part 5까지 다룬 문제 대부분은 $O(n)$, $O(n\log n)$, $O(n^2)$, $O(n^3)$과 같은 $O(n^k)$ 시간인 다항식 수행 시간에 해결된다. 여기서 k는 양의 상수이다. 즉, 이 문제들은 입력의 크기인 n이 크게 증가하더라도 해를 찾는 데 그리 오랜 시간이 걸리지 않는다.

Part 5에서는 합이 최대 K 되는 숫자 문제와 배낭 문제를 동적 계획 알고리즘으로 해결할 수 있었는데, 이 알고리즘들의 수행 시간은 $O(nK)$로서 수행 시간이 다항식 시간처럼 보인다. 그러나 이 두 문제에서는 K에 대한 크기 제한이 없으므로, $K=2^n$이 되면 n이 증가할수록 이 문제들을 위해 최적해를 찾는 것은 현실적으로 어려워진다.

P 문제

P는 다항식 시간에 해결되는 문제들의 집합이다.[3] P에 속한 문제들의 수행 시간은 $O(n)$, $O(n\log n)$, $O(n^2)$, $O(n^3)$과 같은 $O(n^k)$이다. 단, k는 양의 상수이다. 정렬 문제, 최소 신장 트리, 최단 경로, 가장 긴 증가 순서, 서열 정렬, 가장 가까운 두 점 찾기 등이 P에 속한다.

NP 문제

NP는 Non-deterministic Polynomial의 각 단어의 첫 문자이다. Deterministic이란 연산의 수행 단계가 정해져 있다는 의미이다. 예를 들어 프로그램을 어떤 입력에 대해 컴퓨터에서 수행시켜 결과를 출력했을 때, 이후 같은 입력으로 몇 번이라도 프로그램을 수행시키면 처음 실행시켰을 때의 출력과 같은 출력을 얻는다. 이는 프로그램의 수행이 그 결과를 출력하도록 이미 정해진 것이다. 아울러 프로그램이 수행되는 과정도 정해진 대로 똑같고, 프로그램이 사용하는 메모리도 동일하다. 반면에 Non-deterministic은 비결정적이란 의미로 어떻게 수행될지 결정되지 않은 것을 의미한다.

그러면 왜 비결정적이란 쉽지 않은 개념을 가진 단어를 문제 집단의 이름으로 사용할까? 비결정적이란 용어는 오토마타와 형식 언어(Automata and Formal Language)[4]에서 온 것이다. 이 분야에서는 추상적인 기계들을 다루는데, 그중 하나는 유한 오토마타(finite automata)로서 Deterministic finite automata와 Non-deterministic finite automata로 나뉜다. 또 하나의 기계인 튜링 머신(Turing Machine, TM)도 마찬가지로 Deterministic TM과 Non-deterministic TM으로 나뉜다.

오토마타와 형식 언어에서는 추상적인 개념의 기계로 문제를 복잡도에 따라 분류한다. 이러한 분류 체계는 알고리즘의 수행 시간에 따른 문제 분류와 같아서 NP라는 용어를 사용한다.

NP-문제는 NP-알고리즘을 가진 문제들의 집합이다. NP-알고리즘이란 '추측된' 해를 다항식 시간에 확인하는 알고리즘이다. 즉, 해를 찾는데 다항식 시간이 필요한 것이 아니라, 해가 아닐 수도 있는 추측한 해가 정말 해인지 아닌지를 확인하는데 다항식 시간이 걸린다는 의미이다.

이러한 정의를 위해 최적화 문제는 해가 yes 또는 no가 되도록, 즉 결정 문제(decision problem)의 형태로 변형시킨다. 예를 들어 TSP는 최적 경로인 최적해를 찾아야 하지만, TSP에 새로운 상수를 추가하여 TSP를 '주어진 입력에 대해 c와 같거나 짧은 경로가 있는가?'하

3) P는 '다항식' polynomial의 첫 문자를 가져온 것이다.

4) 계산 복잡도 이론(computational complexity) 분야에 속한다.

는 결정 문제로 바꿀 수 있다. 이렇게 변형된 문제의 답은 그러한 경로가 있으면 'yes', 없으면 'no'이다.

[예제] 8개 도시(A B C D E F G H)에 대한 외판원 문제의 NP-알고리즘은 1개의 경로를 추측하여 그 경로의 길이를 c = 25와 비교한다. A가 시작 도시일 때 추측된 경로가 A G D H F E B C A라면, NP-알고리즘은 추측한 해의 거리를 다음과 같이 다항식 시간에 계산한다.

> (A와 G의 거리) + (G와 D의 거리) + (D와 H의 거리) + ⋯ + (B와 C의 거리)
> + (C와 A의 거리)

그리고 추측된 해의 거리와 25를 비교하여서 같거나 작으면 'yes'로 답하고 크면 'no'로 답한다. 이는 총 8번의 덧셈과 1번의 비교로, 즉 $O(n)$ 시간에 답을 확인할 수 있다.

NP-완전 문제

다음은 NP-완전 문제의 정의이다.

문제 A가 NP-완전 문제가 되려면,

1) 문제 A는 NP-문제이고, 동시에
2) 모든 NP-문제가 다항식 시간에 문제 A로 변환되어야 한다.

두 번째 조건 때문에(덕분에) 얻는 NP-완전 문제의 중요한 속성은 다음과 같다.

> 어느 하나의 NP-완전 문제가 다항식 시간에 해결되면 모든 다른 NP-완전 문제들도 다항식 시간에 해결된다.

다음은 대표적인 NP-완전 문제들이다.

- SAT(Satisfiability): 부울 변수(boolean variable)들이 ∨(or)로 표현된 논리식들이 주어질 때, 이 논리식들을 모두 만족시키는 각 부울 변수의 값을 찾는 문제
- 합이 K 되는 숫자(부분 집합의 합, Subset Sum): 집합 S의 원소의 합이 K가 되는 S의 부분 집합을 찾는 문제(Part 5.4, Part 6.3, Part 7.4)
- 분할(Partition): 집합 S를 원소의 합이 같은 2개의 부분 집합으로 분할하는 문제
- 0-1 배낭(Knapsack): 배낭의 용량이 K이고, n개의 물건의 무게와 가치가 주어질 때, 배낭

에 담을 수 있는 물건의 최대 가치를 찾는 문제(Part 5.5, Part 6.4)

- 정점 커버(Vertex Cover): 정점 커버란 그래프에서 각 간선의 양 끝점 중에서 적어도 1개의 점을 포함하는 점의 집합이다. 정점 커버 문제는 최소 크기의 정점 커버를 찾는 문제
- 독립 집합(Independence Set): 독립 집합이란 그래프에서 서로 연결하는 간선이 없는 점들의 집합이다. 독립 집합 문제는 최대 크기의 독립 집합을 찾는 문제
- 클리크(Clique): 클리크란 주어진 그래프에서 모든 점 사이를 연결하는 간선이 있는 부분 그래프이다. 클리크 문제는 최대 크기의 클리크를 찾는 문제
- 그래프 색칠하기(Graph Coloring): 그래프에서 최소의 색을 사용하여 인접한 점들을 서로 다른 색으로 색칠하는 문제(Part 6.1)
- 집합 커버(Set Cover): 집합 S = {1, 2, 3, ⋯, n}과 S의 부분 집합들이 주어질 때, 이 부분 집합 중에서 합집합하여 S가 되는 부분 집합들을 집합 커버라고 한다. 집합 커버 문제는 최소의 부분 집합들로 이루어진 집합 커버를 찾는 문제(Part 7.2)
- 최장 경로(Longest Path): 가중치 그래프에서 시작점에서 도착점까지의 가장 긴 경로를 찾는 문제. 단, 간선의 가중치는 양수이고, 찾는 경로에는 반복되는 점이 없어야 한다.
- 외판원(Traveling Salesperson) 문제: 가중치 그래프에서, 시작점에서 출발하여 다른 모든 점을 각각 1번씩만 방문하고, 다시 시작점으로 돌아오는 경로 중에서 최단 경로를 찾는 문제(Part 7.1)
- 해밀토니안 사이클(Hamiltonian Cycle): 시작점에서 출발하여 모든 다른 점들을 각각 1번씩만 방문하고, 다시 시작점으로 돌아오는 경로를 찾는 문제
- 통 채우기(Bin Packing): 통의 크기가 C일 때, n개의 물건을 최소의 통을 사용하여 통에 채우는 문제(Part 7.3)
- 작업 스케줄링(Job/Task Scheduling): n개의 작업과 각 작업의 수행 시간이 주어지고, m개의 동일한 성능의 기계가 주어질 때, 모든 작업이 가장 빨리 종료되도록 작업을 m개의 기계에 배정하는 문제

NP-완전 문제들은 지수 시간에 해결되는 알고리즘을 가지고 있다. 그러나 아직 누구도 NP-완전 문제를 다항식 시간에 해결할 수 있다/해결할 수 없다는 것을 증명하지 못했고 이 문제를 P vs NP 문제라고 하며, 이를 증명하면 클레이 수학 연구소에서 100만 달러의 상금을 준다. 다음은 클레이 수학 연구소(Clay Math. Institute)의 Millennium 문제 리스트[5]이다.

5) 출처: https://claymath.org/millennium-problems

CMI

ABOUT PROGRAMS MILLENNIUM PROBLEMS PEOPLE PUBLICATIONS EVENTS EUCLID

Millennium Problems

Yang-Mills and Mass Gap

Experiment and computer simulations suggest the existence of a "mass gap" in the solution to the quantum versions of the Yang-Mills equations. But no proof of this property is known.

Riemann Hypothesis

The prime number theorem determines the average distribution of the primes. The Riemann hypothesis tells us about the deviation from the average. Formulated in Riemann's 1859 paper, it asserts that all the 'non-obvious' zeros of the zeta function are complex numbers with real part 1/2.

P vs NP Problem

If it is easy to check that a solution to a problem is correct, is it also easy to solve the problem? This is the essence of the P vs NP question. Typical of the NP problems is that of the Hamiltonian Path Problem: given N cities to visit, how can one do this without visiting a city twice? If you give me a solution, I can easily check that it is correct. But I cannot so easily find a solution.

Navier-Stokes Equation

This is the equation which governs the flow of fluids such as water and air. However, there is no proof for the most basic questions one can ask: do solutions exist, and are they unique? Why ask for a proof? Because a proof gives not only certitude, but also understanding.

Hodge Conjecture

The answer to this conjecture determines how much of the topology of the solution set of a system of algebraic equations can be defined in terms of further algebraic equations. The Hodge conjecture is known in certain special cases, e.g., when the solution set has dimension less than four. But in dimension four it is unknown.

Poincaré Conjecture

In 1904 the French mathematician Henri Poincaré asked if the three dimensional sphere is characterized as the unique simply connected three manifold. This question, the Poincaré conjecture, was a special case of Thurston's geometrization conjecture. Perelman's proof tells us that every three manifold is built from a set of standard pieces, each with one of eight well-understood geometries.

Birch and Swinnerton-Dyer Conjecture

Supported by much experimental evidence, this conjecture relates the number of points on an elliptic curve mod p to the rank of the group of rational points. Elliptic curves, defined by cubic equations in two variables, are fundamental mathematical objects that arise in many areas: Wiles' proof of the Fermat Conjecture, factorization of numbers into primes, and cryptography, to name three.